7

Lernstufen Mathematik

Mittelschule
Bayern

Erarbeitet von
Andrea Deeg, Sonthofen
Heike Escher, Babenhausen
Corina Engelstätter, Augsburg
Christian Geus, Schwabmünchen
Christian Koenig, Ortenburg
Patricia Müller, Altusried
Markus Schubert, Pfronten
Beate Schulze, Babenhausen

Beraten von
Michael Kugler, Landshut
Sven Wößner, Wendelstein

Cornelsen

Teile dieses Unterrichtswerkes basieren auf Inhalten bereits erschienener Lehrwerke.
Diese wurden herausgegeben von Reinhold Koullen †, Udo Wennekers und Prof. Dr. Manfred Leppig sowie erarbeitet von:
Helga Berkemeier, Walter Braunmiller, Reinhard Fischer †, Max Friedl, Ilona Gabriel, Christian Geus, Wolfgang Hecht, Barbara Hoppert, Ines Knospe, Reinhold Koullen †, Jeannine Kreuz, Thomas Müller, Frank Nix, Doris Ostrow, Manfred Paczulla, Hans-Helmut Paffen, Günther Reufsteck, Jutta Schaefer, Gabriele Schenk, Hermann Schneider, Willi Schmitz, Ingeborg Schönthaler, Tanja Schremmer, Christine Sprehe, Wolfgang Stindl, Herbert Strohmayer, Karl-Heinz Thöne, Martina Verhoeven, Heidrun Weber, Udo Wennekers, Ralf Wimmers, Helmut Wöckel, Rainer Zillgens

Redaktion: Inga Knoff

Illustration: Roland Beier

Grafik: Christian Böhning

Umschlaggestaltung und Layoutkonzept:
Syberg | Kirstin Eichenberg und Torsten Symank

Layout und technische Umsetzung:
CMS – Cross Media Solutions GmbH

Begleitmaterialien zum Lehrwerk	
Lösungsheft	978-3-06-001037-0
Kopiervorlagen	978-3-464-54074-9
Arbeitsheft	978-3-06-041642-4
Begleitmaterial auf USB-Stick inkl. Unterrichtsmanager und E-book	978-3-06-001012-7

www.cornelsen.de

Alle Drucke dieser Auflage sind inhaltlich unverändert
und können im Unterricht nebeneinander verwendet werden.

1. Auflage, 1. Druck 2019

Druck: Mohn Media Mohndruck, Gütersloh

ISBN 978-3-464-54054-1 (Schülerbuch)
ISBN 978-3-464-54228-6 (E-Book)

PEFC
PEFC/04-31-1033

PEFC zertifiziert
Dieses Produkt stammt aus nachhaltig bewirtschafteten Wäldern und kontrollierten Quellen.
www.pefc.de

Inhalt

125 Prozentrechnung

155 Oberflächeninhalt und Rauminhalt von Prismen

181 Diagramme und statistische Kennwerte

201 Anhang

Diese Strategien und Werkzeuge lernst du in diesem Buch kennen:

Strategien

Werkzeuge

Rallye durch dein Mathe-Buch

Auf diesen zwei Seiten findest du einige Hinweise zu deinem neuen Mathematikbuch.
Löse die Rätsel (ä, ö, ü und ß sind erlaubt).
Das Lösungswort verrät dir, was das Bild auf dem Umschlag zeigt.

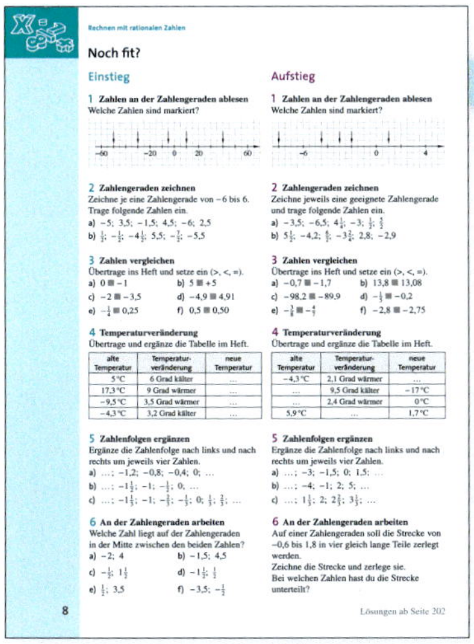

Noch fit?

Mit dem Einstiegstest kannst du dein bisher erworbenes Wissen testen.
Deine Ergebnisse kannst du mit den Lösungen im Anhang vergleichen.
Rätsel zum Noch fit? im Kapitel Zuordnungen und Proportionalität:
Was wird zu einem Turm gestapelt?
■ ■ ■ 19 ■ ■ ■ ■ ■ ■ ■ 16 18 ■ ■ ■

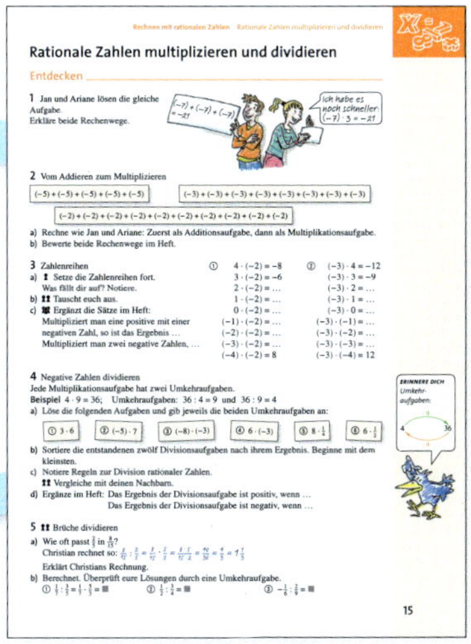

Entdecken

Jede Lerneinheit beginnt mit einführenden Aufgaben, die zum Ausprobieren und Entdecken anregen.
Rätsel zum Entdecken zum Thema Rechnen mit rationalen Zahlen – Mit rationalen Zahlen im Alltag umgehen:
Wer schuldet Max Geld?
■ ■ 20 ■ 13 ■

Verstehen

Der neue Unterrichtsstoff wird anhand von Merksätzen und Beispielen erklärt.
Rätsel zum Verstehen zum Thema Dreiecke und Vierecke berechnen – Flächeninhalt von Parallelogrammen:
Wer tauscht die Glasscheibe aus?
■ ■ 14 ■ ■ ■ ■ ■ ■ ■ ■ ■ ■ 5

Üben und anwenden

Die Aufgaben trainieren den neu gelernten Unterrichtsstoff.
Am Anfang helfen dir die **Starthilfen**.
Rätsel zum Üben und anwenden zum Thema Terme und Gleichungen – Terme mit Variablen aufstellen und berechnen:
Was kauft Frau Breyer in Aufgabe 1?
4 ■ ■ ■ ■ 21 -
■ ■ ■ ■ ■ 3

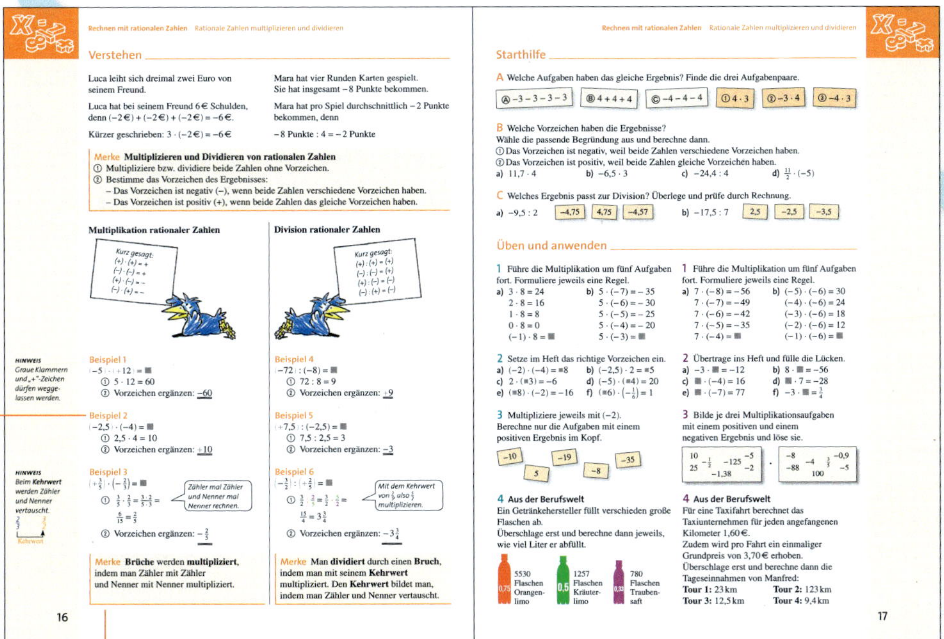

Beispiel

Wichtiger Merkstoff

Die linke Spalte enthält leichtere Aufgaben.

Die rechte Spalte enthält schwierigere Aufgaben.

Mittelschwere Aufgaben haben eine schwarze Aufgabennummer.

Die Symbole in den oberen Ecken stehen für bestimmte Bereiche in der Mathematik:

Zahlen und Operationen

Größen und Messen

Raum und Form

funktionaler Zusammenhang

Daten und Zufall

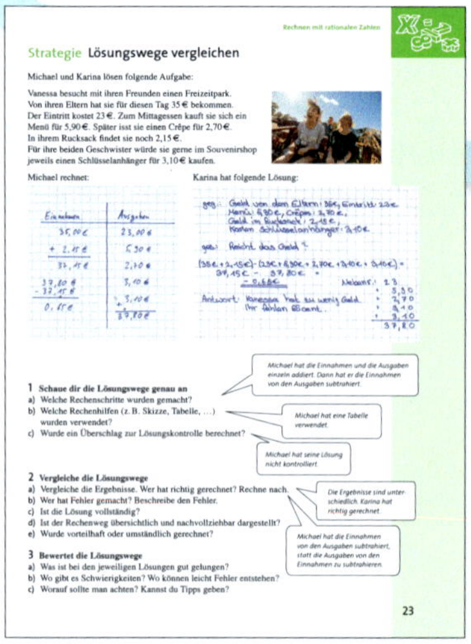

Strategie und Werkzeug

Auf den Strategie- und Werkzeugseiten werden die wichtigsten mathematischen Strategien und Werkzeuge vorgestellt und geübt.

Rätsel zur Strategie: Datenerhebungen kritisch hinterfragen:
Was soll man in Aufgabe 4 durchführen?

■ ■ 1 ■ 10 ■ ■

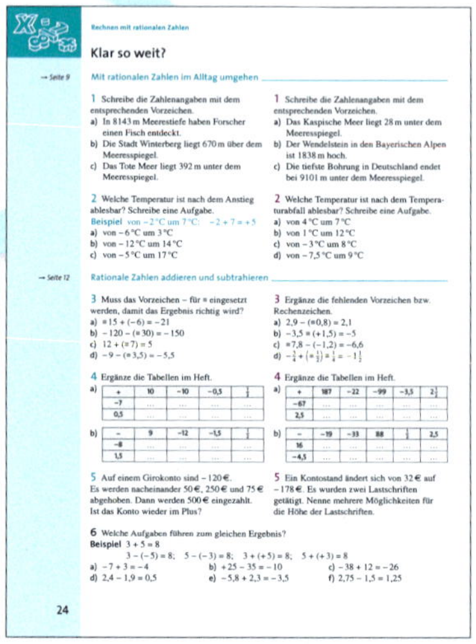

Klar so weit?

Mit dem Zwischentest kannst du überprüfen, ob du den neuen Unterrichtsstoff verstanden hast. Deine Ergebnisse kannst du mit den Lösungen im Anhang vergleichen.

Rätsel zum Klar so weit? im Kapitel Oberflächeninhalt und Rauminhalt von Prismen: Aus welchem Material besteht das Frühbeet?

■ ■ ■ ■ ■ ■ 7 ■ 8

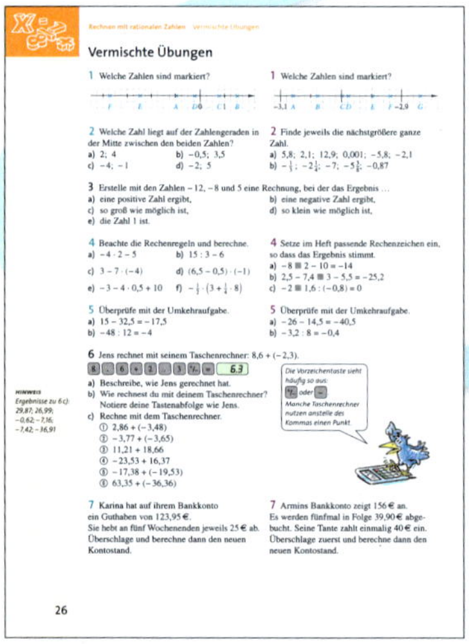

Vermischte Übungen

Die Seiten enthalten Aufgaben zu allen Lerneinheiten eines Kapitels.

Rätsel zu den Vermischten Übungen im Kapitel Geometrische Figuren und Lagebeziehungen: Wie heißt das Gerät, mit dem man Winkel in der Landschaft misst?

9 ■ ■ ■ 11 ■ 6 ■ ■

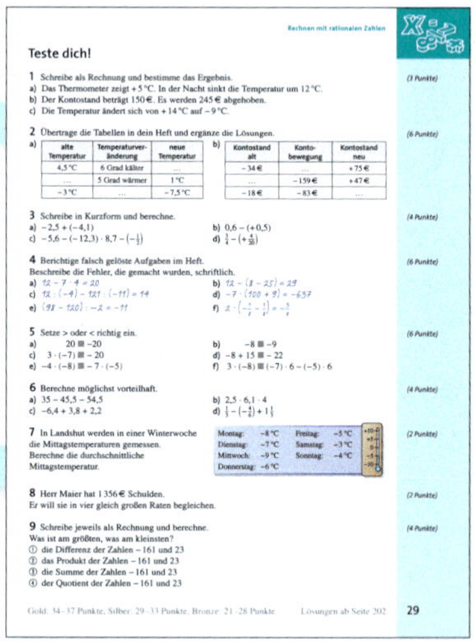

Teste dich!

Überprüfe zur Vorbereitung auf die Schulaufgabe dein Können. Die Lösungen zum Abschlusstest findest du im Anhang.

Rätsel zum Teste dich! im Kapitel Rechnen mit rationalen Zahlen:
Wer hat 1356 € Schulden?
Herr 15 ■ 12 ■ ■

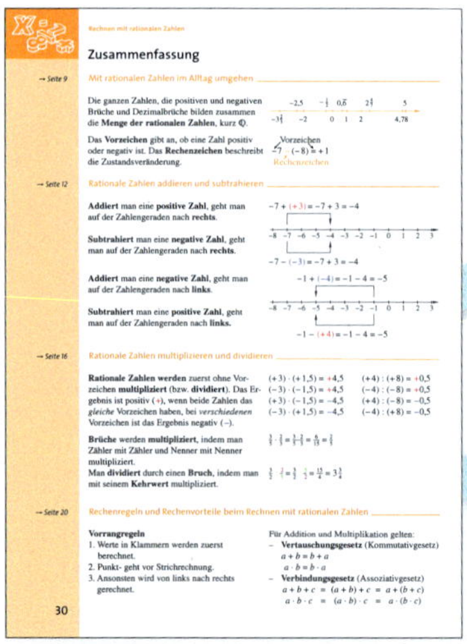

Zusammenfassung

Die Zusammenfassung am Ende eines Kapitels enthält die wichtigsten Merksätze zum Nachschlagen.

Rätsel zu der Zusammenfassung im Kapitel Prozentrechnung:
Wofür steht das „G"?

■ ■ 2 17 ■ ■ ■ ■ ■

Wie lautet das Lösungswort?

1 2 3 4 5 6 7 8 9 10 11 12 13 14
in 15 16 17 18 19 20 21

Rechnen mit rationalen Zahlen

Das Klima der Arktis ist polar geprägt.
Es gibt lange, sehr kalte Winter
und kurze, kühle Sommer.
Eisbären können Temperaturen
von bis zu $-50\,°C$ aushalten.

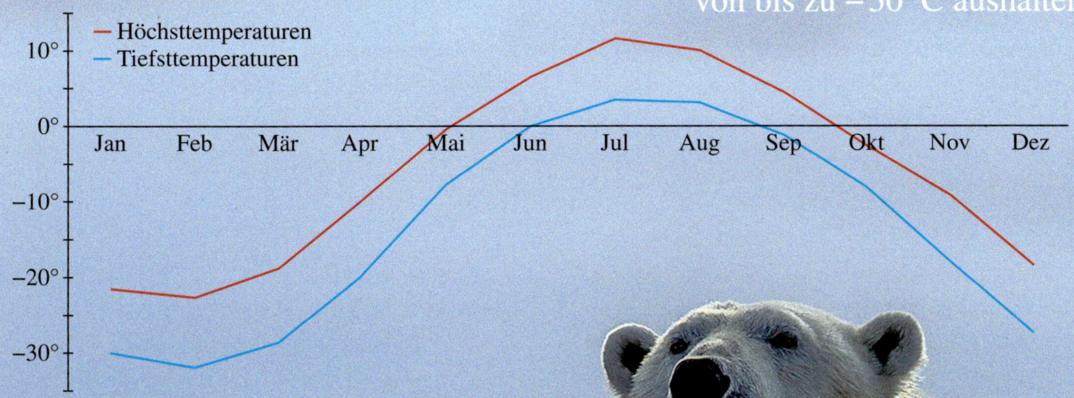

Noch fit?

Einstieg

1 Zahlen an der Zahlengeraden ablesen
Welche Zahlen sind markiert?

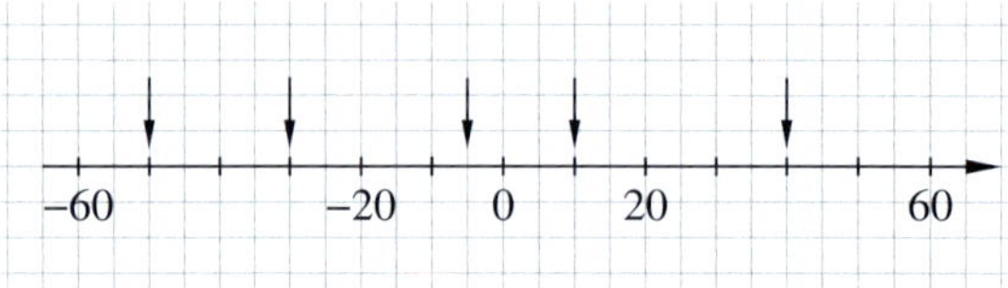

2 Zahlengeraden zeichnen
Zeichne je eine Zahlengerade von –6 bis 6. Trage folgende Zahlen ein.

a) -5; $3{,}5$; $-1{,}5$; $4{,}5$; -6; $2{,}5$

b) $\frac{1}{2}$; $-\frac{1}{2}$; $-4\frac{1}{2}$; $5{,}5$; $-\frac{7}{2}$; $-5{,}5$

3 Zahlen vergleichen
Übertrage ins Heft und setze ein (>, <, =).

a) 0 ■ -1

b) 5 ■ $+5$

c) -2 ■ $-3{,}5$

d) $-4{,}9$ ■ $4{,}91$

e) $-\frac{1}{4}$ ■ $0{,}25$

f) $0{,}5$ ■ $0{,}50$

4 Temperaturveränderung
Übertrage und ergänze die Tabelle im Heft.

alte Temperatur	Temperaturveränderung	neue Temperatur
5 °C	6 Grad kälter	…
17,3 °C	9 Grad wärmer	…
–9,5 °C	3,5 Grad wärmer	…
–4,3 °C	3,2 Grad kälter	…

5 Zahlenfolgen ergänzen
Ergänze die Zahlenfolge nach links und nach rechts um jeweils vier Zahlen.

a) …; $-1{,}2$; $-0{,}8$; $-0{,}4$; 0; …

b) …; $-1\frac{1}{2}$; -1; $-\frac{1}{2}$; 0; …

c) …; $-1\frac{1}{3}$; -1; $-\frac{2}{3}$; $-\frac{1}{3}$; 0; $\frac{1}{3}$; $\frac{2}{3}$; …

6 An der Zahlengeraden arbeiten
Welche Zahl liegt auf der Zahlengeraden in der Mitte zwischen den beiden Zahlen?

a) -2; 4

b) $-1{,}5$; $4{,}5$

c) $-\frac{1}{2}$; $1\frac{1}{2}$

d) $-1\frac{1}{2}$; $\frac{1}{2}$

e) $\frac{1}{2}$; $3{,}5$

f) $-3{,}5$; $-\frac{1}{2}$

Aufstieg

1 Zahlen an der Zahlengeraden ablesen
Welche Zahlen sind markiert?

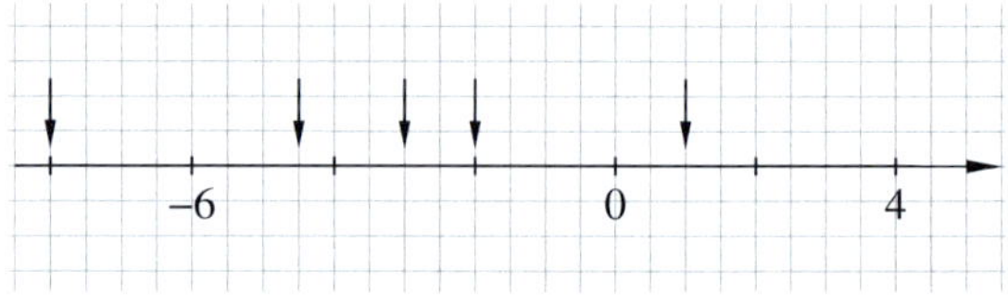

2 Zahlengeraden zeichnen
Zeichne jeweils eine geeignete Zahlengerade und trage folgende Zahlen ein.

a) $-3{,}5$; $-6{,}5$; $4\frac{1}{4}$; -3; $\frac{1}{2}$; $\frac{5}{2}$

b) $5\frac{1}{2}$; $-4{,}2$; $\frac{6}{2}$; $-3\frac{2}{4}$; $2{,}8$; $-2{,}9$

3 Zahlen vergleichen
Übertrage ins Heft und setze ein (>, <, =).

a) $-0{,}7$ ■ $-1{,}7$

b) $13{,}8$ ■ $13{,}08$

c) $-98{,}2$ ■ $-89{,}9$

d) $-\frac{1}{5}$ ■ $-0{,}2$

e) $-\frac{3}{8}$ ■ $-\frac{4}{7}$

f) $-2{,}8$ ■ $-2{,}75$

4 Temperaturveränderung
Übertrage und ergänze die Tabelle im Heft.

alte Temperatur	Temperaturveränderung	neue Temperatur
–4,3 °C	2,1 Grad wärmer	…
…	9,5 Grad kälter	–17 °C
…	2,4 Grad wärmer	0 °C
5,9 °C	…	1,7 °C

5 Zahlenfolgen ergänzen
Ergänze die Zahlenfolge nach links und nach rechts um jeweils vier Zahlen.

a) …; -3; $-1{,}5$; 0; $1{,}5$; …

b) …; -4; -1; 2; 5; …

c) …; $1\frac{1}{3}$; 2; $2\frac{2}{3}$; $3\frac{1}{3}$; …

6 An der Zahlengeraden arbeiten
Auf einer Zahlengeraden soll die Strecke von –0,6 bis 1,8 in vier gleich lange Teile zerlegt werden.
Zeichne die Strecke und zerlege sie.
Bei welchen Zahlen hast du die Strecke unterteilt?

Lösungen ab Seite 202

Mit rationalen Zahlen im Alltag umgehen

Entdecken

1 Zahlenangaben und ihre Vorzeichen

a) Welche Vorzeichen haben die Zahlen? Notiere.
① Ein Schiffswrack liegt 650 Meter tief auf dem Meeresboden.
② Ein Bürogebäude ist 126 m hoch.
③ Heute Nacht lag die Temperatur bei 5 °C unter null.
④ Sarah steht auf einer Zahlengeraden 2,5 Schritte links von der 0 entfernt.
⑤ Gregor schuldet Max 2,95 €.

b) Notiert eigene Aussagen und tauscht diese untereinander aus.

c) Welche Begriffe zeigen an, dass Zahlen positiv oder negativ sind? Legt eine Liste an.

2 Erklärt euch die Abbildungen. Übersetzt in Rechenaufgaben.

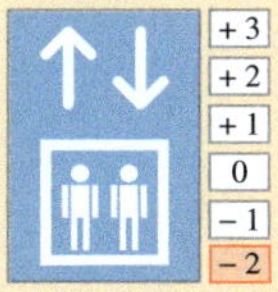

Herr Gropper fährt drei Stockwerke höher.

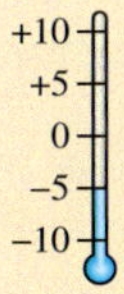

Die Temperatur fällt in der Nacht um 5 Grad.

Vielen Dank
für Ihren Einkauf
1 Pfand -0,25 €

Marina gibt 5 Pfandflaschen zurück.

Neuer Kontostand
EUR -52,50

Frau Knopf zahlt das Geld in drei gleich großen Raten zurück.

Verstehen

Im Alltag begegnen uns viele Zahlen: z. B. positive und negative Zahlen, Bruchzahlen, ganze Zahlen.

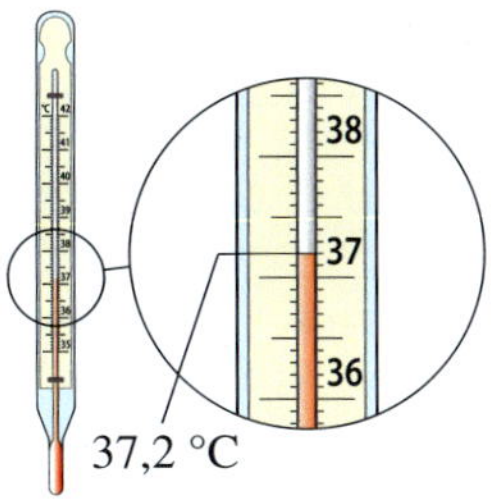

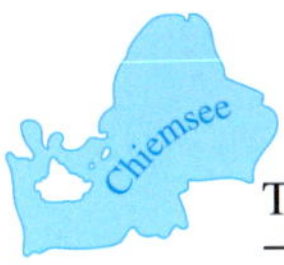

Online-Buchungsverwaltung	
Buchung	Kontostand
	H 446,03 €
S −10,00 €	
H +9,00 €	
H +1,84 €	
S −520,50 €	
	S −73,63 €

Merke Die ganzen Zahlen und die positiven und negativen Brüche und Dezimalbrüche bilden zusammen die **Menge der rationalen Zahlen**, kurz $\mathbb{Q}$.

ERINNERE DICH
Ganze Zahlen $\mathbb{Z}$ sind die natürlichen und negativen Zahlen zusammen mit der Null (...; −4; −3; −2; −1; 0; 1; 2; 3; ...).

Zustandsänderungen kann man in Rechnungen oder an der Zahlengeraden darstellen.

Beispiel 1

a) Die Temperatur steigt von −3 °C um 5,5 Grad.

$-3 + 5{,}5 = 2{,}5$

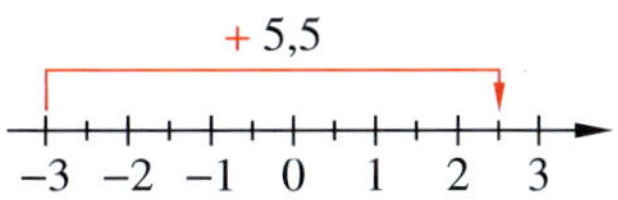

b) Ein Taucher taucht von der Wasseroberfläche aus 5 m tief.

$0 - 5 = -5$

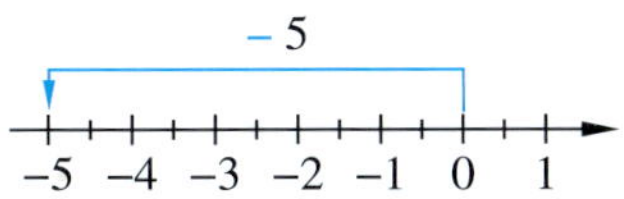

c) Sarah leiht von ihrer Schwester dreimal 1,50 €.

$-1{,}50 \cdot 3 = -4{,}50$

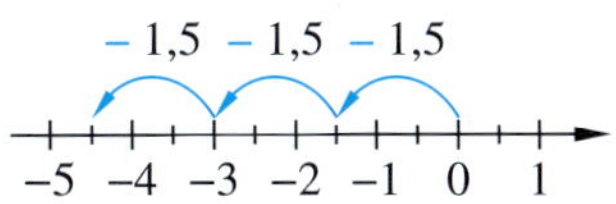

Merke Den Anfangszustand und den Endzustand gibt man mit einem **Vorzeichen** an.
Die Zustandsveränderung zeigt man mit einem **Rechenzeichen**.

Beispiel 2

Vorzeichen
$-2 + 4{,}5 = +2{,}5$
Rechenzeichen

Starthilfe

A Schreibe mit Vorzeichen.

a) 16 °C unter null   **b)** 15 € Schulden   **c)** 50 m über dem Meeresspiegel

d) 2. Untergeschoss   **e)** 29 °C über null   **f)** 134 m hoch

B Notiere die Aufgabe und das Ergebnis im Heft.

a)

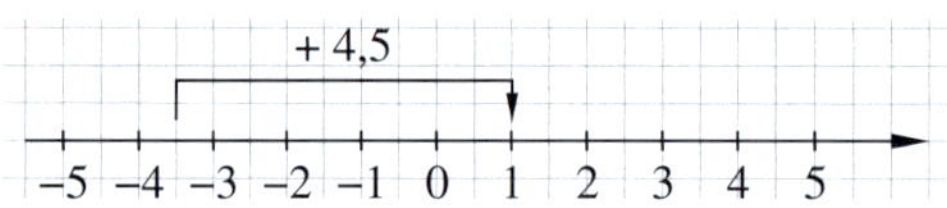

b)

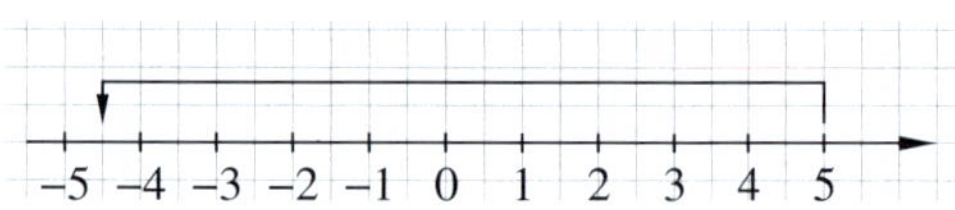

Üben und anwenden

1 Lies an den Thermometern und an der Zahlengeraden die markierten Werte ab.

a)

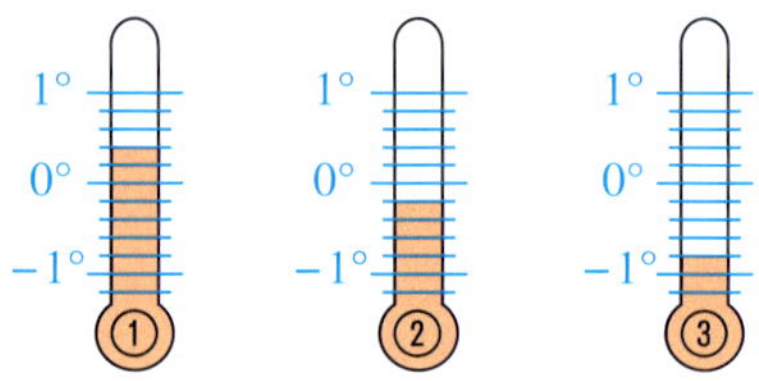

b)

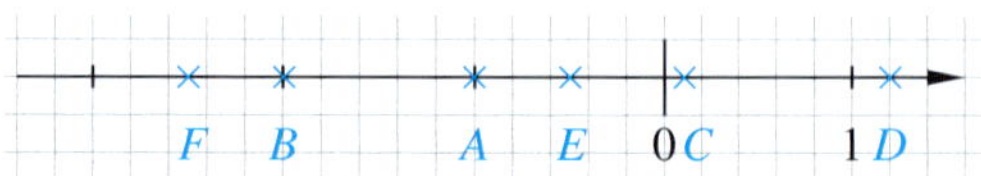

c) 👥 Beschreibt Gemeinsamkeiten und Unterschiede der beiden Darstellungen im Heft.

ZUM WEITERARBEITEN zu Aufgabe 2: Ergänze einen Schuldbetrag und einen Sparbetrag.

2 Sortiere die Kontostände aufsteigend.

–2,50 €   0 €   –5,70 €   –1 €   –5 €   –3,50 €   5 €   4,25 €

2 Sortiere die Kontostände absteigend.

545 €   554 €   –352 €   –951,50 €   –3,53 €   3,35 €   –523,60 €   0,50 €

3 Ordne den Aussagen passende Terme zu.
Stelle anschließend jeweils eine passende Frage und beantworte sie mithilfe der Terme.

① Der Kontostand liegt bei –5 €. Es werden 15 € auf das Konto eingezahlt.
② Ein U-Boot befindet sich 5 m unter dem Meeresspiegel. Es taucht noch 15 m tiefer.
③ Am Mittag sind es 5 °C. Bis in die Nacht sinkt die Temperatur um 15 °C.
④ Malte macht fünf Wochen hintereinander 15 € Schulden.
⑤ 15 € Schulden werden in 5 gleich große Raten aufgeteilt.

Ⓐ 5 – 15   Ⓑ –5 + 15   Ⓒ –5 – 15   Ⓓ 15 – 5   Ⓔ –15 : 5   Ⓕ –15 · 5

4 Überlege zuerst: Ist das Ergebnis positiv oder negativ?
Löse dann an einer Zahlengeraden.

a) 2,5 + 4,5   **b)** –7,0 + 3,5   **c)** +4 – 6,5   **d)** –11,5 – 5   **e)** –5 · 3

👥 Überlegt euch gemeinsam Sachsituationen zu den Aufgaben.

5 Schreibe als Multiplikation und löse.

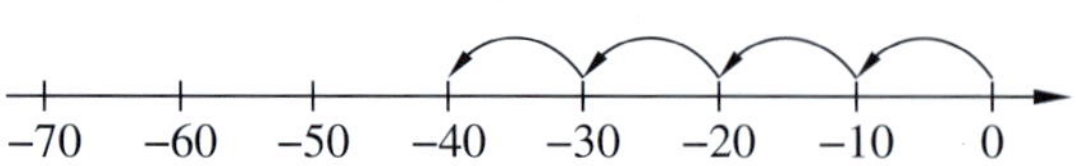

5 Schreibe als Multiplikation und löse.

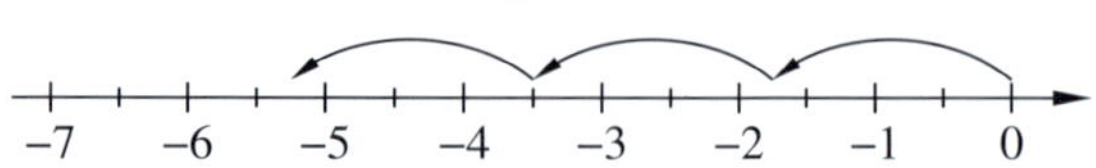

Rationale Zahlen addieren und subtrahieren

Entdecken

MATERIAL
Karten

1 Spiel „Gib ab“

Spielvorbereitung:

Erstellt:

- fünf Aktionskarten „Gib ab (–)“
- fünf Aktionskarten „Nimm dazu (+)“
- blaue Zahlen „– 10; – 9; – 8; …; – 1“ (Minuspunkte)
- rote Zahlen „+ 10; + 9; + 8; …; + 1“ (Pluspunkte)

Gib ab (–) –1 –3 –2
Nimm dazu (+) +1 +3 +2

Sortiert die Karten so, dass ihr zwei Stapel habt: einen mit Aktionskarten und einen mit Zahlenkarten. Mischt jeden Stapel.

Ziel des Spiels:

Wer den höchsten Punktestand nach drei Runden hat, gewinnt.

Spielablauf:

- Jeder Spieler zieht drei Zahlenkarten, legt sie offen auf den Tisch und rechnet seinen Punktestand aus.

+6 –3 –5

$(+6) + (-3) + (-5) = (-2)$

- Dann ziehen die Spieler abwechselnd eine Aktionskarte:

Gib ab (–): Gib eine deiner Karten einem Mitspieler.

Gib ab (–) +6 –3 –5

$(-2) - (-5) = (+3)$

Nimm dazu (+): Ziehe eine Zahlenkarte vom Stapel.

Nimm dazu (+) +6 –3 –5 –1

$(-2) + (-1) = (-3)$

- Jeder notiert sofort mit einer Rechnung, wie sich sein Punktestand verändert.

2 Auch Leon und Ramona spielen das Spiel „Gib ab“.

Leon: –1 –4   Ramona: –5 +3

a) Gib Ramonas und Leons Punktestand an. Notiere die Rechnungen.
b) Ramona zieht in der nächsten Runde +7 und Leon +9.
c) Leon kann die –4 an Ramona abgeben.

3 Begründet jeweils eure Antwort.

a) Welche Rechnungen führen zum gleichen Ergebnis?

① $(-2) + (+2) + (-2)$ ② $(-2) + (+2) - (-2)$
③ $(-2) + (+2) + (+2)$ ④ $(-2) + (+2) - (+2)$

b) Stimmen die Aussagen?
„– 2 addieren ist das gleiche wie + 2 subtrahieren.“
„– 2 subtrahieren ist das gleiche wie + 2 addieren.“

c) Erfinde eigene Aufgaben und lasse sie von deinem Partner überprüfen.

Verstehen

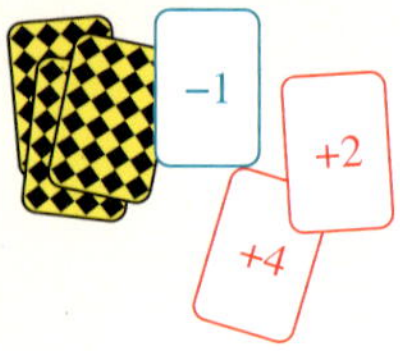

Lena, Marc, Anna und Sophie spielen das Spiel „Gib ab!“.

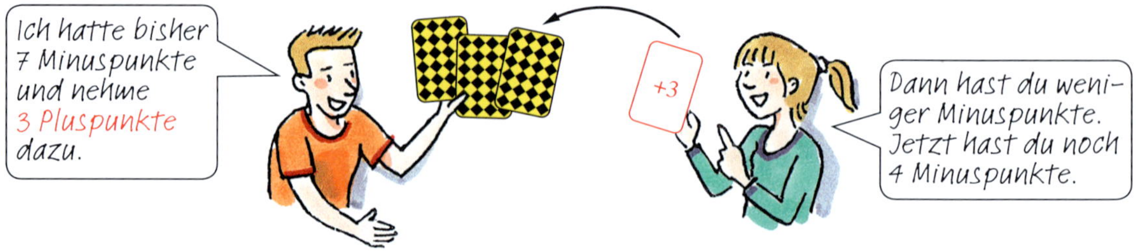

Addition rationaler Zahlen

Beispiel 1

Marc hat 7 Minuspunkte und **nimmt** 3 Pluspunkte **dazu**.

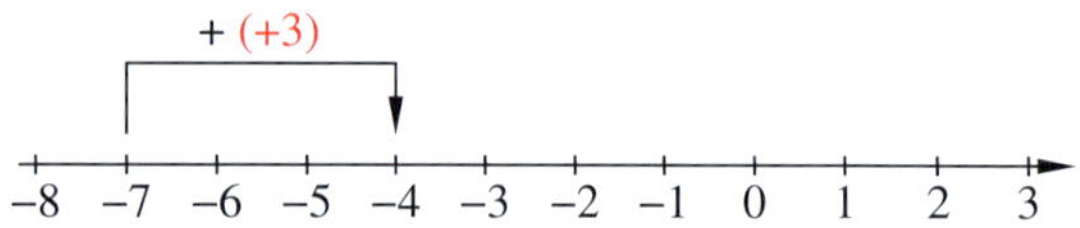

Rechnung: $-7 + (+3) = -4$

kurz geschrieben: $-7 + 3 = -4$

Merke **Addiert** man eine **positive Zahl**, so geht man auf der Zahlengeraden **nach rechts**.

$a + (+b) = a + b$

Beispiel 2

Anna hat 1 Minuspunkt und **nimmt** 4 Minuspunkte **dazu**.

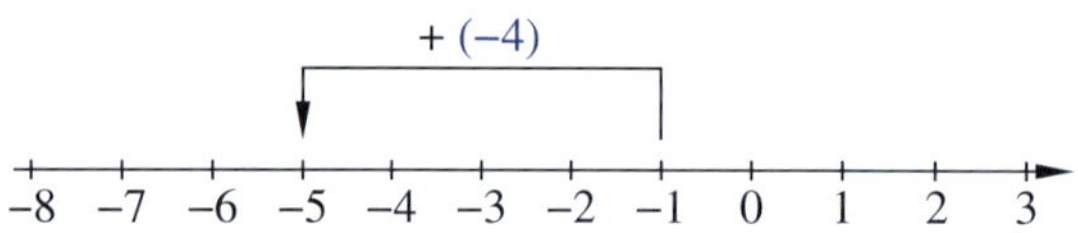

Rechnung: $-1 + (-4) = -5$

kurz geschrieben: $-1 - 4 = -5$

Merke **Addiert** man eine **negative Zahl**, so geht man auf der Zahlengeraden **nach links**.

$a + (-b) = a - b$

Subtraktion rationaler Zahlen

Beispiel 3

Lena hat 1 Minuspunkt und **gibt** 4 Pluspunkte **ab**.

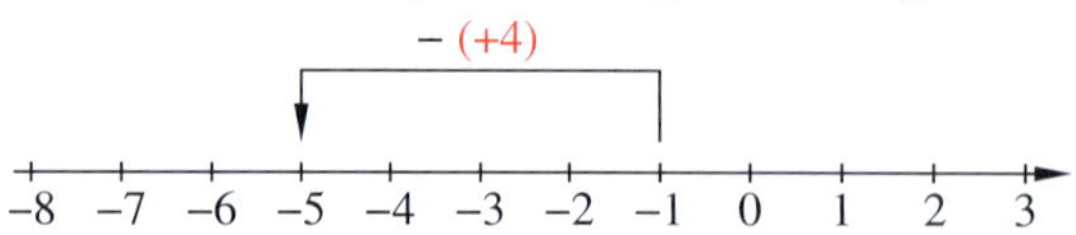

Rechnung: $-1 - (+4) = -5$

kurz geschrieben: $-1 - 4 = -5$

Merke **Subtrahiert** man eine **positive Zahl**, so geht man auf der Zahlengeraden **nach links**.

$a - (+b) = a - b$

Beispiel 4

Sophie hat 7 Minuspunkte und **gibt** 3 Minuspunkte **ab**.

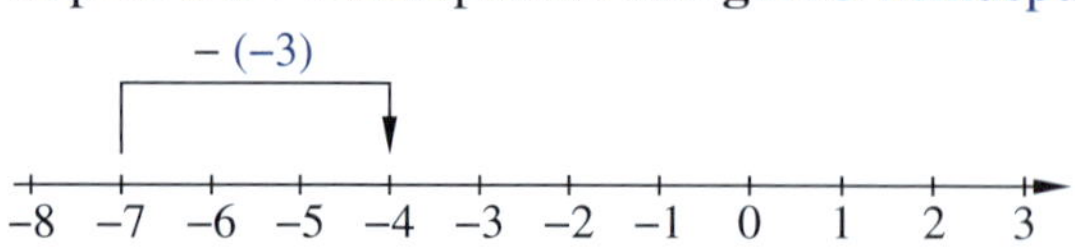

Rechnung: $-7 - (-3) = -4$

kurz geschrieben: $-7 + 3 = -4$

Merke **Subtrahiert** man eine **negative Zahl**, so geht man auf der Zahlengeraden **nach rechts**.

$a - (-b) = a + b$

Starthilfe

A Löse Lucas Rätsel.

a) Ich stehe an der Zahlengeraden auf der −4 und gehe 2 Schritte nach rechts.
b) Ich stehe auf der 3 und gehe 5 Schritte nach links.
c) Von der 7 gehe ich einen Schritt nach rechts und 9 Schritte nach links.

B Löse mithilfe der Zahlengeraden im Heft.

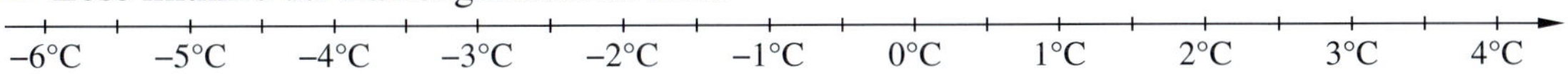

a) Die Temperatur steigt von −6°C um 3 °C.
b) Die Temperatur steigt von −2 °C um 5 °C.
c) Die Temperatur fällt von 4 °C um 7,5 °C.
d) Die Temperatur fällt von 0,5 °C um 3,5 °C.

C Bestimme, ohne zu rechnen:
In welche Richtung musst du auf der Zahlengeraden gehen?

a) $-5 + (-3)$
b) $6 - (+3)$
c) $-9 + (+8)$
d) $3 - (-4{,}5)$
e) $8{,}7 + (-3{,}6)$
d) $-9{,}2 - (+10)$

Üben und anwenden

1 Notiere Aufgaben und Ergebnisse.

a)
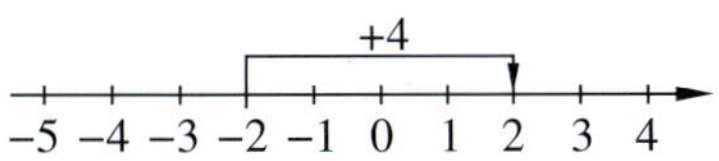

b)
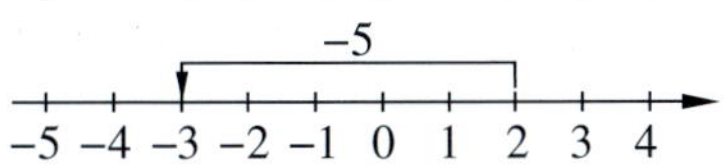

c) Zeichne eine eigene Aufgabe und rechne.

1 Überlege zuerst, ob das Ergebnis größer oder kleiner als 0 ist. Zeichne dann eine Zahlengerade von −10 bis 10 in dein Heft und prüfe nach.

a) $(-3) + (+5)$
b) $(-2) + (-3)$
c) $(-5) + (+2)$
d) $(-9) + (+3)$
e) $(-3) - (+5)$
f) $(+5) - (-3)$

2 Übertrage die Tabelle in dein Heft und löse die Aufgaben wie im Beispiel.

	Aufgabe	Start	→ ←	Wert	Ziel
	(+6) + (+2)	+6	→	2	+8
	(−7) − (+3)	−7	←	3	−10
a)	(+2) + (−5)	…	…	…	…
b)	(−2) − (−5)	…	…	…	…
c)	(+2) − (+5)	…	…	…	…
d)	(+2) + (+5)	…	…	…	…
e)	(−2) + (−5)	…	…	…	…

2 Übertrage die Tabelle in dein Heft und löse die Aufgaben wie im Beispiel.

	Aufgabe	Start	→ ←	Wert	Ziel
	(+6) + (+2)	+6	→	2	+8
	(−7) − (+3)	−7	←	3	−10
a)	−25 + (−60)	…	…	…	…
b)	16 − (+21)	…	…	…	…
c)	3,5 + (−1,4)	…	…	…	…
d)	−7,8 − (+2,2)	…	…	…	…
e)	$10{,}5 - \left(-5\frac{1}{2}\right)$	…	…	…	…

3 Überlege zuerst: Ist das Ergebnis größer oder kleiner als die erste Zahl?
Berechne anschließend.

a) $-3 + (+4)$
b) $-3 + (-4)$
c) $-2 + (+5{,}5)$
d) $-2 + (-5{,}5)$
e) $7{,}5 - (+3)$
f) $7{,}5 - (-3)$
g) $-\frac{1}{5} - \left(+\frac{3}{5}\right)$
h) $-\frac{1}{5} - \left(-\frac{3}{5}\right)$

3 Überlege zuerst: Ist das Ergebnis größer oder kleiner als die erste Zahl?
Berechne anschließend.

a) $17 - (+21)$
b) $-922 + (+23)$
c) $-17 + (+19)$
d) $-77{,}7 - (-77{,}7)$
e) $23{,}7 + (-30)$
f) $1{,}2 - 1{,}3$
g) $-\frac{7}{12} + \frac{11}{12}$
h) $-\frac{4}{7} - 1\frac{5}{7}$

4 Michael hat auf seinem Konto ein Minus von 45 €. Er zahlt sein Geburtstagsgeld von 87 € ein. Zudem kommt sein Taschengeld von 30 € dazu. Überschlage zunächst und berechne dann den neuen Kontostand.

4 Tilda hat auf ihrem Konto 315 €. Sie hebt 672 € ab. Eine Woche später bekommt sie eine Gutschrift über 90 €. Überschlage zunächst und berechne dann den neuen Kontostand.

5 Übersetze den Text in eine Rechnung.

a) Karl hat 3 Minuspunkte und gibt 2 Minuspunkte ab.

b) Caro hat 8 Pluspunkte und nimmt 4 Minuspunkte dazu.

c) Ina hat 6 Pluspunkte und gibt 3 Pluspunkte ab.

6 Temperaturen von Himmelskörpern

a) Berechne verschiedene Temperaturunterschiede.

b) Recherchiert die Temperaturen weiterer Himmelskörper. Erstellt eigene Aufgaben.

c) Löst gegenseitig die Aufgaben. Für welche Planeten sind sie besonders leicht, für welche schwierig zu berechnen?

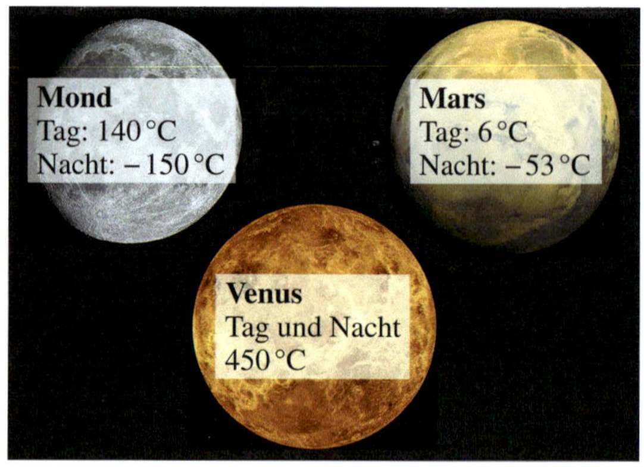

7 Andi geht einkaufen. Überschlage zuerst und berechne dann.

Joghurt	0,35 €
Milch	1,05 €
Äpfel	3,25 €
Leergut	–2,15 €

7 Janina geht einkaufen. Sie kauft Kuchen für 7,50 € und Kakao für 4,35 €. Zudem gibt sie Pfandflaschen und Pfanddosen im Wert von 3,50 € und 0,95 € ab. Überschlage zuerst und berechne dann.

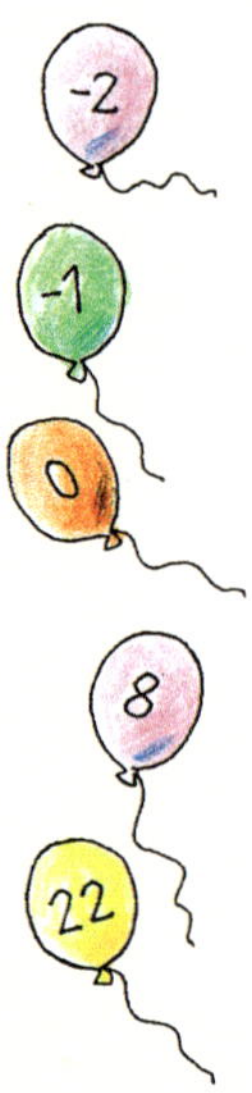

8 Ergänze im Heft. Die Lösungen stehen in den Luftballons in der Randspalte.

a) $-17 + ■ = -9$ b) $-17 + ■ = 5$ c) $-17 - ■ = -17$ d) $-17 - ■ = -16$

9 Berechne. Beschreibe im Heft, welche Regeln du entdeckst.

a) $0{,}8 - (-0{,}5)$ b) $-1{,}6 + (+3{,}1)$
c) $-1{,}4 - (+0{,}6)$ d) $2{,}1 + (-3{,}6)$
e) $3{,}5 - (+1{,}5)$ f) $-2{,}4 - (-1{,}1)$

9 Berechne. Beschreibe im Heft, welche Regeln du entdeckst.

a) $2{,}64 + 3{,}49$ b) $2{,}81 - 2{,}68$
c) $4{,}03 - (-5{,}1)$ d) $-1{,}39 - 4{,}74$
e) $-12{,}08 - (-8{,}95)$ f) $6{,}55 + (-3{,}42)$

10 Rechne wie im Beispiel.

Beispiel $\frac{2}{3} + \left(-\frac{1}{2}\right) = \frac{2}{3} - \frac{1}{2} = \frac{4}{6} - \frac{3}{6} = \frac{1}{6}$

a) $\frac{2}{3} - \left(-\frac{1}{3}\right)$ b) $-\frac{3}{7} + \left(-\frac{1}{14}\right)$
c) $\frac{1}{4} - \left(-1\frac{1}{4}\right)$ d) $-\frac{1}{2} + \frac{2}{5}$

10 Rechne wie im Beispiel.

Beispiel $-\frac{1}{2} + \left(-\frac{2}{5}\right) = -\frac{1}{2} - \frac{2}{5} = -\frac{5}{10} - \frac{4}{10} = -\frac{9}{10}$

a) $\frac{4}{6} + \left(-\frac{3}{6}\right)$ b) $\frac{4}{11} + \left(-\frac{2}{3}\right)$
c) $\frac{3}{4} - \left(-\frac{5}{12}\right)$ d) $-\frac{3}{4} + 1\frac{1}{4}$

11 Erfinde zu den Aufgaben passende Rechengeschichten.

a) $-5\,°C + 3\,°C$ b) $50\,m - 18\,m - 4\,m$ c) $-4{,}50\,€ - 3{,}50\,€$ d) $670 - 230$

Rationale Zahlen multiplizieren und dividieren

Entdecken

1 Jan und Ariane lösen die gleiche Aufgabe.
Erkläre beide Rechenwege.

2 Vom Addieren zum Multiplizieren

$(-5) + (-5) + (-5) + (-5) + (-5)$

$(-3) + (-3) + (-3) + (-3) + (-3) + (-3) + (-3) + (-3)$

$(-2) + (-2) + (-2) + (-2) + (-2) + (-2) + (-2) + (-2) + (-2) + (-2)$

a) Rechne wie Jan und Ariane: Zuerst als Additionsaufgabe, dann als Multiplikationsaufgabe.
b) Bewerte beide Rechenwege im Heft.

3 Zahlenreihen
a) Setze die Zahlenreihen fort.
Was fällt dir auf? Notiere.
b) Tauscht euch aus.
c) Ergänzt die Sätze im Heft:
Multipliziert man eine positive mit einer negativen Zahl, so ist das Ergebnis …
Multipliziert man zwei negative Zahlen, …

①	②
$4 \cdot (-2) = -8$	$(-3) \cdot 4 = -12$
$3 \cdot (-2) = -6$	$(-3) \cdot 3 = -9$
$2 \cdot (-2) = \ldots$	$(-3) \cdot 2 = \ldots$
$1 \cdot (-2) = \ldots$	$(-3) \cdot 1 = \ldots$
$0 \cdot (-2) = \ldots$	$(-3) \cdot 0 = \ldots$
$(-1) \cdot (-2) = \ldots$	$(-3) \cdot (-1) = \ldots$
$(-2) \cdot (-2) = \ldots$	$(-3) \cdot (-2) = \ldots$
$(-3) \cdot (-2) = \ldots$	$(-3) \cdot (-3) = \ldots$
$(-4) \cdot (-2) = 8$	$(-3) \cdot (-4) = 12$

4 Negative Zahlen dividieren
Jede Multiplikationsaufgabe hat zwei Umkehraufgaben.
Beispiel $4 \cdot 9 = 36$; Umkehraufgaben: $36 : 4 = 9$ und $36 : 9 = 4$
a) Löse die folgenden Aufgaben und gib jeweils die beiden Umkehraufgaben an:

① $3 \cdot 6$ ② $(-5) \cdot 7$ ③ $(-8) \cdot (-3)$ ④ $6 \cdot (-3)$ ⑤ $8 \cdot \frac{1}{4}$ ⑥ $6 \cdot \frac{1}{2}$

b) Sortiere die entstandenen zwölf Divisionsaufgaben nach ihrem Ergebnis. Beginne mit dem kleinsten.
c) Notiere Regeln zur Division rationaler Zahlen.
Vergleiche mit deinen Nachbarn.
d) Ergänze im Heft: Das Ergebnis der Divisionsaufgabe ist positiv, wenn …
Das Ergebnis der Divisionsaufgabe ist negativ, wenn …

ERINNERE DICH
Umkehraufgaben:

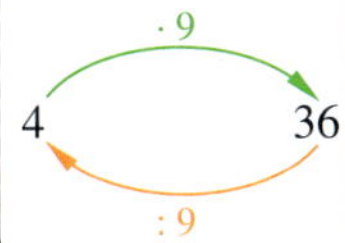

5 Brüche dividieren
a) Wie oft passt $\frac{2}{5}$ in $\frac{8}{15}$?
Christian rechnet so: $\frac{8}{15} : \frac{2}{5} = \frac{8}{15} \cdot \frac{5}{2} = \frac{8 \cdot 5}{15 \cdot 2} = \frac{40}{30} = \frac{4}{3} = 1\frac{1}{3}$
Erklärt Christians Rechnung.
b) Berechnet. Überprüft eure Lösungen durch eine Umkehraufgabe.
① $\frac{1}{7} : \frac{3}{5} = \frac{1}{7} \cdot \frac{5}{3} = ■$ ② $\frac{1}{2} : \frac{3}{4} = ■$ ③ $-\frac{1}{6} : \frac{2}{9} = ■$

Verstehen

Luca leiht sich dreimal zwei Euro von seinem Freund.

Luca hat bei seinem Freund 6 € Schulden, denn (−2 €) + (−2 €) + (−2 €) = −6 €.

Kürzer geschrieben: 3 · (−2 €) = −6 €

Mara hat vier Runden Karten gespielt. Sie hat insgesamt −8 Punkte bekommen.

Mara hat pro Spiel durchschnittlich −2 Punkte bekommen, denn

−8 Punkte : 4 = −2 Punkte

Merke **Multiplizieren und Dividieren von rationalen Zahlen**
① Multipliziere bzw. dividiere beide Zahlen ohne Vorzeichen.
② Bestimme das Vorzeichen des Ergebnisses:
– Das Vorzeichen ist negativ (−), wenn beide Zahlen verschiedene Vorzeichen haben.
– Das Vorzeichen ist positiv (+), wenn beide Zahlen das gleiche Vorzeichen haben.

Multiplikation rationaler Zahlen

HINWEIS
Graue Klammern und „+"-Zeichen dürfen weggelassen werden.

Beispiel 1
$(-5) \cdot (+12) = ■$
① $5 \cdot 12 = 60$
② Vorzeichen ergänzen: $\underline{\underline{-60}}$

Beispiel 2
$(-2{,}5) \cdot (-4) = ■$
① $2{,}5 \cdot 4 = 10$
② Vorzeichen ergänzen: $\underline{\underline{+10}}$

HINWEIS
*Beim **Kehrwert** werden Zähler und Nenner vertauscht.*
$\frac{2}{3}$ → $\frac{3}{2}$ Kehrwert

Beispiel 3
$\left(+\frac{3}{5}\right) \cdot \left(-\frac{2}{3}\right) = ■$
① $\frac{3}{5} \cdot \frac{2}{3} = \frac{3 \cdot 2}{5 \cdot 3} = \frac{6}{15} = \frac{2}{5}$

Zähler mal Zähler und Nenner mal Nenner rechnen.

② Vorzeichen ergänzen: $\underline{\underline{-\frac{2}{5}}}$

Merke **Brüche** werden **multipliziert**, indem man Zähler mit Zähler und Nenner mit Nenner multipliziert.

Division rationaler Zahlen

Beispiel 4
$(-72) : (-8) = ■$
① $72 : 8 = 9$
② Vorzeichen ergänzen: $\underline{\underline{+9}}$

Beispiel 5
$(+7{,}5) : (-2{,}5) = ■$
① $7{,}5 : 2{,}5 = 3$
② Vorzeichen ergänzen: $\underline{\underline{-3}}$

Beispiel 6
$\left(-\frac{3}{2}\right) : \left(+\frac{2}{5}\right) = ■$
① $\frac{3}{2} : \frac{2}{5} = \frac{3}{2} \cdot \frac{5}{2} = \frac{15}{4} = 3\frac{3}{4}$

Mit dem Kehrwert von $\frac{2}{5}$, also $\frac{5}{2}$ multiplizieren.

② Vorzeichen ergänzen: $\underline{\underline{-3\frac{3}{4}}}$

Merke Man **dividiert** durch einen **Bruch**, indem man mit seinem **Kehrwert** multipliziert. Den **Kehrwert** bildet man, indem man Zähler und Nenner vertauscht.

Starthilfe

A Welche Aufgaben haben das gleiche Ergebnis? Finde die drei Aufgabenpaare.

Ⓐ $-3-3-3-3$ Ⓑ $4+4+4$ Ⓒ $-4-4-4$ ① $4\cdot 3$ ② $-3\cdot 4$ ③ $-4\cdot 3$

B Welche Vorzeichen haben die Ergebnisse?
Wähle die passende Begründung aus und berechne dann.
① Das Vorzeichen ist negativ, weil beide Zahlen verschiedene Vorzeichen haben.
② Das Vorzeichen ist positiv, weil beide Zahlen gleiche Vorzeichen haben.

a) $11{,}7\cdot 4$ **b)** $-6{,}5\cdot 3$ **c)** $-24{,}4:4$ **d)** $\frac{11}{2}\cdot(-5)$

C Welches Ergebnis passt zur Division? Überlege und prüfe durch Rechnung.

a) $-9{,}5:2$ $-4{,}75$ $4{,}75$ $-4{,}57$ **b)** $-17{,}5:7$ $2{,}5$ $-2{,}5$ $-3{,}5$

Üben und anwenden

1 Führe die Multiplikation um fünf Aufgaben fort. Formuliere jeweils eine Regel.

a)
$3\cdot 8=24$
$2\cdot 8=16$
$1\cdot 8=8$
$0\cdot 8=0$
$(-1)\cdot 8=\blacksquare$

b)
$5\cdot(-7)=-35$
$5\cdot(-6)=-30$
$5\cdot(-5)=-25$
$5\cdot(-4)=-20$
$5\cdot(-3)=\blacksquare$

1 Führe die Multiplikation um fünf Aufgaben fort. Formuliere jeweils eine Regel.

a)
$7\cdot(-8)=-56$
$7\cdot(-7)=-49$
$7\cdot(-6)=-42$
$7\cdot(-5)=-35$
$7\cdot(-4)=\blacksquare$

b)
$(-5)\cdot(-6)=30$
$(-4)\cdot(-6)=24$
$(-3)\cdot(-6)=18$
$(-2)\cdot(-6)=12$
$(-1)\cdot(-6)=\blacksquare$

2 Setze im Heft das richtige Vorzeichen ein.

a) $(-2)\cdot(-4)=\blacksquare 8$ **b)** $(-2{,}5)\cdot 2=\blacksquare 5$
c) $2\cdot(\blacksquare 3)=-6$ **d)** $(-5)\cdot(\blacksquare 4)=20$
e) $(\blacksquare 8)\cdot(-2)=-16$ **f)** $(\blacksquare 6)\cdot\left(-\frac{1}{6}\right)=1$

2 Übertrage ins Heft und fülle die Lücken.

a) $-3\cdot\blacksquare=-12$ **b)** $8\cdot\blacksquare=-56$
c) $\blacksquare\cdot(-4)=16$ **d)** $\blacksquare\cdot 7=-28$
e) $\blacksquare\cdot(-7)=77$ **f)** $-3\cdot\blacksquare=\frac{3}{4}$

3 Multipliziere jeweils mit (-2).
Berechne nur die Aufgaben mit einem positiven Ergebnis im Kopf.

-10 5 -19 -8 -35

3 Bilde je drei Multiplikationsaufgaben mit einem positiven und einem negativen Ergebnis und löse sie.

10 $-\frac{1}{2}$ -125 -5 25 -2 $-1{,}38$	$\cdot$	-8 -4 $\frac{3}{5}$ $-0{,}9$ -88 -5 100

4 Aus der Berufswelt
Ein Getränkehersteller füllt verschieden große Flaschen ab.
Überschlage erst und berechne dann jeweils, wie viel Liter er abfüllt.

5530 Flaschen Orangenlimo

1257 Flaschen Kräuterlimo

780 Flaschen Traubensaft

4 Aus der Berufswelt
Für eine Taxifahrt berechnet das Taxiunternehmen für jeden angefangenen Kilometer 1,60 €.
Zudem wird pro Fahrt ein einmaliger Grundpreis von 3,70 € erhoben.
Überschlage erst und berechne dann die Tageseinnahmen von Manfred:
Tour 1: 23 km **Tour 2:** 123 km
Tour 3: 12,5 km **Tour 4:** 9,4 km

5 Bilde möglichst viele Multiplikationsaufgaben mit folgenden Ergebnissen.

a) −24 b) 48

6 Verschiedene Divisionsaufgaben, aber eine Lösung. Finde alle Möglichkeiten.

Beispiel 21 und 7 → −3
21 : (−7) = −3
(−21) : 7 = −3

a) 45 und 9 → 5 b) 45 und 9 → −5
c) 21 und 3 → 7 d) 21 und 3 → −7

7 Berechne.
Prüfe dein Ergebnis mit der Umkehraufgabe.

a) 12 : (−6) b) −36 : 12
c) −42 : (−7) d) 84 : (−7)

8 Vervollständige die Aufgaben im Heft. Kontrolliere mit der Probe.

Division	Probe
$\frac{1}{3} : \left(-\frac{1}{2}\right) = \frac{1}{3} \cdot \left(-\frac{2}{1}\right) = -\frac{2}{3}$	$-\frac{2}{3} \cdot \left(-\frac{1}{2}\right) = \frac{1}{3}$
$-\frac{1}{3} : \frac{1}{4} = \blacksquare$	$\blacksquare \cdot \frac{1}{4} = -\frac{1}{3}$
$-\frac{1}{3} : \frac{1}{8} = \blacksquare$	$\blacksquare \cdot \frac{1}{8} = -\frac{1}{3}$

9 Aus der Berufswelt
Ein Getränkehersteller füllt Fruchtschorle ab. Berechne jeweils die benötigte Flaschenanzahl.

3725 l Apfelschorle
5250 l Orangenschorle
6000 l Kirschschorle

10 Berechne.
Welches Ergebnis passt nicht in die Reihe? Begründe.

a) −615 : 5 b) 1872 : (−8)
c) −2415 : (−7) d) −2436 : 6

11 Wie heißt die Zahl?

a) Ich dividiere eine Zahl durch 3 und erhalte −4.
b) Ich multipliziere eine Zahl mit −4,5 und erhalte −13,5.

HINWEIS
Lösungen zu Aufgabe 11: −24,5; 3; −12; −56

5 Bilde möglichst viele Multiplikationsaufgaben mit folgenden Ergebnissen.

a) 0,8 b) $-\frac{4}{9}$

6 Verschiedene Divisionsaufgaben, aber eine Lösung. Finde alle Möglichkeiten.

Beispiel 12 und 3 → −■
12 : (−3) = −4
(−12) : 3 = −4

a) 96 und 8 → 12 b) 96 und 8 → −12
c) 21,9 und 3 → +■ d) 21,9 und 3 → −■

7 Berechne.
Prüfe dein Ergebnis mit der Umkehraufgabe.

a) 28 : 7 b) 96 : 12
c) −117 : 13 d) 121 : (−11)

8 Vervollständige die Aufgaben im Heft. Kontrolliere mit der Probe.

Division	Probe
$\frac{1}{2} : \frac{1}{16} = \frac{1}{2} \cdot \frac{16}{1} = \blacksquare$	$\blacksquare \cdot \blacksquare = \frac{1}{2}$
$-\frac{1}{2} : \left(-\frac{1}{64}\right) = \blacksquare$	$\blacksquare \cdot \blacksquare = -\frac{1}{2}$
$\frac{1}{2} : \left(-\frac{1}{256}\right) = \blacksquare$	$\blacksquare \cdot \blacksquare = \frac{1}{2}$

9 Aus der Berufswelt
Taxifahrer Herbert berechnet für jeden angefangenen Kilometer 1,70 €.
Zudem erhebt er pro Fahrt einen Grundpreis von 3,20 €.
Berechne die Kilometeranzahl der Touren.

Tour 1: 28,70 €
Tour 2: 38,90 €
Tour 3: 16,80 €

10 Dividiere.
Welches Ergebnis passt nicht in die Reihe? Begründe.

a) 24,48 : (−7,2) b) −24,2 : (−5,5)
c) 13,44 : (−2,1) d) −8,652 : 4,2

11 Wie heißt die Zahl?

a) Das Produkt aus einer Zahl und −0,5 ergibt 12,25.
b) Eine Zahl wird durch −14 dividiert. Das Ergebnis ist 4.

Rechenregeln und Rechenvorteile beim Rechnen mit rationalen Zahlen

Entdecken

1 Drei Schüler lösen die Aufgabe: $(-4) \cdot 17 \cdot (-25)$.

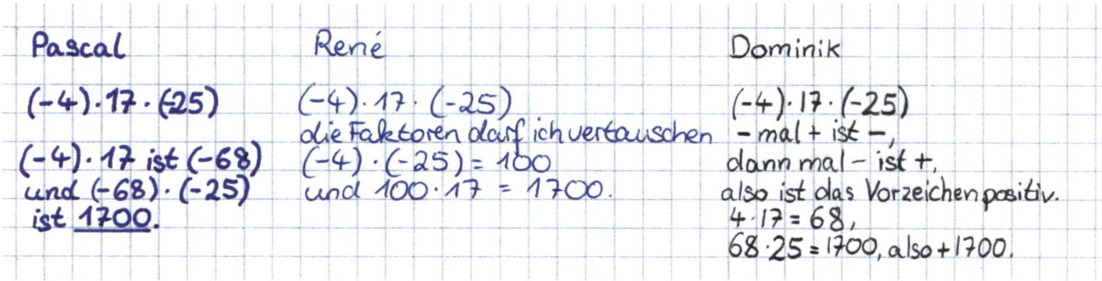

a) Welche Vorgehensweise findest du am einfachsten? Begründe im Heft.
b) Tausche dich mit deinem Lernpartner aus.
c) Berechne auf deine Weise $(-2) \cdot (-137) \cdot (-50)$.
d) Vergleicht eure Rechenwege.

2 Katja und Michael machen in den Alpen eine Bergtour.

a) Berechne die Durchschnittstemperatur.
b) Vergleiche dein Ergebnis und deine Vorgehensweise mit deinem Lernpartner.
c) Auf der Birkkarspitze wurden an einem Tag $-4\,°C$ und $-6\,°C$ gemessen.
Mit welchen Rechnungen lässt sich daraus eine Durchschnittstemperatur bestimmen? Begründet eure Antwort schriftlich.

Auszug aus dem Wanderbuch:

Ort	Höhe	Temperatur
Lenggries	679 m	−2 °C
Lenggrieser Hütte	1 338 m	−2 °C
Tegernseer Hütte	1 650 m	−4 °C
Buchstein Hütte	1 260 m	−2 °C
Hirschberghaus	1 535 m	−4 °C
Bad Wiessee	750 m	−4 °C

① $-4 - 6 : 2$

② $-4 : 2 + (-6) : 2$

③ $(-4 + (-6)) : 2$

④ $-4 + (-6) : 2$

⑤ $(-4 - 6) : 2$

⑥ $(-6 + (-4)) : 2$

d) Welche Vorrangregeln müssen beim Rechnen beachtet werden?

Verstehen

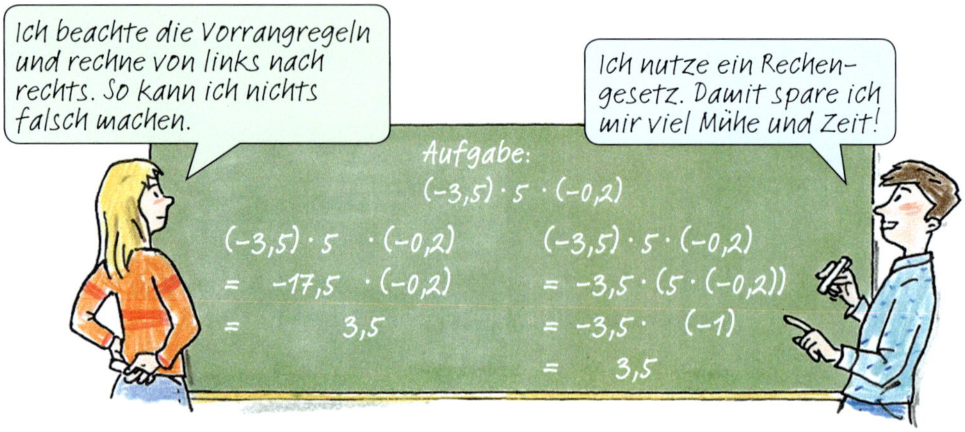

Die bekannten **Vorrangregeln** gelten auch beim Rechnen mit rationalen Zahlen.

Merke Vorrangregeln
1. Werte in Klammern werden zuerst berechnet.
2. Punktrechnung geht vor Strichrechnung.
3. Ansonsten wird von links nach rechts gerechnet.

Beispiel 1

$12 - (3 - 5) \cdot 3{,}1 =$

$12 - (-2) \cdot 3{,}1 =$

$12 - (-6{,}2) = \underline{\underline{18{,}2}}$

Die folgenden **Rechengesetze** kann man zum vorteilhaften Rechnen nutzen.

Die Beispiele werden jeweils zweimal vorgerechnet:
Links mit Katjas Rechenweg „von links nach rechts" und rechts wie Ben, der Rechenvorteile nutzt.

HINWEIS
Gehe Katjas und Bens Rechenwege durch: Welche Rechenschritte findest du leichter?

Merke Vertauschungsgesetz (Kommutativgesetz)
In einer Summe und in einem Produkt gilt: Man darf die Zahlen vertauschen.
$a + b = b + a$ $\quad$ $a \cdot b = b \cdot a$

Beispiel 2 Aufgabe: $-2{,}4 + 175$

$-2{,}4 + 175 = \underline{\underline{172{,}6}}$

$-2{,}4 + 175 =$
$175 + (-2{,}4) = \underline{\underline{172{,}6}}$

Beispiel 3 Aufgabe: $13 \cdot (-5)$

$13 \cdot (-5) = \underline{\underline{-65}}$

$13 \cdot (-5) =$
$(-5) \cdot 13 = \underline{\underline{-65}}$

Merke Verbindungsgesetz (Assoziativgesetz)
In einer Summe und in einem Produkt gilt:
Die Zahlen dürfen beliebig durch Klammern zusammengefasst werden.
$a + b + c = (a + b) + c = a + (b + c)$ $\quad$ $a \cdot b \cdot c = (a \cdot b) \cdot c = a \cdot (b \cdot c)$

Beispiel 4 Aufgabe: $(-42 + 3{,}1) + 70{,}7$

$(-42 + 3{,}1) + 70{,}7 =$
$-38{,}9 + 70{,}7 =$
$\underline{\underline{31{,}8}}$

$(-42 + 3{,}1) + 70{,}7 =$
$-42 + (3{,}1 + 70{,}7) =$
$-42 + 73{,}8 =$
$\underline{\underline{31{,}8}}$

Beispiel 5 Aufgabe: $-17 \cdot \frac{1}{7} \cdot 14$

$-17 \cdot \frac{1}{7} \cdot 14 =$
$-\frac{17}{7} \cdot 14 =$
$-\frac{238}{7} =$
$\underline{\underline{34}}$

$-17 \cdot \frac{1}{7} \cdot 14 =$
$-17 \cdot \left(\frac{1}{7} \cdot 14\right) =$
$-17 \cdot 2 =$
$\underline{\underline{-34}}$

Starthilfe

A Welche Regel passt zu welcher Aufgabe? Ordne zu.

a) $65{,}5 - 23{,}5 + 212$ **b)** $7 \cdot (55{,}5 - 45)$ **c)** $350 + 66 : 11$ **d)** $333 : (1{,}5 \cdot 2)$

Punkt-vor-Strich | Klammer zuerst | von links nach rechts

B Wie hat Abul gerechnet?
Erkläre den Rechenweg mithilfe der Rechengesetze von oben.

a) $4{,}5 \cdot (82{,}6 - 71{,}4) =$
$4{,}5 \cdot 11{,}2 = \underline{\underline{50{,}4}}$

b) $2{,}7 \cdot 1{,}5 + 1{,}5 - 0{,}9 =$
$4{,}05 + 1{,}5 - 0{,}9 =$
$5{,}55 - 0{,}9 = \underline{\underline{4{,}65}}$

Üben und anwenden

1 Beachte die Vorrangregeln.

a) $-12 + 8 \cdot 4$ **b)** $-12 - 8 \cdot 4$
c) $-12 + 8 : 4$ **d)** $-12 - 8 : 4$
e) $-12 - 8 - 4$ **f)** $-12 - 8 + 4$
g) $-12 \cdot 8 : 4$ **h)** $-12 \cdot (8 - 4)$

2 Schreibe den Rechenbaum als Rechnung ins Heft. Denke an die Klammern.
Bestimme das Ergebnis im Kopf.

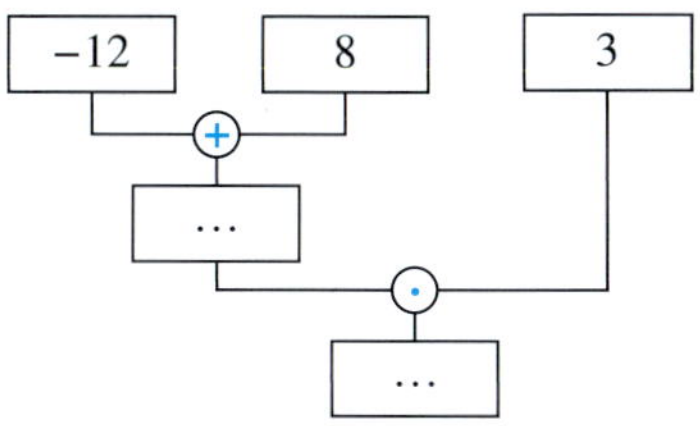

3 Zeichne und berechne den Rechenbaum.

a) $(-2 + 3) \cdot 5$ **b)** $-12 : (-4 + 7)$
c) $1{,}5 \cdot (-2) + 3$ **d)** $(-3 - 7) \cdot (4{,}3 - 4)$

4 Beschreibe, welche Fehler gemacht wurden. Berichtige sie im Heft.

a) $8 - 4 \cdot 6 = 24$
b) $12 \cdot 3 - 4 \cdot 7 = 224$
c) $-9{,}2 - 15 \cdot 3 = -72{,}6$
d) $-6{,}5 - 5{,}2 : 13 = 0{,}9$

Richtige Ergebnisse:

−54,2 | −16 | −6,9 | 8

1 Setze Klammern so, dass das Ergebnis stimmt.

a) $3 + 2 \cdot 7 = 35$ **b)** $-12 : 4 - 2 = -6$
c) $-2 \cdot 4 - 5 + 1 = 3$ **d)** $4 - 2 - 7 = 9$
e) $23 - 8 : (-5) = -3$ **f)** $-13 + 2 \cdot 8 - 2 = -1$

2 Schreibe als Rechnung in dein Heft und berechne das Ergebnis im Kopf.

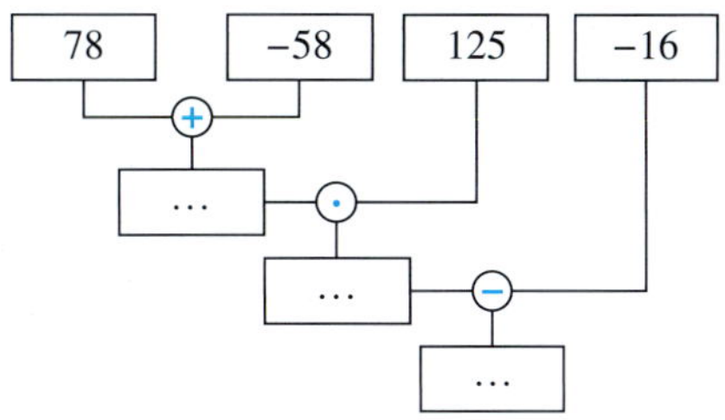

3 Zeichne und berechne den Rechenbaum.

a) $2 \cdot (-3{,}5) - 7{,}4$ **b)** $-9 + (-14) : 7$
c) $(-5 + 8) \cdot (2{,}8 - 3)$ **d)** $-15 : 3 - 6 \cdot (-1{,}3)$

4 Fehler in Nadines Hausaufgaben

a) Finde jeweils heraus, was sie falsch gemacht hat, und korrigiere das Ergebnis.
① $2 - 6 \cdot 5 = -20$
② $14 - 21 : 7 = -1$
③ $-5 \cdot (7 - 14) = -49$
④ $(-48) : 4 \cdot 2 = -6$
⑤ $15 - 15 : 5 = 0$

b) Nadine behauptet, die Ergebnisse seien doch richtig, man müsse in den Aufgaben nur Klammern ergänzen oder weglassen. Ist das tatsächlich möglich?

HINWEIS
Lösungen zu Aufgabe 3:
−4; −0,6; −11; 0; 5; 2,8, −14,4; −3,3

MATERIAL
Würfel

5 Würfelt mit drei Würfeln. Setzt vor jede Augenzahl ein Minus als Vorzeichen und bildet eine Aufgabe. Dabei dürft ihr alle Rechenzeichen und auch Klammern verwenden.
Findet jeweils ein möglichst kleines und ein möglichst großes Ergebnis.

6 Rechne vorteilhaft.
a) $(+95) + (-37) + (-95)$
b) $(+27) - (-27) + (-17) - (+27)$
c) $(-73{,}5) + \left(-23\frac{1}{2}\right) - (-23{,}5)$
d) $(-6) \cdot (-7) \cdot (+5)$

6 Rechne vorteilhaft.
a) $(-145{,}3) + (-236{,}7) - (-236{,}7)$
b) $(+0{,}7) - (-2{,}4) + (-0{,}07) - (+0{,}7)$
c) $\left(+\frac{3}{4}\right) + \left(+\frac{5}{6}\right) - \left(-\frac{5}{6}\right) - \left(+\frac{3}{4}\right)$
d) $(-4) \cdot (-9) \cdot (-125)$

7 Nutze Rechenvorteile.
a) $47 - 28 - 37$
b) $-56 + 104 + 26$
c) $89 - 231 - 19$
d) $-\frac{2}{18} - \frac{3}{4} + \frac{1}{9}$
Vergleiche mit deinem Partner und erklärt euch gegenseitig eure Rechenwege.

7 Rechne vorteilhaft.
a) $8{,}2 - 4{,}3 + 1{,}8$
b) $5{,}7 + 4{,}5 - 9{,}7$
c) $8{,}7 - 6{,}5 - 2{,}7$
d) $\frac{30}{15} + \frac{1}{45} - \frac{112}{56}$
Vergleiche mit deinem Partner und erklärt euch gegenseitig eure Rechenwege.

8 Jamal hat das Vertauschungsgesetz angewendet.
Doch die Ergebnisse sind verschieden.
a) Was hat er falsch gemacht?
b) Wann gilt das Vertauschungsgesetz, wann nicht? Finde weitere Beispiele.
c) Was muss man beachten, wenn man das Vertauschungsgesetz bei Rechnungen wie in Aufgabe 7 anwendet?
d) Untersucht das Verbindungsgesetz auf gleiche Weise.

① $-16 + 7{,}2 - 6 = -14{,}8$
$-16 + 6 - 7{,}2 = -17{,}2$

② $-2{,}5 - 1{,}5 = -4$
$1{,}5 - (-2{,}5) = 4$

ERINNERE DICH
(6 + 4) Summe
(6 − 4) Differenz
(6 · 4) Produkt
(6 : 4) Quotient

9 Stelle die Rechnung auf und berechne.
Tipp: Rechenbäume können helfen.
a) Multipliziere (-4) mit der Differenz aus 5 und 3.
b) Addiere zum Produkt der Zahlen (-5) und $(-2{,}5)$ die Zahl 1,5.
c) Erfinde eigene Aufgaben mit Lösungen und tauscht sie aus.

9 Stelle die Rechnung auf und berechne.
Tipp: Rechenbäume können helfen.
a) Multipliziere die Summe aus -15 und -45 mit der Differenz der Zahlen 12 und -4.
b) Multipliziere die Differenz aus $-3{,}5$ und $-1{,}5$ mit dem Quotienten aus -75 und 25.
c) Erfinde eigene Aufgaben mit Lösungen und tauscht sie aus.

10 Vorrangregeln und Rechengesetze

Warum ist das so?
Begründet anhand mehrerer Beispiele mit unterschiedlichen Rechenarten.

Strategie Lösungswege vergleichen

Michael und Karina lösen folgende Aufgabe:

Vanessa besucht mit ihren Freunden einen Freizeitpark. Von ihren Eltern hat sie für diesen Tag 35 € bekommen. Der Eintritt kostet 23 €. Zum Mittagessen kauft sie sich ein Menü für 5,90 €. Später isst sie einen Crêpe für 2,70 €. In ihrem Rucksack findet sie noch 2,15 €. Für ihre beiden Geschwister würde sie gerne im Souvenirshop jeweils einen Schlüsselanhänger für 3,10 € kaufen.

Michael rechnet:

Einnahmen	Ausgaben
35,00 €	23,00 €
+ 2,15 €	5,90 €
37,15 €	2,70 €
37,80 €	3,10 €
− 37,15 €	+ 3,10 €
0,65 €	37,80 €

Karina hat folgende Lösung:

geg.: Geld von den Eltern: 35 €, Eintritt: 23 €
Menü: 5,90 €, Crêpes: 2,70 €,
Geld im Rucksack: 2,15 €,
Kosten Schlüsselanhänger: 3,10 €

ges.: Reicht das Geld?

(35 € + 2,15 €) − (23 € + 5,90 € + 2,70 € + 3,10 € + 3,10 €) =
37,15 € − 37,80 € =
−0,65 €

Nebenr.: 23
+ 5,90
+ 2,70
+ 3,10
+ 3,10
= 37,80

Antwort: Vanessa hat zu wenig Geld. Ihr fehlen 65 cent.

Michael hat die Einnahmen und die Ausgaben einzeln addiert. Dann hat er die Einnahmen von den Ausgaben subtrahiert.

1 Schaue dir die Lösungswege genau an

a) Welche Rechenschritte wurden gemacht?

b) Welche Rechenhilfen (z. B. Skizze, Tabelle, …) wurden verwendet?

c) Wurde ein Überschlag zur Lösungskontrolle berechnet?

Michael hat eine Tabelle verwendet.

Michael hat seine Lösung nicht kontrolliert.

2 Vergleiche die Lösungswege

a) Vergleiche die Ergebnisse. Wer hat richtig gerechnet? Rechne nach.

b) Wer hat Fehler gemacht? Beschreibe den Fehler.

c) Ist die Lösung vollständig?

d) Ist der Rechenweg übersichtlich und nachvollziehbar dargestellt?

e) Wurde vorteilhaft oder umständlich gerechnet?

Die Ergebnisse sind unterschiedlich. Karina hat richtig gerechnet.

Michael hat die Einnahmen von den Ausgaben subtrahiert, statt die Ausgaben von den Einnahmen zu subtrahieren.

3 Bewertet die Lösungswege

a) Was ist bei den jeweiligen Lösungen gut gelungen?

b) Wo gibt es Schwierigkeiten? Wo können leicht Fehler entstehen?

c) Worauf sollte man achten? Kannst du Tipps geben?

Klar so weit?

→ Seite 9

Mit rationalen Zahlen im Alltag umgehen

1 Schreibe die Zahlenangaben mit dem entsprechenden Vorzeichen.

a) In 8143 m Meerestiefe haben Forscher einen Fisch entdeckt.
b) Die Stadt Winterberg liegt 670 m über dem Meeresspiegel.
c) Das Tote Meer liegt 392 m unter dem Meeresspiegel.

1 Schreibe die Zahlenangaben mit dem entsprechenden Vorzeichen.

a) Das Kaspische Meer liegt 28 m unter dem Meeresspiegel.
b) Der Wendelstein in den Bayerischen Alpen ist 1838 m hoch.
c) Die tiefste Bohrung in Deutschland endet bei 9101 m unter dem Meeresspiegel.

2 Welche Temperatur ist nach dem Anstieg ablesbar? Schreibe eine Aufgabe.

Beispiel von −2 °C um 7 °C: $-2 + 7 = +5$

a) von −6 °C um 3 °C
b) von −12 °C um 14 °C
c) von −5 °C um 17 °C

2 Welche Temperatur ist nach dem Temperaturabfall ablesbar? Schreibe eine Aufgabe.

a) von 4 °C um 7 °C
b) von 1 °C um 12 °C
c) von −3 °C um 8 °C
d) von −7,5 °C um 9 °C

→ Seite 12

Rationale Zahlen addieren und subtrahieren

3 Muss das Vorzeichen − für ■ eingesetzt werden, damit das Ergebnis richtig wird?

a) $■15 + (-6) = -21$
b) $-120 - (■30) = -150$
c) $12 + (■7) = 5$
d) $-9 - (■3,5) = -5,5$

3 Ergänze die fehlenden Vorzeichen bzw. Rechenzeichen.

a) $2,9 - (■0,8) = 2,1$
b) $-3,5 ■ (+1,5) = -5$
c) $■7,8 - (-1,2) = -6,6$
d) $-\frac{3}{4} + \left(■\frac{1}{2}\right) ■ \frac{1}{4} = -1\frac{1}{2}$

4 Ergänze die Tabellen im Heft.

a)

+	10	−10	−0,5	$\frac{1}{2}$
−7	…	…	…	…
0,5	…	…	…	…

b)

−	9	−12	−1,5	$\frac{1}{2}$
−8	…	…	…	…
1,5	…	…	…	…

4 Ergänze die Tabellen im Heft.

a)

+	187	−22	−99	−3,5	$2\frac{1}{2}$
−67	…	…	…	…	…
2,5	…	…	…	…	…

b)

−	−19	−33	88	$\frac{1}{2}$	2,5
16	…	…	…	…	…
−4,5	…	…	…	…	…

5 Auf einem Girokonto sind −120 €. Es werden nacheinander 50 €, 250 € und 75 € abgehoben. Dann werden 500 € eingezahlt. Ist das Konto wieder im Plus?

5 Ein Kontostand ändert sich von 32 € auf −178 €. Es wurden zwei Lastschriften getätigt. Nenne mehrere Möglichkeiten für die Höhe der Lastschriften.

6 Welche Aufgaben führen zum gleichen Ergebnis?

Beispiel $3 + 5 = 8$

$3 - (-5) = 8$; $5 - (-3) = 8$; $3 + (+5) = 8$; $5 + (+3) = 8$

a) $-7 + 3 = -4$
b) $+25 - 35 = -10$
c) $-38 + 12 = -26$
d) $2,4 - 1,9 = 0,5$
e) $-5,8 + 2,3 = -3,5$
f) $2,75 - 1,5 = 1,25$

Rationale Zahlen multiplizieren und dividieren

→ Seite 16

7 Überlege zuerst, welches Vorzeichen das Ergebnis bekommt. Berechne anschließend.

a) $2{,}5 \cdot (-6)$ b) $-0{,}4 \cdot (-4{,}5)$
c) $-\frac{2}{7} \cdot \frac{3}{4}$ d) $0{,}5 \cdot \left(-\frac{2}{5}\right)$

7 Überlege zuerst, welches Vorzeichen das Ergebnis bekommt. Berechne anschließend.

a) $0{,}5 \cdot (-350)$ b) $0{,}8 \cdot 7{,}2$
c) $0{,}704 \cdot \left(-\frac{3}{100}\right)$ d) $-0{,}085 \cdot \left(-\frac{2}{5}\right)$

8 Dividiere.

a) $-72 : 8$ b) $-4{,}2 : (-2)$
c) $-\frac{1}{2} : \frac{1}{2}$ d) $\frac{1}{2} : (-0{,}5)$

8 Dividiere.

a) $208 : (-26)$ b) $-24{,}8 : (-6{,}2)$
c) $\frac{2}{5} : \left(-\frac{1}{10}\right)$ d) $-2\frac{1}{2} : 1{,}8$

9 Eine Tankstelle hat folgende Preise:

E10	Super	Diesel
1,34 €	1,36 €	1,18 €

Berechne die Preise der Tankfüllungen:

Auto 1: 35 l Diesel | Auto 2: 42 l E10 | Auto 3: 65 l Super | Auto 4: 15 l Diesel

10 Bei einem Kinderfest werden 50 l Fruchtcocktail angeboten.
Wie viele volle Gläser kann man mit dieser Menge füllen, wenn in jedes Glas folgende Mengen gefüllt werden?

a) 0,25 l b) 0,5 l c) 0,3 l

Rechenregeln und Rechenvorteile beim Rechnen mit rationalen Zahlen

→ Seite 20

11 Beachte die Rechenregeln und berechne.

a) $5 \cdot 7 - 12$
b) $-8 : 2 - 10$
c) $3 \cdot 17 + (-4)$

11 Beachte die Rechenregeln und berechne.

a) $2{,}5 - 7{,}4 \cdot 3 - 5{,}5$
b) $2{,}8 \cdot (-2) - 1{,}6 : (-0{,}8)$
c) $-\frac{3}{4} \cdot 8 - \frac{1}{2}$

12 Was wurde hier falsch gemacht? Berechne auch das richtige Ergebnis.

a) $-75 + 5 \cdot (-5) = 350$
b) $70 + (-10) : 2 = 30$

12 Was wurde hier falsch gemacht? Berechne auch das richtige Ergebnis.

a) $85 - (43 - 12) \cdot 4 = 120$
b) $17 - (-3) \cdot (-5) + 7 = 40$

13 Löse nur die Aufgabe, die zum Text passt. Worauf musst du dabei achten?
Multipliziere 2 mit der Summe der Zahlen 1,5 und 3.

$2 \cdot 1{,}5 + 3$ | $(2 \cdot 1{,}5) + 3$ | $2 \cdot (1{,}5 + 3)$

13 Schreibe als Aufgabe und berechne. Wo musst du Klammern setzen?

a) Dividiere die Summe der Zahlen −15 und −45 durch 12.
b) Multipliziere die Differenz der Zahlen −3,5 und −1,5 mit 0,5.

Lösungen ab Seite 202

Vermischte Übungen

1 Welche Zahlen sind markiert?

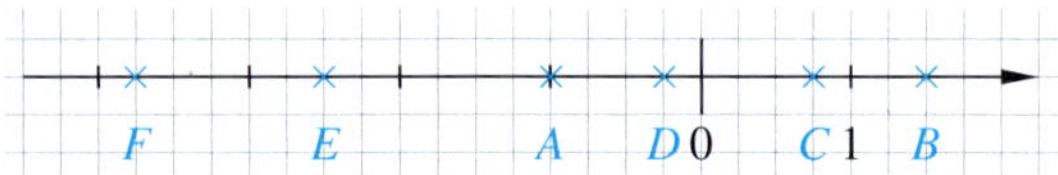

1 Welche Zahlen sind markiert?

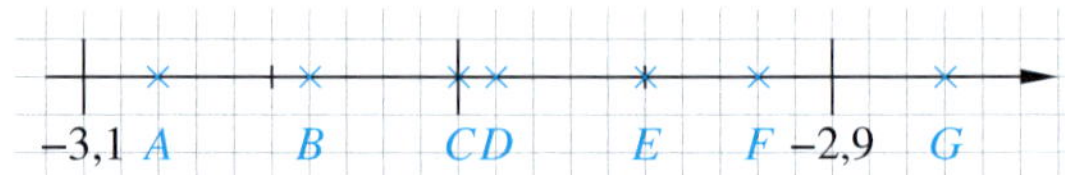

2 Welche Zahl liegt auf der Zahlengeraden in der Mitte zwischen den beiden Zahlen?

a) 2; 4 b) −0,5; 3,5
c) −4; −1 d) −2; 5

2 Finde jeweils die nächstgrößere ganze Zahl.

a) 5,8; 2,1; 12,9; 0,001; −5,8; −2,1
b) $-\frac{1}{3}$; $-2\frac{1}{4}$; −7; $-5\frac{3}{8}$; −0,87

3 Erstelle mit den Zahlen −12, −8 und 5 eine Rechnung, bei der das Ergebnis …

a) eine positive Zahl ergibt,
b) eine negative Zahl ergibt,
c) so groß wie möglich ist,
d) so klein wie möglich ist,
e) die Zahl 1 ist.

4 Beachte die Rechenregeln und berechne.

a) $-4 \cdot 2 - 5$ b) $15 : 3 - 6$
c) $3 - 7 \cdot (-4)$ d) $(6{,}5 - 0{,}5) \cdot (-1)$
e) $-3 - 4 \cdot 0{,}5 + 10$ f) $-\frac{1}{2} \cdot \left(3 + \frac{1}{4} \cdot 8\right)$

4 Setze im Heft passende Rechenzeichen ein, so dass das Ergebnis stimmt.

a) −8 ■ 2 − 10 = −14
b) 2,5 − 7,4 ■ 3 − 5,5 = −25,2
c) −2 ■ 1,6 : (−0,8) = 0

5 Überprüfe mit der Umkehraufgabe.

a) 15 − 32,5 = −17,5
b) −48 : 12 = −4

5 Überprüfe mit der Umkehraufgabe.

a) −26 − 14,5 = −40,5
b) −3,2 : 8 = −0,4

6 Jens rechnet mit seinem Taschenrechner: 8,6 + (−2,3).

[8] [.] [6] [+] [2] [.] [3] [+/−] [=] 6.3

a) Beschreibe, wie Jens gerechnet hat.
b) Wie rechnest du mit deinem Taschenrechner? Notiere deine Tastenabfolge wie Jens.
c) Rechne mit dem Taschenrechner.
① 2,86 + (−3,48)
② −3,77 + (−3,65)
③ 11,21 + 18,66
④ −23,53 + 16,37
⑤ −17,38 + (−19,53)
⑥ 63,35 + (−36,36)

HINWEIS
Ergebnisse zu 6 c): 29,87; 26,99; −0,62; −7,16; −7,42; −36,91

Die Vorzeichentaste sieht häufig so aus: [+/−] oder [−]. Manche Taschenrechner nutzen anstelle des Kommas einen Punkt.

7 Karina hat auf ihrem Bankkonto ein Guthaben von 123,95 €. Sie hebt an fünf Wochenenden jeweils 25 € ab. Überschlage und berechne dann den neuen Kontostand.

7 Armins Bankkonto zeigt 156 € an. Es werden fünfmal in Folge 39,90 € abgebucht. Seine Tante zahlt einmalig 40 € ein. Überschlage zuerst und berechne dann den neuen Kontostand.

8 Die Klasse 7 a misst im Skiurlaub jeden Tag die Außentemperaturen:

Mo.	Di.	Mi.	Do.	Fr.
−8 °C	+2 °C	−3 °C	+1 °C	−7 °C

Wie viel Grad Celsius beträgt die durchschnittliche Außentemperatur?

9 Überprüfe, ob dies magische Quadrate der Addition sind.

a)

−2	−9	−4
−7	−5	−3
−6	−1	−8

b)

0	0,2	0,2
0,4	−0,1	−0,3
−0,4	0,3	0,1

10 Beantworte ohne zu rechnen.
Begründe jeweils deine Antwort.

a) Welche Rechnung hat das größte Ergebnis?
① $-36 + (-7{,}5)$ oder $-36 - (-7{,}5)$
② $-18 \cdot (-0{,}9)$ oder $18 \cdot (-0{,}9)$

b) Das Ergebnis der Aufgabe $-7{,}2 \cdot 0{,}5$ ist …
① größer als 3,5. ② kleiner als −3,5.
③ größer als −3,5. ④ gleich 3,5.

11 Jakob hat eine kleine Gießkanne, die $\frac{3}{4}$ l fasst.
Jakobs Vater füllt in einen 10-Liter-Eimer 9 l Wasser ein.
Wie oft kann Jakob seine Kanne mit dem Wasser füllen?

12 Aus der Berufswelt
Ein Abwasserkanal soll mit $\frac{3}{4}$-m-langen Tonrohren gebaut werden.
Das Verlegen von 10 m Abwasserrohr kostet 9000 €.
Erstelle selbst Aufgaben und lass sie von deinem Partner lösen.

8 Die Schülerfirma „Pausenverkauf" hat Probleme mit der Kasse:
Die Tageseinnahmen stimmen oft nicht mit dem Preis der verkauften Waren überein.

Mo.	Di.	Mi.	Do.	Fr.
−2,55 €	−0,34 €	−1,22 €	+2,71 €	0 €

a) Was bedeuten hier „+" und „−"?
b) Wie viel € hat der Kiosk am Ende der Woche zu viel oder zu wenig eingenommen? Was ergibt das durchschnittlich pro Tag?
c) Wie könnten die Abweichungen entstehen?

9 Übertrage ins Heft und ergänze zu magischen Quadraten der Addition.

a)

−0,5	…	…
…	0,7	−0,9
…	…	1,9

b)

0	…	1
…	$\frac{1}{4}$	…
$-\frac{1}{2}$	…	…

ERINNERE DICH
In einem ***magischen Quadrat der Addition*** *haben die Summen der Zahlen in jeder Zeile, in jeder Spalte und in jeder der Diagonalen den gleichen Wert.*

10 Beantworte ohne zu rechnen.
Begründe jeweils deine Antwort.

a) Welche Rechnung hat das größte Ergebnis?
① $-29 + (-0{,}8)$ ② $-29 \cdot (-0{,}8)$
③ $-29 - (-0{,}8)$ ④ $-29 : (-0{,}8)$

b) Das Ergebnis der Aufgabe $-5{,}4 : 0{,}9$ ist …
① größer als 5,4. ② kleiner als −5,4.
③ gleich −5,4. ④ größer als −5,4.

11 Herr Ludwig ist mit seinem 7 Monate alten Rennrad am Sonntag ab 14:15 Uhr eine Strecke von 52 km in $2\frac{1}{2}$ Stunden gefahren.
Wie viel Kilometer ist er im Durchschnitt in einer Stunde gefahren?

13 Zwei Radprofis trainieren in der Nähe des Toten Meeres.
Ihr Trainer notiert das Streckenprofil.

Start: 200 m ü. NN; 5 km: 50 m u. NN; 10 km: 20 m u. NN;
20 km: 120 m u. NN; 40 km: 300 m ü. NN; 60 km: 30 m u. NN;
80 km: 10 m ü. NN

ü. NN = über Normalnull (über dem Meeresspiegel)
u. NN = unter Normalnull (unter dem Meeresspiegel)

Beispiel

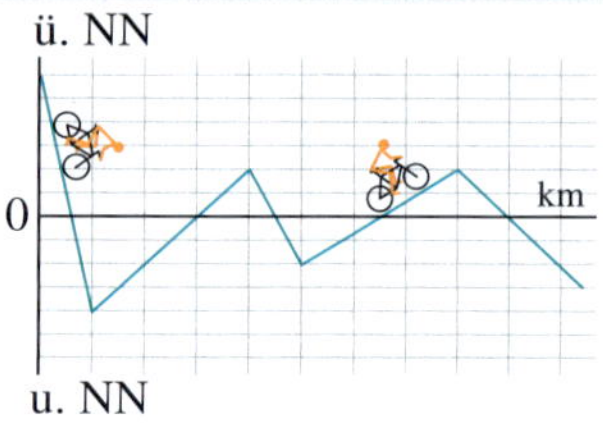

a) Zeichne das Streckenprofil wie im Beispiel rechts in ein Koordinatensystem.
(10 km ≙ 1 cm auf der x-Achse; 40 Höhenmeter ≙ 1 cm auf der y-Achse)

b) Berechne, wie viele Höhenmeter einer der Radprofis insgesamt bergauf gefahren ist.

14 Die Neumayer-Station III – Basis für die deutsche Antarktisforschung

Die deutsche Neumayer-Station III wurde 2009 in Betrieb genommen. Die Messwerte der Klimabeobachtungsstation wie z. B. Lufttemperatur, Luftdruck und Windgeschwindigkeit helfen Wettervorhersagen zu verbessern.

Außenmaße der Plattform: Länge 68 m, Breite 24 m
Jährlicher Polardiesel-Verbrauch für Heizung, Strom und Fahrzeuge: ca. 315 000 l
Nutzfläche (vier Etagen): 4864 m^2

Temperaturübersicht: Monatsmittelwert in einem Jahr

Jan	Feb	Mrz	Apr	Mai	Jun	Jul	Aug	Sep	Okt	Nov	Dez
−4	−8	−13	−18	−21	−23	−25	−25	−24	−18	−10	−5

a) Lies die Texte und betrachte die Tabelle. Welche Informationen werden genannt?

b) Stelle die Temperaturübersicht in einem Diagramm dar.

c) Lisa überlegt: „Wie viele Liter Diesel verbraucht die Forschungsstation in 3 (4, 5) Jahren?“
Beantworte Lisas Frage.
Beschreibe deinen Lösungsweg.

d) Erstellt eigene Aufgaben für eure Mitschüler.

e) Recherchiert weitere Informationen über die Antarktis. Vergleicht auch mit der Arktis und Deutschland.
Präsentiert eure Ergebnisse.

Die Antarktis:
Die Antarktis erstreckt sich rund um den Südpol und grenzt dabei an kein Festland. Die höchste Erhebung ist der Mount Vinson (4897 m), der tiefste Punkt liegt im Bentleygraben (2538 m unter dem Meeresspiegel).

ZUM WEITERARBEITEN
Suche in deinem Geographie-Buch nach Berghöhen eines anderen Kontinents. Bilde daraus selbst Aufgaben und lass sie von deinem Partner lösen.

Teste dich!

1 Schreibe als Rechnung und bestimme das Ergebnis. *(3 Punkte)*

a) Das Thermometer zeigt +5 °C. In der Nacht sinkt die Temperatur um 12 °C.
b) Der Kontostand beträgt 150 €. Es werden 245 € abgehoben.
c) Die Temperatur ändert sich von + 14 °C auf – 9 °C.

2 Übertrage die Tabellen in dein Heft und ergänze die Lösungen. *(6 Punkte)*

a)

alte Temperatur	Temperaturveränderung	neue Temperatur
4,5 °C	6 Grad kälter	…
…	5 Grad wärmer	1 °C
–3 °C	…	–7,5 °C

b)

Kontostand alt	Kontobewegung	Kontostand neu
–34 €	…	+75 €
…	–159 €	+47 €
–18 €	–83 €	…

3 Schreibe in Kurzform und berechne. *(4 Punkte)*

a) $-2{,}5 + (-4{,}1)$
b) $0{,}6 - (+0{,}5)$
c) $-5{,}6 - (-12{,}3) \cdot 8{,}7 - \left(-\frac{1}{2}\right)$
d) $\frac{3}{4} - \left(+\frac{4}{20}\right)$

4 Berichtige falsch gelöste Aufgaben im Heft. *(6 Punkte)*
Beschreibe die Fehler, die gemacht wurden, schriftlich.

a) $12 - 7 \cdot 4 = 20$
b) $12 - (8 - 25) = 29$
c) $12 : (-4) - 121 : (-11) = 14$
d) $-7 \cdot (100 + 9) = -637$
e) $(98 - 120) : -2 = -11$
f) $2 \cdot \left(-\frac{1}{8} - \frac{1}{8}\right) = -\frac{3}{8}$

5 Setze > oder < richtig ein. *(6 Punkte)*

a) 20 ■ –20
b) –8 ■ –9
c) 3 · (–7) ■ – 20
d) –8 + 15 ■ – 22
e) –4 · (–8) ■ – 7 · (–5)
f) 3 · (–8) ■ (–7) · 6 – (–5) · 6

6 Berechne möglichst vorteilhaft. *(4 Punkte)*

a) $35 - 45{,}5 - 54{,}5$
b) $2{,}5 \cdot 6{,}1 \cdot 4$
c) $-6{,}4 + 3{,}8 + 2{,}2$
d) $\frac{1}{3} - \left(-\frac{4}{6}\right) + 1\frac{1}{3}$

7 In Landshut werden in einer Winterwoche die Mittagstemperaturen gemessen. Berechne die durchschnittliche Mittagstemperatur. *(2 Punkte)*

Montag:	–8 °C	Freitag:	–5 °C
Dienstag:	–7 °C	Samstag:	–3 °C
Mittwoch:	–9 °C	Sonntag:	–4 °C
Donnerstag:	–6 °C		

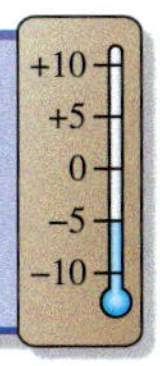

8 Herr Maier hat 1 356 € Schulden. *(2 Punkte)*
Er will sie in vier gleich großen Raten begleichen.

9 Schreibe jeweils als Rechnung und berechne. *(4 Punkte)*
Was ist am größten, was am kleinsten?
① die Differenz der Zahlen – 161 und 23
② das Produkt der Zahlen – 161 und 23
③ die Summe der Zahlen – 161 und 23
④ der Quotient der Zahlen – 161 und 23

Gold: 34–37 Punkte, Silber: 29–33 Punkte, Bronze: 21–28 Punkte

Lösungen ab Seite 202

Zusammenfassung

→ Seite 9

Mit rationalen Zahlen im Alltag umgehen

Die ganzen Zahlen, die positiven und negativen Brüche und Dezimalbrüche bilden zusammen die **Menge der rationalen Zahlen**, kurz $\mathbb{Q}$.

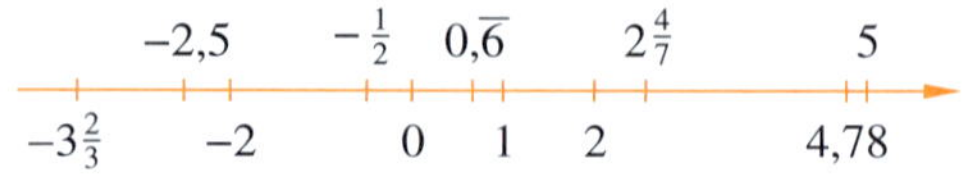

Das **Vorzeichen** gibt an, ob eine Zahl positiv oder negativ ist. Das **Rechenzeichen** beschreibt die Zustandsveränderung.

Vorzeichen

$-7 - (-8) = +1$

Rechenzeichen

→ Seite 12

Rationale Zahlen addieren und subtrahieren

Addiert man eine **positive Zahl**, geht man auf der Zahlengeraden nach **rechts**.

Subtrahiert man eine **negative Zahl**, geht man auf der Zahlengeraden nach **rechts**.

$-7 + (+3) = -7 + 3 = -4$

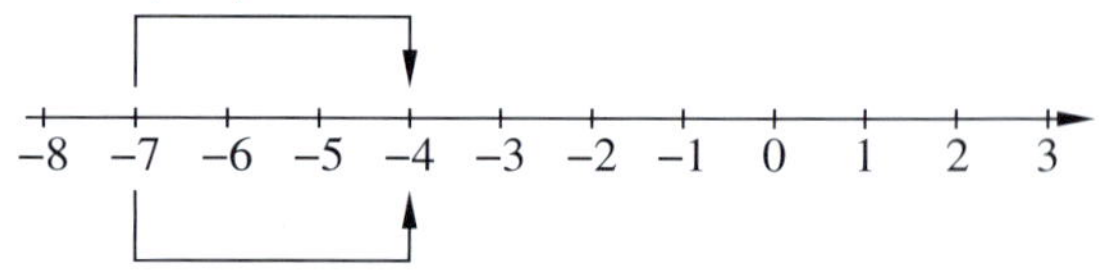

$-7 - (-3) = -7 + 3 = -4$

Addiert man eine **negative Zahl**, geht man auf der Zahlengeraden nach **links**.

Subtrahiert man eine **positive Zahl**, geht man auf der Zahlengeraden nach **links.**

$-1 + (-4) = -1 - 4 = -5$

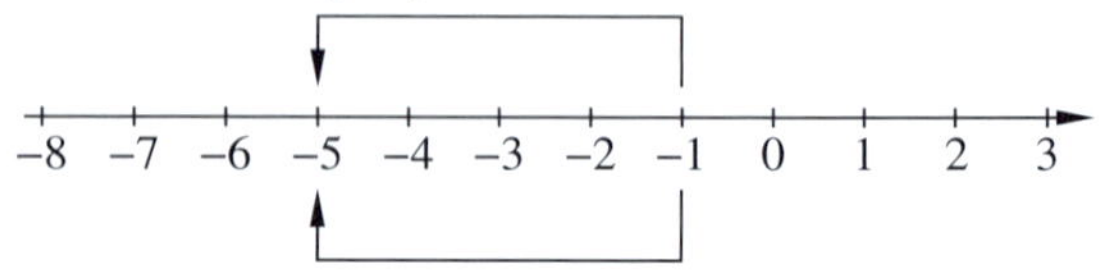

$-1 - (+4) = -1 - 4 = -5$

→ Seite 16

Rationale Zahlen multiplizieren und dividieren

Rationale Zahlen werden zuerst ohne Vorzeichen **multipliziert** (bzw. **dividiert**). Das Ergebnis ist positiv (+), wenn beide Zahlen das *gleiche* Vorzeichen haben, bei *verschiedenen* Vorzeichen ist das Ergebnis negativ (−).

$(+3) \cdot (+1{,}5) = +4{,}5$ $(+4) : (+8) = +0{,}5$
$(-3) \cdot (-1{,}5) = +4{,}5$ $(-4) : (-8) = +0{,}5$
$(+3) \cdot (-1{,}5) = -4{,}5$ $(+4) : (-8) = -0{,}5$
$(-3) \cdot (+1{,}5) = -4{,}5$ $(-4) : (+8) = -0{,}5$

Brüche werden **multipliziert**, indem man Zähler mit Zähler und Nenner mit Nenner multipliziert.

$\frac{3}{5} \cdot \frac{2}{3} = \frac{3 \cdot 2}{5 \cdot 3} = \frac{6}{15} = \frac{2}{5}$

Man **dividiert** durch einen **Bruch**, indem man mit seinem **Kehrwert** multipliziert.

$\frac{3}{2} : \frac{2}{5} = \frac{3}{2} \cdot \frac{5}{2} = \frac{15}{4} = 3\frac{3}{4}$

→ Seite 20

Rechenregeln und Rechenvorteile beim Rechnen mit rationalen Zahlen

Vorrangregeln
1. Werte in Klammern werden zuerst berechnet.
2. Punkt- geht vor Strichrechnung.
3. Ansonsten wird von links nach rechts gerechnet.

Für Addition und Multiplikation gelten:
- **Vertauschungsgesetz** (Kommutativgesetz)
  $a + b = b + a$
  $a \cdot b = b \cdot a$
- **Verbindungsgesetz** (Assoziativgesetz)
  $a + b + c = (a + b) + c = a + (b + c)$
  $a \cdot b \cdot c = (a \cdot b) \cdot c = a \cdot (b \cdot c)$

Geometrische Figuren und Lagebeziehungen

Der weiße Hai wurde aus vielen unterschiedlichen Dreiecken zusammengesetzt.
Auf diese Art können 3D-Objekte im Computer erstellt werden.
Das Hai-Modell wurde im Maßstab 1:30 erstellt.
In Wirklichkeit ist der weiße Hai also 30-mal so groß.

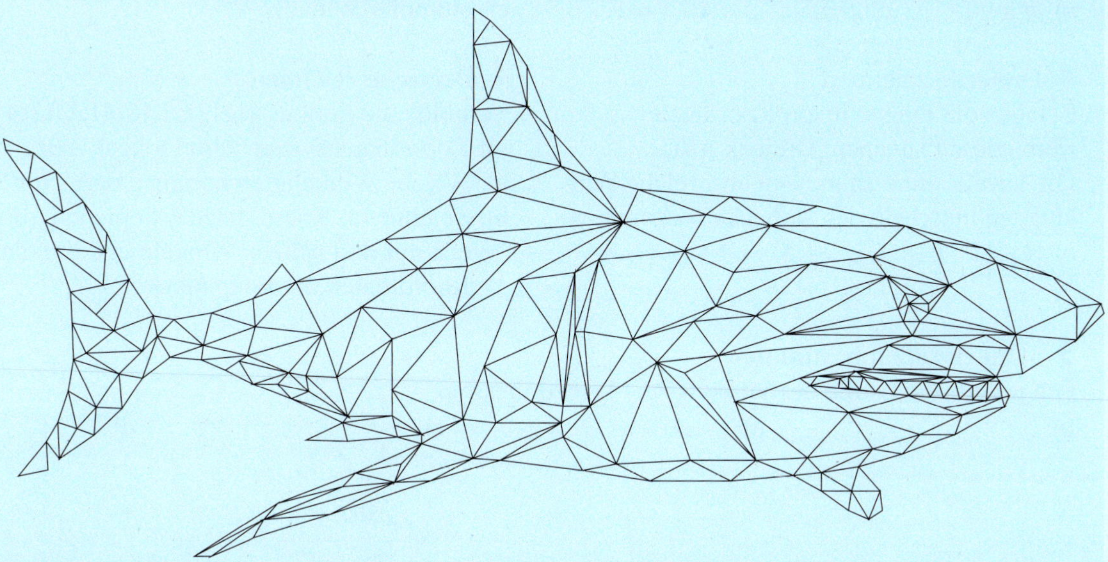

Noch fit?

Einstieg

1 Senkrechte Geraden erkennen
Welche Geraden sind zueinander senkrecht?

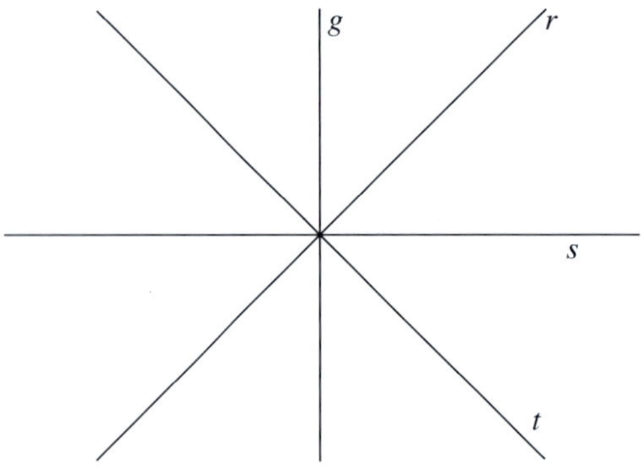

Aufstieg

1 Senkrechte Geraden erkennen
Welche Geraden sind zueinander senkrecht?

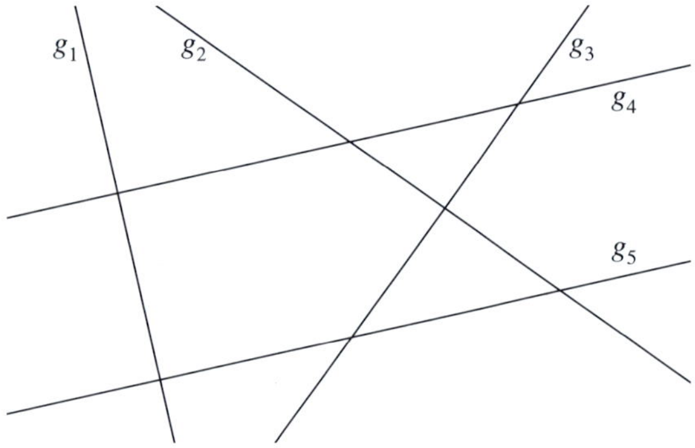

2 Vierecke zeichnen
Übertrage die Zeichnungen in dein Heft und ergänze zu den angegebenen Vierecken.

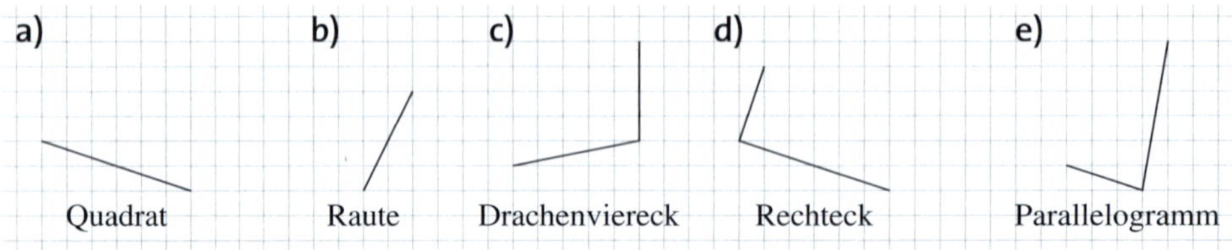

Einstieg

3 Winkel zeichnen
Zeichne die Winkel in dein Heft. Ordne den Winkeln die Winkelart zu: spitzer Winkel, rechter Winkel, stumpfer Winkel.

a) $\alpha = 90°$ b) $\beta = 52°$ c) $\gamma = 127°$

4 Dreiecke zeichnen
Zeichne die Punkte in ein Koordinatensystem. Verbinde sie zu einem Dreieck *ABC*.
Gib jeweils ohne zu messen an, welche Winkelarten innerhalb des Dreiecks vorkommen.

a) $A(2|1)$; $B(6|1)$; $C(4|5)$
b) $A(1|2)$; $B(7|1)$; $C(4|3)$

Aufstieg

3 Winkel zeichnen
Zeichne zu jeder Winkelart einen Winkel. Gib seine genaue Größe an.

a) spitzer Winkel b) rechter Winkel
c) stumpfer Winkel

4 Dreiecke zeichnen
Verbinde die Punkte $A(2|2)$; $B(6|4)$; $C(3|4)$ im Koordinatensystem zum Dreieck *ABC*.

a) Welche Winkelarten kommen darin vor?
b) Zeichne im Koordinatensystem ein Dreieck mit drei spitzen Winkeln und gib die Koordinaten der Eckpunkte an.

5 Winkelgrößen bestimmen
Gib jeweils die Größe des Winkels an, ohne zu messen.

a)

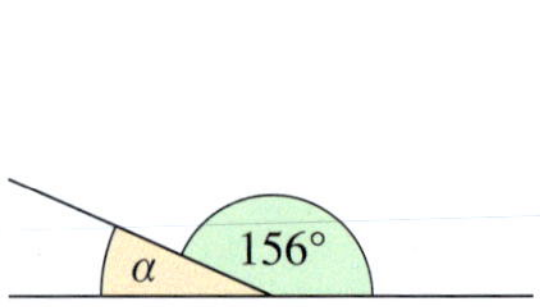

b)

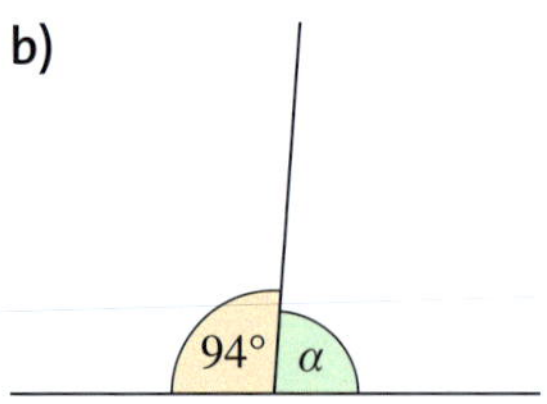

c)

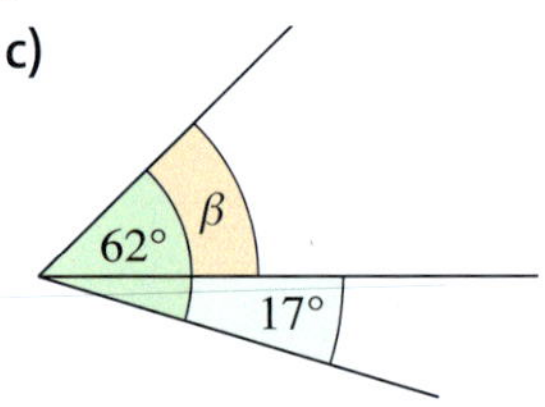

d)

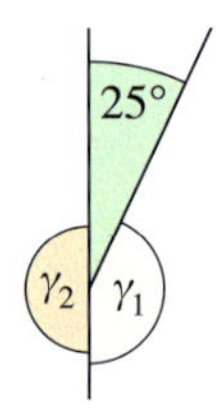

Lösungen ab Seite 202

Der Maßstab

Entdecken

1 Auf dem Bild siehst du einen Stuhl, der wohl für einen Riesen gemacht ist.

a) Wie groß müsste dieser Riese sein, damit er bequem auf dem Stuhl sitzen könnte?

b) Beschreibe dein Vorgehen deinem Partner. Entwickelt gemeinsam eine Strategie, wie ihr die Aufgabe lösen könnt.

c) Nicht jeder kommt auf dasselbe Ergebnis. Woran könnte das liegen?

2 Mark bekommt neue Möbel für sein Zimmer. Um sich besser vorstellen zu können, wie er sein Zimmer einrichten kann, zeichnet er eine Skizze mit den neuen Möbeln.

a) Beschreibe im Heft, welche Fehler Mark gemacht hat.
Worauf muss Mark achten?

b) Das Regal hat er richtig eingezeichnet.
Schätze, wie breit es in Wirklichkeit ist.

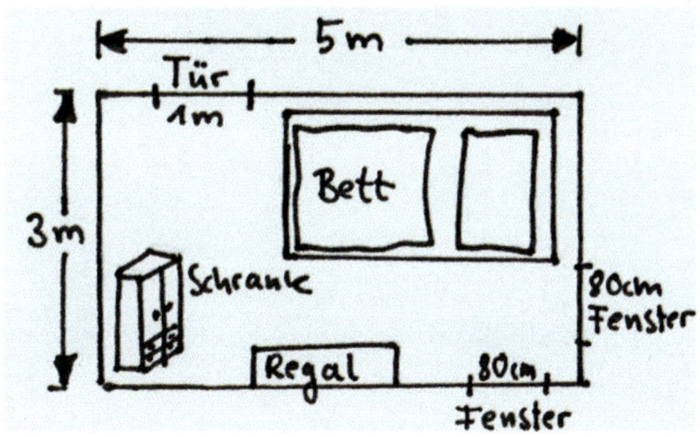

3 Erstellt einen eigenen Grundriss.

a) Zeichne einen Grundriss deines Klassenzimmers.
Du kannst auch die Möbel, die Tafel, die Tür, … einzeichnen.

b) Vergleicht eure Entwürfe miteinander.

c) Besprecht euch in der Klasse: Wo gibt es Gemeinsamkeiten? Wo gibt es Unterschiede? Welche Zeichnung ist am genauesten?

4 Käfer – verkleinert oder vergrößert?

Marienkäfer

Feldsandläufer

Kartoffelkäfer

Blütenbock

Maikäfer

a) Welche Käfer sind vergrößert, welche sind verkleinert dargestellt?

b) Gib die ungefähre Länge der Tiere in der Wirklichkeit an.
Du kannst das mithilfe der Maßstabsleiste über den Bildern und einem Lineal herausfinden.

ZUM WEITERARBEITEN
Sucht in eurem Natur-und-Technik-Buch nach Fotos. Welche zeigen eine vergrößerte, welche eine verkleinerte Abbildung?

Verstehen

Maßstäbliche Darstellungen nutzt man für Landkarten, und um große Gegenstände, wie Häuser, Zimmer und Möbel, auf einem Blatt Papier oder als Modell verkleinert abzubilden. Kleine Dinge werden häufig maßstäblich vergrößert, damit man Einzelheiten besser erkennt.

Der Maßstab nennt das Verhältnis, in welchem vergrößert oder verkleinert wird.
Das Verhältnis 1 : 3 sagt, dass um das Dreifache **verkleinert** wird.
Das Verhältnis 3 : 1 sagt, dass um das Dreifache **vergrößert** wird.

Beispiel 1

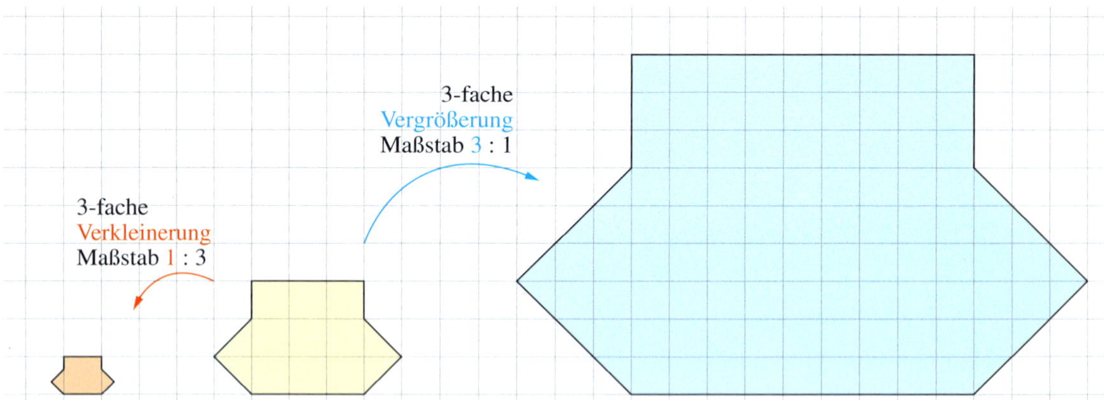

Beispiel 2

a) Maßstab 1 : 150
2 cm im Bild sind
2 cm · 150 = 300 cm = 3,0 m
in Wirklichkeit.

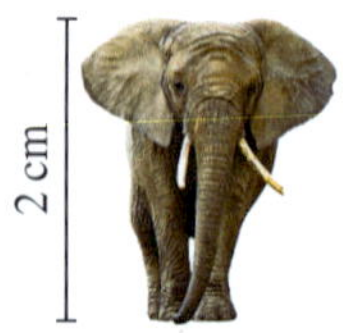

b) Maßstab 2 : 1
1,8 cm im Bild sind
1,8 cm : 2 = 0,9 cm
in Wirklichkeit.

Merke Der **Maßstab** bezeichnet das Verhältnis einer Länge in der Natur und ihrer Darstellung auf einem Bild.
Der Maßstab 1 : 100 bedeutet: 1 cm in der Zeichnung entspricht 100 cm in der Wirklichkeit.

Beispiel 3

Büroklammer in Originalgröße:

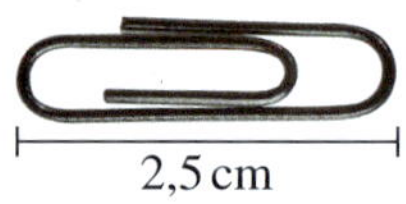

a) Die Büroklammer soll im Maßstab 1,5 : 1 abgebildet werden.
2,5 cm in der Wirklichkeit sind
2,5 cm · 1,5 = 3,75 cm
im Bild.

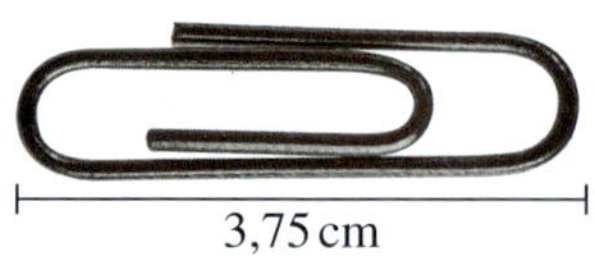

b) Die Büroklammer soll im Maßstab 1 : 3 abgebildet werden.
2,5 cm in der Wirklichkeit sind
2,5 cm : 3 ≈ 0,8 cm
im Bild.

Starthilfe

A Welche Bilder passen zusammen?

a) Vergleiche die zusammenpassenden Bilder im Heft. Was kann man auf welchem Bild besser erkennen?

b) Entscheide jeweils, ob es sich um eine Vergrößerung oder Verkleinerung handelt. Begründe deine Meinung im Heft.

①

②
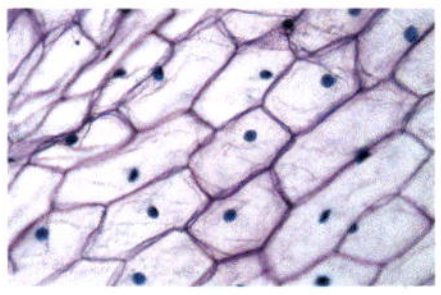
③
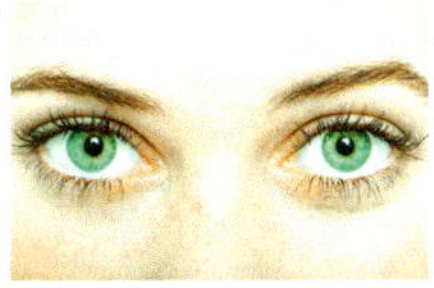
④

⑤
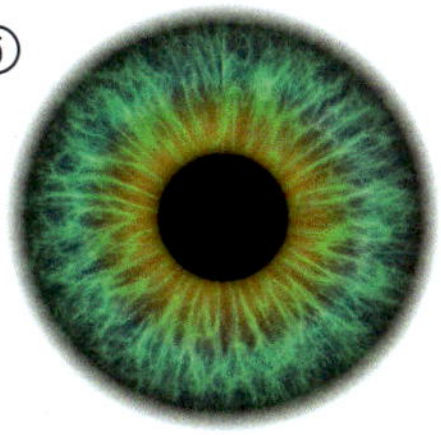
⑥

B Arbeitet arbeitsteilig in Gruppen und präsentiert eure Ergebnisse.

a) In welchen Schulfächern begegnen euch Vergrößerungen und Verkleinerungen? Sucht nach Beispielen in euren Büchern.

b) Recherchiert, z. B. im Internet oder in Zeitschriften, Beispiele für Vergrößerungen und Verkleinerungen.

c) Findet Berufe, die sich besonders oft mit maßstäblichen Darstellungen beschäftigen müssen.

Üben und anwenden

1 Übertrage die Zeichnung in dein Heft.

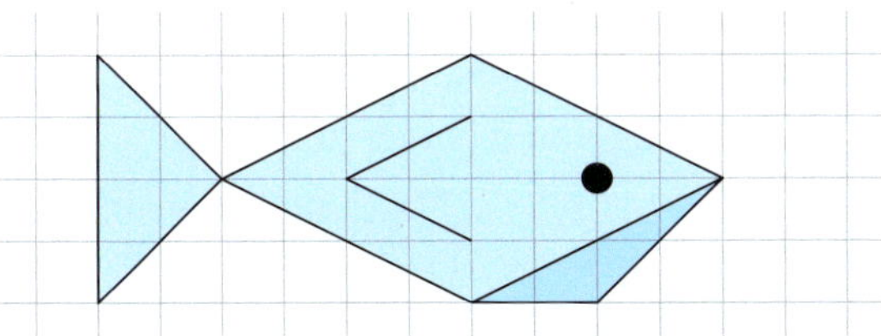

a) Vergrößere die Figur im Maßstab 2 : 1.

b) Verkleinere die Figur im Maßstab 1 : 2.

1 Übertrage die Zeichnung in dein Heft.

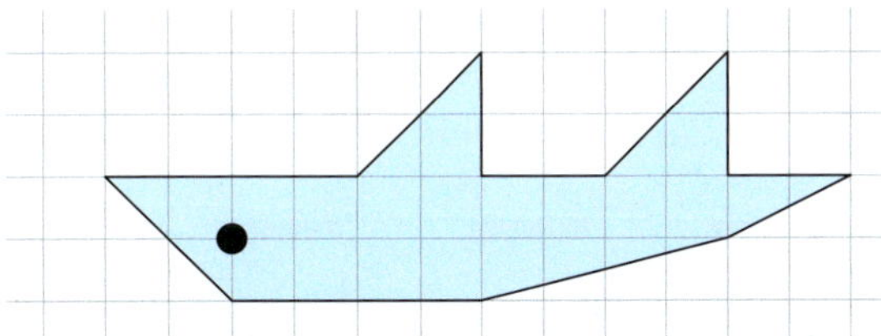

a) Zeichne die Figur im Maßstab 3 : 1.

b) Zeichne die Figur im Maßstab 1 : 2.

2 Übertrage die Abbildung in dein Heft und schreibe die Koordinaten der Punkte dazu.

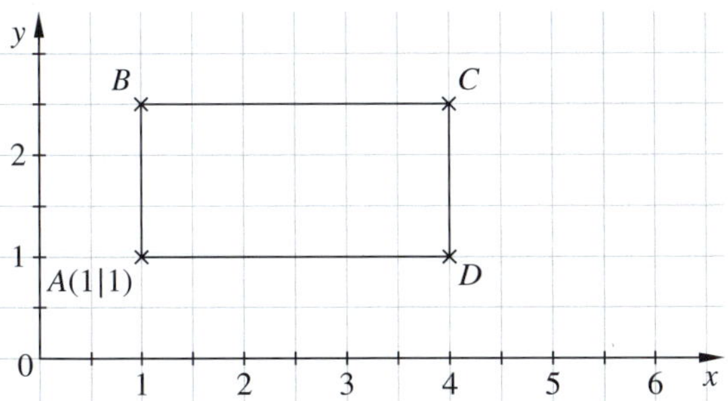

a) Zeichne das Rechteck 1 : 3 verkleinert in dasselbe Gitternetz. Beginne bei $A(1|1)$.

b) Vergrößere nun das kleine Rechteck 2 : 1 und beginne wieder bei $A(1|1)$.

2 Übertrage die Abbildung in dein Heft und schreibe die Koordinaten der Punkte dazu.

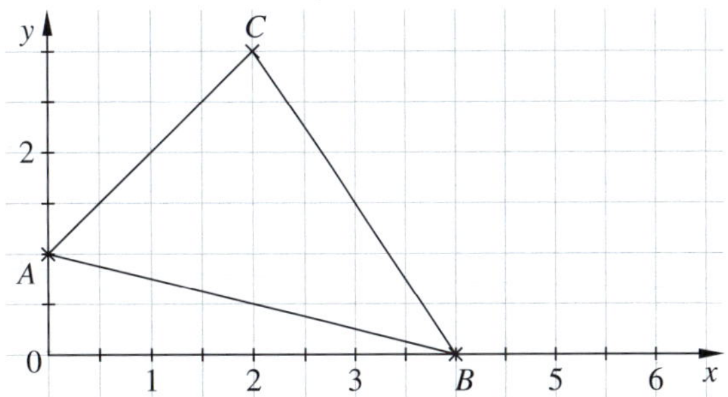

a) Zeichne das Dreieck im Maßstab 1 : 4 in dasselbe Gitternetz. Beginne bei $A(0|1)$.

b) Zeichne das Dreieck im Maßstab 1,5 : 1 in dasselbe Gitternetz. Beginne bei $A(0|1)$.

3 Die Karte von Bayern ist im Maßstab 1 : 6 250 000 abgebildet.

a) Übertrage und ergänze den Text im Heft:
Der Maßstab 1 : 6 250 000 bedeutet:
1 cm auf der Karte sind in Wirklichkeit ■ cm, also ■ km.
Der Abstand von München zu Würzburg beträgt auf der Karte ■ cm.
■ cm · 6 250 000 = ■ cm = ■ km
In der Wirklichkeit sind München und Würzburg also etwa ■ km voneinander entfernt.

b) Suche verschiedene Orte, die möglichst weit voneinander entfernt sind, und berechne deren Entfernungen.

Maßstab 1 : 6 250 000

NACHGEDACHT
Bayern ist von Norden nach Süden rund 340 km lang. Prüfe, ob deine Ergebnisse stimmen können.

4 Bestimme die wirkliche Entfernung in m.

Luftlinie	Entfernung im Stadtplan im Maßstab 1 : 40 000
Schule – Rathaus	7 cm
Schule – Sportplatz	5 cm
Schule – Kirche	4,5 cm

4 Bestimme die wirkliche Entfernung in m.

Luftlinie	Entfernung im Stadtplan im Maßstab 1 : 38 000
Sportplatz – See	8,7 cm
Schule – Freibad	3 cm
Bahnhof – Moschee	2,8 cm

1 : 10 000

1 : 25 000

1 : 100 000

1 : 250 000

1 : 1 000 000

5 Ordne die Maßstäbe in der Randspalte den Messstrecken zu. Beschreibe dein Vorgehen. Ein Maßstab bleibt übrig. Zeichne hierzu eine Messstrecke in dein Heft.

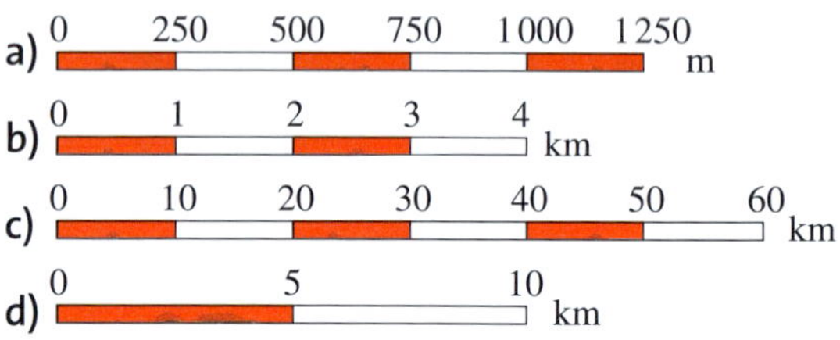

5 Die Kirche ist vom Rathaus 200 m entfernt.

a) Welchen Maßstab hat die Karte?

b) Welche Gebäude haben vom Rathaus eine Entfernung von weniger als 600 m?

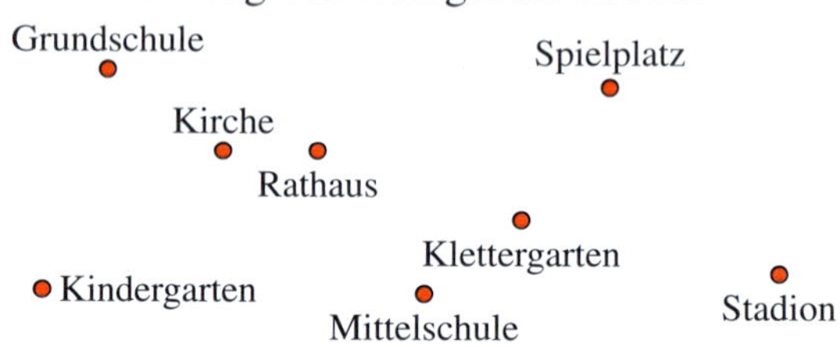

6 Die Ameise wurde im Maßstab 3 : 1 vergrößert.
Wie lang ist die Ameise wirklich?

6 Das rote Blutkörperchen ist im Maßstab 20 000 : 1 abgebildet. Welchen Durchmesser hat das Blutkörperchen wirklich?

7 Wie groß müsste der Mensch sein, der ein solches Eis essen könnte?

a) Überlege dir eine Vorgehensweise, mit der du die Frage beantworten kannst, und beschreibe sie im Heft.

b) Tausche dich mit deinem Nachbarn aus und entwickelt eine gemeinsame Lösung. Begründet eure Vorgehensweise.

c) Vergleicht eure Ergebnisse.
In welchem Maßstab könnte das Eis vergrößert worden sein?

Lot und Mittelsenkrechte

Entdecken

1 Hannes, Timo und Serkan werfen bei den Bundesjugendspielen an der Wurfstation.

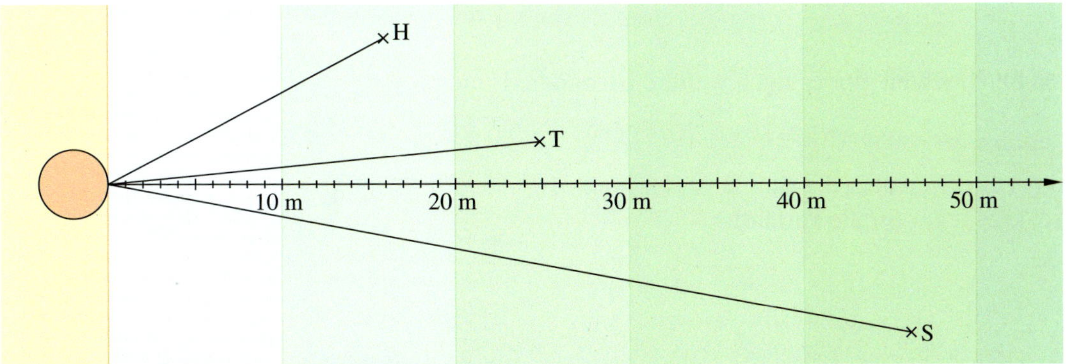

a) Gib die erzielten Weiten der drei Jungs an. Notiere dein Vorgehen mit Fachbegriffen.
b) Vergleicht eure Vorgehensweisen und Ergebnisse.
c) Welchen Tipp könnt ihr Hannes geben?

2 Hans möchte die blaue Strecke halbieren.

MATERIAL Papier

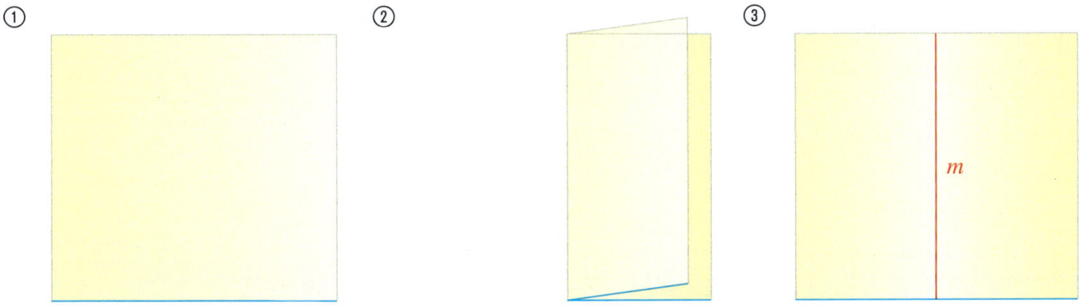

a) Beschreibe, wie Hans dabei vorgeht.
b) Zeichne auf einem Blatt die blaue Strecke ein und halbiere sie so wie Hans.
c) Was kannst du bei der entstandenen Faltlinie in Bezug zur blauen Strecke feststellen? Denke dabei auch an die entstandenen Winkel.
Vergleicht untereinander.

3 Zeichne eine Strecke $\overline{AB}$ auf ein Blatt. Markiere die Endpunkte deutlich und falte das Blatt so, dass die beiden Punkte aufeinander liegen.

MATERIAL unliniertes Papier

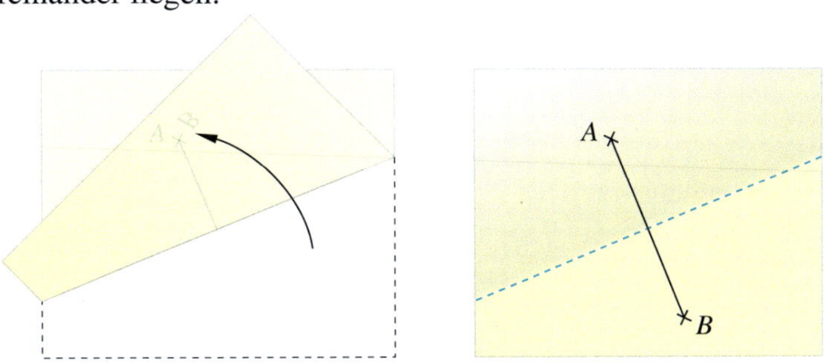

Was kannst du bei der entstandenen Faltlinie in Bezug zur Strecke $\overline{AB}$ feststellen?
Vergleicht untereinander.

Verstehen

HINWEIS
Rechte Winkel sind 90° groß und werden mit ⊾ gekennzeichnet.

Erinnere dich: Geraden, die einen rechten Winkel bilden, sind senkrecht zueinander.
g ist die Senkrechte zu h.

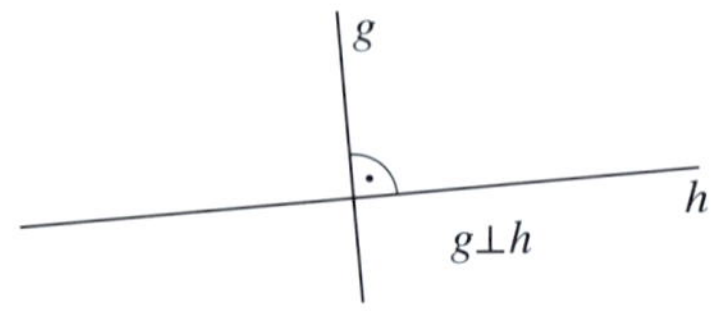

Neben Senkrechten gibt es noch weitere besondere Linien.

Beispiel 1

Der kürzeste Weg über die Straße ist der Weg, der senkrecht zur Straße verläuft.

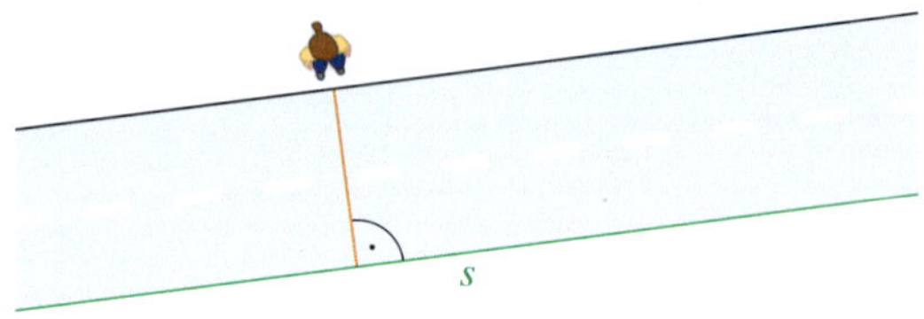

Merke Die Gerade, die durch den Punkt A geht und senkrecht auf der Geraden g steht, nennt man **Lot von A auf g**.

Die kürzeste Entfernung vom Punkt A zur Geraden g nennt man **Abstand**.
Die Länge der Strecke $\overline{AP}$ ist der Abstand von A zu g.
$\overline{AP}$ ist senkrecht zu g.

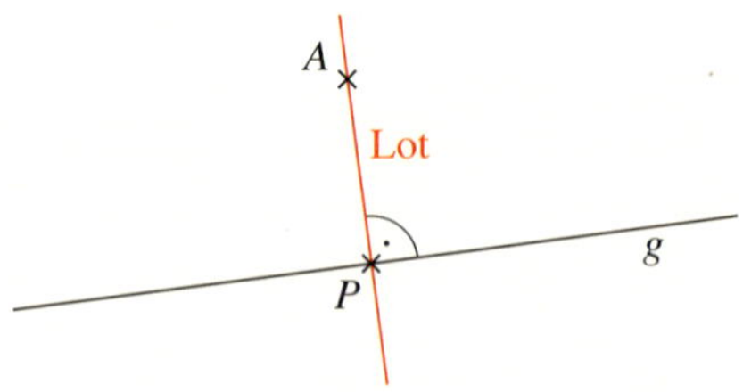

Beispiel 2

Jedes einzelne Schaf hält sich vom Schäfer und seinem Hund gleich weit entfernt.
Sie bewegen sich auf einer Geraden senkrecht zu a.

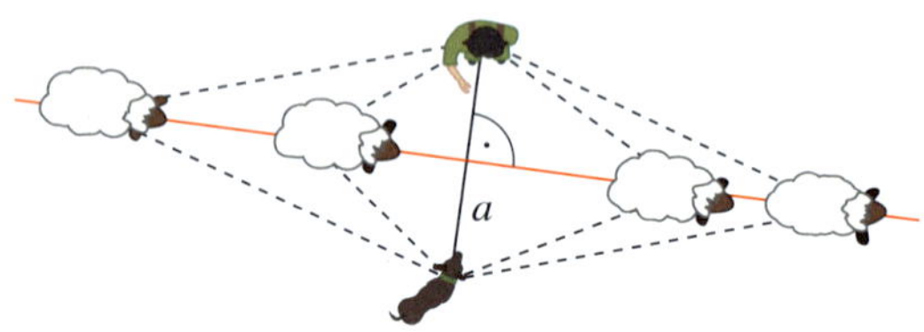

Merke Die **Mittelsenkrechte m** der Strecke $\overline{AB}$ ist die Senkrechte, die im Mittelpunkt der Strecke $\overline{AB}$ errichtet wurde.
Liegt ein Punkt auf der Mittelsenkrechten, so hat er von A und B den gleichen Abstand.

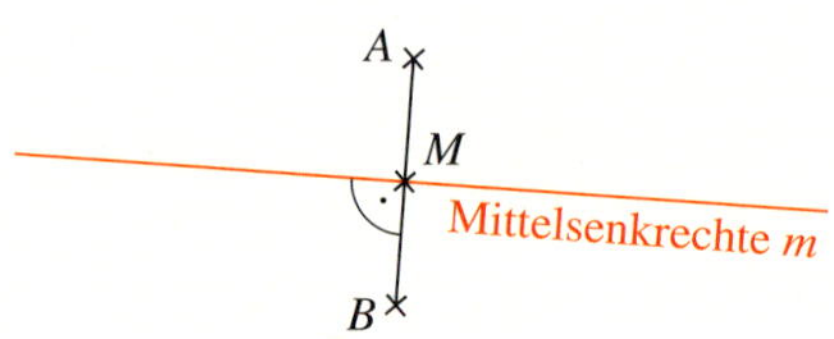

Beispiel 3

Jeder der vier Punkte P_1, P_2, P_3 und P_4 liegt auf der Mittelsenkrechten von $\overline{AB}$.
Daher hat jeder der vier Punkte von A und von B den gleichen Abstand.

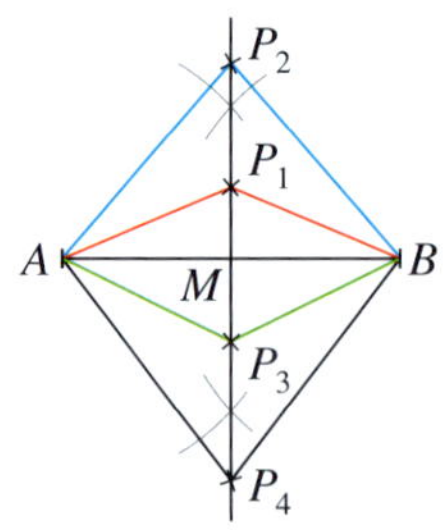

Starthilfe

A

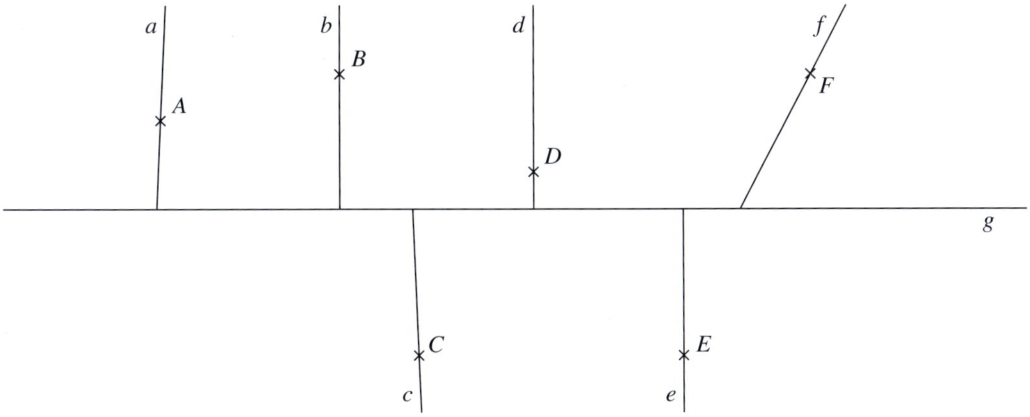

a) Welche Linie ist ein Lot auf die Gerade g?

b) Miss jeweils den kürzesten Abstand der Punkte A bis E zu g.
Beschreibe im Heft, wie du dabei vorgegangen bist.

Üben und anwenden

1 Übertrage die Zeichnung in dein Heft. Zeichne zu g das Lot durch die Punkte A, B und C. Beschreibe dein Vorgehen mit Fachbegriffen.

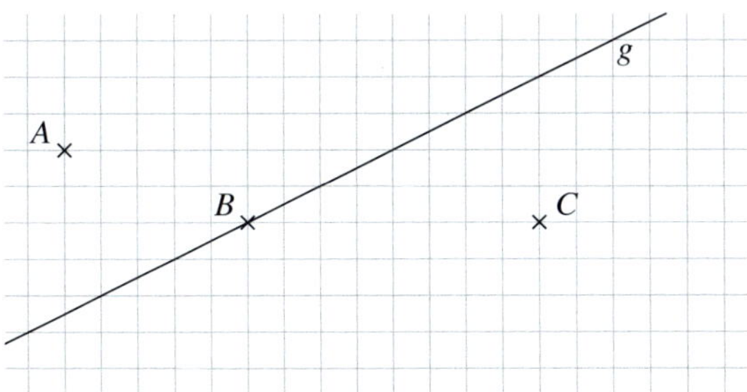

1 Übertrage das Dreieck in dein Heft. Zeichne zu jeder Dreiecksseite das Lot durch den gegenüberliegenden Eckpunkt. Beschreibe dein Vorgehen mit Fachbegriffen.

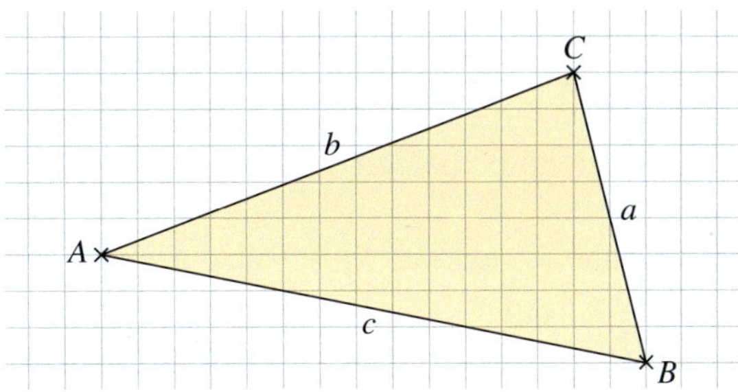

2 Zeichne eine Strecke $\overline{AB}$ auf ein weißes Blatt Papier. Kennzeichne den Mittelpunkt der Strecke nach Augenmaß.
Miss anschließend, wie genau du geschätzt hast.

2 Zeichne eine Strecke $\overline{AB}$ auf ein weißes Blatt Papier. Zeichne die Mittelsenkrechte nach Augenmaß.
Überprüfe, wie genau du geschätzt hast.
Beschreibe, worauf du dabei achten musst.

MATERIAL
unliniertes Papier

3 Ist m die Mittelsenkrechte der Strecke $\overline{AB}$? Begründe deine Antwort schriftlich.
Verwende dabei Fachbegriffe: rechter Winkel, senkrecht, halbiert die Strecke, …

a)

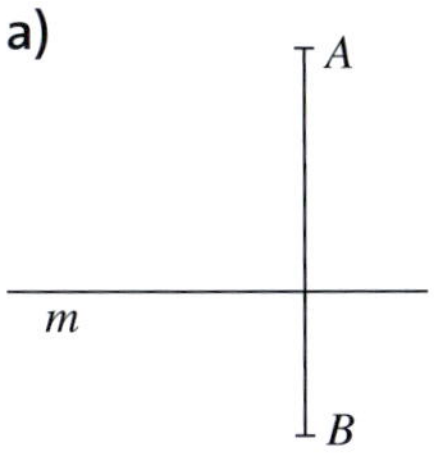

b)

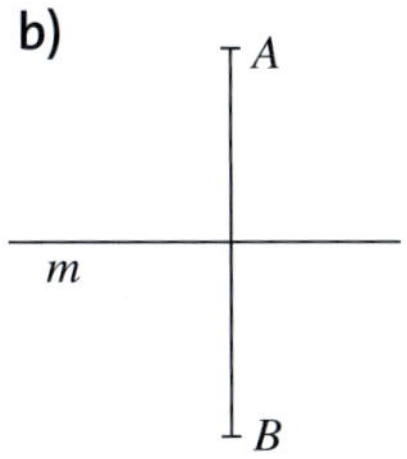

c)

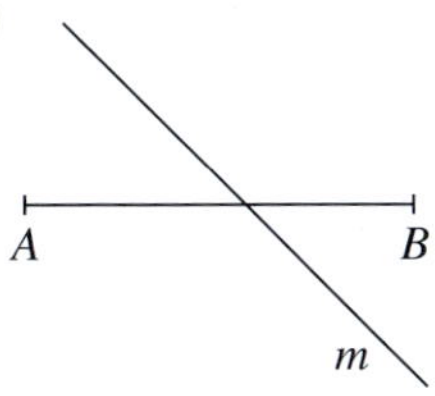

d)

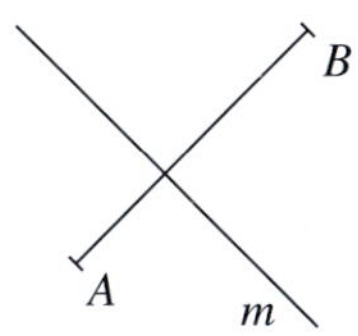

Werkzeug Mittelsenkrechte zeichnen

Mittelsenkrechte mit dem Geodreieck zeichnen

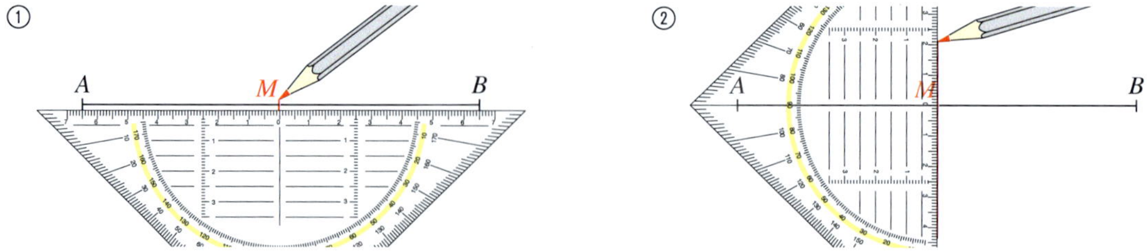

Beschreibe die Bildfolge im Heft. Verwende dabei Fachbegriffe.

Mittelsenkrechte mit Zirkel und Lineal zeichnen

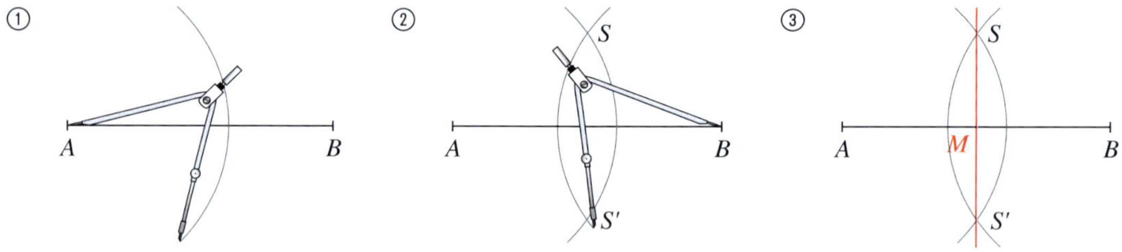

HINWEIS
Wähle den Radius größer als die Hälfte der Strecke $|\overline{AB}|$.

Beschreibe die Bildfolge im Heft. Verwende dabei die Begriffe:

Strecke | Kreisbogen | gleicher Radius | Schnittpunkt | Gerade

Üben und anwenden

MATERIAL
unliniertes Papier

1 Zeichne zwei Strecken auf ein weißes Blatt Papier. Zeichne die Mittelsenkrechte zu einer Strecke mit Zirkel und Lineal und zu der anderen mit dem Geodreieck.
Vergleicht die beiden Verfahren. Welches findet ihr besser? Begründet eure Meinung.

2 Zeichne jeweils die Mittelsenkrechte zu der Strecke mit Zirkel und Lineal.

a) $|\overline{AB}| = 4\,cm$
b) $|\overline{CD}| = 7\,cm$
c) $|\overline{EF}| = 3{,}4\,cm$
d) $|\overline{GH}| = 5{,}2\,cm$
e) $|\overline{IJ}| = 6{,}5\,cm$
f) $|\overline{KL}| = 8{,}3\,cm$

3 Zeichne die Strecke $|\overline{AB}| = 7\,cm$ in dein Heft.

a) Bestimme die beiden Punkte, die sowohl von A als auch von B 4 cm entfernt sind.
b) Wie weit sind diese Punkte vom Mittelpunkt der Strecke $\overline{AB}$ entfernt?

3 Zeichne die Strecke $|\overline{AB}| = 6{,}1\,cm$.

a) Bestimme alle Punkte, die von A und B 4 cm entfernt sind. Nenne die Punkte C und D.
b) Verbinde die Punkte zu einem Viereck. Welche Figur entsteht?

4 Dorf A und Dorf B wollen gemeinsam eine Brücke über den Kanal bauen.
Die Brücke soll von beiden Dörfern gleich weit entfernt sein.
Übertrage die Zeichnung in dein Heft.
Wo muss die Brücke gebaut werden?
Wie weit ist jeweils der Weg zur Brücke?
Beschreibe deinen Lösungsweg im Heft.

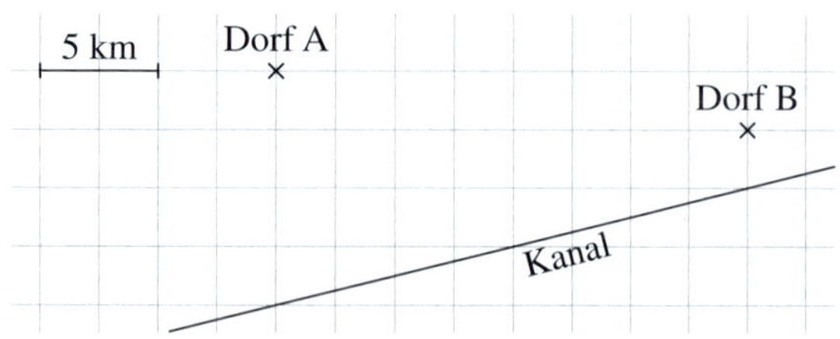

Dreiecke erkennen und beschreiben

Entdecken

1 Arbeitet zu zweit.
Jeder von euch zeichnet ein Koordinatensystem mit x- und y-Werten von 0 bis 10 in das Heft.

Partner 1	**Partner 2**
Zeichne Dreiecke mit folgenden Eckpunkten in das Koordinatensystem:	Zeichne Dreiecke mit folgenden Eckpunkten in das Koordinatensystem:
Dreieck 1: $A_1(9\|3)$; $B_1(9\|7)$; $C_1(5\|5)$	Dreieck 1: $A_1(4\|3)$; $B_1(1\|1)$; $C_1(7\|1)$
Dreieck 2: $A_2(1\|4)$; $B_2(1\|1)$; $C_2(5\|1)$	Dreieck 2: $A_2(8\|0)$; $B_2(9\|7)$; $C_2(6\|6)$
Dreieck 3: $A_3(3\|10)$; $B_3(1\|7)$; $C_3(8\|9)$	Dreieck 3: $A_3(4\|10)$; $B_3(1\|6)$; $C_3(4\|5)$

a) Beschreibe deinem Partner eines deiner Dreiecke. Denke dabei an die Fachbegriffe.
b) Findet dein Partner ein Dreieck mit gleichen Eigenschaften?

2 Eigenschaften von Dreiecken

MATERIAL
Papier, Schere

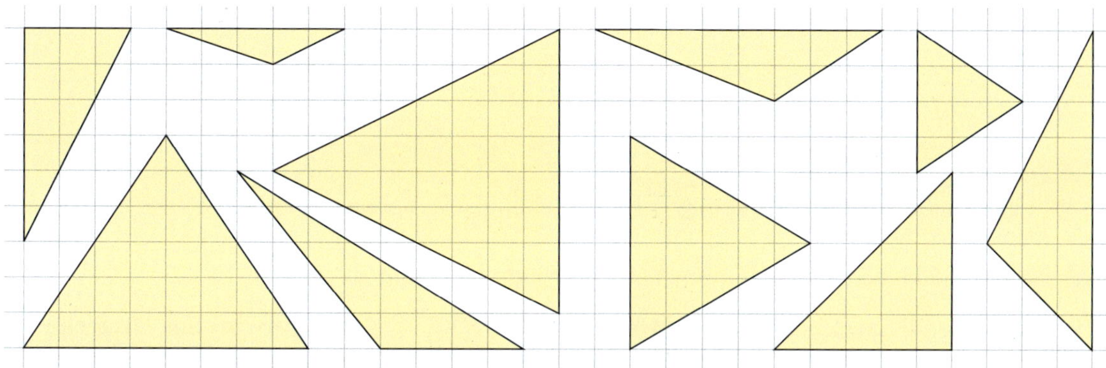

a) Zeichnet die Dreiecke auf Kästchenpapier und schneidet sie aus.
b) Überlegt gemeinsam, nach welchen geometrischen Merkmalen ihr die Dreiecke sortieren könnt.
Sortiert die Dreiecke dann nach ihren Eigenschaften.
c) Erstellt ein Plakat, auf das ihr die verschiedenen Dreiecke geordnet aufklebt.
Vielleicht könnt ihr den einzelnen Dreiecksformen schon Bezeichnungen geben.

3 Du hast fünf Strohhalme in den nebenstehenden Längen zur Verfügung, aus denen du unterschiedliche Dreiecke bilden kannst.

MATERIAL
Strohhalme oder Holzstäbchen

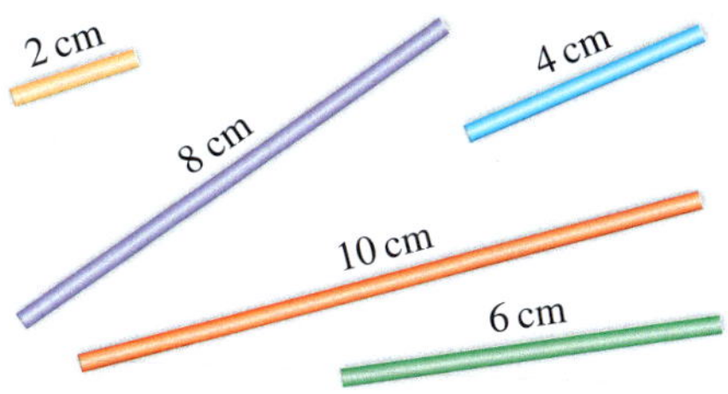

a) Lege drei Möglichkeiten, bei denen ein Dreieck zustande kommt.
Schreibe jeweils die Längen der drei verwendeten Stücke in dein Heft.
b) Lege drei Möglichkeiten, bei denen ein Dreieck *nicht* gebildet werden kann.
Schreibe jeweils die Längen der drei verwendeten Stücke in dein Heft.
c) Finde heraus, wann eine Dreiecksbildung möglich ist und wann nicht.
Schreibe deine Vermutung auf.

Verstehen

Aus farbigen Strohhalmen legen Justin, Celina und Eric verschiedene Dreiecksformen.

Merke Dreiecke können nach ihren **Seitenlängen** eingeteilt werden:

Unregelmäßige Dreiecke haben drei verschieden lange Seiten.

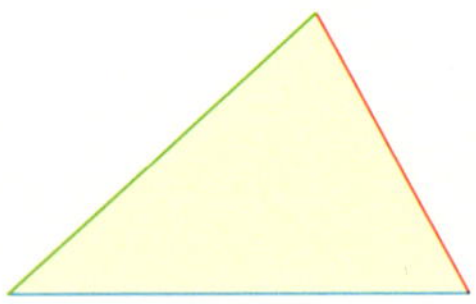

Gleichschenklige Dreiecke haben zwei gleich lange Seiten. Im gleichschenkligen Dreieck gibt es besondere Bezeichnungen.

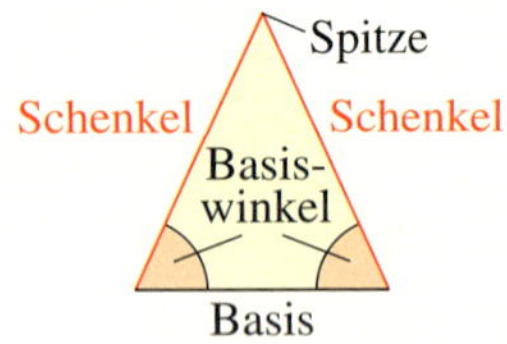

Gleichseitige Dreiecke haben drei gleich lange Seiten.

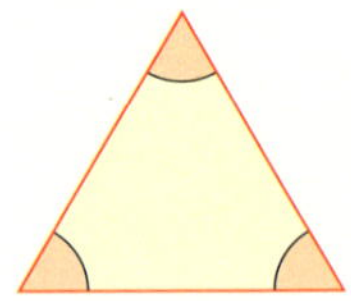

Es gibt auch andere Möglichkeiten, wie Dreiecke eingeteilt werden können.

ERINNERE DICH
Spitze Winkel sind kleiner als 90°. Rechte Winkel sind genau 90° groß. Stumpfe Winkel sind größer als 90°.

Merke Dreiecke können nach ihren **Winkelgrößen** eingeteilt werden:

Spitzwinklige Dreiecke haben drei spitze Winkel.

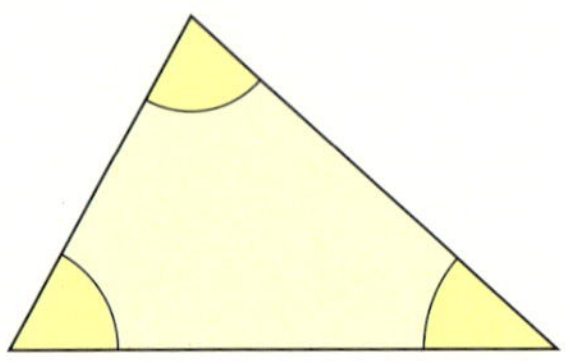

Rechtwinklige Dreiecke haben einen rechten Winkel.

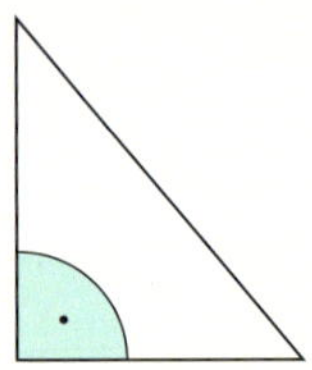

Stumpfwinklige Dreiecke haben einen stumpfen Winkel.

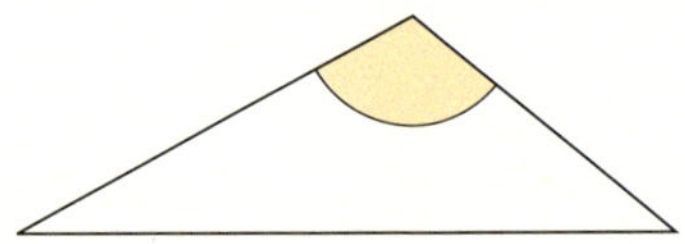

In der Mathematik werden die Eckpunkte, die Seiten und die Winkel eines Dreiecks immer gleich bezeichnet.

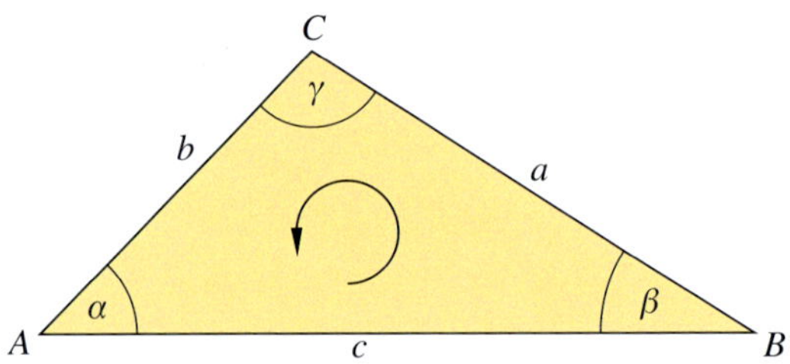

HINWEIS
Δ ABC steht für ein Dreieck mit den Eckpunkten A, B und C.

Die **Eckpunkte** werden (entgegen dem Uhrzeigersinn) mit Großbuchstaben A, B und C bezeichnet.

Die **Seiten** werden mit Kleinbuchstaben bezeichnet: die Seite a liegt dem Punkt A gegenüber, die Seite b dem Punkt B, die Seite c dem Punkt C.

Die **Winkel** werden mit kleinen griechischen Buchstaben bezeichnet: der Winkel α gehört zum Eckpunkt A, der Winkel β zum Eckpunkt B, der Winkel γ zum Eckpunkt C.

Starthilfe

A Übertrage die Dreiecke in dein Heft.

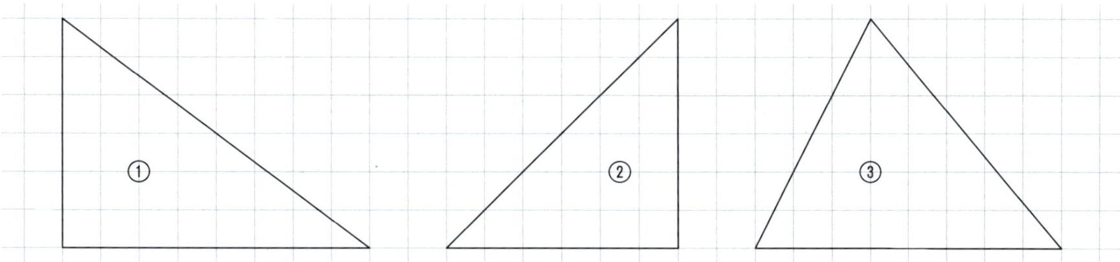

a) Beschrifte die Seiten und Winkel der Dreiecke im Heft.
b) Miss die Längen der Seiten und die Größen der Winkel.
c) Gib die Dreiecksart nach Seiten an: unregelmäßig, gleichschenklig oder gleichseitig.
d) Gib die Dreiecksart nach Winkeln an: spitzwinklig, rechtwinklig oder stumpfwinklig.

B Zeichne exakt in dein Heft:

a) Strecke $|\overline{AB}| = 4{,}8$ cm
b) Winkel $\alpha = 50°$
c) Kreis mit $r = 3{,}5$ cm
d) Kreis mit $r = 4{,}2$ cm
e) Strecke $|\overline{CD}| = 7{,}8$ cm
f) Winkel $\beta = 118°$

Üben und anwenden

1 Beschreibe und berichtige die Fehler, die beim Beschriften gemacht wurden, im Heft.

a)
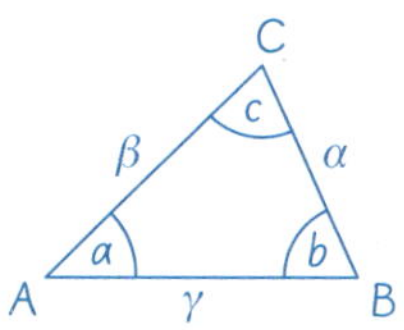

b)
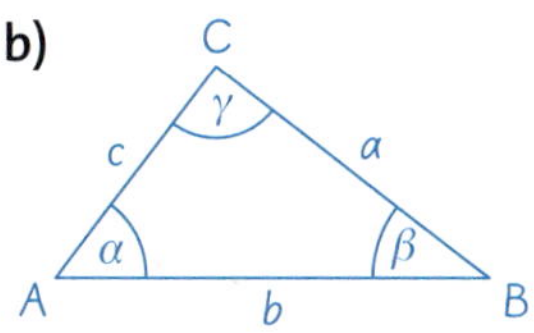

1 Beschreibe und berichtige die Fehler, die beim Beschriften gemacht wurden, im Heft.

a)
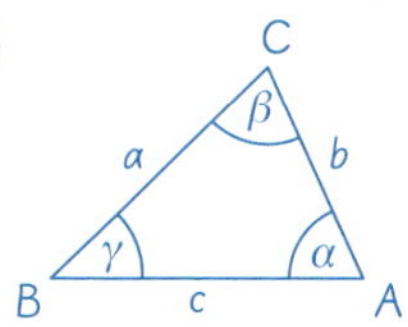

b)
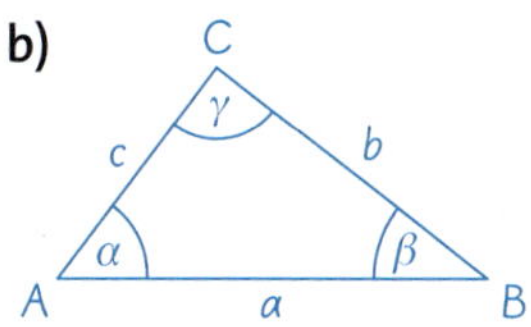

2 Schreibe jeweils die Dreiecksart nach Seiten und nach Winkeln auf.

Beispiel
Dreieck 1: unregelmäßig, rechtwinklig

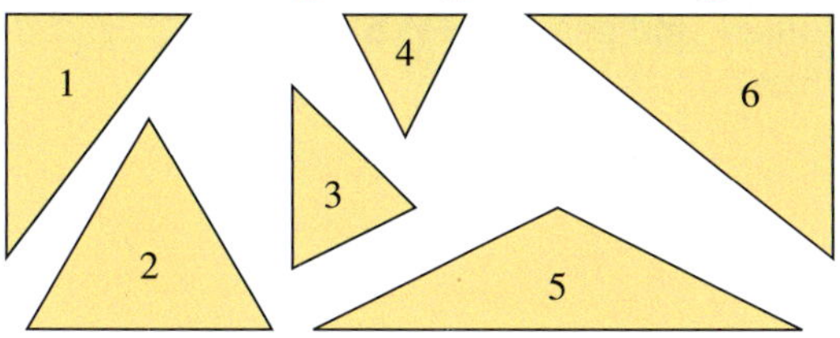

2 Finde Dreiecke in dieser Figur.

a) Notiere jeweils zwei gleichschenklige und zwei unregelmäßige Dreiecke.
b) Notiere jeweils zwei spitzwinklige, zwei rechtwinklige und zwei stumpfwinklige Dreiecke.

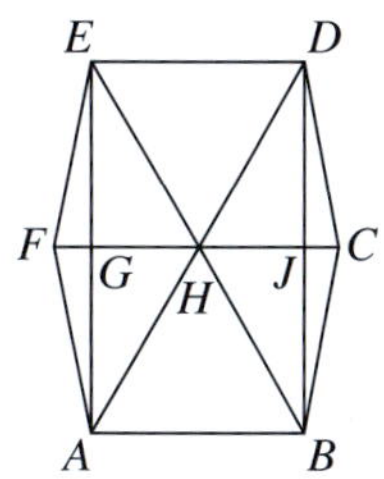

3 Wo findet ihr in den Bildern Dreiecke? Gebt jeweils die Dreiecksart an.

a)

b)

ZUM WEITERARBEITEN
Sucht weitere Beispiele für Dreiecke in eurer Umgebung und sortiert sie nach ihren Eigenschaften.

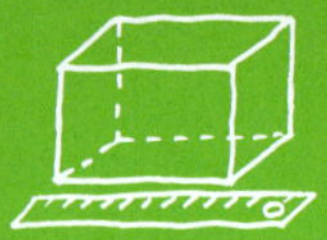

Werkzeug Dreiecke zeichnen

Um ein Dreieck **eindeutig** zeichnen zu können, müssen nicht alle drei Seitenlängen und alle drei Winkelgrößen gegeben sein. Häufig genügen weniger Angaben.

HINWEIS
*Eine **Planskizze** ist eine einfache Zeichnung. Die gegebenen Stücke werden farbig hervorgehoben, auf genaue Maße darf man verzichten.*

PLANSKIZZE

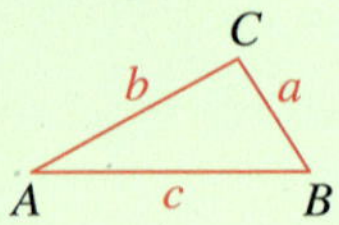

Beispiel 1 Alle drei Seiten des Dreiecks sind gegeben (**SSS**).
Im ΔABC sind $a = 3\,\text{cm}$, $b = 5\,\text{cm}$ und $c = 6{,}5\,\text{cm}$ gegeben.

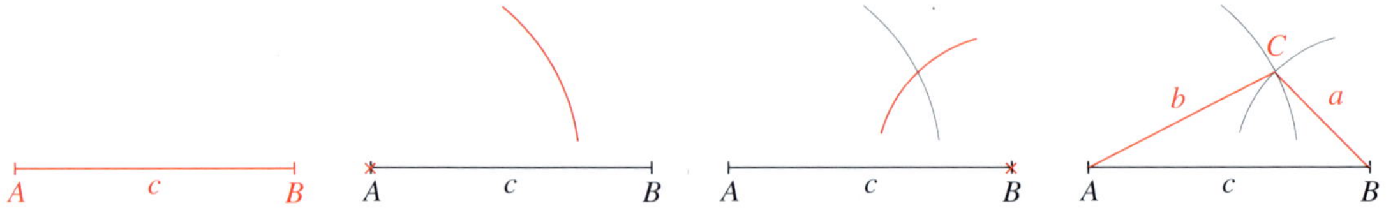

Zeichne $c = 6{,}5\,\text{cm}$ mit den Eckpunkten A und B.

Zeichne den Kreisbogen um A mit dem Radius $b = 5\,\text{cm}$.

Zeichne den Kreisbogen um B mit dem Radius $a = 3\,\text{cm}$.

Schnittpunkt der beiden Kreisbögen ist C. Verbinde A mit C und B mit C und beschrifte die Seiten.

PLANSKIZZE

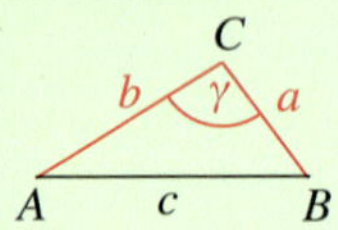

Beispiel 2 Zwei Seiten und der dazwischenliegende Winkel sind gegeben (**SWS**).
Im ΔABC sind $a = 5{,}3\,\text{cm}$, $b = 3{,}7\,\text{cm}$ und $\gamma = 105°$ gegeben.

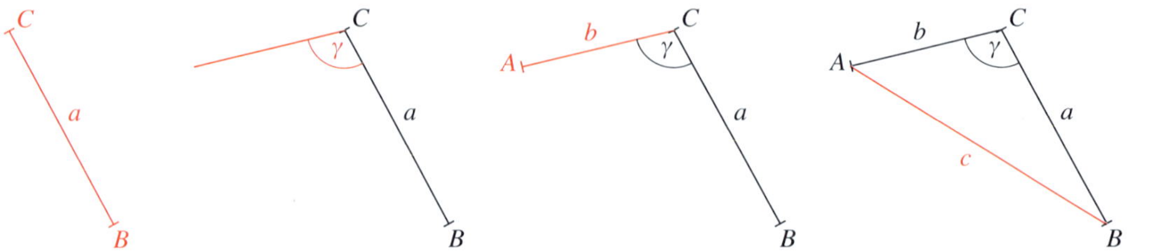

Zeichne $a = 5{,}3\,\text{cm}$.

Zeichne in C an a den Winkel $\gamma = 105°$ an.

Verlängere den Schenkel von b auf $3{,}7\,\text{cm}$. Endpunkt ist A.

Verbinde A und B.

PLANSKIZZE

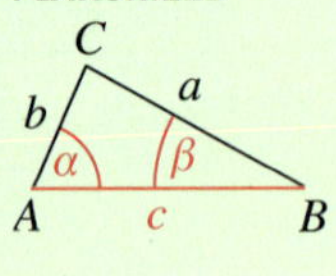

Beispiel 3 Eine Seite und die beiden anliegenden Winkel sind gegeben (**WSW**).
Im ΔABC sind $c = 4{,}8\,\text{cm}$, $\alpha = 40°$ und $\beta = 70°$ gegeben.

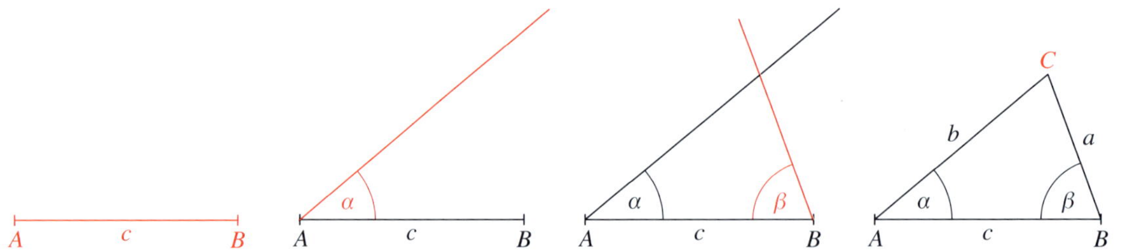

Zeichne $c = 4{,}8\,\text{cm}$ mit den Eckpunkten A und B.

Zeichne in A an c den Winkel $\alpha = 40°$ an.

Zeichne in B an c den Winkel $\beta = 70°$ an.

Schnittpunkt der beiden Schenkel a und b ist C.

Üben und anwenden

1 Zeichne die Dreiecke ABC nach der Beschreibung.
1. Zeichne $\mathbf{c = 4{,}5\,cm}$.
2. Zeichne um A einen Kreis ($\mathbf{b = 6\,cm}$).
3. Zeichne um B einen Kreis ($\mathbf{a = 3\,cm}$).
4. Die Kreise schneiden sich in C.
5. Verbinde C mit A und mit B.

2 Zeichne das Dreieck ABC.
Notiere, wie du dabei vorgegangen bist.
a) $a = 7\,cm$; $b = 4\,cm$; $c = 5\,cm$
b) $a = 6\,cm$; $b = 4\,cm$; $c = 8\,cm$
c) $a = 5{,}4\,cm$; $b = 3{,}7\,cm$; $c = 6{,}5\,cm$
d) $a = 6{,}1\,cm$; $b = 6{,}5\,cm$; $c = 4{,}4\,cm$

3 Zeichne das Dreieck ABC.
Fertige zuerst eine Planfigur an.
a) $b = 5\,cm$; $c = 7\,cm$; $\alpha = 45°$
b) $a = 6\,cm$; $c = 8\,cm$; $\beta = 90°$
c) $a = 4\,cm$; $b = 4\,cm$; $\gamma = 70°$

4 Das Dreieck ABC soll gezeichnet werden.
Gegeben: $a = 5\,cm$; $b = 6{,}5\,cm$; $\gamma = 55°$
Bringe die Beschreibung in die richtige Reihenfolge und zeichne das Dreieck.

Ⓐ Zeichne in C an a den Winkel $\gamma = 55°$ an.

Ⓑ Zeichne $a = 5\,cm$.

Ⓒ Verbinde A und B.

Ⓓ Verlängere den Schenkel von b auf 6,5 cm. Endpunkt ist A.

5 Zeichne eine Planfigur zur Beschreibung und notiere die gegebenen Maße.
Zeichne anschließend das Dreieck.
1. Seite $a = 4\,cm$ zeichnen.
2. $\gamma = 67°$ in Punkt C an Seite a antragen.
3. $\beta = 43°$ in Punkt B an Seite a antragen.
4. Der Schnittpunkt ist A.

1 Zeichne das Dreieck ABC nach dieser Kurzbeschreibung:
1. $|\overline{AC}| = 4{,}5\,cm$ zeichnen
2. Kreisbogen um A mit $c = 5\,cm$
3. Kreisbogen um C mit $a = 4{,}2\,cm$
4. Schnittpunkt ist B
5. ABC verbinden

2 Zeichne das Dreieck ABC und notiere eine Beschreibung.
a) $a = 4{,}5\,cm$; $b = 3{,}5\,cm$; $c = 5{,}5\,cm$
b) $a = 7{,}1\,cm$; $b = 5{,}2\,cm$; $c = 42\,mm$
c) $a = 22\,mm$; $b = 6{,}7\,cm$; $c = 7{,}3\,cm$
d) $a = 48\,mm$; $b = 5{,}2\,cm$; $c = 0{,}5\,dm$

3 Zeichne das Dreieck ABC.
Fertige zuerst eine Planfigur an.
a) $b = 6{,}5\,cm$; $c = 9{,}3\,cm$; $\alpha = 83°$
b) $a = 3{,}5\,cm$; $c = 4{,}2\,cm$; $\beta = 57°$
c) $a = 3{,}4\,cm$; $b = 3{,}9\,cm$; $\gamma = 65°$

4 Die Beschreibung ist durcheinander geraten.

Ⓐ Verlängere den Schenkel von a auf 5,2 cm.

Ⓑ $|\overline{AC}| = b = 4\,cm$ zeichnen.

Ⓒ A und B verbinden.

Ⓓ Winkel $\gamma = 33°$ in Punkt C an Seite b antragen.

a) Fertige eine Planfigur an und zeichne das Dreieck.
b) Miss alle Seiten und Winkel.

5 Zeichne jeweils das Dreieck ABC.
Erstelle zuerst eine Planfigur.
Gib für zwei Dreiecke die Beschreibung an.
a) $a = 4\,cm$; $\gamma = 60°$; $\beta = 85°$
b) $c = 6\,cm$; $\alpha = 45°$; $\beta = 76°$
c) $a = 8\,cm$; $\gamma = 92°$; $\beta = 27°$

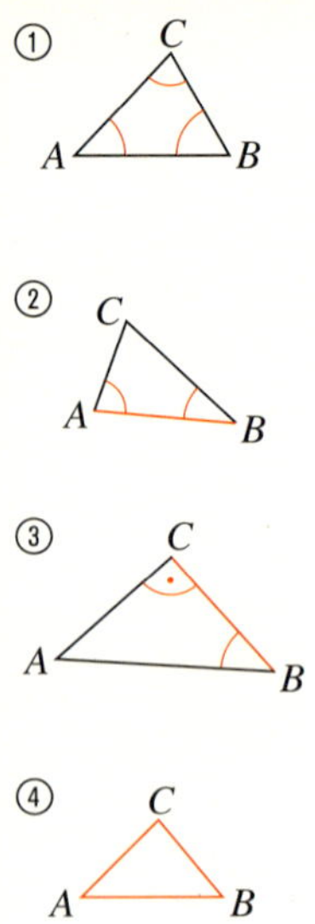

4 Ordne folgende Angaben den Planskizzen aus der Randspalte zu.
a) $a = 3{,}6\,\text{cm};\ \gamma = 90°;\ \beta = 60°$
b) $a = b = c = 4{,}3\,\text{cm}$
c) $\alpha = 25°;\ \beta = 111°;\ \gamma = 44°$
d) $c = 3\,\text{cm};\ \alpha = 80°;\ \beta = 38°$

5 Zeichne das Dreieck ABC.
Gib die Dreiecksart nach Seitenlängen an.
a) $a = 8\,\text{cm};\ b = c = 5\,\text{cm}$
b) $a = c = 6\,\text{cm};\ b = 5\,\text{cm}$
c) $a = b = c = 4\,\text{cm}$
d) $a = 10\,\text{cm};\ b = 5\,\text{cm};\ c = 7\,\text{cm}$

6 Versuche das Dreieck ABC mit $a = 6\,\text{cm}$, $b = 3\,\text{cm}$ und $c = 2\,\text{cm}$ zu zeichnen.
Beginne mit der längsten Seite.
a) Warum ist dies nicht möglich?
b) Wie muss die Seitenlänge von a geändert werden, damit sich ein Dreieck ergibt?
c) Was muss für die längste Seite gelten, damit sich ein Dreieck aus drei Seitenlängen zeichnen lässt?

7 Das Dreieck ABC soll gezeichnet werden.
a) Bringe die Beschreibung in die richtige Reihenfolge.

① Kreisbogen um C mit $|\overline{BC}| = a = 5{,}2\,\text{cm}$ zeichnen.

② $|\overline{AC}| = b = 4\,\text{cm}$ zeichnen.

③ A und B verbinden.

④ Winkel $\gamma = 33°$ in Punkt C an Seite b antragen.

b) Zeichne das Dreieck.
c) Miss alle Seiten und Winkel.

8 Zeichne rechtwinklige Dreiecke mit:
a) $a = 4\,\text{cm};\ b = 3\,\text{cm};\ \gamma = 90°$
b) $a = 4{,}7\,\text{cm};\ c = 4{,}2\,\text{cm};\ \beta = 90°$
Bestimme die fehlenden Winkel.

4 Erstelle Planskizzen. Um welche besonderen Dreiecke handelt es sich jeweils?
a) $a = 6\,\text{cm};\ a = b = c$
b) $b = 5{,}9\,\text{cm};\ \alpha = 40°;\ \alpha = \gamma$
c) $\gamma = 90°;\ a = 5\,\text{cm};\ c = 7\,\text{cm}$
d) $b = c = 4{,}5\,\text{cm};\ \gamma = 55°$

5 Zeichne das Dreieck ABC.
Welche Dreiecksart entsteht jeweils?
a) $a = b = 6{,}2\,\text{cm};\ c = 4{,}6\,\text{cm}$
b) $a = c = 3{,}7\,\text{cm};\ b = 5{,}9\,\text{cm}$
c) $a = b = c = 5{,}3\,\text{cm}$
d) $a = 4{,}8\,\text{cm};\ b = 6\,\text{cm};\ c = 3{,}6\,\text{cm}$

Versuche das Dreieck ABC mit den Seiten $a = 2{,}7\,\text{cm}$, $b = 3{,}3\,\text{cm}$ und $c = 7{,}2\,\text{cm}$ zu zeichnen.
a) Warum kann kein Dreieck entstehen?
b) Formuliere, was erfüllt sein muss, damit man aus drei Seitenangaben ein Dreieck zeichnen kann.
c) Ändere beim Dreieck ABC eine Seitenlänge, sodass sich ein Dreieck ergibt.

6 Zeichne diese Figur, die aus acht rechtwinkligen Dreiecken besteht.
Beginne mit dem kleinsten Dreieck.
Bei genauer Zeichnung muss die längste Seite im größten Dreieck 3 cm lang sein.
Prüfe, wie genau du gezeichnet hast.

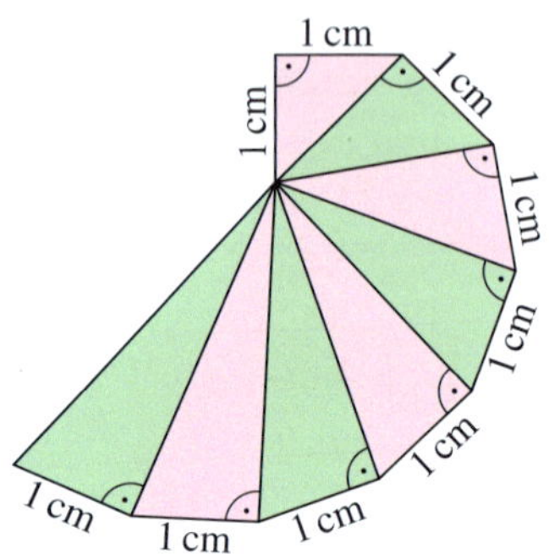

7 Zeichne gleichschenklige Dreiecke.
a) $a = b = 4{,}9\,\text{cm};\ \gamma = 35°$
b) $a = c = 5{,}4\,\text{cm};\ \beta = 55°$
Bestimme die Dreiecksart nach Winkeln.

8 Die Klasse 7 b erhält die Aufgabe, aus $\alpha = 37°$, $\beta = 82°$ und $\gamma = 61°$ ein Dreieck zu zeichnen. Noah stellt fest, dass jeder ein anderes Dreieck gezeichnet hat.
a) Zeichne das Dreieck nach den Angaben.
b) Vergleicht eure Dreiecke. Sucht eine Begründung für die unterschiedlichen Lösungen.

10 Aus der Berufswelt
Wie weit sind die beiden Messlatten voneinander entfernt? Löse die Aufgabe mit einer maßstabsgerechten Zeichnung.

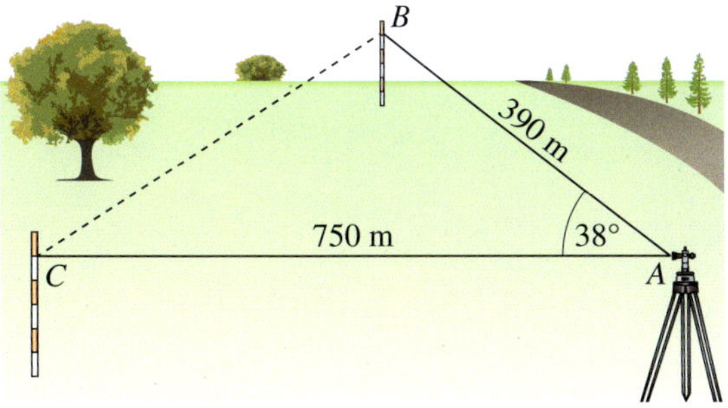

9 Aus der Berufswelt
Ein Vermessungstechniker sieht ein Schloss und eine Burgruine unter einem Winkel $\alpha = 43°$.
Der Vermessungstechniker ist vom Schloss 3,3 km und von der Burgruine 5,2 km entfernt. Wie weit sind Schloss und Burgruine voneinander entfernt?
a) Beschreibe im Heft, wie du die Entfernung bestimmen kannst.
b) Fertige eine Planfigur an.
c) Bestimme die Entfernung. Zeichne im Maßstab 1:100 000.

HINWEIS
Vermessungstechniker vermessen das Gelände und werten die Ergebnisse aus. Sie führen Berechnungen durch und übertragen die Ergebnisse beispielsweise auf Karten.

10 Ein Funk-Sendemast wird mit Abspannseilen gesichert, die fest im Boden verankert sind und mit diesem einen Winkel von 60° bilden. Einige Schülerinnen und Schüler schätzen die Höhe des Sendemastes.

Inga: 60 m | Lukas: 100 m | Elena: 35 m | Martin: 80 m

Wer hat die beste Schätzung? Begründe deine Aussage schriftlich.

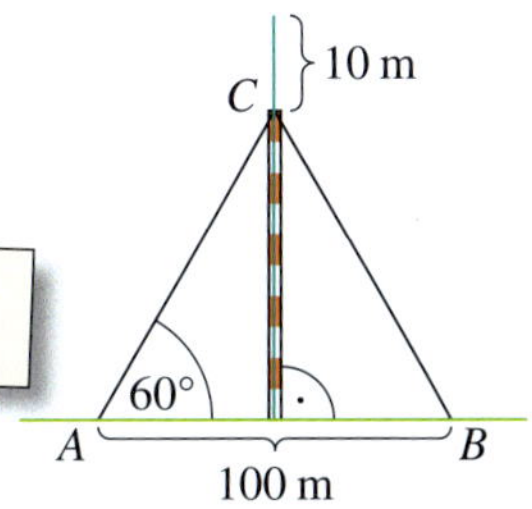

Bunt gemischt

1 Welche Teile gehören zusammen? Was für eine Figur entsteht jeweils?

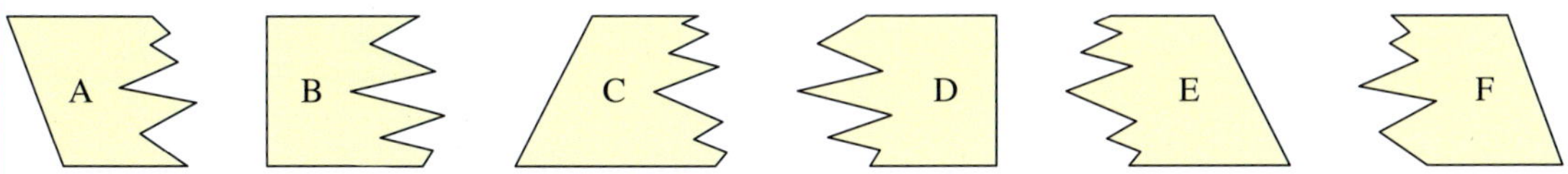

HINWEIS
Es entstehen ein Rechteck, ein Trapez und ein Parallelogramm.

2 Zeichne das Muster in dein Heft.
Alle Kreise haben den Radius $r = 3$ cm.
Tipp: Beginne mit dem inneren Kreis.

3 Übertrage und ergänze die Tabelle im Heft.

·	5	10,3	$\frac{4}{5}$
$\frac{2}{3}$	…	…	…
0,7	…	…	…
$4\frac{1}{2}$	…	…	…

4 Wandle die Flächeneinheiten um.

	m^2	dm^2	cm^2	mm^2
a)	4,2	…	…	…
b)	…	$\frac{1}{4}$	…	…
c)	…	…	670	…

Strategie Die Innenwinkelsumme im Dreieck entdecken

Jule behauptet, dass die Innenwinkelsumme in jedem Dreieck 180° beträgt.

Jule zeichnet ein Dreieck und färbt die Winkel.
Nun reißt sie drei Ecken ab und legt die Spitzen aneinander.

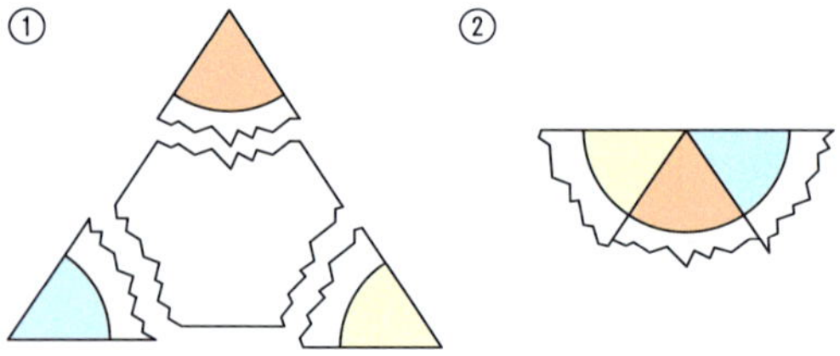

Anton zeichnet ein Dreieck und misst die Winkel nach.

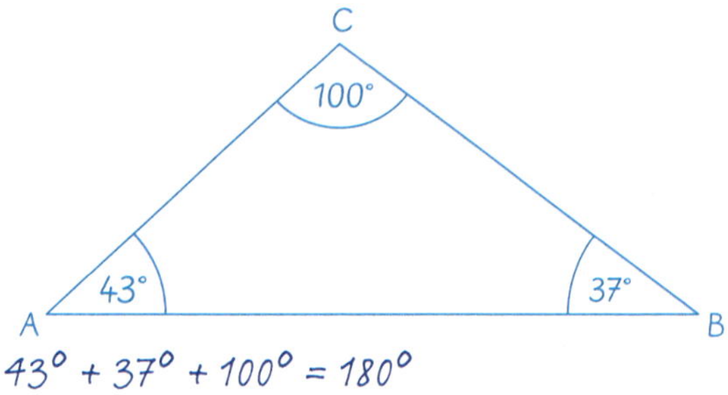

Was meinst du?
Zeichne verschiedene Dreiecke und probiere selbst aus.

In jedem Dreieck beträgt die Innenwinkelsumme 180°. $\alpha + \beta + \gamma = \mathbf{180°}$

Üben und anwenden

1 Können die angegebenen Winkel der Dreiecke stimmen?
Begründe mithilfe der Innenwinkelsumme im Dreieck.

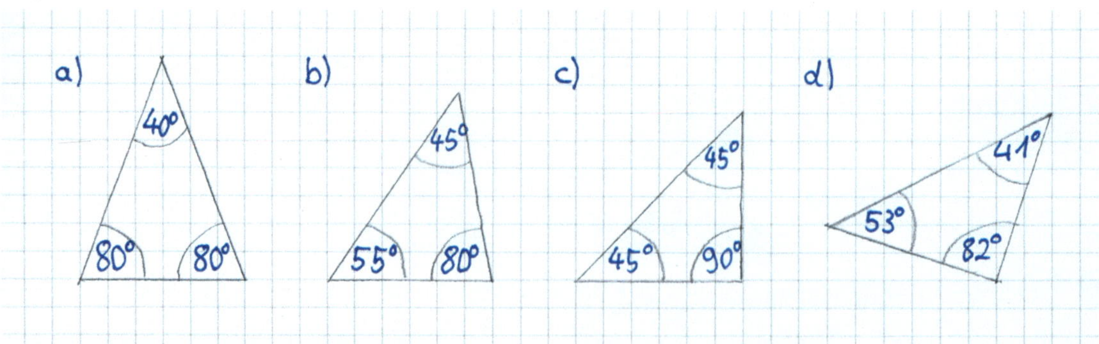

2 Markus hat in zwei Dreiecken jeweils zwei Winkel gemessen. Kann er richtig gemessen haben? Begründe im Heft.
a) $\alpha = 65°$; $\beta = 118°$ **b)** $\beta = 95°$; $\gamma = 88°$

2 Lara hat in einem gleichschenkligen Dreieck zwei Winkel gemessen. Kann sie richtig gemessen haben? Begründe im Heft.
a) $\alpha = 40°$; $\gamma = 101°$ **b)** $\alpha = 80°$; $\gamma = 25°$

3 Berechne zu den zwei gegebenen Winkeln eines Dreiecks die Größe des dritten Winkels.

Beispiel

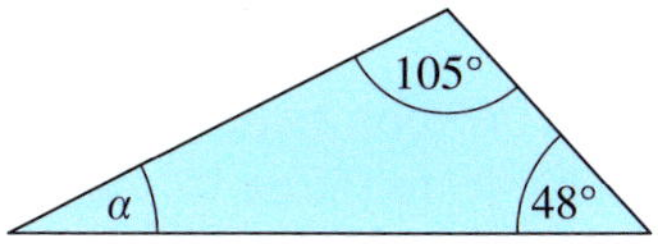

$\alpha = 180° - 48° - 105° = 27°$

a)

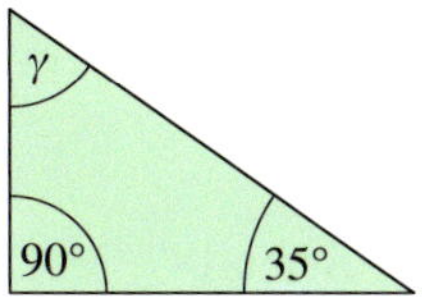

b)

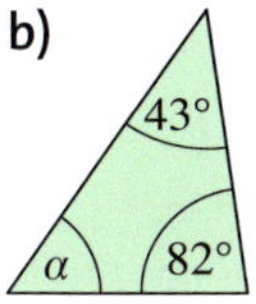

c)

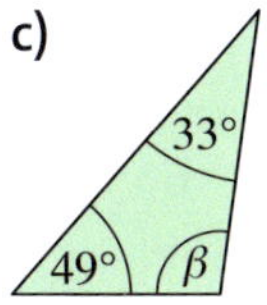

3 Berechne zu den zwei gegebenen Winkeln eines Dreiecks die Größe des dritten Winkels.

Beispiel $\alpha = 40°;\ \beta = 2\alpha$

$\gamma = 180° - \alpha - 2\alpha = 180° - 3\alpha$

$= 180° - 3 \cdot 40° = 60°$

a) $\alpha = 30°$

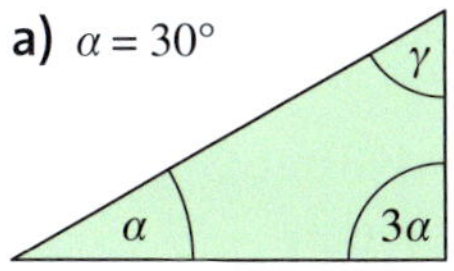

b) $\beta = 100°$

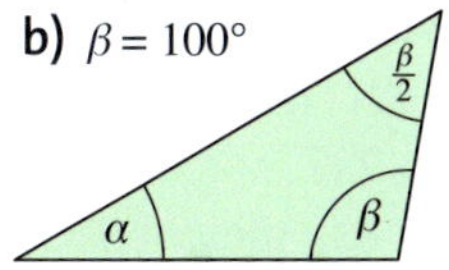

c)

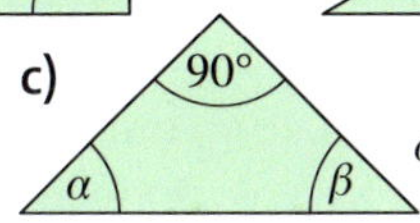

$\alpha = \beta$

4 Berechne die fehlenden Winkel im Dreieck *ABC*.

	a)	b)	c)	d)	e)	f)	g)	h)	i)
α	50°	45°	…	37°	43°	87°	…	73,5°	8,7°
β	70°	…	55°	…	75°	…	102°	…	28,9°
γ	…	90°	55°	73°	…	56°	27,5°	99,5°	…

5 Berechne alle Winkel im Dreieck.

a) gleichschenkliges Dreieck

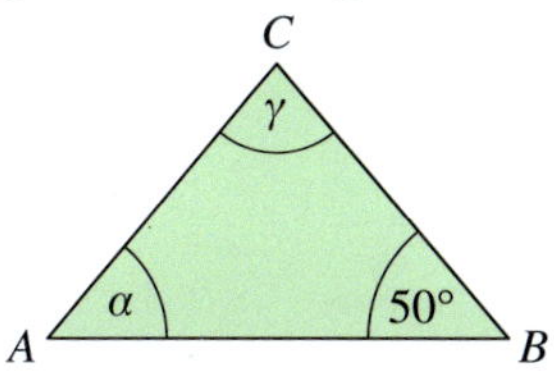

b) rechtwinkliges Dreieck

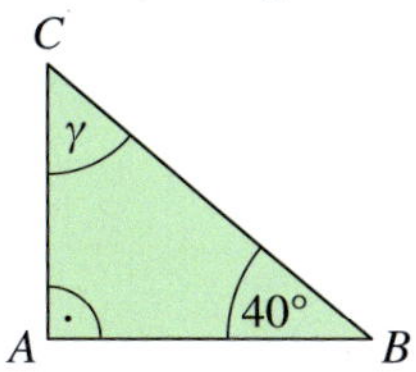

5 Berechne alle Winkel im Dreieck.

a) gleichschenkliges Dreieck

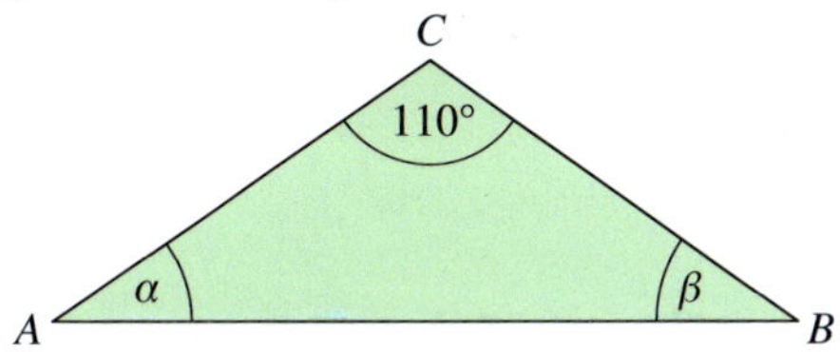

b) rechtwinkliges, gleichschenkliges Dreieck

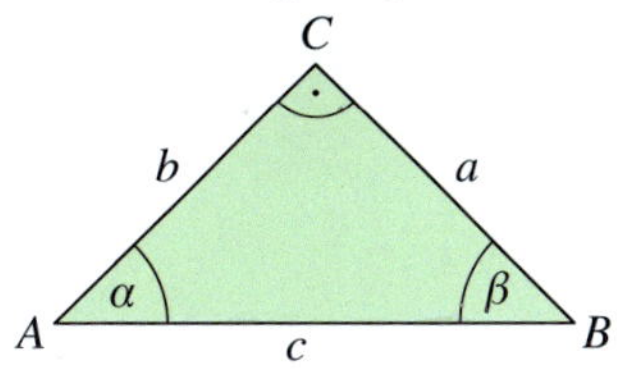

6 Marcel behauptet: „Ich zeichne ein Dreieck mit zwei rechten Winkeln.“

a) Begründe mithilfe der Innenwinkelsumme, warum dies nicht möglich ist.

b) Zeige mithilfe einer Zeichnung, warum es dieses Dreieck nicht gibt.

7 Andrea hat ein Dreieck gezeichnet, dessen Seiten $a = 3$ cm, $b = 4$ cm und $c = 5$ cm betragen. Sie behauptet:
„Wenn ich das Dreieck mit doppelt so langen Seiten zeichne, dann beträgt auch die Innenwinkelsumme doppelt so viel, nämlich 360°.“
Überprüfe die Aussage und begründe deine Antwort im Heft.

8 Begründe jeweils:
Gibt es ein Dreieck mit …

a) drei spitzen Winkeln?

b) zwei stumpfen Winkeln?

8 Begründe jeweils:
Gibt es ein Dreieck mit …

a) drei Winkeln, jeder kleiner als 60°?

b) drei Winkeln, jeder größer als 60°?

Klar so weit?

→ Seite 34

Der Maßstab

1 Zeichne ein Koordinatensystem und beschrifte die Achsen bis 15. Zeichne das Dreieck ABC mit den Eckpunkten $A(2|1)$, $B(6|1)$ und $C(6|5)$.

a) Zeichne das Dreieck im Maßstab 3 : 1 in das gleiche Koordinatensystem. Beginne bei $A(2|1)$. Gib die Koordinaten von B_1 und C_1 an.

b) Zeichne das Dreieck im Maßstab 1 : 2. Beginne wieder bei $A(2|1)$. Gib die Koordinaten von B_2 und C_2 an.

c) Beschreibe im Heft, was dir auffällt.

1 Zeichne ein Koordinatensystem und beschrifte die Achsen bis 15. Zeichne das Dreieck ABC mit den Eckpunkten $A(0|6)$, $B(3|4)$ und $C(3|6)$.

a) Zeichne das Dreieck im Maßstab 3 : 1 in das gleiche Koordinatensystem. Beginne bei $A(0|6)$. Gib die Koordinaten von B_1 und C_1 an.

b) Zeichne das Dreieck im Maßstab 1 : 2. Beginne wieder bei $A(0|6)$. Gib die Koordinaten von B_2 und C_2 an.

c) Beschreibe im Heft, was dir auffällt.

2 Wie lang wären die Strecken, wenn man sie in den Maßstäben 1 : 1000 und 3 : 1 abbildet?

3000 m | 2 m | 150 cm

2 Wie lang wären die Strecken, wenn man sie in den Maßstäben 1 : 300 und 20 : 1 abbildet?

9 dm | 15 m | 70 cm

→ Seite 38

Lot und Mittelsenkrechte

3 Ist m die Mittelsenkrechte von $\overline{AB}$? Begründe im Heft.

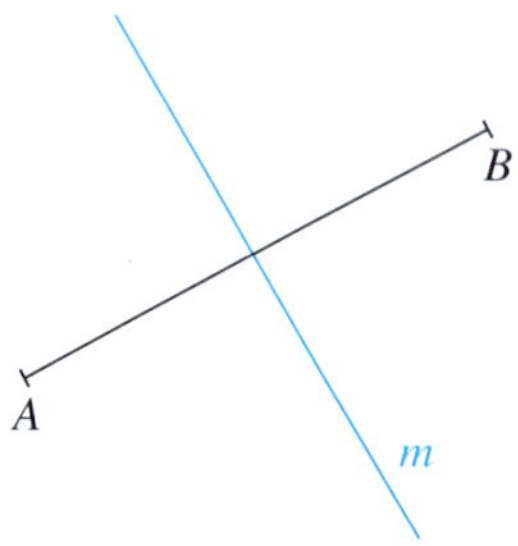

3 Ist m die Mittelsenkrechte von $\overline{BC}$ und n die Mittelsenkrechte von $\overline{CD}$? Begründe im Heft.

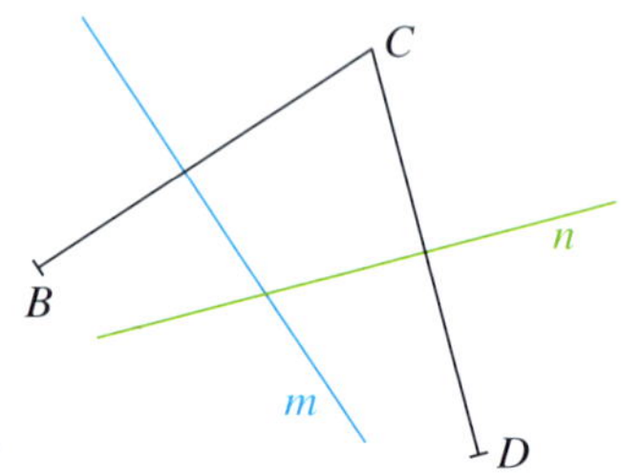

Übertrage das Parallelogramm ins Heft und zeichne zu jeder Seite die Mittelsenkrechte.

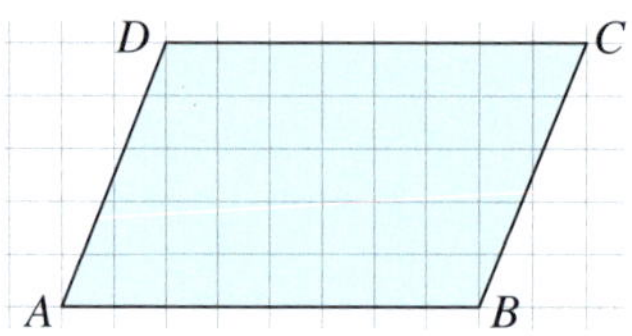

4 Übertrage ins Heft und zeichne zu jeder Seite die Mittelsenkrechte mit dem Zirkel.

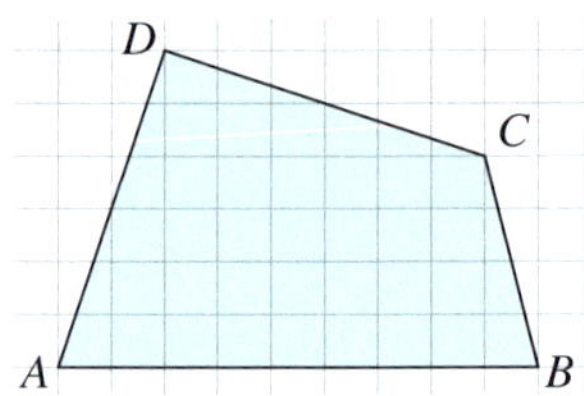

5 Übertrage ins Heft. Zeichne zu jeder Seite die Mittelsenkrechte. Was fällt dir auf?

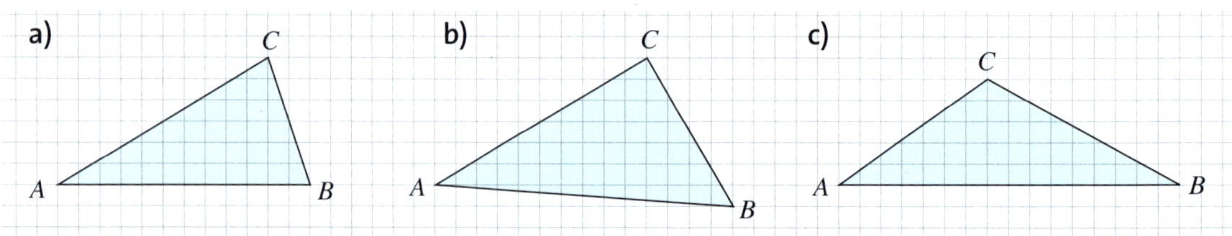

Dreiecke erkennen und beschreiben

→ Seite 42

6 Übertrage die Vierecke in dein Heft und verbinde zwei gegenüberliegende Eckpunkte durch eine Diagonale.
Welche Dreiecksarten entstehen? Benenne nach Seiten und Winkeln.
Was ändert sich, wenn du die andere Diagonale betrachtest?

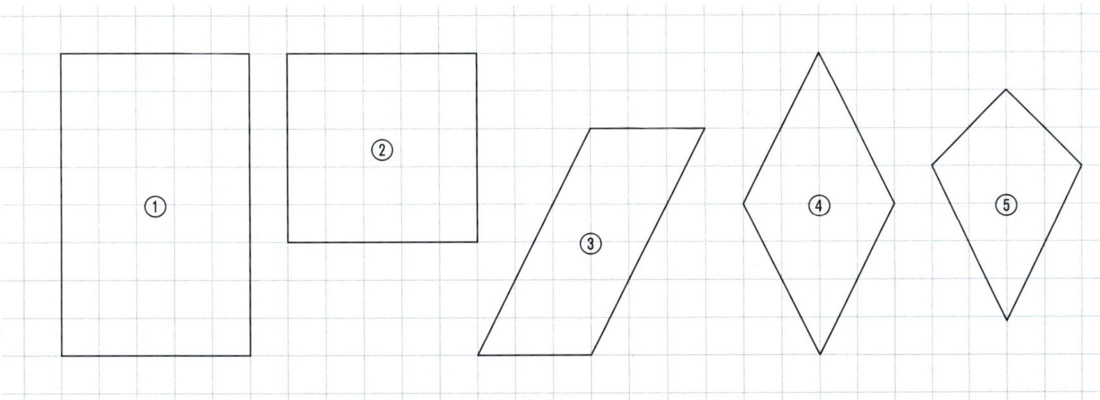

7 Zeichne zwei verschiedene Beispiele für ein gleichschenkliges Dreieck.
Miss die Winkel in deinem Dreieck.
Beschreibe, wie du prüfen kannst, ob du richtig gemessen hast.

8 Zeichne Dreiecke mit den gegebenen Maßen.

a) SSS: $a = 8\,\text{cm}$; $b = 6\,\text{cm}$; $c = 5\,\text{cm}$
b) SWS: $b = 8\,\text{cm}$; $c = 5{,}3\,\text{cm}$; $\alpha = 36°$
c) WSW: $c = 5{,}3\,\text{cm}$; $\alpha = 43°$; $\beta = 62°$
d) SSS: $a = b = 5\,\text{cm}$; $c = 8{,}5\,\text{cm}$
e) Gib jeweils die Dreiecksart nach Winkeln und nach Seiten an.

9 Ein Dreieck hat folgende Größen:
$\alpha = 90°$; $c = 10\,\text{cm}$; $\beta = 99°$.
Kann man das Dreieck zeichnen?
Überprüfe durch eine Zeichnung.

10 Berechne die fehlenden Winkel.

a)

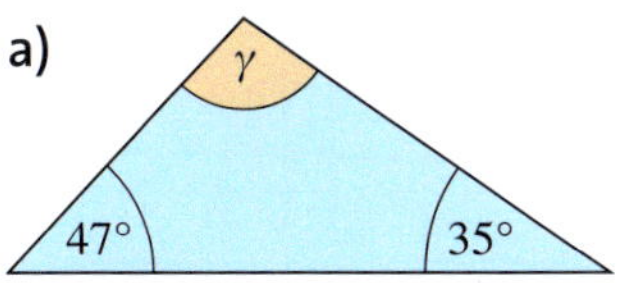

b)

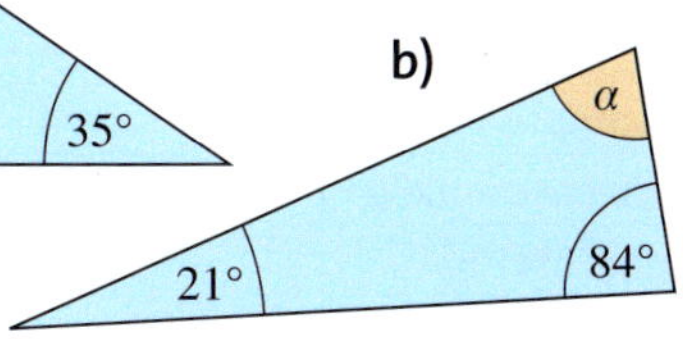

7 Zeichne zwei verschiedene Beispiele für ein stumpfwinkliges, gleichschenkliges Dreieck.
Miss die Winkel in deinem Dreieck.
Beschreibe, wie du prüfen kannst, ob du richtig gemessen hast.

8 Zeichne Dreiecke mit den gegebenen Maßen. Gib die Art der Planskizze (SSS, SWS, WSW) an.

a) $b = 4{,}8\,\text{cm}$; $c = 3\,\text{cm}$; $\alpha = 32°$
b) $a = 7{,}4\,\text{cm}$; $b = 6{,}8\,\text{cm}$; $c = 4{,}9\,\text{cm}$
c) $c = 6\,\text{cm}$; $\alpha = 47°$; $\beta = 66°$
d) Gib jeweils die Dreiecksart nach Winkeln und nach Seiten an.

9 Ein Dreieck hat folgende Größen:
$a = 3{,}5\,\text{cm}$; $b = 4\,\text{cm}$; $c = 8\,\text{cm}$.
Kann man das Dreieck zeichnen?
Überprüfe durch eine Zeichnung.

10 Berechne die fehlenden Winkel.

a)

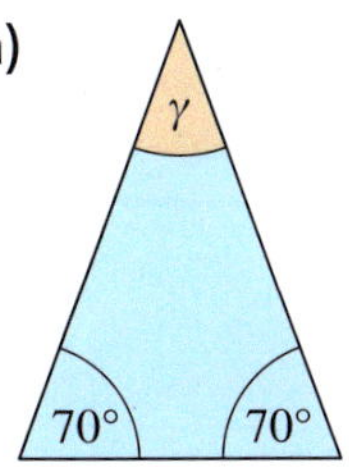

b)

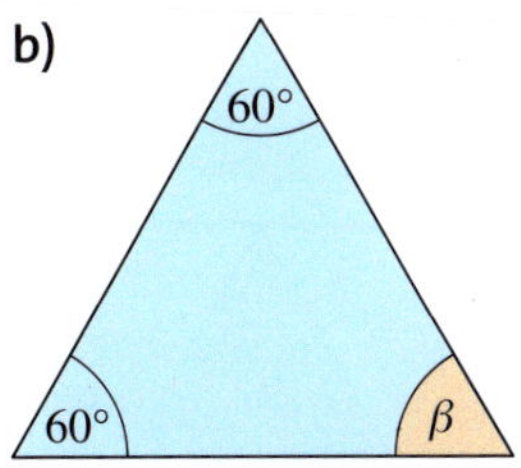

Lösungen ab Seite 202

Vermischte Übungen

1 Zeichne das Rechteck $ABCD$ mit $A(-2|-1)$; $B(2|-1)$; $C(2|1)$ und $D(-2|1)$ in ein Koordinatensystem.
Vergrößere das Rechteck einmal von Punkt A aus im Maßstab 1,5 : 1 und einmal von Punkt C aus im Maßstab 2 : 1.
Gib jeweils die Koordinaten der Eckpunkte an.

2 Wie lang und breit ist Peters Zimmer? Zeichne Peters Zimmer im Maßstab 1 : 100.
Überlege vorher: Ist die Abbildung größer oder kleiner als die im Buch? Begründe schriftlich.

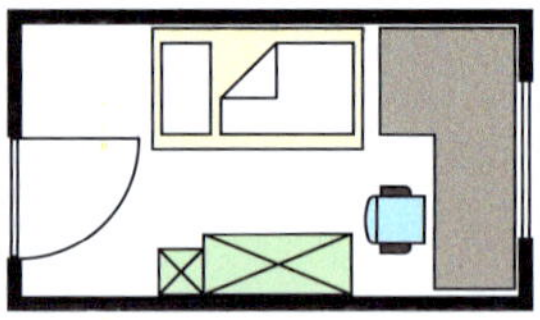

Maßstab 1 : 150

1 Zeichne das Dreieck ABC mit $A(0|2)$; $B(-2|-2)$ und $C(2|-2)$ in ein Koordinatensystem.
Zeichne das Dreieck von jedem Eckpunkt aus im Maßstab 1,5 : 1 und einmal im Maßstab 1 : 2.
Gib jeweils die Koordinaten der Eckpunkte an.

2 Peter möchte einen Plan von seinem Zimmer zeichnen.
Er weiß, dass es 6 m lang und halb so breit ist.

a) Welcher Maßstab ist geeignet, wenn das Zimmer auf ein DIN-A4-Blatt passen soll?
b) Mit welchem Maßstab müsste er arbeiten, wenn er das ganze Haus mit 11 m Länge und 7 m Breite auf ein DIN-A4-Blatt zeichnen möchte?

3 In welchem Maßstab ist Emils Schulweg abgebildet? Gib die Länge von Maries Schulweg an.

Emil (4 km) ________________________________

Marie (■ km) ______________________________________

4 Zeichne einen Kreis mit dem Radius $r = 3\,\text{cm}$. Markiere den Mittelpunkt M.
Zeichne wie in der Abbildung die beiden Strecken $\overline{AB}$ und $\overline{CD}$ beliebig ein.

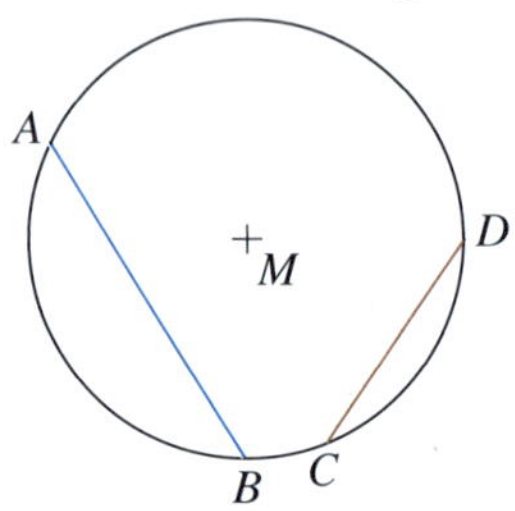

Zeichne die Mittelsenkrechten beider Strecken. Was fällt dir auf? Beschreibe im Heft.

4 Zeichne einen Kreis. Zeichne zwei Punkte A und B auf der Kreislinie und verbinde sie.

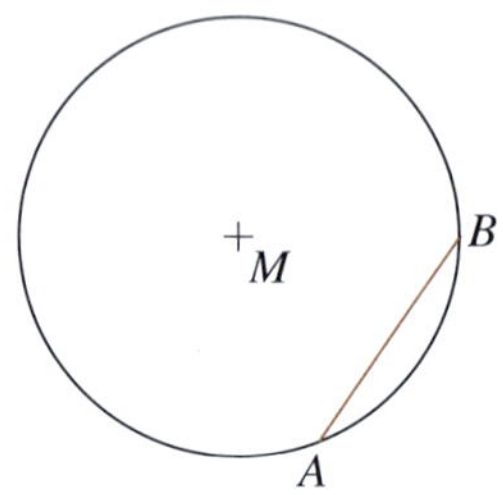

a) Zeichne die Mittelsenkrechte zur Strecke $\overline{AB}$ im Heft.
b) Beschreibe, was dir auffällt.
c) Gilt dies immer? Prüfe an verschiedenen Beispielen nach.

5 Fülle die Tabelle ohne zu messen im Heft aus.

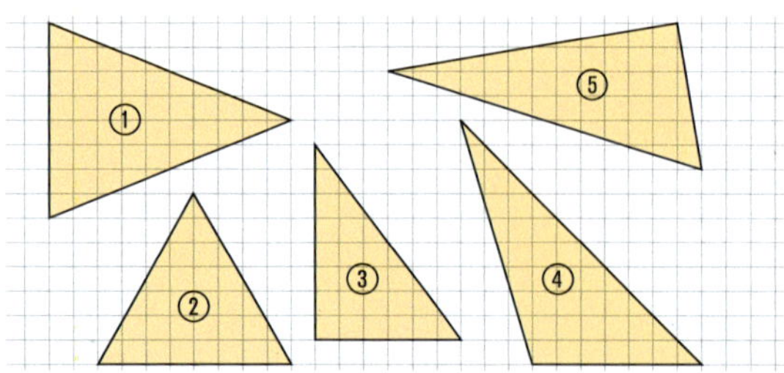

	①	②	③	④	⑤
spitzwinklig	✓	…	…	…	…
rechtwinklig	–	…	…	…	…
stumpfwinklig	–	…	…	…	…
gleichschenklig	…	…	…	…	…
gleichseitig	…	…	…	…	…
unregelmäßig	…	…	…	…	…

6 Zeichne die Figuren ab und spiegele sie an der Spiegelachse (blaue Linie). Betrachte die durch die Spiegelung entstandenen Dreiecke. Welche Sonderformen erkennst du?

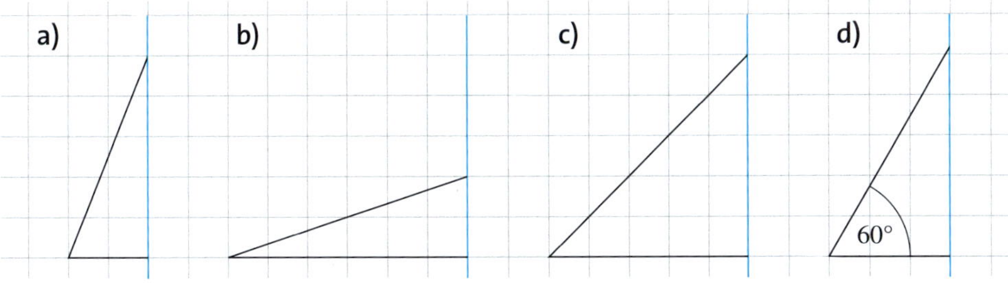

7 Zeichne das rechtwinklige Dreieck *ABC* und miss die Größe von α, β und γ.

a) $a = 4{,}7\,\text{cm}$; $c = 4{,}2\,\text{cm}$; $\beta = 90°$

b) $b = 5{,}1\,\text{cm}$; $c = 3\,\text{cm}$; $\alpha = 90°$

7 Zeichne das Dreieck *ABC* und miss die Größe von α, β und γ.

a) $b = 6{,}5\,\text{cm}$; $c = 9{,}3\,\text{cm}$; $\alpha = 83°$

b) $a = 3{,}5\,\text{cm}$; $c = 4{,}2\,\text{cm}$; $\beta = 57°$

8 Zeichne ein gleichschenkliges Dreieck *ABC* mit den Schenkellängen $a = b = 7{,}3\,\text{cm}$ und der Basislänge $c = 5{,}5\,\text{cm}$.

a) Zeichne zu jeder Seite die Mittelsenkrechte.

b) Was kannst du über den Schnittpunkt der drei Mittelsenkrechten sagen?

8 Zeichne ein gleichseitiges Dreieck mit 6,4 cm Seitenlänge.

a) Zeichne zu jeder Seite die Mittelsenkrechte. Was fällt dir auf?

b) Zeichne ein Dreieck, bei dem sich die Mittelsenkrechten außerhalb des Dreiecks schneiden.

9 Zeichne das Dreieck, wenn möglich. Wenn nicht, begründe, warum es nicht geht.

a) gleichschenklig, spitzwinklig

b) gleichschenklig, stumpfwinklig

c) gleichseitig, spitzwinklig

d) gleichseitig, rechtwinklig

e) gleichseitig, stumpfwinklig

f) gleichschenklig, rechtwinklig

10 Bei diesen Aufgaben muss man für die Zeichnung den fehlenden Winkel berechnen. (Winkelsumme im Dreieck: 180°)

a) $c = 5{,}3\,\text{cm}$; $\alpha = 76°$; $\gamma = 55°$

b) $b = 5{,}6\,\text{cm}$; $\beta = 49°$; $\gamma = 67°$

c) $a = 7{,}8\,\text{cm}$; $\alpha = 63°$; $\beta = 57°$

10 Zeichne die folgenden Dreiecke nach der Planskizze WSW.

a) $c = 5{,}3\,\text{cm}$; $\alpha = 43°$; $\gamma = 75°$

b) $b = 5{,}6\,\text{cm}$; $\beta = 64°$; $\gamma = 49°$

c) $a = 7{,}8\,\text{cm}$; $\alpha = 63°$; $\beta = 55°$

d) $c = 7\,\text{cm}$; $\alpha = 108°$; $\beta = 79°$

11 Aus der Berufswelt

Die Höhe eines Bürogebäudes soll vermessen werden.
Dazu wird ein Winkelmessgerät, ein sogenannter Theodolit, in 50 m Entfernung vom Gebäude aufgestellt.
Die Messung ergibt einen Winkel von $\alpha = 35°$.

a) Fertige nach der Skizze eine verkleinerte Zeichnung im Maßstab 1 : 500 an.

b) Bestimme zuerst aus der Zeichnung die Höhe des Bürogebäudes.
Wie verändert sich die Höhe, wenn du den Hinweis zur Augenhöhe in der Randspalte beachtest?

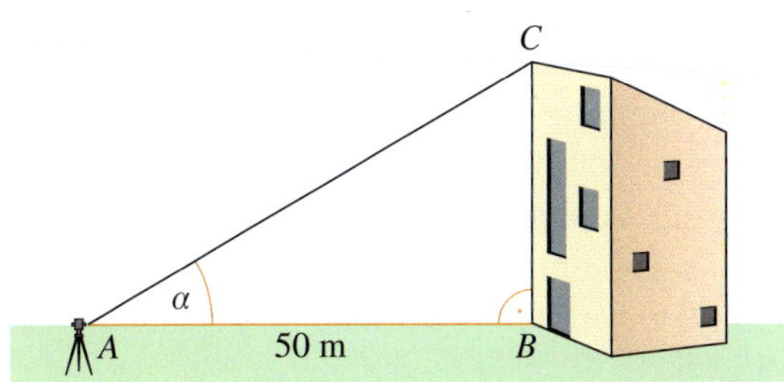

HINWEIS

*Ein **Theodolit** ist ein Winkelmessgerät und wird in der Landvermessung eingesetzt.*
Der Theodolit ist auf einem Stativ in einer Höhe von 1,50 m über dem Boden (Augenhöhe) befestigt.

12 Die Kinder aus Bronzbach, Silberstein und Goldberg wollen gemeinsam im Wald einen Futterplatz für Waldtiere anlegen. Der Platz soll gleich weit von allen Dörfern entfernt liegen.

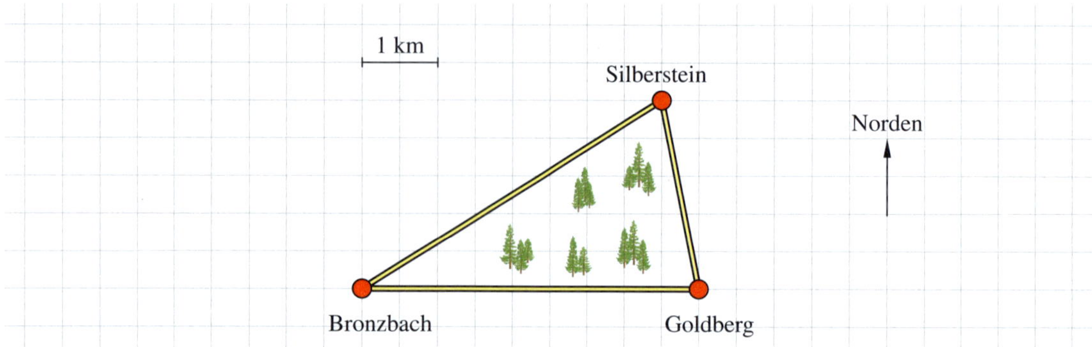

a) Übertrage die Zeichnung in dein Heft und versuche den Futterplatz zu finden. Beschreibe dein Vorgehen schriftlich.

b) Vergleicht eure Lösungswege. Wie weit ist der Futterplatz von jedem Ort entfernt?

c) Welche besondere Zeichnung kann man zur Lösung der Aufgabe nutzen?

NACHGEDACHT
Welche Berufsgruppen werden in den Texten genannt? Welche weiteren Berufsgruppen sind beim Bau eines Hauses beteiligt?

13 Aus der Berufswelt

Beim Bau eines Wohnhauses sind viele unterschiedliche Berufsgruppen beteiligt.
Der Grundriss liefert die für den Bau notwendigen Informationen.

Klärt vor dem Bearbeiten der Aufgaben unbekannte Begriffe und Schreibweisen.

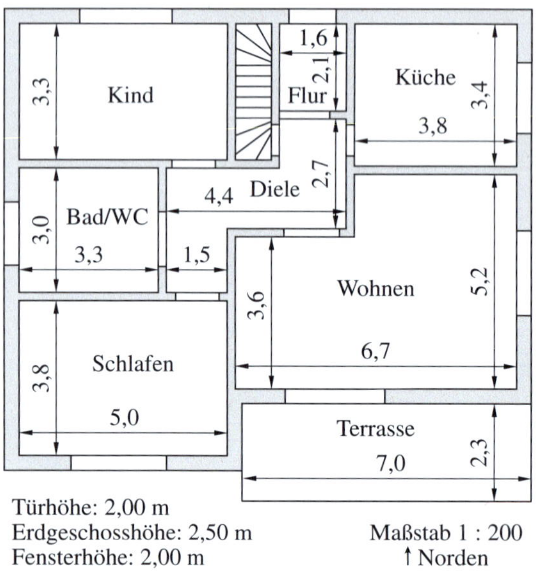

Ⓐ In welcher Himmelsrichtung befindet sich die Eingangstür (die Terrasse, das Badezimmer)?

Ⓑ Was bedeutet die Angabe „Maßstab 1 : 200“?

Ⓒ Welche Grundfläche (ohne Terrasse) nimmt das Haus ein?

Ⓓ Im Wohnzimmer soll ein Parkettboden verlegt werden. Ein Parkettleger veranschlagt für den Quadratmeter Parkett (inklusive Verlegen) 41,50 €.

ZUM WEITERARBEITEN
Erstellt weitere Aufgaben zu dem Grundriss und stellt sie euch gegenseitig.

Ⓔ In der Küche und im Flur soll ein Marmorboden verlegt werden.
Eine Steinmetzfirma macht hierfür ein Angebot.
Ein Quadratmeter Marmor kostet 39 €.
Für das Verlegen werden 12 Facharbeiterstunden zu je 42 € und 12 Hilfsarbeiterstunden zu je 33,50 € veranschlagt. Sand und Zement kosten 123,60 €.

Ⓕ Für die Außenmauer werden Ziegel mit den Maßen 36 cm × 50 cm × 24 cm (Länge × Breite × Höhe) verwendet.
Wie viele Ziegel muss der Maurer für die Außenmauer des Erdgeschosses bestellen?
Überschlage erst, rechne dann.

Teste dich!

1 Bei einer Wanderung legt Familie Huber bis zur ersten Rast 10 km zurück. *(4 Punkte)*

a) Welcher Strecke entspricht das auf der Karte, wenn der Maßstab 1 : 100 000 ist?

b) Der Weg zum nächsten Rastplatz beträgt auf der Karte 4,5 cm. Wie lang ist der Weg in Wirklichkeit?

2 Übertrage die Abbildung in dein Heft und fälle von den Punkten Lote auf die Gerade g. *(4 Punkte)*

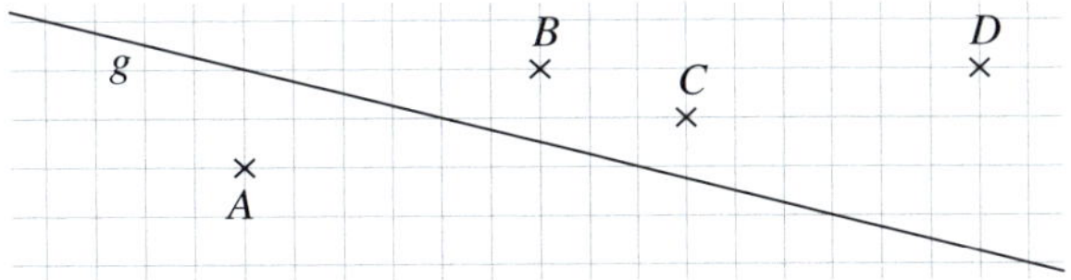

3 Trage die Punkte $A(1|1)$, $B(8|1)$ und $C(6|9)$ in ein Koordinatensystem ein und zeichne nach dieser Anleitung. *(3 Punkte)*

a) Fälle das Lot von C auf $\overline{AB}$ und gib die Koordinaten des Schnittpunktes an.

b) Zeichne die Mittelsenkrechte der Strecke $\overline{BC}$.

c) Die Mittelsenkrechte schneidet das Lot im Punkt Z. Gib seine Koordinaten an.

4 Betrachte die Dreiecke. *(3 Punkte)*

a) Benenne die Dreiecksart nach Seiten.

b) Benenne die Dreiecksart nach Winkeln.

c) Übertrage und beschrifte die Dreiecke vollständig im Heft.

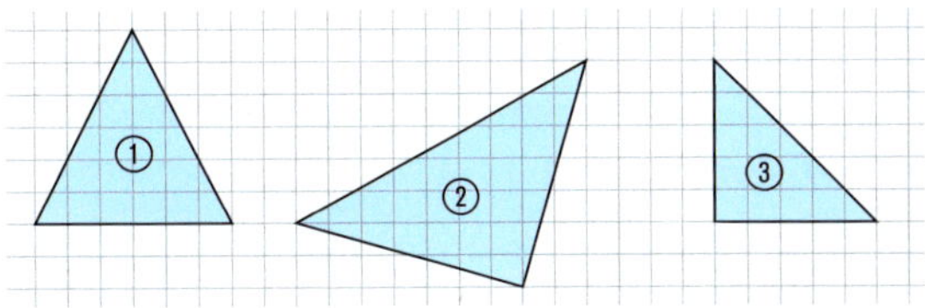

5 Wahr oder falsch? Begründe mithilfe einer Zeichnung. *(4 Punkte)*

a) In jedem gleichseitigen Dreieck sind auch alle drei Winkel gleich groß.

b) Jedes spitzwinklige Dreieck ist gleichschenklig.

6 In einer Parkanlage wurde der See vermessen. Wie weit sind die Messstäbe an den beiden Ufern des Sees voneinander entfernt? Ermittle die Entfernung zeichnerisch. Zeichne 1 cm für 10 m. *(3 Punkte)*

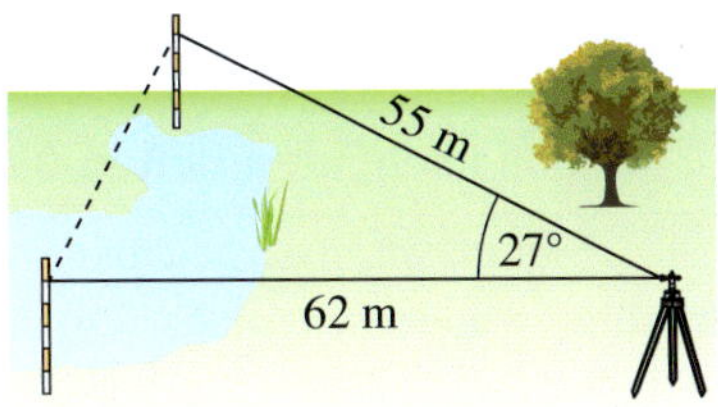

7 Zeichne die Dreiecke. Erstelle zuerst eine Planfigur und gib an, ob es sich um SSS, SWS oder WSW handelt. *(6 Punkte)*

a) $c = 6\,\text{cm}$; $b = 4\,\text{cm}$; $\alpha = 90°$

b) $a = 5\,\text{cm}$; $\beta = 45°$; $\gamma = 60°$

c) $a = 4\,\text{cm}$; $b = 3\,\text{cm}$; $c = 3{,}5\,\text{cm}$

8 Berechne die fehlenden Winkel. *(2 Punkte)*

a)

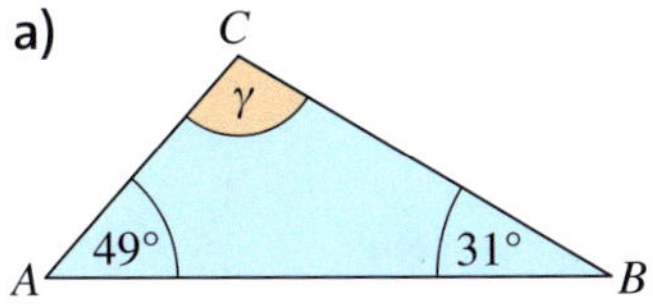

b)

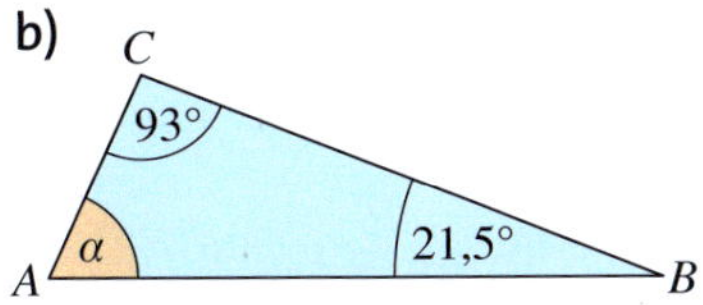

Gold: 27–29 Punkte, Silber: 23–26 Punkte, Bronze: 17–22 Punkte

Lösungen ab Seite 202

Zusammenfassung

→ Seite 34

Der Maßstab

Der **Maßstab** gibt an, in welchem Verhältnis etwas vergrößert oder verkleinert wird.

Der Maßstab 1 : 200 000 bedeutet:
1 cm im Bild entsprechen
1 cm · 200 000 = 200 000 cm = 2 km
in der Wirklichkeit.

Der Maßstab 5 : 1 bedeutet:
1 cm im Bild entsprechen
1 cm : 5 = 0,2 cm
in der Wirklichkeit.

→ Seite 38

Lot und Mittelsenkrechte

Die Gerade, die durch den Punkt A geht und senkrecht auf der Geraden g steht, nennt man Lot von A auf g.

Die kürzeste Entfernung vom Punkt A zur Geraden g nennt man **Abstand.**
Die Länge der Strecke $\overline{AP}$ ist der Abstand von A zu g.
$\overline{AP}$ ist senkrecht zu g.

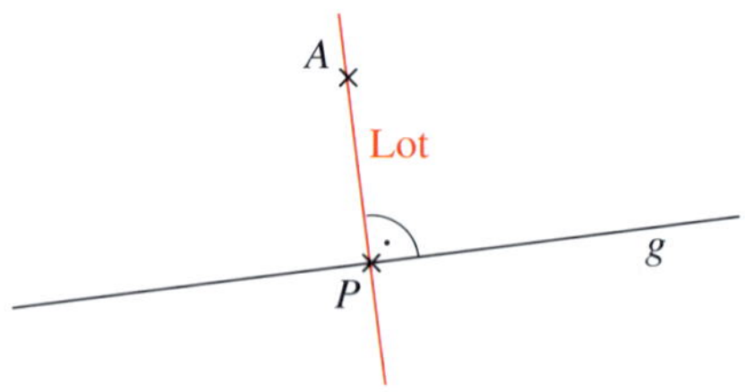

Die **Mittelsenkrechte *m*** der Strecke $\overline{AB}$ ist die Senkrechte, die im Mittelpunkt der Strecke $\overline{AB}$ errichtet wurde.

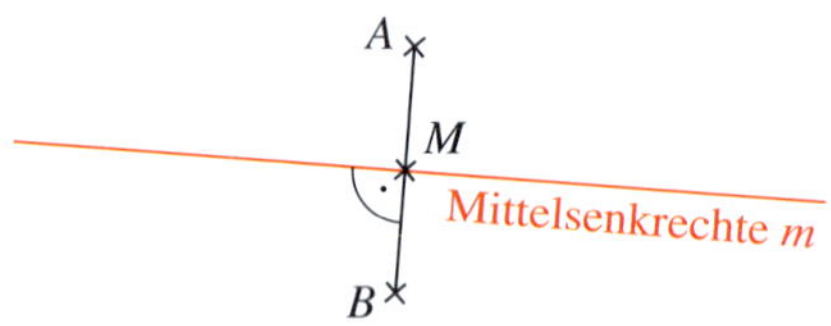

→ Seite 42, 44

Dreiecke erkennen und beschreiben

Dreiecke können nach ihren **Seiten** oder **Winkeln** unterschieden werden.

Eigenschaften nach Seiten			Eigenschaften nach Winkeln		
unregelmäßig: drei verschieden lange Seiten	**gleichschenklig**: zwei gleich lange Seiten	**gleichseitig**: drei gleich lange Seiten	**spitzwinklig**: drei spitze Winkel (< 90°)	**rechtwinklig**: ein rechter Winkel (= 90°)	**stumpfwinklig**: ein stumpfer Winkel (> 90°)
	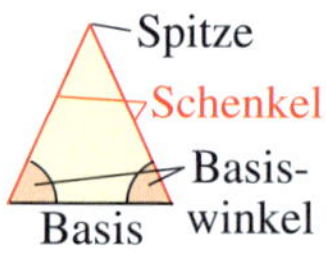	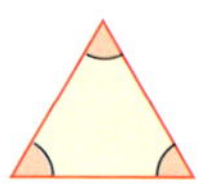	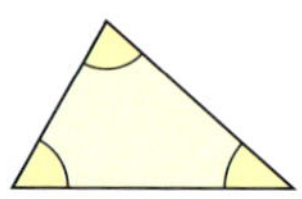	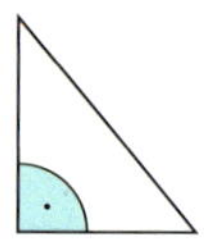	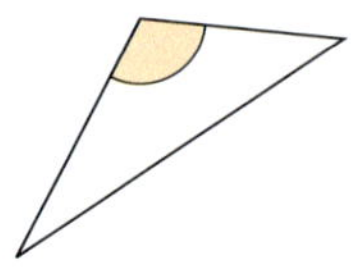

Dreiecke kann man eindeutig zeichnen, wenn…
- alle drei Seiten gegeben sind (**SSS**).
- eine Seite und die beiden anliegenden Winkel gegeben sind (**WSW**).
- zwei Seiten und der eingeschlossene Winkel gegeben sind (**SWS**).

→ Seite 48

In jedem Dreieck beträgt die Innenwinkelsumme 180°. $\alpha + \beta + \gamma = \mathbf{180°}$

Zuordnungen und Proportionalität

Die Briefkästen in Mehrfamilienhäusern sind mit Namen beschriftet, damit jeder Briefträger genau weiß, welcher Briefkasten zu welcher Wohnung gehört. Somit kann jeder Briefkasten einer Wohnung zugeordnet werden.

In diesem Kapitel erfährst du mehr über besondere Zuordnungen.

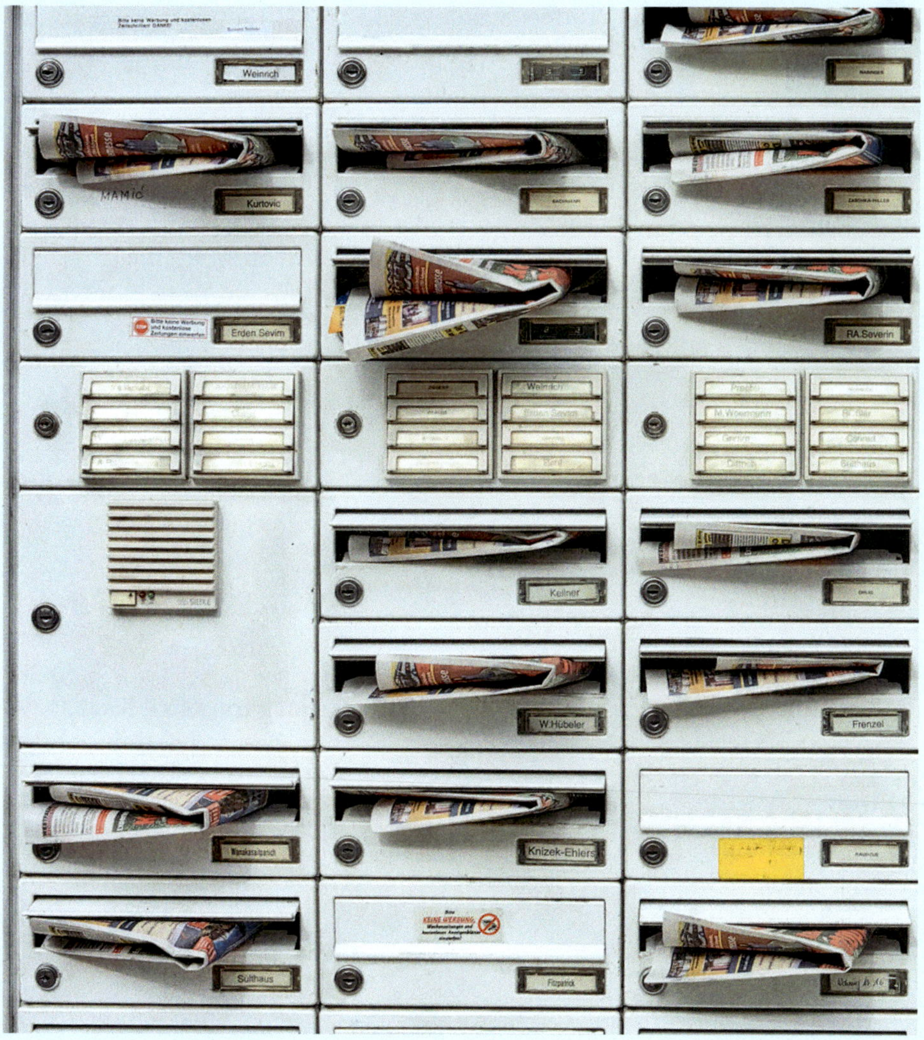

Noch fit?

Einstieg

1 Gleiche Teiler finden

a) Welche Zahlen kannst du durch 3 teilen? Schreibe sie der Größe nach auf.
9; 25; 12; 6; 17; 21; 5; 3

b) Welche Zahlen kannst du durch 7 teilen? Schreibe sie der Größe nach auf.
15; 14; 70; 77; 56; 58; 7

2 Zahlenreihen ergänzen

Ergänze die Zahlenreihen um sechs Zahlen.

a) 2; 4; 6; 8; …
b) 7; 14; 21; 28; …
c) 3; 7; 11; 15; …
d) 105; 99; 93; 87; …

3 Paare von Werten ablesen

a) Mathematikbücher wurden zu einem Turm gestapelt. Die Höhe des Turmes wurde mehrmals gemessen.
Erkläre die Einträge in der Tabelle.

Anzahl der Bücher	0	1	10	20
Turmhöhe (in cm)	0	1,2	12	24

b) In dem Diagramm sind Gewicht und Preis von Orangen dargestellt. Lies die Preise für 1 kg, 2 kg, 3 kg, 4 kg und 5 kg ab.

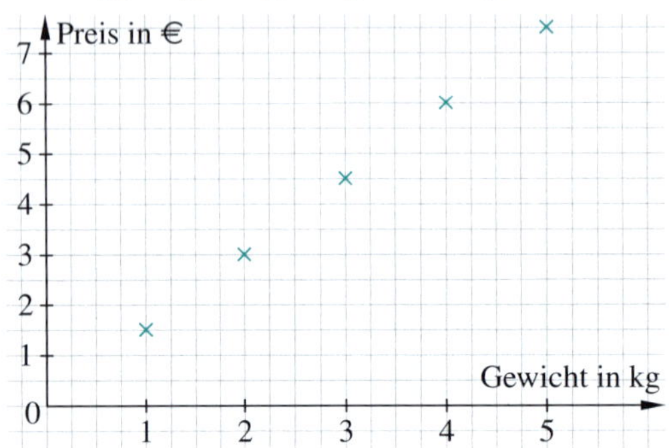

4 Sachaufgaben lösen

Berechne und schreibe einen Antwortsatz.

a) Ein Stück Kuchen kostet 1,20 €.
Wie viel kosten drei Stücke Kuchen?

b) An der Kinokasse zahlen drei Schüler zusammen 15 €.
Wie viel kostet eine Karte?

c) Ein Paket wiegt 450 g.
Die Verpackung wiegt 55 g.
Wie schwer ist der Inhalt?

Aufstieg

1 Gleiche Teiler finden

Finde Zahlen, die du durch die gleiche Zahl teilen kannst.
Schreibe sie der Größe nach auf.

Beispiel 10; 25; 45 → durch 5 teilbar

a) 7; 8; 4; 14; 56; 77; 84; 6; 12; 44
b) 56; 9; 48; 16; 34; 88; 24; 85; 3

2 Zahlenreihen ergänzen

Ergänze die Zahlenreihen um sechs Zahlen.

a) 8; 16; ■; 32; 40; ■; 56; …
b) ■; 74; 67; 60; ■; 46; …

3 Paare von Werten ablesen

a) Erkläre die Einträge in der Tabelle.

Anzahl der Zeitschriften	0	1	10	20
Turmhöhe (in cm)	0	0,6	6	12

b) Wie hoch sind zwei Zeitschriften?
Wie hoch sind dreißig Zeitschriften?

c) In dem Diagramm ist dargestellt, wie viel Farbe man pro Wandfläche benötigt.
Erkläre, was die Achsen bedeuten.
Lies die Wertepaare ab.

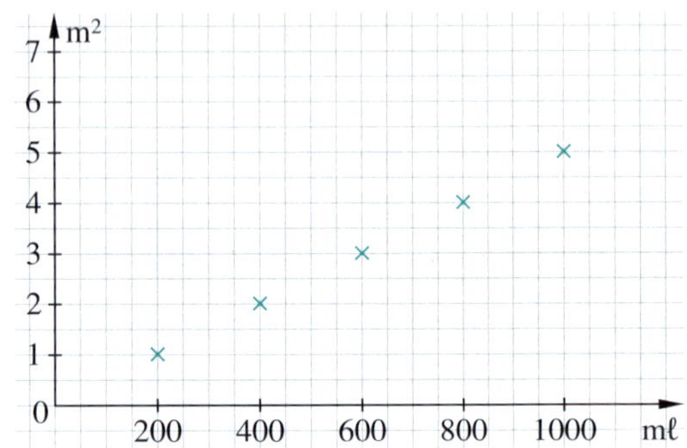

4 Sachaufgaben lösen

Berechne und beantworte die Frage.

a) Ein Foto kostet 19 Ct, der Versand 2,50 €.
Wie teuer sind 12 Fotos mit Versand?

b) 5 € pro Monat sind so viel wie ■ pro Jahr.

c) Marvin fährt 3 km bis zur Schule.
Die Fahrt dauert 20 Minuten. Wie lange ist er unterwegs, wenn er 9 km weit fährt?
Unter welcher Voraussetzung ist deine Berechnung richtig?

Lösungen ab Seite 202

Zuordnungen erkennen und beschreiben

Entdecken

1 Hier siehst du verschiedene Zuordnungen.

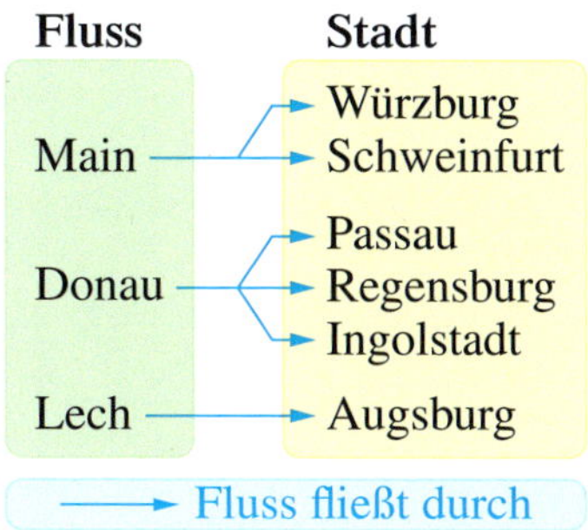

Tomaten
1 kg 1,49 €
5 kg nur 5 €

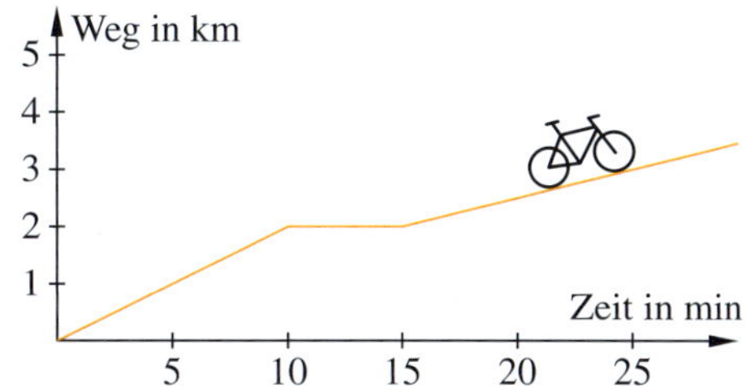

Staat	Deutschland	Frankreich	Schweiz	Polen
Hauptstadt	Berlin	Paris	Bern	Warschau

a) Beschreibe die Zuordnungen im Heft. Welche Werte sind jeweils einander zugeordnet?
b) Erstellt eigene Beispiele und präsentiert sie der Klasse.

2 Hier sind unterschiedliche Situationen beschrieben.
Zu jeder Situation gibt es einen Text, eine Wertetabelle und ein Diagramm.
a) Ordnet den Texten die Wertetabellen ① bis ④ und die Diagramme I bis IV zu. Zu einer Wertetabelle und einem Diagramm fehlt die Situation. Findet eine passende Situation.

Ⓐ Die Körpergröße eines Kindes wird ab der Geburt in unregelmäßigen Abständen gemessen.

Ⓑ Eine Badewanne wird in 5 Minuten gleichmäßig gefüllt.

Ⓒ Eine lange Straße muss gereinigt werden. Ein Städtereinigungsmeister hat 60 Arbeiter zur Verfügung und überlegt, wie viele er davon einsetzt.

①

x	0	1	2	3	4	5
y	0	20	40	60	80	100

②

x	0	1	6	12	15
y	53	54	67	77	82

③

x	0	1	3	5	7
y	0	10	15	20	25

④

x	1	2	3	4	5	6
y	60	30	20	15	12	10

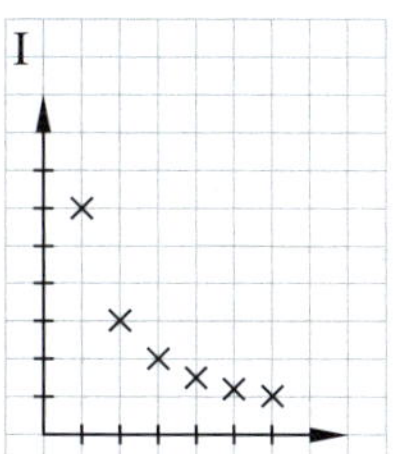

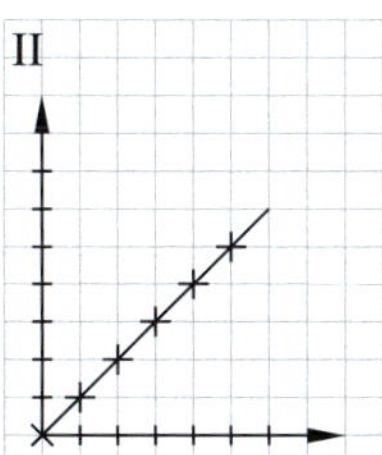

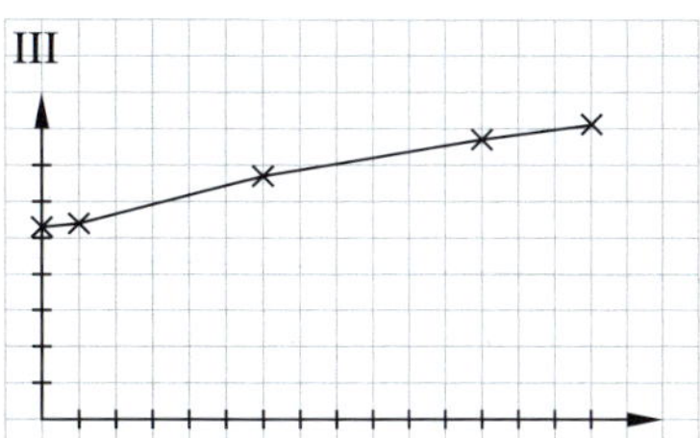

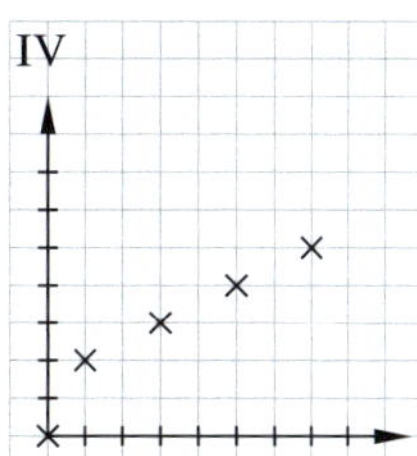

NACHGEDACHT
Einige Diagramme bestehen aus Punkten, andere aus durchgezogenen Linien. Warum könnte das so sein?

b) Wählt aus folgenden Zuordnungen die zutreffende aus.
Übertragt die Diagramme ins Heft und beschriftet die Achsen.

Minuten → Volumen (l)

Arbeitszeit (h) → Arbeiter

Alter → Körpergröße (cm)

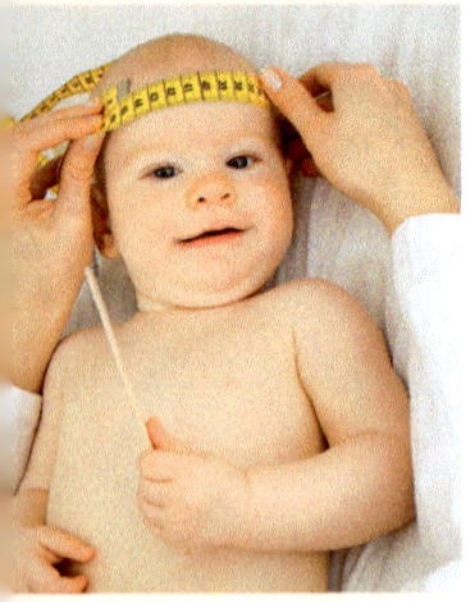

Verstehen

Für Säuglinge und Kleinkinder werden Untersuchungshefte geführt.
Darin wird unter anderem der gemessene Kopfumfang notiert.
Franziskas Kopfumfang wurde nach der Geburt und im Alter von einem, drei und sechs Monaten gemessen und festgehalten.

Beispiel 1

Dem Alter von Franziska ist ihr Kopfumfang zugeordnet: *Alter → Kopfumfang*

Text: Franziskas Alter in Monaten wird dem Kopfumfang in Zentimetern zugeordnet.
Nach der Geburt hatte Franziska einen Kopfumfang von 33 cm.
Nach einem Monat betrug der Kopfumfang 37 cm, nach drei Monaten 39 cm und nach sechs Monaten 43 cm.

Wertetabelle:

Alter (in Monaten)	0	1	3	6
Kopfumfang (in cm)	33	37	39	43

Im Alter von 3 Monaten hatte Franziska einen Kopfumfang von 39 cm.

HINWEIS
Es gibt verschiedene Arten, Zuordnungen darzustellen. Mehr erfährst du auf Seite 62.

Grafik:

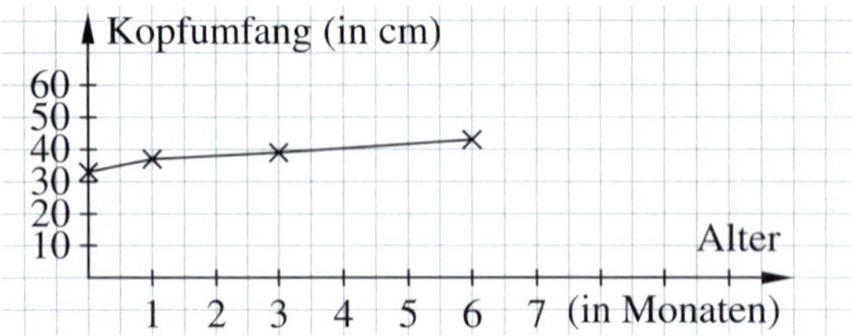

Für diesen Zeitraum gilt: Je älter das Kind ist, desto größer wird der Kopfumfang.

Merke **Zuordnungen** weisen Werten aus einem Bereich (Ausgangswerte) einen oder mehrere Werte aus einem anderen Bereich (zugeordnete Werte) zu.
Zuordnungen können als **Text**, in einer **Tabelle** oder **grafisch** dargestellt werden.

Franziskas durchschnittliche Schlafzeit pro Tag verändert sich auch. Ihre Schlafzeit wurde nach der Geburt und im Alter von einem, drei und sechs Monaten gemessen und festgehalten.

Beispiel 2

Dem Alter von Franziska ist die Schlafzeit zugeordnet: *Alter → Schlafzeit*

Text: Franziskas Alter in Monaten wird der Schlafzeit in Stunden zugeordnet.
Nach der Geburt schlief Franziska 18 Stunden am Tag. Nach einem Monat schlief sie 17 Stunden am Tag, nach drei Monaten 15 Stunden und nach sechs Monaten 12 Stunden.

Für diesen Zeitraum gilt: Je älter das Kind ist, desto kürzer wird die Schlafzeit.

Grafik:

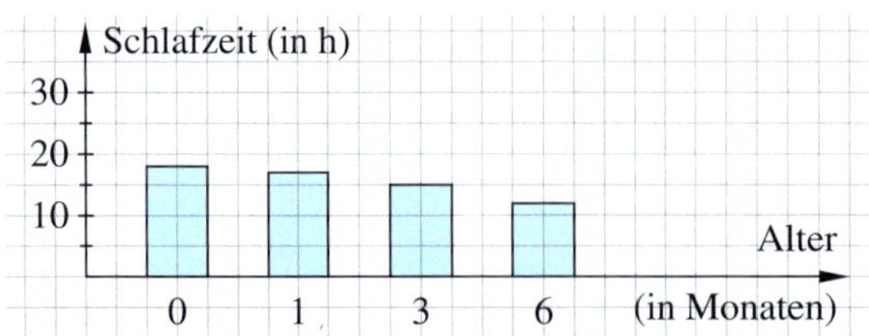

Wertetabelle:

Alter (in Monaten)	0	1	3	6
Schlafzeit (in h)	18	17	15	12

Starthilfe

A Ergänze die Sätze mithilfe der Kärtchen im Heft.

Schloss | Buch | Blütenblätter | Buchstaben | Lebewesen

a) Jeder Buchseite kann ein ■ zugeordnet werden.
b) Jedem Namen können ■ zugeordnet werden.
c) Jeder Blume können ihre ■ zugeordnet werden.
d) Jedem Zahn kann ein ■ zugeordnet werden.
e) Jedem Schlüssel kann ein ■ zugeordnet werden.
f) Findest du für die Teilaufgaben a)–e) noch eigene Zuordnungsmöglichkeiten?

Üben und anwenden

1 Bilde Je-Desto-Sätze zu den folgenden Zuordnungen.
Beispiel Je größer das Schwimmbecken ist, desto mehr Wasser passt hinein.
a) Länge des Fußes → Schuhgröße
b) Charts-Platzierung → Downloads
c) Anzahl Downloads → Preis
d) Punkte in der Mathematikarbeit → Note

1 Bilde Je-Desto-Sätze zu den Beispielen aus dem Autorennen der „Formel 1“.
Beispiel Je voller der Tank ist, desto schwerer ist der Rennwagen.
a) Anzahl der Runden → gefahrene Strecke
b) Platzierung im Rennen → Punkte
c) Geschwindigkeit → Rundenzeit
d) Härte der Reifen → Geschwindigkeit

2 Welche Größen sind einander bei der Wettervorhersage zugeordnet?
Diese Begriffe können dir helfen: Bewölkung, Tiefsttemperatur, Höchsttemperatur, Niederschlag
Beispiel Jedem Wochentag wird die Höchsttemperatur zugeordnet.

NACHGEDACHT
Welche weiteren Zuordnungen sind bei der Wettervorhersage möglich?

3 Mietgebühren für ein Fahrrad

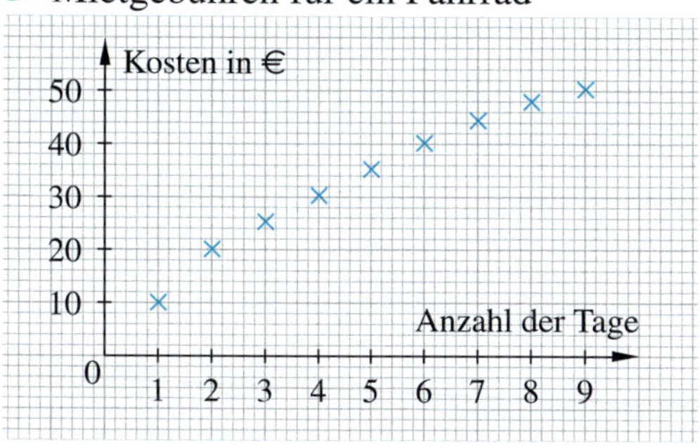

a) Welche Werte werden einander zugeordnet?
Beschreibe die Zuordnung in einem Text.
b) Übertrage und ergänze die Tabelle im Heft.

Tage	2	4	6	7
Kosten (in €)	…	…	…	…

3 Fahrradtour

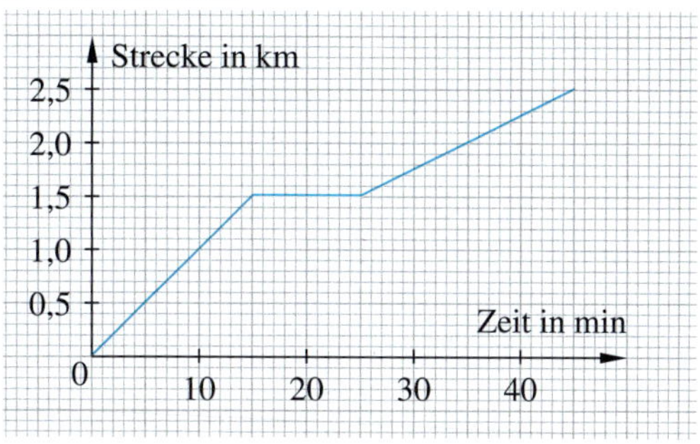

a) Welche Werte werden einander zugeordnet?
Beschreibe die Zuordnung in einem Text.
b) Übertrage und ergänze die Tabelle im Heft.

Zeit (in min)	10	20	25	…	…
Strecke (in km)	…	…	…	0,5	2,0

Werkzeug Zuordnungen darstellen

Auf den vorangegangenen Seiten hast du unterschiedliche Zuordnungen kennengelernt. Man kann sie auf verschiedene Arten darstellen.

Beispiel

Maike und Peter möchten ihre Eltern überreden, ihnen mehr Taschengeld zu geben. Deswegen recherchieren sie im Internet, welche Geldbeträge für Jugendliche empfohlen werden. Sie finden unterschiedliche Darstellungen für die Zuordnungen *Alter → Höhe des Taschengelds*.

1. Darstellung im Text

Dem Alter der Jugendlichen wird die Höhe des empfohlenen Taschengelds zugeordnet. Im Alter von 10 Jahren wird ein Taschengeld in Höhe von 14 € pro Monat empfohlen. Bei 12-jährigen werden 20 € empfohlen, bei 14-jährigen 25 € und bei 16-jährigen 40 €.

2. Darstellung mit einem Pfeilbild

10 Jahre ⟶ 14 €
12 Jahre ⟶ 20 €
14 Jahre ⟶ 25 €
16 Jahre ⟶ 40 €

3. Darstellung in einer Wertetabelle

Alter (in Jahren)	10	12	14	16
Taschengeld (in €)	14	20	25	40

4. Darstellung in einem Koordinatensystem

Zuordnungen können im Koordinatensystem dargestellt werden. Die Ausgangswerte werden auf der waagerechten Achse (x-Achse) abgetragen, die zugeordneten Werte auf der senkrechten Achse (y-Achse).

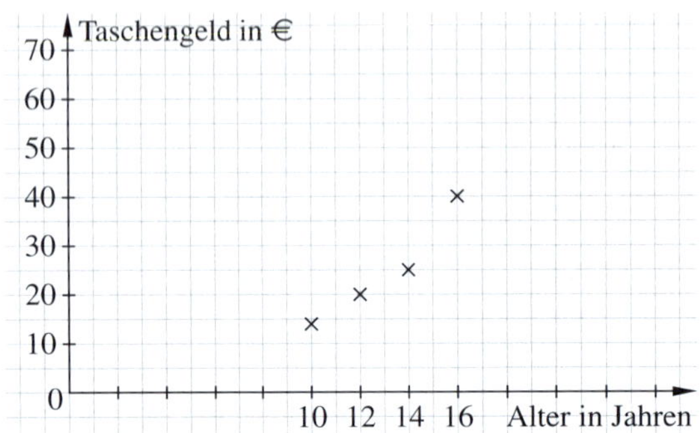

5. Darstellung in Diagrammen

Die zugeordneten Werte werden zum Beispiel in Form von Balken oder Säulen dargestellt.

Säulendiagramm:

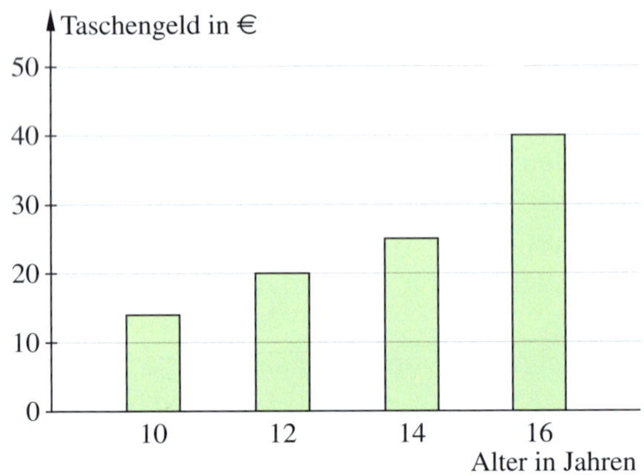

Üben und anwenden

1 Beschreibe die unterschiedlichen Darstellungen im Heft.

a) Welche Darstellung würdest du Maike und Peter empfehlen? Begründe schriftlich.

b) Nennt Vor- und Nachteile der Darstellungen.

2 Pralinen werden lose zu 3,50 € je 100 g verkauft.

a) Fertigt eine Wertetabelle für die Zuordnung *Gewicht → Preis* an.

b) Stellt die Zuordnung in zwei weiteren, geeigneten Darstellungsformen dar.

c) Begründet, warum ihr euch für diese Darstellungen entschieden habt. Stellt sie der Klasse vor.

Lineare und nicht lineare Zusammenhänge

Entdecken

1 Welche Situationen sind dargestellt?
Beschreibe jeweils den Graphen und benenne Gemeinsamkeiten und Unterschiede.

Brenndauer Kerze

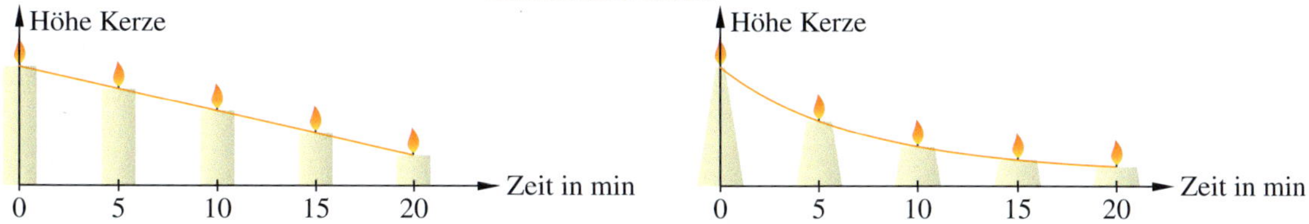

Fülldauer Gefäße

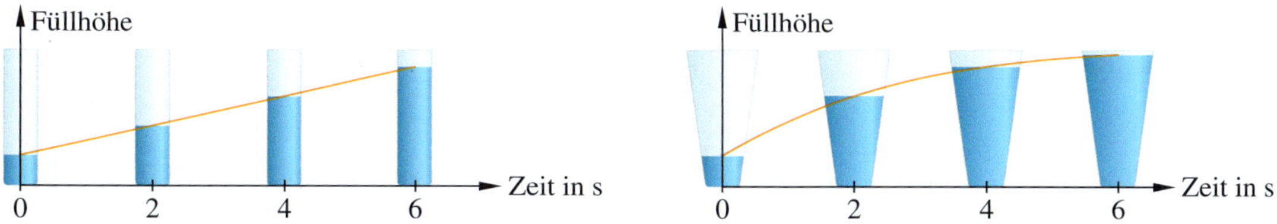

2 Die Diagramme zeigen, wie sich Schüler während der Pause um einen Schulkiosk bewegen.

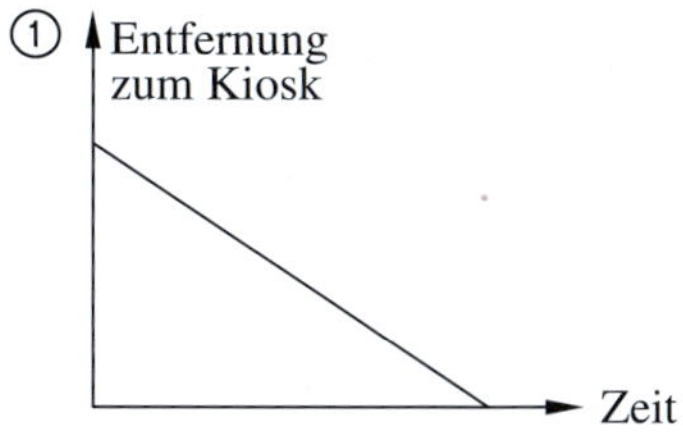

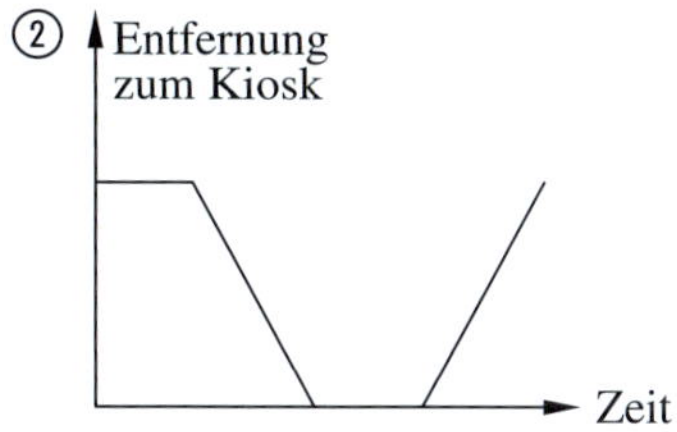

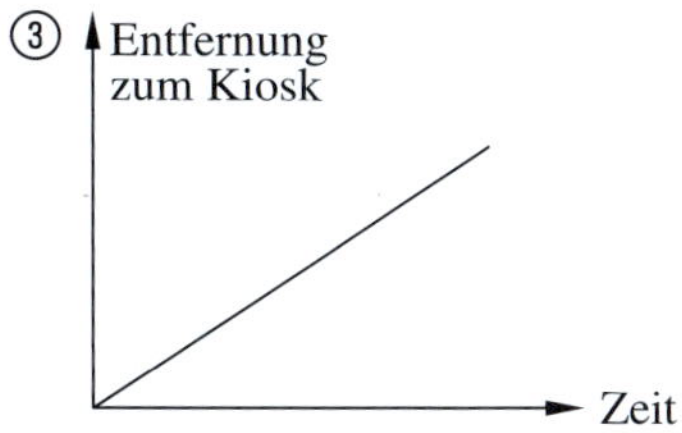

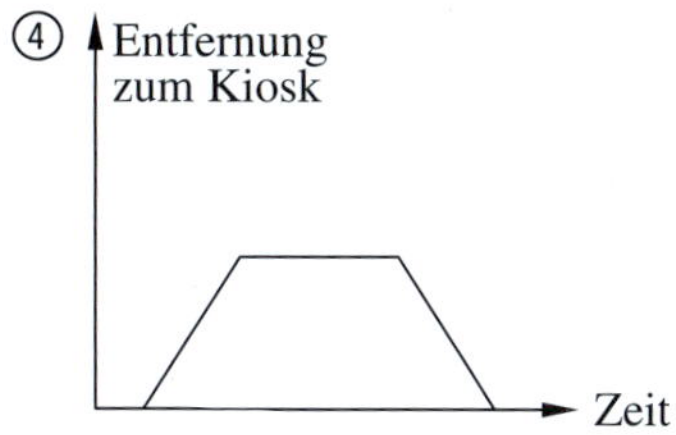

a) Zu welchem Graphen passt folgende Beschreibung:
„Ein Schüler steht zuerst in einiger Entfernung vom Kiosk, läuft dann hin, kauft zwei Semmeln, bezahlt und läuft wieder weg."

b) Woran erkennt man an den Graphen, ob sich die Schüler auf den Kiosk zu bewegen, vom Kiosk wegbewegen oder stehen bleiben?

c) Spielt die Bewegungen nach, zeigt sie anhand des Bildes oder beschreibt sie. Welche Graphen waren leicht, welche schwer nachzustellen? Erklärt warum.

d) Max behauptet: „Je zwei Graphen gehören zusammen."
Welche Graphen könnte er meinen? Begründe schriftlich.
Tauscht euch untereinander aus und diskutiert die Ergebnisse.

3 Zeichne selbst weitere Graphen und beschreibe die Bewegung im Heft.
Tauscht eure Graphen aus und beschreibt euch gegenseitig die Bewegung. Überprüft mit eurer eigenen Beschreibung.

Verstehen

Der Eintritt in einen Vergnügungspark kostet 5 €. Jedes Fahrgeschäft kostet zusätzlich 2 €. Caroline fährt 3-mal, John 4-mal und Leonie 6-mal.

Beispiel 1

Um die Kosten für den Vergnügungspark zu berechnen, stellen sie eine Wertetabelle auf.

Wertetabelle:

Anzahl Fahrten	0	1	2	3	4	5	6
Gesamtpreis (in €)	5	7	9	11	13	15	17
	+2	+2	+2	+2	+2	+2	

Caroline zahlt für 3 Fahrten 11 €.
John zahlt für 4 Fahrten 13 €.
Leonie zahlt für 6 Fahrten 17 €.

Die Zuordnung *Anzahl der Fahrten* → *Gesamtpreis (in €)* steigt gleichmäßig (um 2 €).
Der Anfangswert beträgt 5 €.

Der Graph der Zuordnung ist eine steigende Gerade.
Die Zuordnung ist eine **lineare Zuordnung**.

Graph:

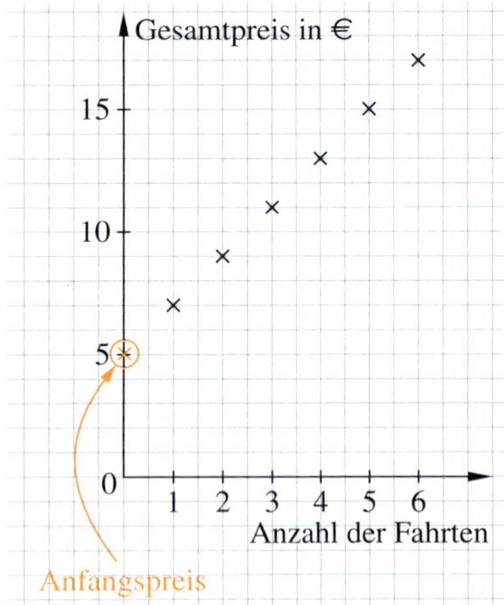

Merke Graphen, die **gleichmäßig ansteigen** oder **fallen**, zeigen **lineare Zuordnungen**. Man erkennt sie daran, dass sie durch eine gerade Linie dargestellt werden. Von einem Anfangswert steigt oder fällt die Zuordnung in gleichen Schritten.

Beispiel 2

Gitta ist krank. Jeden Abend um 20 Uhr misst die Mutter Gittas Temperatur.
Aus den gemessenen Werten erstellt sie eine Fieberkurve.

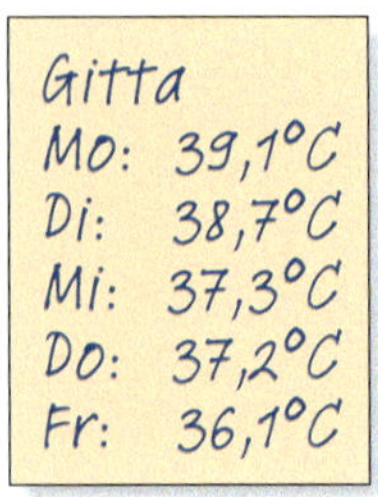

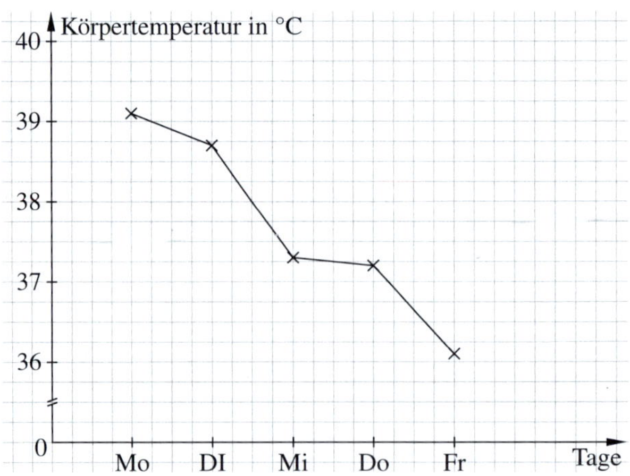

Der Graph fällt nicht gleichmäßig.
Die Zuordnung *Körpertemperatur* → *Tag* ist eine **nicht lineare Zuordnung**.

Merke Graphen, die **nicht gleichmäßig** ansteigen oder fallen, zeigen **nicht lineare** Zuordnungen. Die Werte der Zuordnung fallen vom Ausgangswert nicht in gleichen Schritten.

Starthilfe

A Michelle erhält pro Monat 14 € Taschengeld.
Sie bekommt 2 € extra pro Arbeit, die sie im Haushalt übernimmt.

a) Ergänze den Satz im Heft: Je öfter Michelle im Haushalt hilft, desto ■.

b) Übertrage und ergänze die Tabelle im Heft.

übernommene Aufgaben	0	1	2	3	4	5	6	7
Geld in €	14	16	…	…	…	…	…	…

c) 👥 Vergleicht eure Werte untereinander.

d) Übertrage und ergänze das Koordinatensystem im Heft.

e) Kannst du durch die Punkte eine gerade Linie mit dem Lineal ziehen?
Handelt es sich um eine lineare Zuordnung?
Begründe schriftlich.

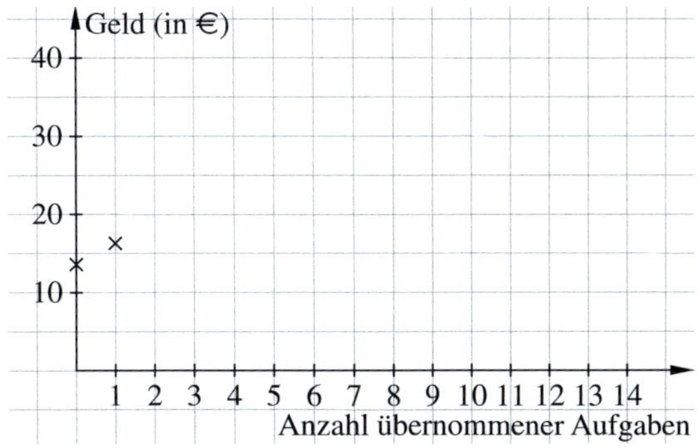

Üben und anwenden

1 Eine Eisdiele hebt die Kosten für eine Kugel Eis in jedem Jahr an.

Jahr	2014	2015	2016	2017	2018
Preis (in €)	0,70	0,80	1,00	1,30	1,50

a) Stelle die Zuordnung in einem Koordinatensystem dar.

b) Um wie viel Cent werden die Kugeln von Jahr zu Jahr teurer?

c) Handelt es sich um eine lineare Zuordnung? Begründe.

2 Übertrage die Zuordnungen in dein Heft.

①
0 kg ⟶ 0,00 €
1 kg ⟶ 2,10 €
2 kg ⟶ 4,20 €
3 kg ⟶ …
4 kg ⟶ …

②

Zeit (in h)	0	1	2	3	4
Preis (in €)	2	3	4	…	…

a) Beschreibe jeweils die Situation.

b) Ergänze so, dass lineare Zuordnungen entstehen. Um welche Schritte ändern sich die Werte jeweils?

1 Markus, Susanne, Julia, Peter und Andrea haben einen Vokabeltest geschrieben.
Sie vergleichen ihre Noten und die Zeit, die sie für den Test gelernt haben.

Lernzeit (in min)	0	30	15	5	20
Note	5	1	3	2	4

a) Stelle die Zuordnung in einem Koordinatensystem dar.

b) Ist die Zuordnung linear? Begründe.

c) Macht die Zuordnung Sinn? Begründe.

2 Übertrage die Zuordnungen in dein Heft.

①
0 h ⟶ 5 €
1 h ⟶ 6,20 €
2 h ⟶ …
3 h ⟶ …
4 h ⟶ …

②

Zeit (in Monaten)	0	1	2	3	4	5
Schulden (in €)	120	96	…	…	…	…

a) Beschreibe jeweils die Situation.

b) Ergänze so, dass lineare Zuordnungen entstehen. Um welche Schritte ändern sich die Werte jeweils?

3 Petra fährt mit dem Bus zum Markt, um Zwetschgen zu kaufen.
Die Busfahrt kostet 3,50 €.
Ein Kilo Zwetschgen kostet 2,50 €.

a) Übertrage und ergänze die Tabelle für bis zu 10 kg Zwetschgen im Heft.

Menge Zwetschgen in kg	0	1	2
Kosten in €	…	…	…

b) Handelt es sich um eine lineare Zuordnung? Begründe durch eine Zeichnung.

3 Ein Formel-1-Auto hat 140 l im Tank. Für eine Runde auf der Rennstrecke verbraucht es 5,5 l.

a) Erstelle eine Wertetabelle für 0 bis 10 Runden.

b) Handelt es sich um eine lineare Zuordnung?
Begründe durch eine Zeichnung.

c) Schätze, wie viele Runden das Rennauto fahren kann, bis der Tank leer ist. Begründe deine Schätzung.

4 Vier Jugendliche sind in der Nähe einer Hütte und machen sich auf den Heimweg.

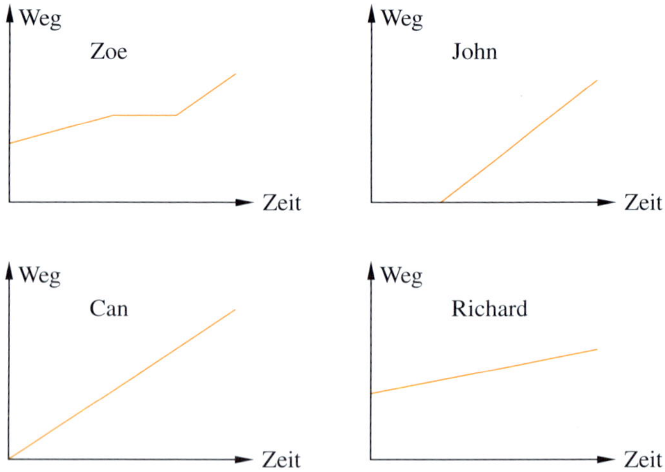

a) Wer startet direkt an der Hütte? Beschreibt alle Verläufe und spielt sie nach.

b) Entscheidet, ob es sich um lineare Zuordnungen handelt.

c) Stellt weitere mögliche Verläufe dar und erklärt diese.

Bunt gemischt

1 Setze die Zahlenreihen jeweils um drei Zahlen fort.
Beschreibe im Heft, wie die Zahlenfolgen entstanden sind.

a) 2; 4; 8; 16; 32; …

b) 0; 1; 3; 6; 10; …

c) 1; 3; 2; 4; 3; …

d) 1,5; 4,5; 13,5; 40,5 …

e) 5; 10; 8; 16; 14; …

f) 11; 18; 15; 22; 19; …

2 Zeichne die Muster auf Karopapier. Setze sie dann regelmäßig um zwei Figuren fort.

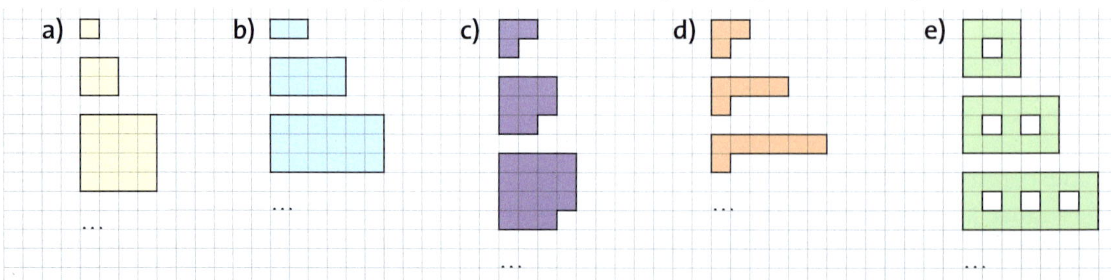

Proportionale Zuordnungen

Entdecken

1 Auf dem Wochenmarkt kosten 500 g Tomaten 3,20 €.

a) Erstelle eine Wertetabelle für die Zuordnung *Menge Tomaten* → *Preis*.

b) Beschreibe die Wertepaare (*Tomaten* → *Preis*) aus der Tabelle in ganzen Sätzen im Heft.

c) Unter welchen Voraussetzungen stimmt die Tabelle überhaupt?

d) Stelle die Zuordnung grafisch dar. Wie kannst du die Zuordnung beschreiben?

2 Klassenfahrt

a) Die 7. Klasse fährt für eine Woche in ein Jugendhotel. Der Preis beträgt pro Woche und Schüler 140 €.
Erstelle eine Wertetabelle, aus der der Gesamtpreis für verschiedene Schülerzahlen ersichtlich wird. Zeige, dass es sich um eine proportionale Zuordnung handelt.

Schüler	1	5	10	15	20	26
Preis (in €)	140	…	…	…	…	…

b) Vergleicht eure Tabellen aus a).

c) Ergänzt folgende Sätze:
Ein Schüler zahlt … €.
Fünf Schüler zahlen … so viel wie ein Schüler.
Zehn Schüler zahlen … so viel wie ein Schüler.
Zwanzig Schüler zahlen … so viel wie ein Schüler.

d) Könnt ihr weitere Zusammenhänge beschreiben?

e) Die 7. Klasse einer anderen Schule hat ein Reiseunternehmen, bei dem jeder 11. Schüler kostenlos mitfahren kann.
Erstelle eine Wertetabelle, aus der der Gesamtpreis für verschiedene Schülerzahlen ersichtlich wird.

Schüler	1	5	10	11	12	20	21	22
Preis (in €)	140	…	…	…	…	…	…	…

Angebot:
Jeder 11. Schüler fährt gratis mit!

f) Ergänzt die Sätze aus c) auch für die Preise vom zweiten Reiseunternehmen. Beschreibt Gemeinsamkeiten und Unterschiede zum ersten Reiseunternehmen.

g) Übertragt beide Tabellen in ein Koordinatensystem. Welche Unterschiede stellt ihr fest?

Verstehen

Alex besorgt für eine Feier 8 Brezen.
Eine Breze kostet 0,75 €. Was muss er für 8 Brezen zahlen?

Beispiel 1

Der Preis für die Brezen ist einfach zu berechnen,
denn **der Preis steigt gleichmäßig mit der Anzahl** der Brezen an:
1 Breze kostet 0,75 €.
8 Brezen kosten 8-mal so viel wie eine Breze, also 6 €.

Man nennt diese Zuordnung **proportional**.

Merke Für die **proportionale Zuordnung** gilt:
Zum *Doppelten* der Ausgangsgröße gehört das *Doppelte* der zugeordneten Größe.
Zum *Dreifachen* der Ausgangsgröße gehört das *Dreifache* der zugeordneten Größe usw.
Zur *Hälfte* der Ausgangsgröße gehört die *Hälfte* der zugeordneten Größe.
Zum *Viertel* der Ausgangsgröße gehört das *Viertel* der zugeordneten Größe usw.

Beispiel 2

Zuordnung Anzahl *Brezen* → *Preis*
Darstellung in der Wertetabelle

· 8
· 2

Anzahl Brezen	1	2	3	4	5	6	7	8
Preis in €	0,75	1,50	2,25	3,00	3,75	4,50	5,25	6,00

· 2
· 8

Verdoppelt sich die Anzahl der Brezen, so verdoppelt sich auch der Preis.
Verachtfacht sich die Anzahl der Brezen, so verachtfacht sich auch der Preis.
Kauft man keine Breze, so zahlt man nichts.

Darstellung als Graph

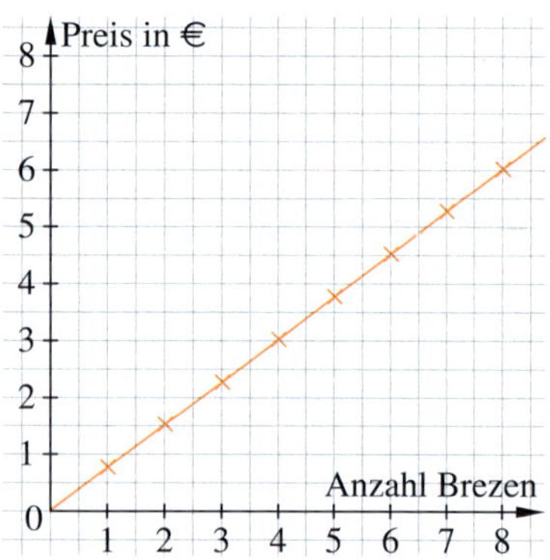

Alle Punkte liegen im Koordinatensystem auf einer geraden Linie, die im Ursprung (0|0) beginnt.

Merke Der Graph einer proportionalen Zuordnung ist eine Gerade, die im Ursprung (0|0) beginnt.

Starthilfe

A Die Zuordnung *Gewicht Kirschen* ■ *Preis* ist proportional. Ergänze die folgenden Sätze im Heft.

a) 1 kg Kirschen kostet 4,50 €.
2 kg Kirschen kosten ■.
3 kg Kirschen kosten ■.

b) 2 kg Kirschen kosten doppelt so viel wie 1 kg Kirschen.
3 kg Kirschen kosten ■ so viel wie 1 kg Kirschen.

c) Je mehr Kirschen gekauft werden, desto ■.

d) Übertrage und ergänze die Tabelle im Heft.

·2 ·■ ·■

Menge Kirschen in kg	1	2	3	4
Preis in €	…	…	…	…

·2 ·■ ·■

Üben und anwenden

1 Begründe im Heft, ob folgende Zuordnungen proportional sein können.

a) Fünf Eintrittskarten kosten 40 €, zehn kosten 80 €.

b) 3 kg Äpfel kosten 6 €. 9 kg kosten 18 €.

c) Ein Download kostet 49 Cent. Zehn Downloads werden für 4,95 € verkauft.

1 Ist die Zuordnung *Teemenge* → *Preis* proportional? Begründe im Heft.

100-g-Dose **1,98 €**

1000-g-Dose **17,25 €**

Angebot 50-g-Dose **0,95 €**

250-g-Dose **4,75 €**

500-g-Dose **8,88 €**

2 Ergänze im Heft, so dass eine proportionale Zuordnung entsteht.

a)

kg	1	2	3	4	5	6
€	1,90	3,80	…	…	…	…

b)

Anzahl	1	2	3	4	5	6
€	2,30	4,60	…	…	…	…

c) Wähle eine der Tabellen aus und stelle sie im Koordinatensystem dar.

2 Ergänze im Heft, so dass eine proportionale Zuordnung entsteht.

a)

Füllmenge (l)	1	5	10	20	30
Preis (€)	…	…	12	…	…

b)

Zeit (h)	1	4	7	8	10
Lohn (€)	…	…	…	248	…

c) Wähle eine der Tabellen aus und stelle sie im Koordinatensystem dar.

NACHGEDACHT
Denke dir zu den Tabellen in Aufgabe 2 jeweils eine passende Situation aus und beschreibe sie.

3 Übertrage die folgenden Koordinatensysteme in dein Heft. Ergänze sie um mindestens drei Punkte, so dass eine proportionale Zuordnung entsteht.

a)
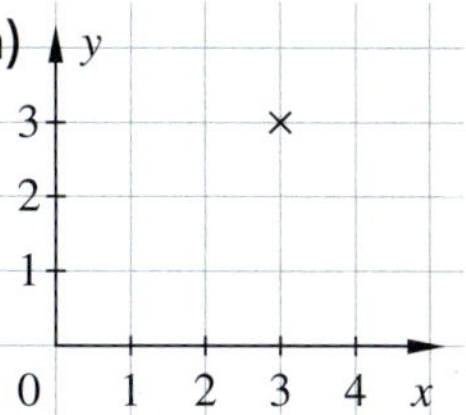

b)
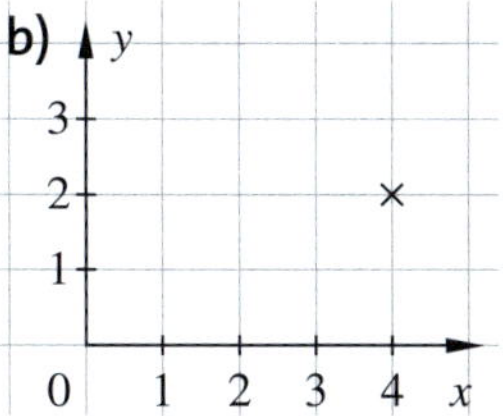

c)
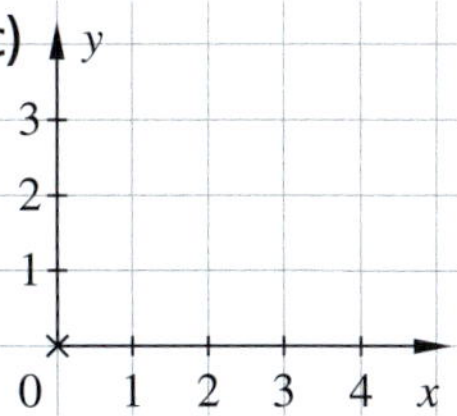

d)
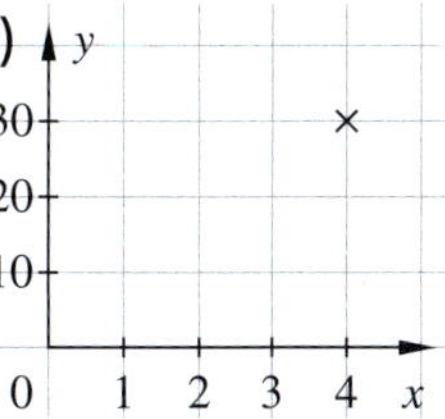

Strategie Mit dem Dreisatz rechnen

Der **Dreisatz** ist ein **einfaches Lösungsverfahren**, das man anwendet, wenn es sich um eine **proportionale Zuordnung** handelt. Mit dem Dreisatz kann man gewünschte Wertepaare berechnen, wenn man ein Wertepaar bereits kennt.

Beispiel 1

4 Äpfel kosten 1,20 €. Wie viel kosten 7 Äpfel?

Schritt 1: Wertepaar aufschreiben:
Schreibe das gegebene Wertepaar auf. Dazwischen kommt das Entspricht-Zeichen: ≙.
Im Beispiel: 4 Äpfel kosten 1,20 €.

Schritt 2: Auf Eins rechnen:
Dividiere beide Seiten durch die gleiche Zahl, so dass auf der linken Seite eine 1 steht.
Im Beispiel: Dividiere durch 4.
1 Apfel kostet 0,30 €.

Schritt 3: Gesuchte Größe berechnen:
Multipliziere beide Seiten mit der gleichen Zahl, so dass auf der linken Seite der neue gewünschte Wert steht.
Im Beispiel: Multipliziere mit 7. 7 Äpfel kosten 2,10 €.

4 Äpfel ≙ 1,20 €
(: 4) ↓ ↓ (: 4)
1 Apfel ≙ 0,30 €
(· 7) ↓ ↓ (· 7)
7 Äpfel ≙ 2,10 €

Schritt 4: Antwortsatz schreiben: 7 Äpfel kosten 2,10 €.

Beispiel 2

Aus 6,8 kg Beeren werden 4,2 l Saft gepresst. Wie viel Liter Saft erhält man aus 8,5 kg Beeren?

Rechnung

6,8 kg ≙ 4,2 l
(: 6,8) ↓ ↓ (: 6,8)
1 kg ≙ 0,62 l
(· 8,5) ↓ ↓ (· 8,5)
8,5 kg ≙ 5,25 l

Hier wird auf der rechten Seite gerundet aufgeschrieben (0,62 l). Mit dem Taschenrechner rechnet man mit dem ungerundeten Wert weiter.

Antwort: Aus 8,5 kg Beeren erhält man 5,25 l Saft.

Üben und anwenden

1 Ergänze im Heft.

a)
3 kg ≙ 12 €
(: ■) ↓ ↓ (: ■)
1 kg ≙ … €
(· ■) ↓ ↓ (· ■)
5 kg ≙ … €

b)
5 l ≙ 7,50 €
(: ■) ↓ ↓ (: ■)
1 l ≙ … €
(· ■) ↓ ↓ (· ■)
12 l ≙ … €

1 Ergänze im Heft.

a)
4 kg ≙ 4,80 €
(: ■) ↓ ↓ (: ■)
1 kg ≙ … €
(· ■) ↓ ↓ (· ■)
11 kg ≙ … €

b)
12,5 l ≙ 7,50 €
(: ■) ↓ ↓ (: ■)
1 l ≙ … €
(· ■) ↓ ↓ (· ■)
12 l ≙ … €

2 Frau Heinz kauft 2 kg Birnen.
Sie bezahlt 3,20 €.

a) Was kosten 3 kg Birnen?
b) Was kosten 10 kg Birnen?

3 Prüfe, ob folgende Zuordnungen proportional sein können.
Begründe jeweils rechnerisch.

a) Sechs Eier kosten 90 Cent.
Zehn Eier werden für 1,20 € verkauft.
b) Ein Autofahrer fährt in 60 Minuten 90 km.
In 25 Minuten ist er 37,5 km gefahren.
c) Aus 8 kg Beeren kann man 6 l Johannisbeersaft gewinnen.
Aus 2 kg Beeren gewinnt man 1,5 l Saft.

4 Frau Mußler geht mit ihren 24 Schülern ins Museum und bezahlt 84 € Eintritt.
Als Lehrerin erhält sie freien Eintritt.

a) Wie viel bezahlt Herr Mackus mit einer Klasse von 23 Schülern?
b) Frau Kramer hat 17 Schüler dabei.
Was muss sie bezahlen?
c) Frau Müller zahlt für ihre Schüler 70 € Eintritt.
Wie viele Schüler hat sie dabei?

2 Herr Müller kauft 40 l Apfelsaft und bezahlt 54,40 €.

a) Was kosten 50 l Apfelsaft?
b) Was kosten 0,5 l Apfelsaft?

3 Bei einem Gewitter sieht man den Blitz, kurz darauf donnert es.

Der Schall legt in einer Minute 19 980 m zurück.
Wie weit ist das Gewitter entfernt, wenn das Donnern 4 (2; 6; 9; 14) Sekunden nach dem Aufleuchten des Blitzes hört?

4 Herr Hagemann benötigt für seinen Garten 28,5 m Maschendrahtzaun.
Er bezahlt dafür 199,50 €.

a) Herr Schneider, sein Nachbar, braucht 13 m vom gleichen Zaun. Was muss er bezahlen?
b) Frau Hinze kauft 26 m vom Maschendrahtzaun.
c) Herr Schuster zahlt 129,50 € für den Maschendrahtzaun.
Wie viel Meter Zaun hat er gekauft?

5 Für ein Waffelrezept für 4 Personen werden 250 g Mehl benötigt.

a) Wie viel Mehl braucht man, wenn man für 6 Personen Waffeln backen möchte?
b) Rechnet das restliche Rezept um und beschreibt, wie ihr vorgegangen seid.
c) Prüft, ob alle Angaben im neuen Rezept sinnvoll sind. Passt das Rezept gegebenenfalls an.

Grundrezept Waffeln

250 g	Mehl
3	Ei(er), getrennt
125 g	Butter, weich
125 g	Zucker
1 TL	Vanillezucker
1 Prise(n)	Salz
250 ml	Milch, lauwarm
½ Pck.	Backpulver
	Öl

HINWEIS
Was man bei Rezepten beachten muss, lernst du im Fach Ernährung und Soziales.

6 Maja behauptet: „Bei den Aufgaben muss man nicht unbedingt den Dreisatz nutzen."
Erkläre, was Maja meint.

a) 5 Bälle kosten 19,75 €.
Was kosten 10 (20; 40) Bälle?
b) 7 Meter Stoff kosten 17,15 €.
Wie viel kosten 21 Meter (63 m; 189 m)?

Klar so weit?

→ Seite 60

Zuordnungen erkennen und beschreiben

1 Stefanie hat eine Woche lang jeden Tag um 14 Uhr die Temperatur gemessen.
Welche Größen sind einander zugeordnet?

Tag	10.6.	11.6.	12.6.	13.6.	14.6.	15.6.	16.6.
Temperatur (in °C)	25	23	22	18	17	19	23

2 Das Koordinatensystem zeigt den Verlauf einer Wanderung.

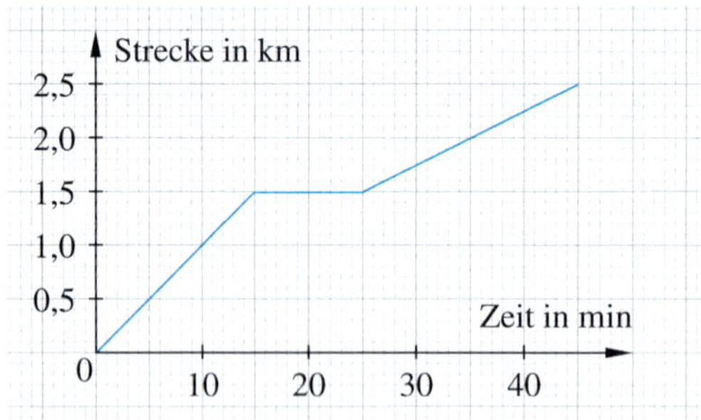

a) Übertrage das Koordinatensystem mit der Zuordnung in dein Heft.
b) Welche Größen sind einander zugeordnet?
c) Übertrage die Tabelle ins Heft und lies die Werte aus dem Koordinatensystem ab.

Zeit (in min)	20	35	…	…
Strecke (in km)	…	…	0,5	2,5

1 Welche Größen sind bei der Wettervorhersage einander zugeordnet?
Beachte: Es gibt mehrere Lösungen.

2 Das Koordinatensystem zeigt die Fieberkurve eines Patienten im Krankenhaus.

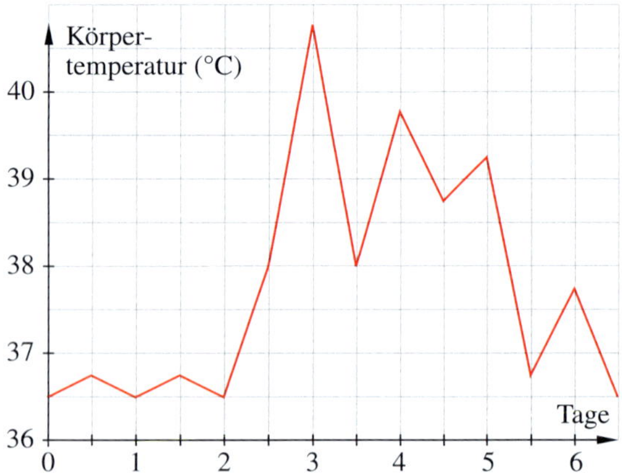

a) Welche Größen sind einander zugeordnet?
b) Erstelle eine Wertetabelle für die Temperatur an den Tagen 0; 1; 2; …; 6.
c) An welchen Tagen hat der Patient eine höhere Temperatur als 37 °C?

→ Seite 64

Lineare und nicht lineare Zusammenhänge

3 Beschreibe die Graphen. Handelt es sich um lineare Zuordnungen? Begründe im Heft.

a)
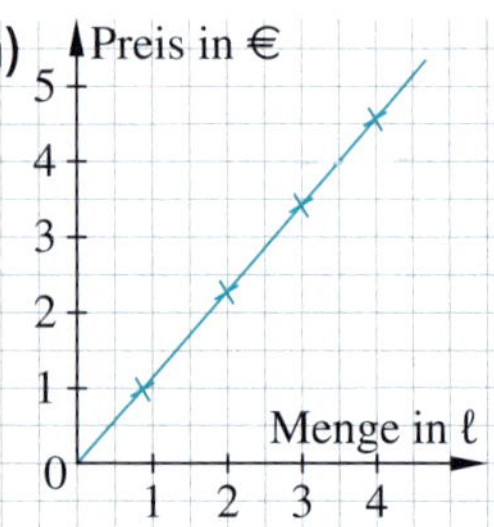

b)
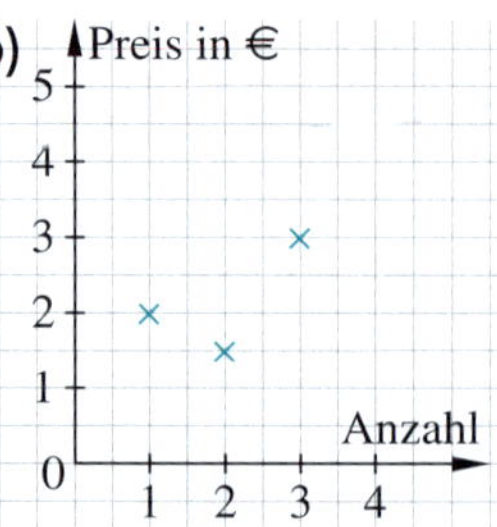

4 Ist die Zuordnung linear? Begründe.

h	1	2	3	4	5
km	8	16	24	30	36

3 Beschreibe die Graphen. Handelt es sich um lineare Zuordnungen? Begründe im Heft.

a)
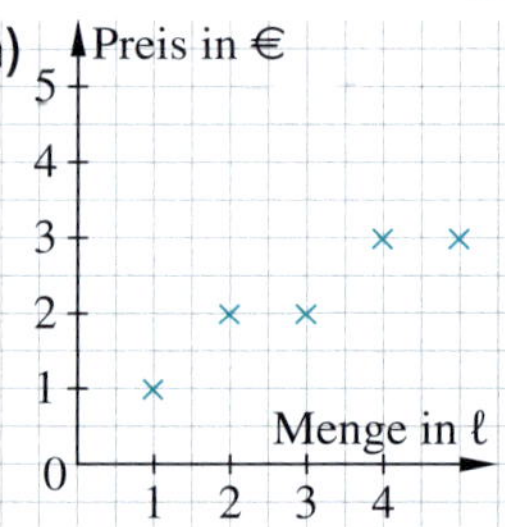

b)
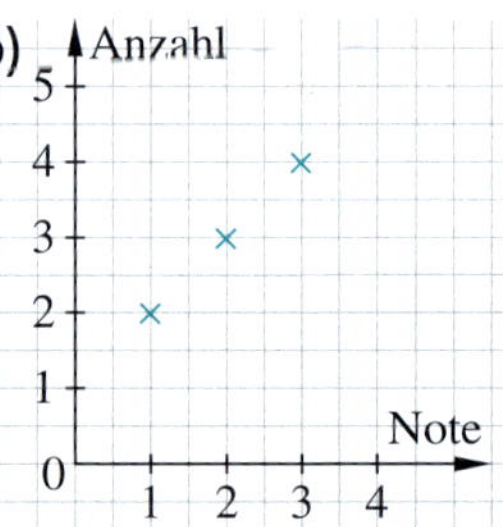

4 Ist die Zuordnung linear? Begründe.

h	0	1	2	3	4
l	0	12,4	24,8	37,2	49,2

Proportionale Zuordnungen

→ Seite 68

5 Ist die Zuordnung proportional?
Begründe schriftlich.

Anzahl	1	2	4	8
Preis (in €)	1,20	2,40	4,80	9,60

6 Übertrage die Tabelle ins Heft.

a) Ergänze so, dass eine proportionale Zuordnung vorliegt.

Füllmenge (in l)	1	5	10	20	30
Preis (in €)	2,50	…	…	…	…

b) Übertrage die Zuordnung in ein Koordinatensystem.
Hast du richtig gerechnet?

7 Käseherstellung
Käse wird aus Milch hergestellt.
Am Koordinatensystem kann man ablesen, wie viel Milch zur Herstellung von Käse benötigt wird.

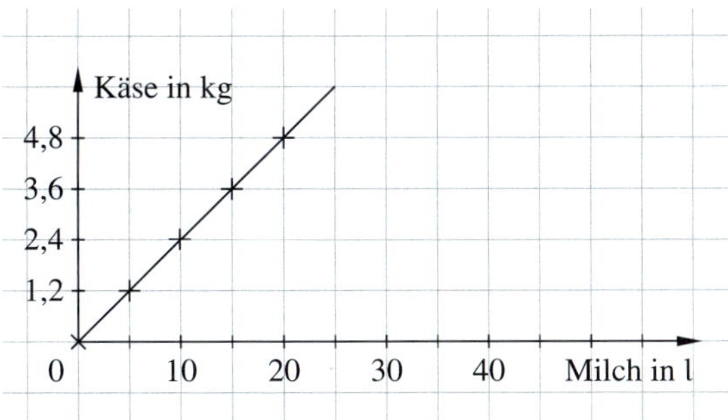

a) Erstelle eine Wertetabelle.
b) Prüfe, ob die Zuordnung proportional ist.
c) Wie viel Käse erhält man aus 15 l Milch?
d) Aus wie viel Milch entstehen 4,8 kg Käse?

8 Berechne mit dem Dreisatz.

a) *Fahrtdauer (in min) → Strecke in (km)*

$$30 \mathrel{\hat=} 12$$
$$: 30 \quad 1 \mathrel{\hat=} \ldots \quad : 30$$
$$\cdot 80 \quad 80 \mathrel{\hat=} \ldots \quad \cdot 80$$

b) *Anzahl → Preis (in €)*

$$25 \mathrel{\hat=} 120$$
$$: 25 \quad 1 \mathrel{\hat=} \ldots \quad : 25$$
$$\cdot 15 \quad 15 \mathrel{\hat=} \ldots \quad \cdot 15$$

5 Ist die Zuordnung proportional?
Begründe schriftlich.

Anzahl	5	8	20	3	11	17
Preis (in €)	30	48	120	18	66	102

6 Übertrage die Tabelle ins Heft.

a) Ergänze so, dass eine proportionale Zuordnung vorliegt.

Füllmenge (in l)	1	5	10	20	30
Preis (in €)	…	…	13,20	…	…

b) Übertrage die Zuordnung in ein Koordinatensystem.
Hast du richtig gerechnet?

7 Kartoffelpreise

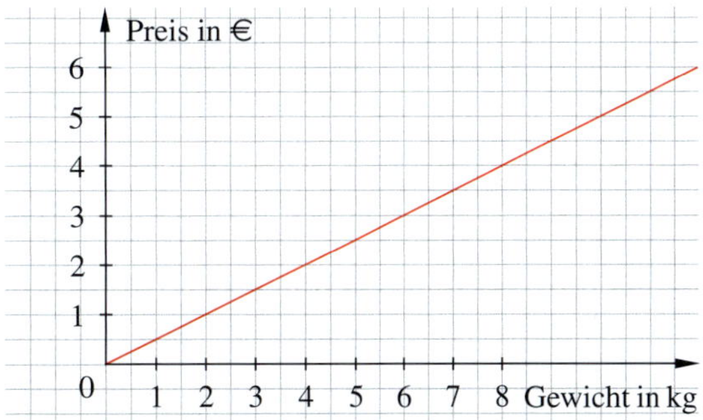

a) Wie teuer sind 10 kg Kartoffeln?
Wie teuer sind 2,5 kg Kartoffeln?
b) Wie viel kg Kartoffeln kann man für 2 € kaufen?
Wie viel kg Kartoffeln kann man für 3,50 € kaufen?
c) Erstelle eine Wertetabelle für zehn Wertepaare.

8 Berechne mit dem Dreisatz.

a) *Länge (in m) → Preis (in €)*

$$4 \mathrel{\hat=} 5{,}20$$
$$1 \mathrel{\hat=} \ldots$$
$$9 \mathrel{\hat=} \ldots$$

b) *Anzahl Tage → Preis (in €)*

$$13 \mathrel{\hat=} 3{,}64$$
$$1 \mathrel{\hat=} \ldots$$
$$5 \mathrel{\hat=} \ldots$$

Lösungen ab Seite 202

Vermischte Übungen

1 Prüfe, welche der Zuordnungen proportional ist. Begründe.

a)

Gewicht (in kg)	1	2	3	4
Preis (in €)	3	6	9	12

b)

Anzahl	1	2	3	5
Gewicht (in kg)	4	8	16	32

c)

Anzahl	5	10	15	20
Preis (in €)	1	10	15	20

2 Darstellungen von Zuordnungen

① 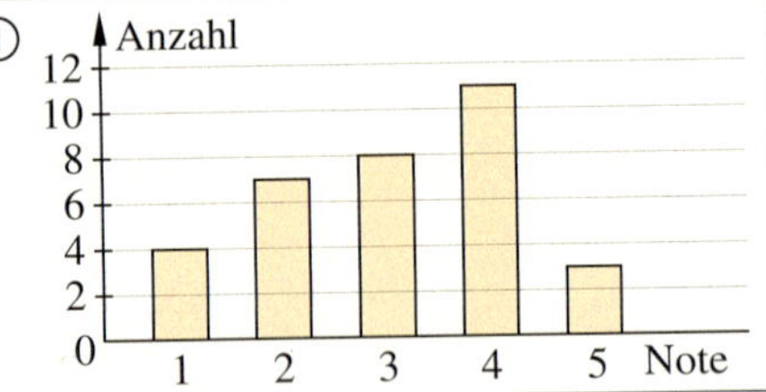

④

x	1	2	3	4	5
y	1,7	3,4	5,1	6,8	8,5

a) Welche der Zuordnungen ① bis ⑥ sind proportional, welche nicht? Begründe jeweils.

b) Stelle eine der proportionalen Zuordnungen auf drei verschiedene Arten dar.

3 Erstelle eine Zuordnungstabelle, in der man den Preis für eine bis zehn Eintrittskarten ablesen kann.

4 Berechne mit dem Dreisatz im Heft.
Zuordnung: *Fahrtdauer* → *Strecke*

a) 5 min ≙ 10 km
1 min ≙ … km
8 min ≙ … km

b) 30 min ≙ 15 km
1 min ≙ … km
70 min ≙ … km

1 Stelle fest, welche der Zuordnungen proportional ist. Begründe.

a)

x	1	2	6	9	10
y	90	45	15	10	9

b)

x	1	2	3	4	5
y	4	8	12	16	20

c)

x	3	1	7	4	10
y	9	3	21	12	30

2 Darstellungen von Zuordnungen

② 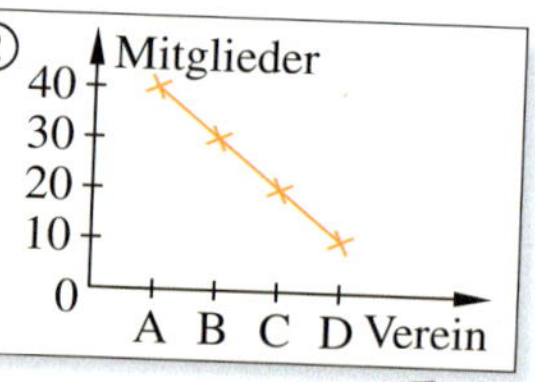

③ 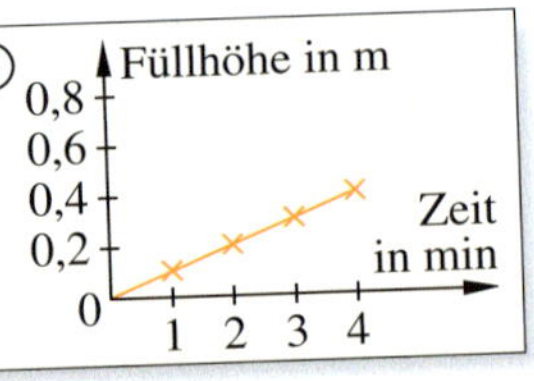

⑤ 2 l ≙ 5,00 €
10 l ≙ 25,00 €
3 l ≙ 7,50 €
7 l ≙ 17,50 €

⑥ Im Supermarkt kosten 10 Semmeln 1,99 €, 6 Semmeln 1,59 €.

a) Welche der Zuordnungen ① bis ⑥ sind proportional, welche sind linear? Begründe.

b) Beurteile die Aussagen. Begründe jeweils.
„Jede lineare Zuordnung ist proportional."
„Jede proportionale Zuordnung ist linear."

3 Berechne die Mengen, wenn 10 (15; 2; 8; 12) Pilzpfannkuchen gebacken werden sollen. Rechne vorteilhaft.

Für fünf Pfannkuchen brauchst du:
- *4 Eier*
- *500 g Champignons*
- *$\frac{1}{8}$ l Milch*
- *eine Zwiebel*
- *100 g Mehl*
- *150 g Schinken*

(außerdem Salz, Pfeffer, Butter und Öl).

4 Berechne mit dem Dreisatz im Heft.
Zuordnung: *Länge* → *Preis*

a) 4 m ≙ 19,20 €
1 m ≙ … €
13 m ≙ … €

b) 1,5 m ≙ 1,05 €
1 m ≙ … €
70 m ≙ … €

5 Berechne mit dem Dreisatz.
Erna gießt ihre Gemüsebeete.
Für 7 Beete hat sie 56 l Wasser benötigt.

a) Wie viel Wasser benötigt sie für die restlichen 3 Beete?
b) In die Gießkanne passen 10 l Wasser. Wie oft muss sie die Gießkanne noch befüllen?

6 Butter wird aus Milch hergestellt.
Hier ist dargestellt, wie viel Milch für die Herstellung von Butter benötigt wird.

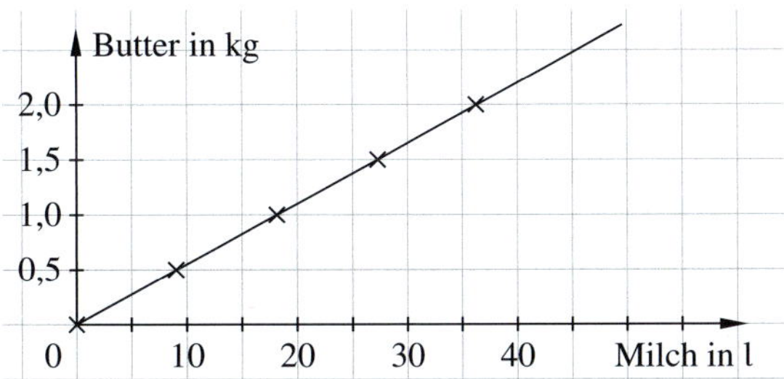

a) Erstelle eine Zuordnungstabelle mit fünf Wertepaaren.
b) Ist die Zuordnung proportional? Begründe.
c) Wie viel Milch braucht man für die Herstellung von 4 kg Butter?

5 Juju frisst 220 g Hundefutter pro Tag.
An den Tagen, an denen sie trainiert, bekommt sie 100 g Futter zusätzlich.

a) Letzte Woche bekam sie 1 740 g Hundefutter. Wie viele Trainingseinheiten hat sie absolviert?
b) Ist die Zuordnung *Tage* → *Hundefutter* linear? Begründe.

6 Tanja fährt mit dem Fahrrad zur 10 km entfernten Schule.

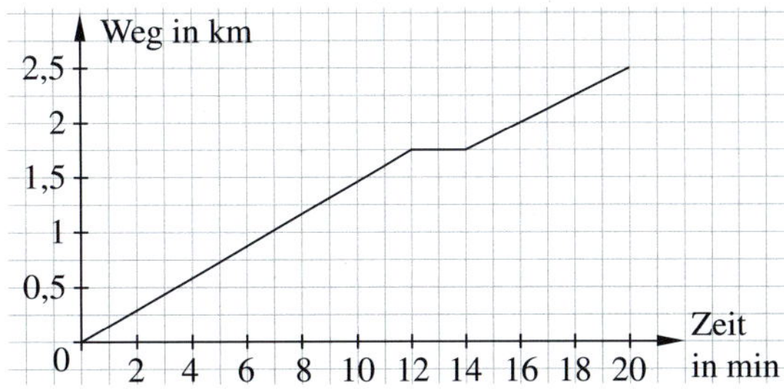

a) Denke dir eine Geschichte aus, die zur Grafik passt.
b) Wie lange braucht Tanja für den Weg?
c) Verändere den Graphen im Heft so, dass die Zuordnung proportional wird. Wie lange bräuchte Tanja dann für den Weg?

7 Ordne den Graphen Ⓐ–Ⓓ einen der Texte ① bis ③ zu.
Finde für den übrig gebliebenen Graphen selbst eine Geschichte.
Welche Graphen sind proportional, welche linear? Begründe im Heft.

① Zunächst kamen wir sehr gut voran. Aber in Rain überraschte uns zähfließender Verkehr.

② Matthias lief den ersten Streckenabschnitt recht langsam, setzte dann aber zu einem Spurt an.

③ Kevin rannte los wie die Feuerwehr, bis ihm die Puste ausging und er stehen blieb.

6
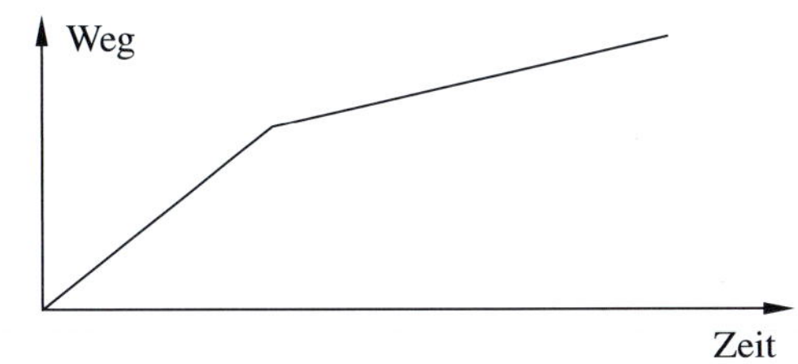

Ⓑ
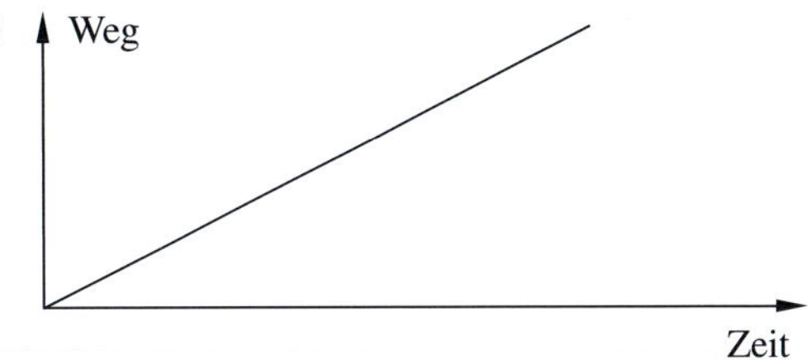

8
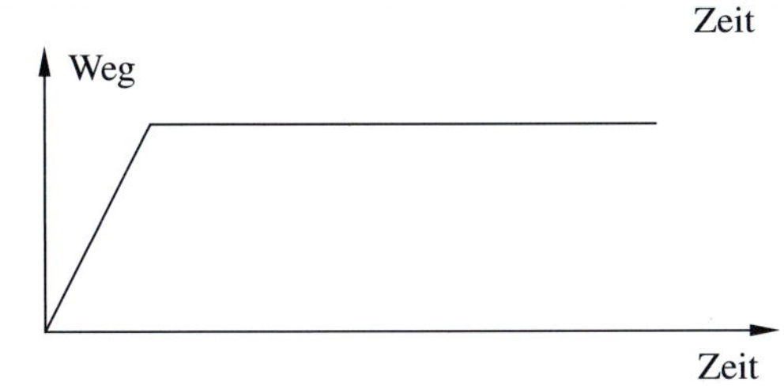

9
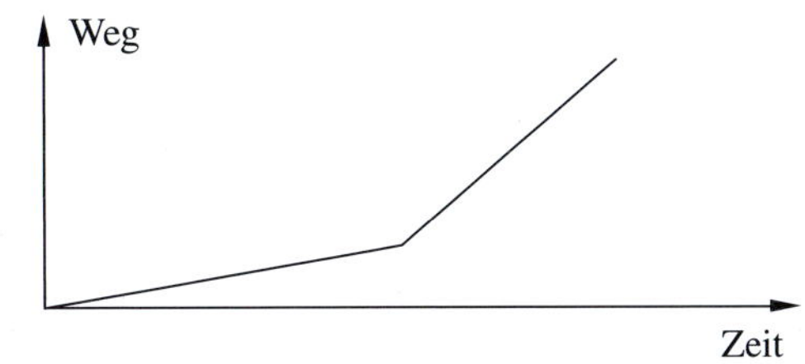

Aus der Berufswelt

8 Tee wird zu 1,75 € je 100 g verkauft.

a) Erstelle im Heft eine Zuordnungstabelle für 100 g; 200 g; … ; 1 000 g.
b) Stelle die Zuordnung in einem Koordinatensystem dar und verbinde die Punkte.
c) Lies die Preise für 150 g; 250 g; … ; 950 g im Koordinatensystem ab.
d) Was kosten 2,3 kg Tee? Berechne.

9 Beantworte die Fragen mithilfe des Dreisatzverfahrens.

a) Eine Gießmaschine in einer Kerzenfabrik stellt in drei Stunden 30 000 Kerzen her. Wie viele Kerzen stellt sie in einer Schicht von acht Stunden her?

b) Eine Eismaschine stellt in drei Stunden 108 000 Portionen her. Wie viel Eis wird in einer Woche (38 Stunden) hergestellt?

c) Zuckerwattemaschinen können in drei Stunden 1 110 Portionen herstellen. Wie viele Portionen Zuckerwatte sind das in einem Monat (160 Stunden)?

10 In einer Großküche wird für ein Menü für 12 Personen mit einem Bedarf von 1500 g Käse gerechnet. Es soll so ein Menü für 18 Personen vorbereitet werden. Wie viel Käse muss dazu verwendet werden?

8 An zwei benachbarten Ständen auf einem Markt werden rechteckige Pizzaschnitten vom Blech verkauft.

Pizza Tutti 9,00 €

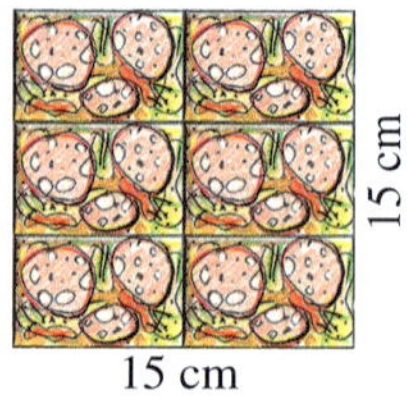

Pizza Forte 9,60 €

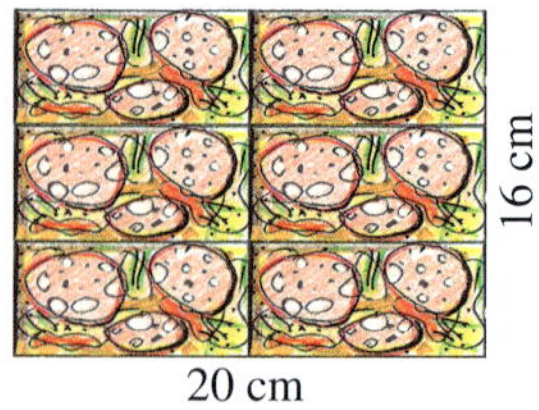

a) Welche Pizzaschnitte ist preiswerter?
b) Was würde Pizza *Tutti* kosten, wenn sie die Größe von Pizza *Forte* hätte?

9 Ein Maler tapeziert eine Wohnung. Er verwendet drei verschiedene Tapeten.

a) Drei Rollen von Tapete A kosten 40,80 €. Es werden fünf Rollen benötigt.
b) Acht Rollen von Tapete B haben 79,20 € gekostet. Eine Rolle wird zurückgegeben.
c) Tapete C kostet 6 € mehr als Tapete A. Es werden sieben Rollen benötigt.
d) Wie viel kosten die 19 Rollen Tapete insgesamt?

10 Aus 1000 l Milch stellt eine Molkerei 70 kg Butter her. In einer Woche werden 24 200 l Milch geliefert. Wie viel Kilogramm Butter kann die Molkerei daraus herstellen?

11 Logisches Denken
a) Zwei Eier kochen 5 Minuten, bis sie hart sind. Wie lange müssen 4 (6; 8) Eier kochen, bis sie hart sind?
b) Ingrid ist 13 Jahre alt und 1,45 m groß. Wie groß ist sie mit 26 Jahren?
c) Udo springt bei 15 m Anlauf 4 m weit. Wie weit springt er mit 30 m Anlauf?

Teste dich!

1 Nenne jeweils ein Beispiel für eine … *(3 Punkte)*

a) … lineare Zuordnung.

b) … proportionale Zuordnung.

c) … lineare Zuordnung, die keine proportionale Zuordnung ist.

2 Im Fußballstadion soll neuer Rasen verlegt werden. *(3 Punkte)*

Die grafische Darstellung zeigt, wie viele m^2 Rasenfläche in der Zeit von einer Stunde bis fünf Stunden verlegt werden können.

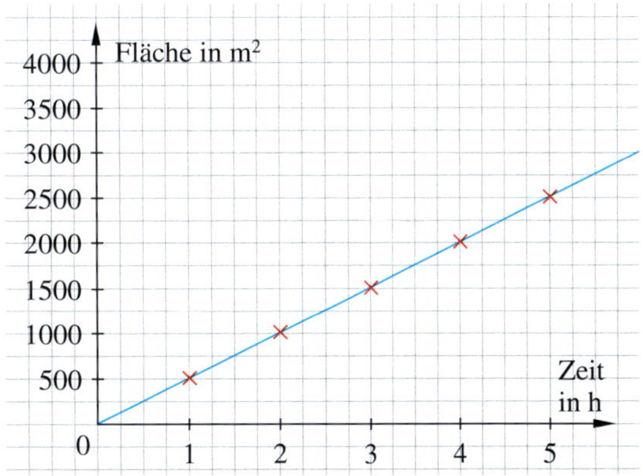

a) Welche Größen werden einander zugeordnet?

b) Ergänze die Tabelle im Heft. Lies die fehlenden Werte ab.

Zeit (in h)	1	2	3	4	5
Fläche (in m^2)	500	…	…	…	…

c) Um welche Art von Zuordnung handelt es sich? Begründe im Heft.

3 Welche der Zuordnungen sind linear, welche proportional? Begründe schriftlich. *(4 Punkte)*

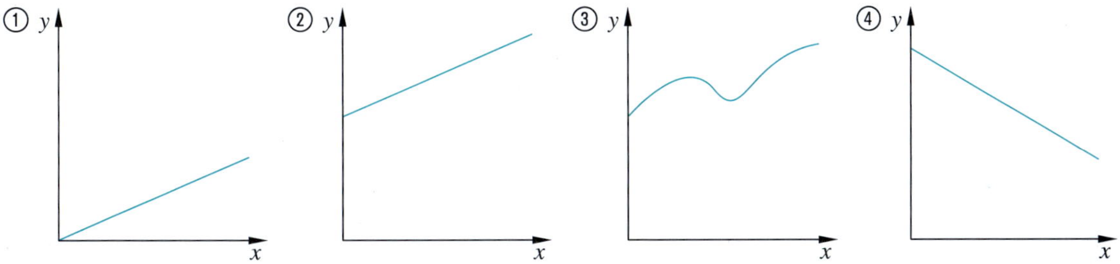

4 Ergänze in deinem Heft so, dass die Zuordnung proportional ist. *(4 Punkte)*

a)

x	1	2	3	4	5
y	1,50	3	…	…	7,50

b)

x	1	2	3	5	7
y	2,10	…	…	…	…

5 Übertrage die Werte der Tabelle in ein Koordinatensystem. *(4 Punkte)*
Ergänze beides so, dass eine lineare Zuordnung entsteht. Gibt es verschiedene Möglichkeiten? Ist die Zuordnung auch proportional? Begründe im Heft.

x	0	1	2	3	4	5
y	1	3	5	…	…	…

6 In einem Neubaugebiet werden Baugrundstücke von unterschiedlicher Größe zum Kauf angeboten. *(3 Punkte)*
Für ein Grundstück der Größe I werden 66 000 € verlangt.
Berechne die Kosten für Grundstücke der Größen II und III bei gleichem Preis pro Quadratmeter.

Größe I	550 m^2
Größe II	900 m^2
Größe III	1 000 m^2

Gold: 20–21 Punkte, Silber: 17–19 Punkte, Bronze: 12–16 Punkte

Lösungen ab Seite 202

Zusammenfassung

→ Seite 60

Zuordnungen erkennen und beschreiben

Zuordnungen weisen Werten aus einem Bereich (Ausgangswerte) einen oder mehrere Werte aus einem anderen Bereich (zugeordnete Werte) zu.
Zuordnungen können in einem **Text**, einer **Tabelle** oder **grafisch** dargestellt werden.

Der Stückzahl (Ausgangswert) wird ein Preis (zugeordneter Wert) zugeordnet. *Stückzahl → Preis*

Wertetabelle:

Stk	1	2	3	4	5
Preis	1,60	3,20	4,80	6,40	8,00

Pfeildiagramm:

1 Stk	→	1,60 €
2 Stk	→	3,20 €
3 Stk	→	4,80 €
4 Stk	→	6,40 €
5 Stk	→	8,00 €

Koordinatensystem:

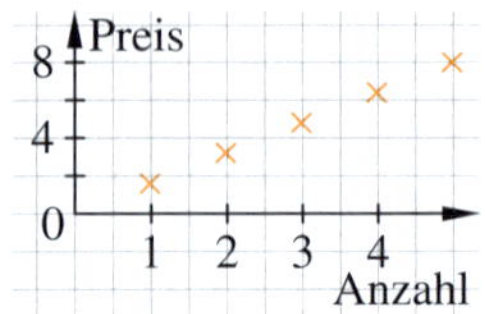

Diagramm:

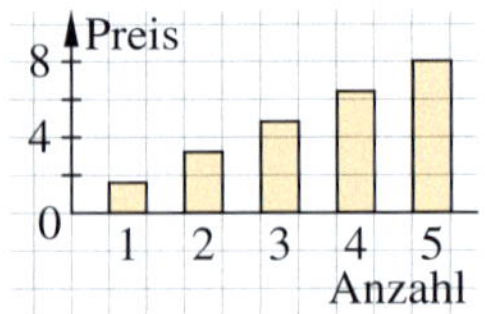

→ Seite 64

Lineare und nicht lineare Zusammenhänge

Graphen, die **gleichmäßig ansteigen** oder **fallen**, zeigen **lineare Zuordnungen**.
Man erkennt sie daran, dass sie durch eine gerade Linie dargestellt werden.
Von einem Anfangswert steigt oder fällt die Zuordnung in gleichen Schritten.

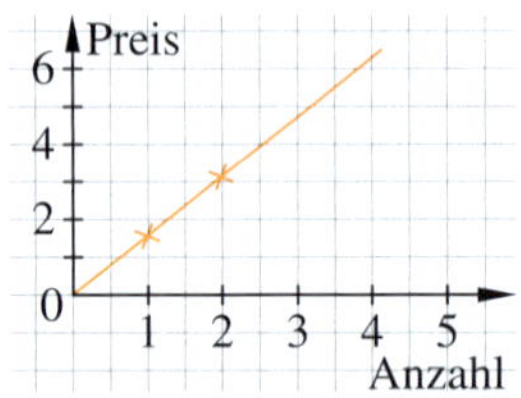

Der Preis steigt linear.

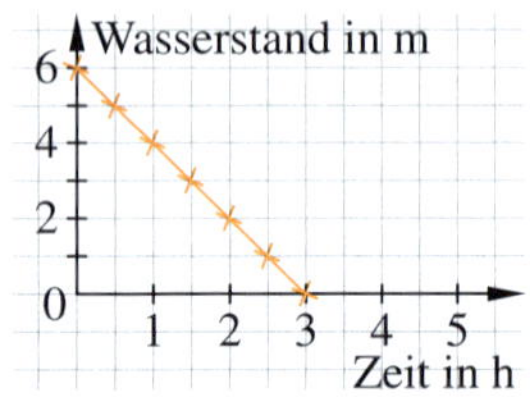

Der Wasserstand fällt linear.

Graphen, die **nicht gleichmäßig** ansteigen oder fallen, zeigen **nicht lineare** Zuordnungen.
Die Werte der Zuordnung fallen vom Ausgangswert nicht in gleichen Schritten.

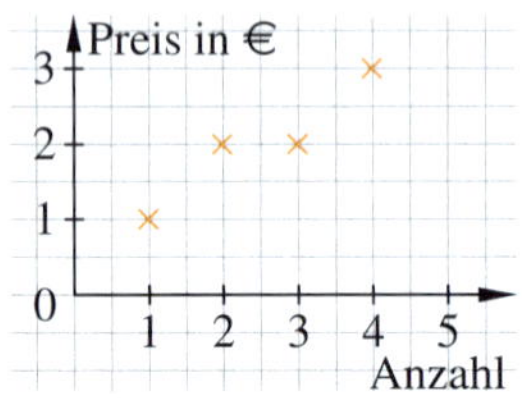

Der Preis steigt nicht linear.

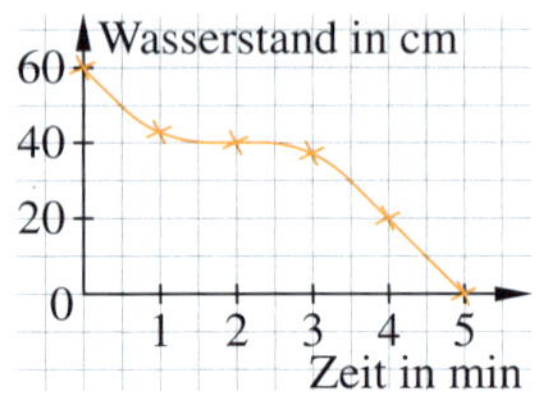

Der Wasserstand fällt nicht linear.

→ Seite 68

Proportionale Zuordnungen

Eine Zuordnung ist **proportional**, wenn gilt:
- Zum Doppelten usw. der einen Größe gehört das Doppelte usw. der anderen Größe.
- Zur Hälfte usw. der einen Größe gehört die Hälfte usw. der anderen Größe.

(oben: · 2 von 1 nach 2, · 2 von 2 nach 4)

x	0	1	2	3	4
y	0	2	4	6	8

(unten: · 2 von 2 nach 4, · 2 von 4 nach 8)

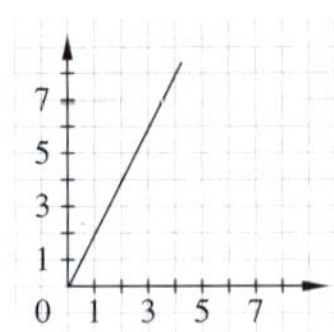

Alle Punkte liegen auf einer Linie, die im Ursprung (0|0) beginnt.

Dreisatzschema:
① Wertepaar aufschreiben
② Auf Eins rechnen
③ Gesuchte Größe berechnen

: 5	5 CDs ≙ 64,95 €	: 5
· 6	1 CD ≙ 12,99 €	· 6
	6 CDs ≙ 77,94 €	

Terme und Gleichungen

Die Steinwaage ist im Gleichgewicht.
Was passiert wohl, wenn man einen Stein
von der rechten Seite herunternimmt?
Worauf muss man achten, wenn man
so eine Steinwaage baut?

Noch fit?

Einstieg

1 Zahlenfolgen ergänzen

Ergänze um drei weitere Zahlen.
Formuliere jeweils eine Regel.

a) 17; 34; 51; 68; …
b) 1; 3; 5; 7; …
c) 200; 195; 190; …
d) 4; 9; 14; 19; …

2 Einfache Gleichungen lösen

Setze jeweils eine geeignete Zahl ein.

a) $15 \cdot ■ = 105$
b) $14 + 2 \cdot ■ = 24$
c) $121 = ■ \cdot ■$
d) $121 - ■ = 89$
e) $5 \cdot ■ - 12 = 13$

5 | 5 | 11 | 7 | 32

3 Rechnen mit Flächeninhaltsformeln

Ein Rechteck hat eine Länge von 12 cm und eine Breite von 4 cm.
Welchen Flächeninhalt hat das Rechteck?

4 Rechnen mit Volumenformeln

ERINNERE DICH
Das Volumen von Quadern kann mit der Formel: $V = a \cdot b \cdot c$ berechnet werden.

Berechne die Höhe der Quader.

Volumen	Länge	Breite	Höhe
$693\,dm^3$	9 dm	7 dm	11 dm
$1001\,cm^3$	11 cm	13 cm	…
$8\,m^3$	0,25 m	4 m	…
$4550\,cm^3$	25 cm	14 cm	…

5 Darstellungen von Gleichungen

①
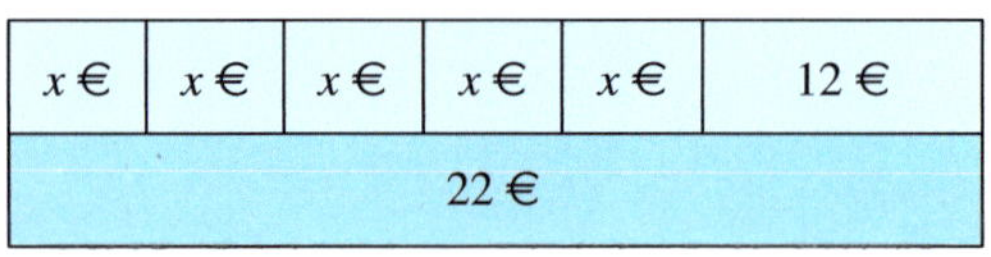

②

a) Stelle zu den Darstellungen Gleichungen auf.
b) Wie groß ist jeweils x?
c) Schreibe zu einer der beiden Darstellungen eine Sachsituation auf.

Aufstieg

1 Zahlenfolgen ergänzen

Ergänze um drei weitere Zahlen.
Formuliere jeweils eine Regel.

a) 1; 4; 9; 16; 25; …
b) 1; 3; 6; 10; 15; …
c) $\frac{1}{2}$; $\frac{1}{4}$; $\frac{1}{8}$; $\frac{1}{16}$; …
d) $\frac{1}{4}$; $\frac{1}{2}$; 1; 2; …

2 Einfache Gleichungen lösen

Setze jeweils eine geeignete Zahl ein.

a) $125 = 75 + 10 \cdot ■$
b) $63 : ■ = 7$
c) $47 - 3 \cdot ■ = 41$
d) $■ \cdot 8 = 56$
e) $12 + ■ : 6 = 21$

2 | 5 | 9 | 7 | 54

3 Rechnen mit Flächeninhaltsformeln

Ein Rechteck hat einen Umfang von 19,2 cm und eine Länge von 4,7 cm.
Welchen Flächeninhalt hat das Rechteck?

4 Rechnen mit Volumenformeln

Bestimme die fehlenden Werte für die Quader.

Volumen	Länge	Breite	Höhe
…	7,5 cm	12 cm	4,5 cm
$2448\,dm^3$	1,7 dm	…	90 mm
$26\,dm^3$	1,3 m	80 cm	…
$2652\,cm^3$	…	1,3 dm	0,12 m

5 Darstellungen von Gleichungen

①
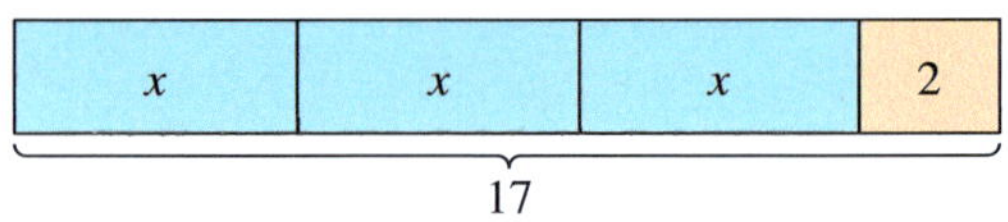

②
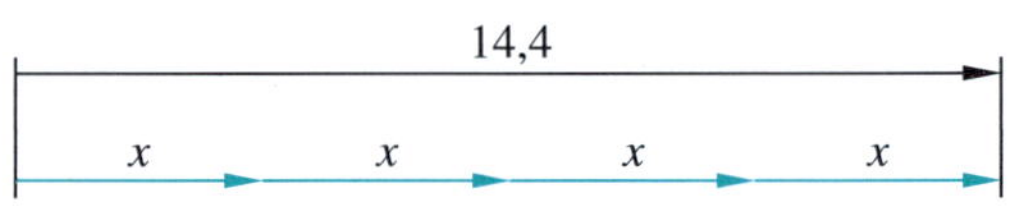

a) Stelle zu den Darstellungen Gleichungen auf.
b) Wie groß ist jeweils x?
c) Schreibe zu einer der beiden Darstellungen eine Sachsituation auf.

Lösungen ab Seite 202

Terme mit Variablen aufstellen und berechnen

Entdecken

1 Ordne die Begriffe und Zeichen im Heft einander zu.

vermindern | addieren | + | dividieren | : | vermehren | Quotient | Differenz | –
vervielfachen | · | subtrahieren | Produkt | Summe | teilen | multiplizieren

2 Rechenausdrücke

a) Übertrage die Texte in dein Heft. Markiere jeweils die Wörter, die dir zeigen, ob du addieren, subtrahieren, multiplizieren oder dividieren musst.
① Vermehre das Dreifache einer Zahl um 9.
② Verdreifache die Summe aus einer Zahl und 9.
③ Subtrahiere 3 vom Neunfachen einer Zahl.
④ Dividiere die Differenz aus 9 und einer Zahl durch 3.
⑤ Vermindere 9 um eine Zahl und verdreifache die Differenz.

b) Ordnet den Texten ① bis ⑤ die richtigen Terme zu. Ihr erhaltet ein Lösungswort.

B $9 \cdot x - 3$ | E $(9 - x) : 3$ | R $3 \cdot x + 9$ | A $(x + 9) \cdot 3$ | N $(9 - x) \cdot 3$

c) Ergänzt die Liste aus Aufgabe 1 um weitere Begriffe. Stellt eure Liste z. B. auf einem Lernplakat vor.

NACHGEDACHT
Für welches andere Fach hast du zuletzt ein Lernplakat gestaltet.

3 Im Buchstabendschungel

Ihr braucht: den Spielplan, einen Würfel und je Mitspieler einen Spielstein.
- Beginnt auf dem Startfeld.
- Wer an der Reihe ist, würfelt. Beachte den Rechenausdruck, auf dem du stehst. Setze die gewürfelte Augenzahl für x ein und berechne im Kopf.
- Ist das Ergebnis positiv, ziehe die entsprechende Anzahl der Felder vor. Bei einem negativen Ergebnis gehe entsprechend zurück. Bei 0 bleibst du stehen.
- Kommst du auf ein hellgrünes Feld mit einer Liane, kletterst du hoch, kommst du auf ein oranges Lianenfeld, rutschst du herunter.

MATERIAL
Würfel, Spielsteine

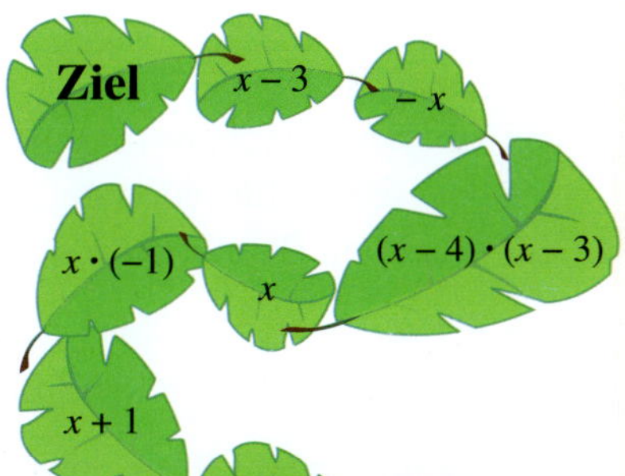

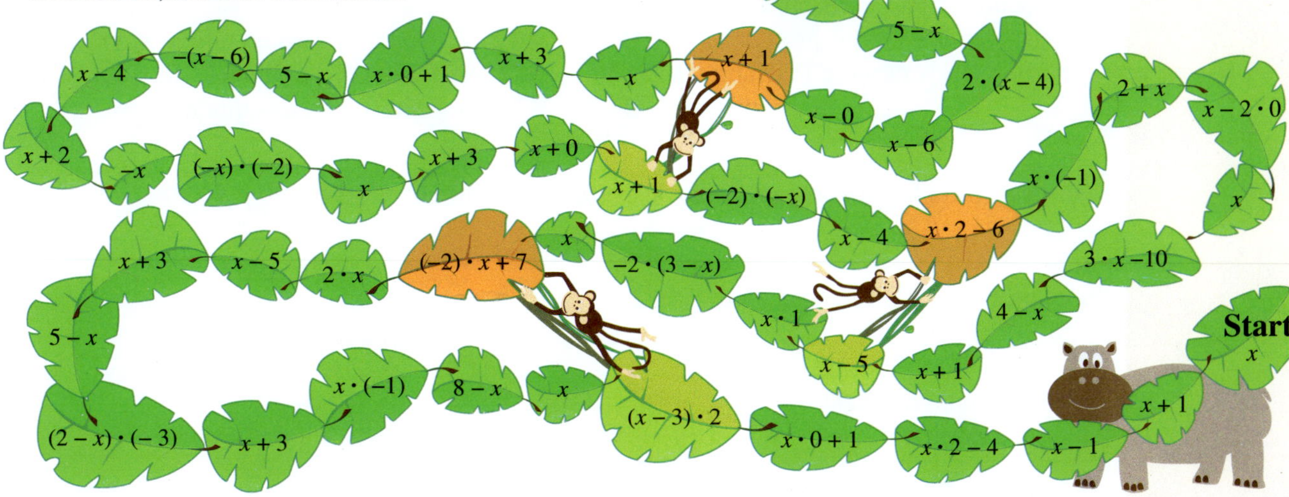

Verstehen

Der Würfel ist aus Holzstäbchen zusammengesetzt.
Um den Materialverbrauch für das Kantenmodell schnell zu berechnen, kann man einen Term aufstellen.

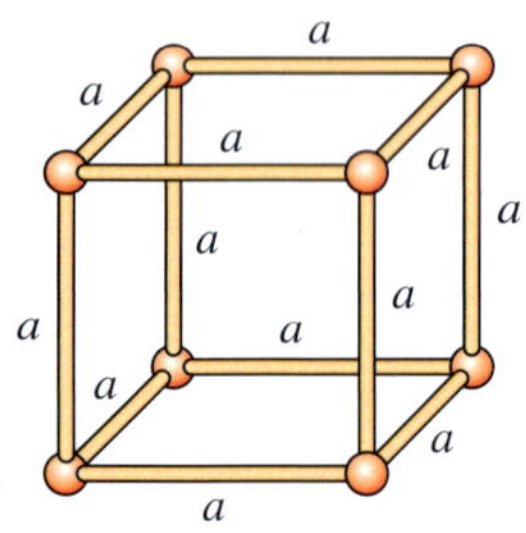

Beispiel 1

Da der Würfel aus 12 Kanten der Länge a besteht, ist der Term: $12 \cdot a$.
Für eine Kantenlänge a von 3 cm benötigt man $12 \cdot 3\,\text{cm} = 36\,\text{cm}$ Holz.
Für eine Kantenlänge a von 5 cm benötigt man $12 \cdot 5\,\text{cm} = 60\,\text{cm}$ Holz.

> **Merke** **Terme** (Rechenausdrücke) sind sinnvolle Verbindungen von Zahlen, Variablen, Rechenzeichen und Klammern.
> Setzt man für die Variablen Zahlen ein, so erhält man den **Wert des Terms**.
> Haben zwei Terme nach dem Einsetzen der gleichen Zahl den gleichen Wert, so nennt man sie **gleichwertig**.

Beispiel 2

a) Variablen sind zum Beispiel: a; b; c; x; y; z
b) Terme sind zum Beispiel: $12 \cdot a$; $12 - (6 + 8)$; $-o + m$; $\frac{1}{4} : 3$
c) Der Wert des Terms $2 \cdot a : 4$ für $a = \mathbf{8}$ ist $2 \cdot \mathbf{8} : 4 = \underline{\underline{4}}$
Der Wert des Terms $0{,}5 \cdot a$ für $a = \mathbf{8}$ ist $0{,}5 \cdot \mathbf{8} = \underline{\underline{4}}$
Die Terme $2 \cdot a : 4$ und $0{,}5 \cdot a$ sind gleichwertig.

Terme helfen nicht nur in der Geometrie bei der schnellen Berechnung.
Zum Aufstellen von Termen in Sachsituationen geht man **in drei Schritten** vor.

Beispiel 3

Ein Taxifahrer rechnet für eine Fahrt einen Grundpreis von 3,90 € und für jeden gefahrenen Kilometer 1,60 € ab.
Zur schnellen Berechnung stellt er einen Term auf.

① Länge der Fahrstrecke in km: x

② Anzahl km mal Preis pro km: $x \cdot 1{,}60$
dazu der Grundpreis pro Fahrt: $3{,}90$

③ Gesamtpreis für eine Taxifahrt (in €):
$x \cdot 1{,}60 + 3{,}90$

> **Merke** So gehst du bei der Termbildung vor:
> ① Variablen festlegen (z. B. a; x; y)
> ② einzelne Terme bilden (z. B. $6\,a$; $x + 2$)
> ③ einzelne Terme zusammenfügen

Für eine 10 km lange Fahrt zahlt man also 19,90 €, denn $10 \cdot 1{,}60 + 3{,}90 = 19{,}90$.

Beispiel 4

Subtrahiere vom Dreifachen einer Zahl 25.

① „eine Zahl“ x

② „Dreifaches der Zahl“ $3 \cdot x$
„subtrahiere 25“ $-\,25$

③ Gesamtterm: $3 \cdot x - 25$

Starthilfe

A Was gehört zusammen?

Ⓐ Summe
Ⓑ Term
Ⓒ Produkt
Ⓓ Variable
Ⓔ Differenz
Ⓕ Quotient

① Subtraktion, subtrahieren, „–“
② Division, dividieren, „:“
③ Platzhalter für Zahlen (z. B. x, y, z)
④ Addition, addieren, „+“
⑤ Rechenausdruck
⑥ Multiplikation, multiplizieren, „·“

B Ordne den Texten jeweils den passenden Term zu.

a) 12 und 3 werden addiert.
b) 12 wird durch 3 dividiert.
c) Von 12 werden 3 abgezogen.
d) 12 wird verdreifacht.

Terme zu **B**:
Ⓐ $12 + 3$ Ⓑ $12 - 3$
Ⓒ $12 \cdot 3$ Ⓓ $12 : 3$

C Welcher Term passt zur Aufgabe?

a) Eine Tulpe kostet 0,50 €. Anna kauft 8 Stück.
Ⓐ $8 + 0{,}50$ Ⓑ $8 - 0{,}50$ Ⓒ $8 \cdot 0{,}50$ Ⓓ $8 : 0{,}50$

b) Von einem 20 m langem Seil werden 5 m abgeschnitten.
Ⓐ $20 + 5$ Ⓑ $20 - 5$ Ⓒ $20 \cdot 5$ Ⓓ $20 : 5$

Üben und anwenden

1 Verschiedene Situationen wurden als Terme dargestellt.

$12 : x$ $12x$ $27 + x$ $10 - x$

a) Ordne den Situationen die passenden Terme zu:
① Merve kauft einen Liter Milch. Sie zahlt mit einem 10 €-Schein.
② Frau Breyer kauft einen Blumenstrauß für 27 € und eine Topfpflanze.
③ Die Klasse 7 b bestellt sich Schul-T-Shirts für 12 €.
④ Die Geschwister teilen 12 Bonbons gleichmäßig untereinander auf.

b) Erkläre deinem Partner, wofür die jeweiligen Variablen stehen.

c) Findet jeweils eine Frage, die man mithilfe des Terms beantworten kann.

2 Berechne den Wert des Terms $4 \cdot x$.

a) $x = 5$ b) $x = 25$ c) $x = 0{,}7$
d) $x = -3{,}5$ e) $x = 2{,}7$ f) $x = -1\frac{1}{2}$

3 Überlege, ohne zu rechnen: Welchen der Werte musst du jeweils für x einsetzen, damit der Term möglichst groß (möglichst klein) wird? Überprüfe dein Ergebnis.

$3 \cdot x - 4$ $-2 \cdot x$ $200 - x$

2 Berechne den Wert des Terms $2 \cdot a + 4$.

a) $a = 13$ b) $a = 24$ c) $a = 0$
d) $a = -0{,}4$ e) $a = -1\frac{3}{4}$ f) $a = -0{,}245$

3 Überlege, ohne zu rechnen: Welchen der Werte musst du jeweils für x einsetzen, damit der Term möglichst groß (möglichst klein) wird? Überprüfe dein Ergebnis.

$(30 - x) \cdot 4$ $x \cdot x + 63$ $1000 : x$

4 Prüfe, ob die Terme gleichwertig sind.
Setze in alle Terme $x = 5$ und $x = 10$ ein.

a) $2 + x - 9$ und $x - 7$
b) $3 \cdot (x + 5)$ und $15 + x \cdot 3$
c) $5 - x \cdot 3$ und $3 \cdot x - 5$

4 Prüfe durch Einsetzen von drei Zahlen, ob die Terme gleichwertig sind.

a) $(24 + 14x) : 2$ und $x \cdot 7 + 12$
b) $a \cdot 5 - 3$ und $3 + 5 \cdot a - 6$
c) $84 : z + 28$ und $14\,(6 : z + 3) - 14$

HINWEIS
Du kannst auch Strohhalme zurechtschneiden und die Strecken bzw. Vierecke legen. Wähle als Länge für a = 4 cm.

5 Aus den Strohhalmen sollen Strecken und Vierecke gelegt werden.

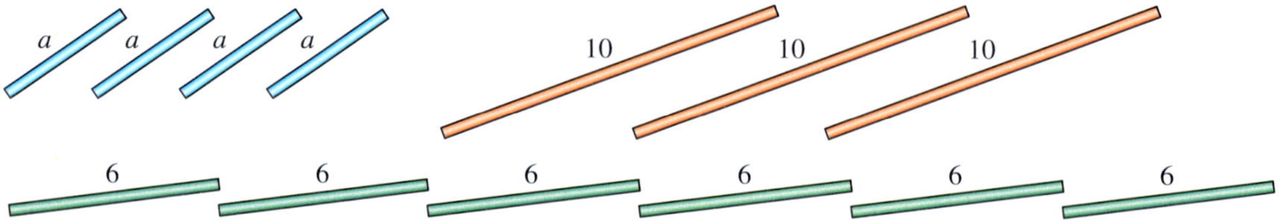

a) Skizziere Strecken mit folgenden Längen: $a + 10 + 6$; $6 + a + a + 6$; $10 + 6 + a + 6$
b) Aus roten und blauen Strohhalmen wird ein Rechteck gelegt.
Schreibe einen Term für den Umfang des Rechtecks auf.
c) Wie lang sind die Strecken jeweils, wenn $a = 4$ cm ist?
d) Erfindet eigene Aufgaben zu Vierecken und stellt sie euch gegenseitig.

6 Frau Greta spricht über ihre Familie in Rätseln.

a) Übersetze ihre Aussagen in Terme.
Benutze für das Alter von Frau Greta die Variable x.
① Mein Mann ist 2 Jahre älter als ich.
② Mein Opa ist doppelt so alt wie ich.
③ Meine Tochter ist halb so alt wie ich.
④ Mein Sohn ist 26 Jahre jünger als ich.
b) Frau Greta ist 40 Jahre alt.
Berechne das dazu passende Alter ihrer Familienangehörigen.

6 Rechenausdrücke gesucht

Ben: „Ich denke mir eine Zahl x aus. Dann addiere ich zu dieser Zahl das Dreifache der Zahl und ziehe anschließend 15 ab."
Lea: „Ich subtrahiere vom Vierfachen meiner Zahl 15 und addiere dann die Zahl."

a) Übersetze jedes Zahlenrätsel in einen Term.
b) Welche Ergebnisse erhalten die beiden, wenn sie für ihre gedachte Zahl 6 einsetzen?
c) Welche Zahlen haben sie sich jeweils gedacht, wenn jeder als Ergebnis 25 erhält?

7 Schreibe den zugehörigen Term auf.

a) Subtrahiere von einer Zahl x die Zahl 6.
b) Dividiere eine Zahl durch 2.
c) Addiere zu 20 eine Zahl a.
d) Multipliziere eine Zahl mit 10.
e) Bilde das Produkt von zwei Zahlen und addiere zum Ergebnis 7.

7 Schreibe einen Term zu dem Text.

a) Vom Achtfachen einer Zahl wird das Dreifache einer anderen Zahl subtrahiert.
b) Der Quotient zweier Zahlen wird um 5 vermindert.
c) Addiere zu einer Zahl das Doppelte dieser Zahl und addiere zu dieser Summe 20.

8 Terme und Rechengeschichten

a) Schreibe aus den Zahlen 2 und 3 und Rechenzeichen deiner Wahl einen Term auf.
b) Lass deinen Nachbarn eine Rechengeschichte dazu erfinden. Kontrolliere.
c) Lest eure Rechengeschichten der Gruppe vor. Wer schafft es, die richtigen Terme aufzuschreiben?

8 Terme und Rechengeschichten

a) Schreibe aus den Zahlen 4; 5 und 6 und Rechenzeichen deiner Wahl einen Term auf.
b) Lass deinen Nachbarn eine Rechengeschichte dazu erfinden. Kontrolliere.
c) Lest eure Rechengeschichten der Gruppe vor. Wer schafft es, die richtigen Terme aufzuschreiben?

Terme vereinfachen

Entdecken

1 Aus der Berufswelt
Eine Firma beginnt bereits im Mai mit der Herstellung von Weihnachtsbeleuchtungen. Das Modell Weihnachtsbaum (siehe Grafik rechts) ist aus einem Leuchtschlauch hergestellt und wird in verschiedenen Größen angeboten.

a) Beschreibe im Heft, in welchem Größenverhältnis die anderen Längen zur „Dicke des Stamms" x stehen.
b) Gib die Gesamtlänge des Leuchtschlauches mithilfe der Variablen x an.
c) Rechne mit deinem Term aus, wie lang der Leuchtschlauch insgesamt sein muss, wenn der „Stamm" eine Dicke von $x = 10\,\text{cm}$ haben soll.
d) Welche „Stammdicke" muss der Baum haben, wenn man den Baum aus genau 4,55 m Leuchtschlauch herstellen möchte?

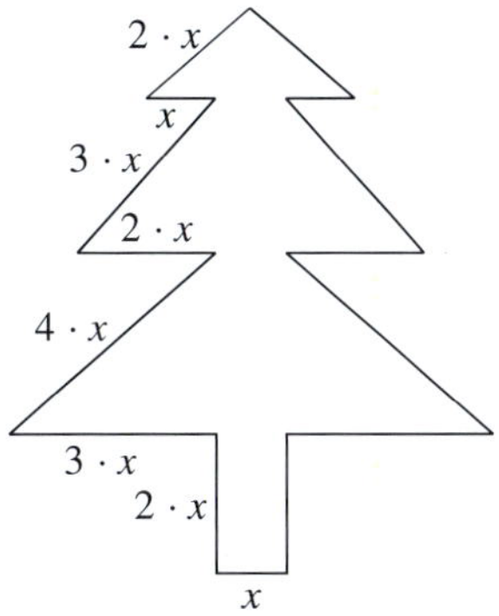

2 Betrachte die folgenden Figuren.

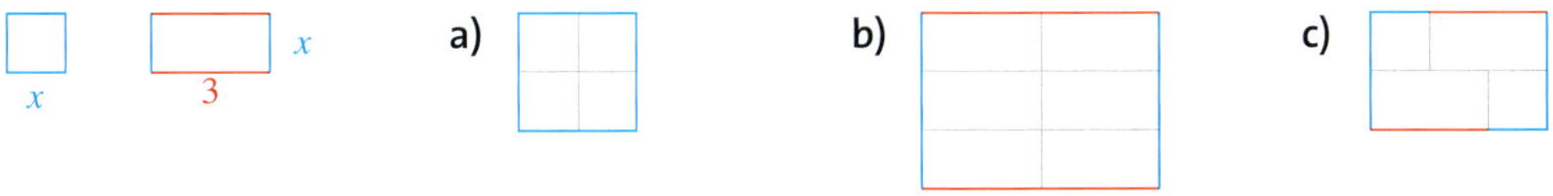

Einige der folgenden Terme geben die Umfänge der Figuren a) bis c) an.
Ordne jeder Figur mindestens einen passenden Term zu.

$6 \cdot x + 2 \cdot 3$ | $x + x + x + x + x + x + x + x$ | $10 \cdot 3$ | $2 \cdot x + 2 \cdot 3$

$6 \cdot x + 4 \cdot 3$ | $x + x + x + 3 + 3 + x + x + x + 3 + 3$ | $8 \cdot x$ | $6 \cdot x + 12$

3 Familie Voglmeier besitzt ein Grundstück mit 30 m Länge und 40 m Breite.
Sie will vom Nachbargrundstück einen möglichst langen Streifen dazu kaufen.
Mara und Gökhan stellen Terme zur Berechnung des Flächeninhalts auf.
Maras Term: $40 \cdot (30 + x)$
Gökhans Term: $40 \cdot 30 + 40 \cdot x$

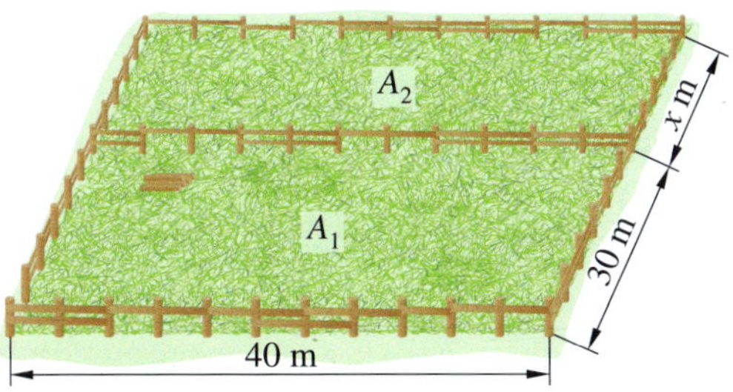

a) Prüft, ob die Terme gleichwertig sind. Beschreibt euer Vorgehen schriftlich.
b) Erklärt, wie die beiden jeweils auf ihre Terme gekommen sind.

Verstehen

In dem Rechteck ist eine Seite um 3 cm länger als die andere Seite. Für den Umfang des Rechtecks soll ein Term aufgestellt werden.

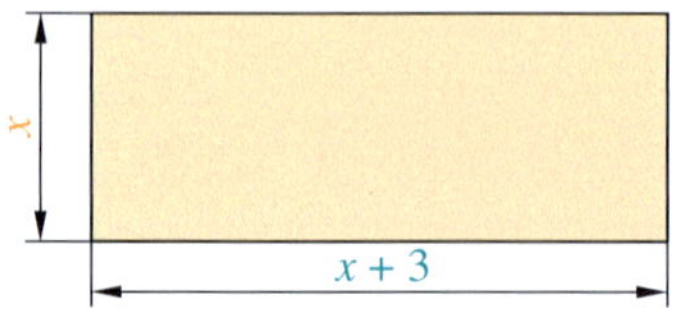

Beispiel 1

Der einfachste Weg, den Term aufzustellen, ist, die vier Seiten zu addieren.
Der Term heißt dann: $x + x + 3 + x + x + 3$

Man kann Variablen und Zahlen ordnen. $x + x + x + x + 3 + 3$

Man kann Variablen zusammenfassen. Der Term wird *vereinfacht*. $4 \cdot x \quad + \quad 6$

Man kann bei den Vielfachen von Variablen den Malpunkt weglassen. $4x + 6$

Merke Beim **Addieren** und **Subtrahieren** kann man gleiche Variablen zusammenfassen.
Achtung: Unterschiedliche Variablen dürfen nicht addiert bzw. subtrahiert werden.

Beispiel 2

Für den Flächeninhalt der Rechtecke soll ein Term aufgestellt werden.
Dafür werden beide Seiten multipliziert.

a)

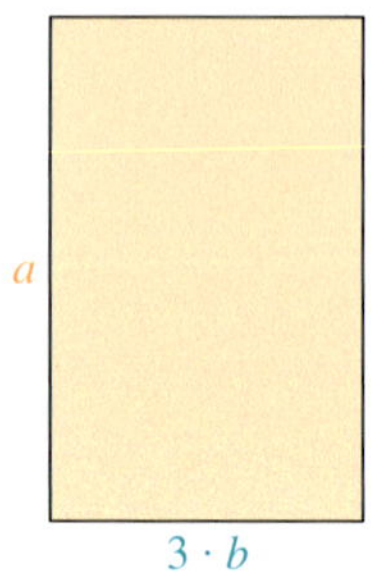

Term: $a \cdot 3 \cdot b$

Ordnen: $3 \cdot a \cdot b$

Malpunkt weglassen: $3ab$

b)

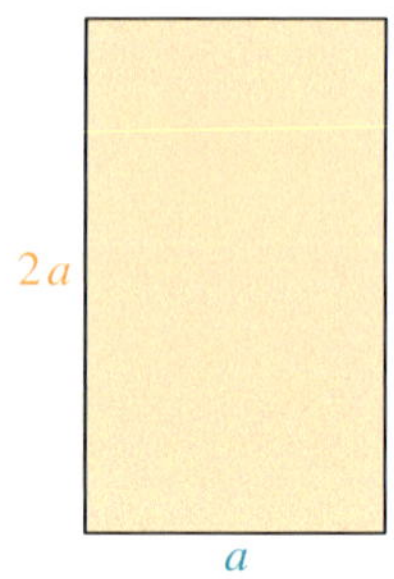

Term: $2 \cdot a \cdot a$

Gleiche Variablen zusammenfassen: $2 \cdot a^2$

Malpunkt weglassen: $2a^2$

Merke Beim **Multiplizieren** kann man die Reihenfolge der Zahlen und Variablen vertauschen. Gleiche Variablen kann man zu einer Potenz zusammenfassen.

Beim Ordnen der Variablen wurde das Vertauschungsgesetz (Kommutativgesetz) angewendet. Die Rechengesetze gelten auch für das Rechnen mit Variablen.

Merke **Vertauschungsgesetz** (Kommutativgesetz)
Beim Addieren oder Multiplizieren dürfen Zahlen und Variablen beliebig vertauscht werden.

Beispiel 3

a) $a + b = b + a$
b) $2 \cdot c \cdot 6 = 2 \cdot 6 \cdot c = 12c$

Merke **Verbindungsgesetz** (Assoziativgesetz)
Beim Addieren oder Multiplizieren dürfen Zahlen und Variablen beliebig durch Klammern zusammengefasst werden.

Beispiel 4

a) $a + b + c = a + (b + c)$
b) $4 + 8 + x = (4 + 8) + x$
c) $x \cdot 3 \cdot 9 = x \cdot (3 \cdot 9)$

Beispiel 5

Für das Rechteck soll ein Term für den Flächeninhalt aufgestellt werden.
Markus rechnet **Länge · Breite**: $x \cdot (x + 3)$

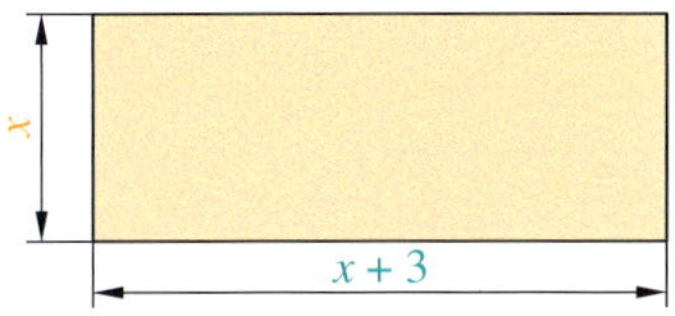

Lena zerlegt die Fläche in zwei Teilstücke und rechnet **Fläche 1 + Fläche 2**: $x \cdot x + x \cdot 3$

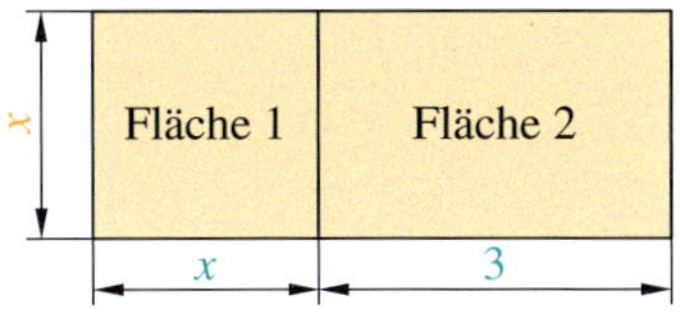

Also gilt: $x \cdot (x + 3) = x \cdot x + x \cdot 3$

> **Merke** **Verteilungsgesetz** (Distributivgesetz)
> Beim Multiplizieren mit einer Summe oder Differenz in Klammern darf man auch einzeln multiplizieren und dann addieren oder subtrahieren.

Beispiel 6

a) $a \cdot (b + c) = a \cdot b + a \cdot c$
b) $(3b - 4) \cdot 2 = 2 \cdot 3b - 2 \cdot 4 = 6b - 8$
c) Umgekehrt kann man eine Zahl oder Variable ausklammern:
$2a + 3ab = a \cdot (2 + 3b)$

HINWEIS
(a + b): Summe in Klammern
(a – b): Differenz in Klammern

Starthilfe

A Für den Term $\mathbf{6 + x + x + x}$ kann man auch die folgenden Terme schreiben. Begründe jeweils, warum.

$6 + 3 \cdot x$ $6 + 3x$ $3x + 6$ $6 + 2x + x$ $2 \cdot 3 + 3 \cdot x$

B Ordne die Terme und fasse dann zusammen.

Beispiel $x + 3 + x + 4 =$
$x + x + 3 + 4 =$
$2x + 7$

a) $x + x + 4 + x + 6$
b) $8 + x + 4 + 6 + x + x$
c) $x + 0{,}5 + 6 + x + x + 5$
d) $3x + 4 + 5 + x + 9$
e) $2x + 4x + 12 + 8x$
f) $x + 8 + 7x + 12x$

C Fasse die Terme zusammen.

Beispiel $3x + 6 - x =$
$3x - x + 6 =$
$2x + 6$

a) $8x - x + 4 - 2$
b) $8x + 4 - 6x$
c) $x + x + 8 - x + 2$
d) $3x + 6 - 3 + x$
e) $5x + x - 8 - 6x + 12$
d) $8 - 5x + 6x$

Üben und anwenden

1 Umfangsterme aufstellen

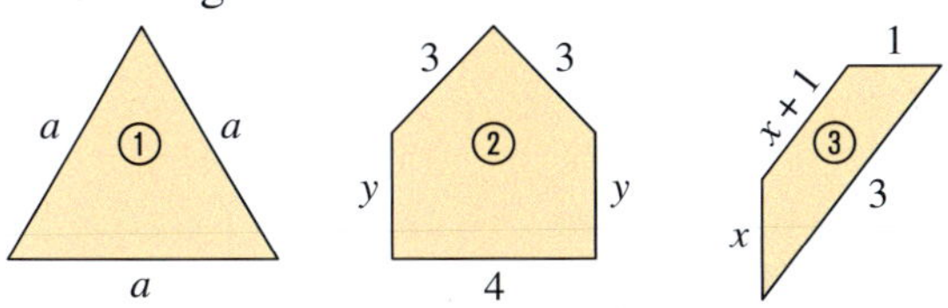

a) Schreibe einen Term für den Umfang jeder Figur und vereinfache.
b) Setze in die vereinfachten Terme für die Variablen den Wert 3 cm (5 cm; 7 cm; 9 cm) ein und bestimme den Umfang.

1 Umfangsterme aufstellen

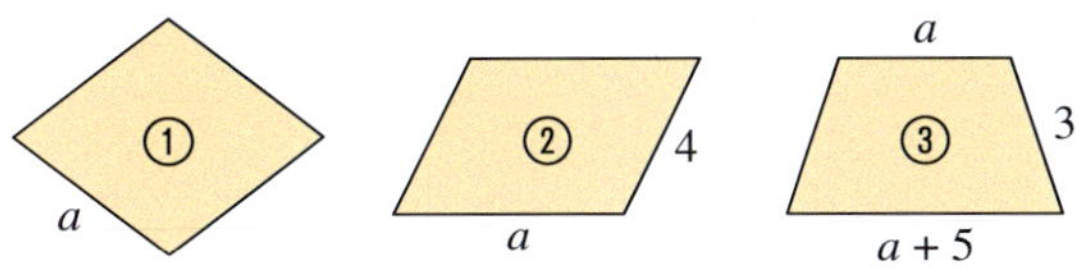

a) Schreibe einen Term für den Umfang jeder Figur und vereinfache.
b) Setze in die vereinfachten Terme für die Variablen den Wert 2,5 cm (5 cm; 7,5 cm; 12 cm) ein und bestimme den Umfang.

2 Schreibe gleichwertige Terme untereinander. Überprüfe durch Rechnung, indem du für $x = 3$ einsetzt.

$2x$ | $5x + 2 - 3x$ | $x + x$ | $3x + 2$ | x | $15x - 14 - 12x + 16$ | $2x + 2$ | $22x + 13 - 21x - 13$ | $15 + 3x - 2 - 13 - 2x$

2 Ordne und fasse zusammen.

Beispiel $3x - 16 - 8 - 8x - 3x + 4 =$
$3x - 8x - 3x - 16 - 8 + 4 =$
$-8x - 20$

a) $7x - 5 - 3x - x + 15$
b) $16x + 12 + 16x - x + 18$
c) $43x + 37 - 32x + 18 - 12x$
d) $-19 - 12x + 14x - 6 - 2x$
e) $-4x - 8x + 32 + 12x - 16 + x$

Ergebnisse: -25; $x + 16$; $-x + 55$; $3x + 10$; $31x + 30$

3 Vereinfache die Produkte.

Beispiel $2 \cdot a \cdot a \cdot 5a = 10a^3$

a) $b \cdot b$
b) $z \cdot z \cdot z \cdot z$
c) $4 \cdot 5 \cdot a$
d) $12 \cdot x \cdot 3$
e) $0{,}5 \cdot a \cdot 8 \cdot a$
f) $25 \cdot g \cdot 5 \cdot g$

3 Vereinfache die Produkte.

Beispiel $x \cdot 2 \cdot x \cdot x \cdot 3 \cdot x = 6x^4$

a) $r \cdot r \cdot r \cdot r \cdot r$
b) $b \cdot 8 \cdot b$
c) $2 \cdot x \cdot 4 \cdot x \cdot x$
d) $z \cdot z \cdot 7 \cdot z \cdot z$
e) $3a \cdot 17a \cdot 5a$
f) $12x \cdot 3x \cdot 5x$

4 Mario hat Terme vereinfacht.
Beschreibt jeweils, wie er die Terme umgeformt hat und welche Rechengesetze und Vorrangregeln er dabei angewendet hat.

Vorrangregeln:
① Klammern zuerst
② Punkt- vor Strichrechnung
③ von links nach rechts rechnen

a) $4 + x + 12 =$
$x + 12 + 4 =$
$x + (12 + 4) =$
$x + 16$

b) $57 - 2 \cdot 7x =$
$57 - 14x$

c) $2 \cdot (x + 4) =$
$2 \cdot x + 2 \cdot 4 =$
$2x + 8$

5 Fasse so weit wie möglich zusammen. Achte auf die Regel „Punkt- vor Strichrechnung“.

Beispiel $9 - 4 \cdot 2x = 9 - 8x$

a) $2 + 3 \cdot 2a$
b) $4y \cdot 5 + 3$
c) $10c - 4 + 5c$
d) $8 + 12x \cdot 2$
e) $38x : 2 + 4$
f) $18 - 3x \cdot 10 - 9$

5 Fasse so weit wie möglich zusammen. Achte auf die Regel „Punkt- vor Strichrechnung“.

a) $7x \cdot 3 + 3$
b) $16 + 32y : 8$
c) $25e : 5 - 4$
d) $2 \cdot 3a \cdot 4 + 5$
e) $63x - 7 \cdot 9x$
f) $24 - 9b \cdot 3 + 3$
g) $12m + 3m \cdot 4$
h) $14x : 7x - 21$

6 Löse die Klammern auf und berechne.

a) $3 \cdot (x - 2)$
b) $(y + 4) \cdot 9$
c) $12 \cdot (11 - x)$
d) $6 \cdot (3c - 1)$

6 Löse die Klammern auf und berechne.

a) $3 \cdot (2a + 4a)$
b) $7 \cdot (2x - 3x)$
c) $5 \cdot (3 - 2x)$
d) $(3n - 4n + 5n) \cdot 9$

7 Stelle zwei verschiedene Terme auf und berechne jeweils.
Die drei 7. Klassen einer Mittelschule besuchen eine Theatervorstellung (Eintrittspreis pro Schüler 3,50 €).
In der Klasse 7 a sind 26 Schüler, in der 7 b sind 25 Schüler und in der 7 c sind 27 Schüler.

7 Stelle je zwei Terme auf und berechne.
Die 12 Mädchen und 18 Jungen der Klasse 7 a zahlen für einen Tagesausflug je 5 €.

a) Wie viel Euro werden eingesammelt?
b) Wie viel Euro würden eingesammelt, wenn 18 Mädchen und 12 Jungen jeweils 7 € eingezahlt hätten?

Gleichungen aufstellen und lösen

Entdecken

1 Was haben Vierecke aus Zahnstochern mit Gleichungen zu tun? Findet es heraus.

a) Lege wie im Beispiel aus Zahnstochern ein Viereck. Jede Seite kann aus mehreren Zahnstochern bestehen.
Miss den Umfang des Vierecks.

b) Übertragt die Tabelle ins Heft und füllt die Spalten für eure Vierecke aus a) aus. Das kleine „z" steht dabei für die Länge eines Zahnstochers.

Beispiel
Marcs Viereck hat einen Umfang von 35 cm. Wie lang ist ein Zahnstocher?

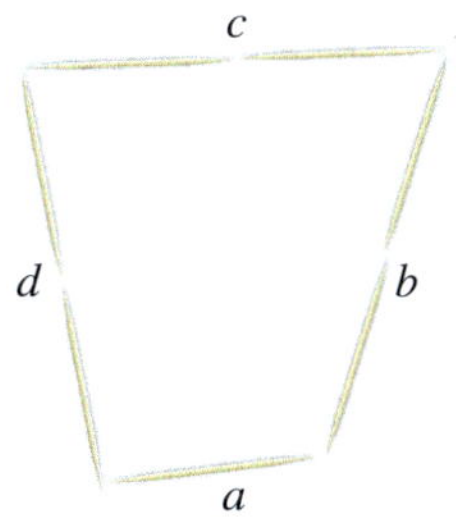

Name	Seite a	+	Seite b	+	Seite c	+	Seite d	=	Umfang
Marc	1z	+	2z	+	2z	+	2z	=	35 cm
…	…	…	…	…	…	…	…	…	…

c) Legt auch andere Vielecke aus Zahnstochern und fertigt dafür eine Tabelle wie oben an. Schreibt die zugehörige Gleichung auf. Was ist die Lösung der Gleichung?

MATERIAL
Zahnstocher

ERINNERE DICH
Den Umfang eines Vielecks berechnest du, indem du alle Seitenlängen addierst.

2 Bei einem Spiel werden weiße, grüne, rote und blaue Spielchips verwendet.
Die weißen Chips können in die anderen Farben umgetauscht werden.
Jede Farbe hat einen anderen Wert.
Thorben, René und Britta erhalten jeder 23 weiße Chips und tauschen sie gegen andere ein.

23 Chips zu Beginn — Thorben tauscht so: — René tauscht so: — Britta tauscht so:

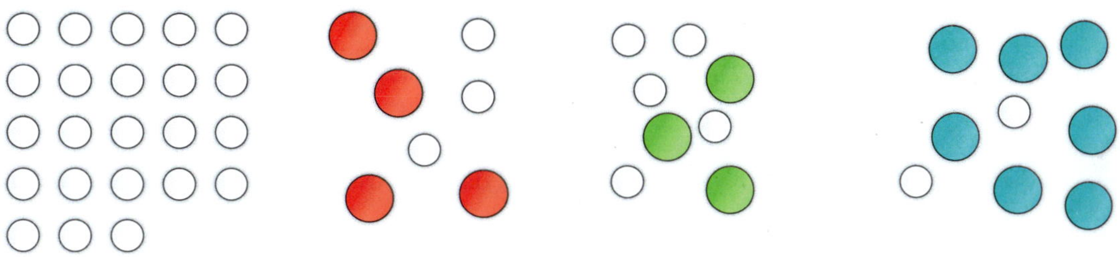

a) Welche Farbe hat den größten „Wert"? Begründe deine Antwort im Heft.

b) Finde heraus, wie viele weiße Chips du jeweils für einen roten, einen grünen bzw. einen blauen Chip erhältst. Notiere, wie du dabei vorgegangen bist.

c) Miray tauscht ihre 23 weißen Chips gegen zwei rote, einen grünen und einen blauen Chip ein. Hat Miray richtig getauscht?
Beschreibt einen Lösungsweg.

3 Auf einer Balkenwaage ist Ben zusammen mit dem Ziegelstein genauso schwer wie Bea (56 kg) und Malte (72 kg) zusammen.

a) Finde heraus, wie viel Kilogramm Ben wiegt.

b) Wie schwer müsste der Stein sein, wenn du an Bens Stelle wärst?

Verstehen

Lukas, Anna und Pawel wollen sich zusammen ein PC-Spiel kaufen. Welchen Anteil muss jeder bezahlen?

Zum Lösen kann man eine Gleichung aufstellen: $3x + 10 = 49$
x ist der Anteil, den jeder zahlen muss.

Merke Eine **Gleichung** verbindet zwei Terme durch ein Gleichheitszeichen „=“.
Eine Zahl heißt **Lösung einer Gleichung**, wenn beim Einsetzen der Zahl in die Gleichung eine wahre Aussage entsteht.

Beispiel 1

Anna löst die Gleichung durch **systematisches Probieren**.

Mit dem Überschlag $3 \cdot 10 + 10 = 40$ erkennt sie,

Variable	Gleichung = 49?	Lösung gefunden?
$x = 11$	$3 \cdot 11 + 10 = 43$	nein
$x = 12$	$3 \cdot 12 + 10 = 46$	nein
$x = 13$	$3 \cdot 13 + 10 = 49$	ja

Die Lösung der Gleichung $3x + 10 = 49$ ist $x = 13$. Jeder muss 13 € zahlen.

Beispiel 2

Pawel stellt die Gleichung mit einem Operatormodell dar und löst sie mit einer **Umkehraufgabe**.

Die Gleichung kann man auch schreiben als $x \cdot 3 + 10 = 49$.

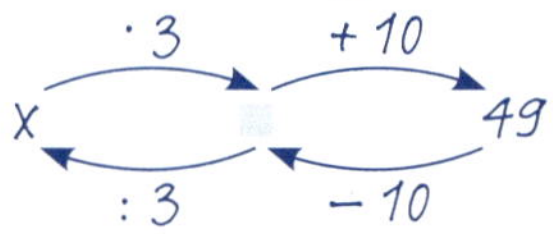

Umkehraufgaben:
$49 - 10 = 39$ und
$39 : 3 = 13$

Starthilfe

A Übertrage in dein Heft und ergänze die passenden Rechenzeichen.
Schreibe die zugehörige Gleichung auf.

Eine Zahl	x
wird mit 8 multipliziert.	■ 8
Dann wird 5 addiert.	■ 5
Man erhält	=
die Summe aus 7 und 6.	7 ■ 6

Die Lösung ist $x = 1$. Setze 1 in deine Gleichung ein und prüfe, ob deine Gleichung richtig ist.

B Übertrage in dein Heft und setze ein: = (gleich) oder ≠ (nicht gleich).
Beispiel $4 + 7 \neq 20 - 8$, denn $11 \neq 12$

a) 16 – 2 ■ 2 · 6
b) 12 + 12 ■ 6 · 4
c) 200 : 25 ■ 25 – 18
d) 2,8 + 3,9 ■ 6,8
e) 15 + 45 + 70 ■ 200 – 20 – 50
f) 420 – 180 + 260 ■ 120 · 2

Üben und anwenden

1 Füge je einen orangen und einen grünen Term im Heft zu einer Gleichung zusammen.

99 + 41 | 4 · 3 + 13 | 25 · 24 | 168 : 6 | 150 + 450 | (62 – 6) : 2 | 35 · 4 | 125 : 5

2 Übertrage die Tabelle ins Heft.
Setze für die Variablen den gegebenen Wert ein und überprüfe wie im Beispiel, ob die Aussage wahr oder falsch ist.

x	x + 2 = 4	x + 5 = 7	x – 2 = 2
0	2 = 4 *f*	…	…
1	…	…	…
2	…	…	…
3	…	…	…
4	…	…	…

3 Umfang und Flächeninhalt bei Rechtecken und Quadraten.
Arbeite mit den Formeln.

a) Der Umfang eines Quadrates beträgt 52 cm. Wie lang ist eine Seite?
b) Ein Rechteck hat eine Länge von 14 cm und einen Flächeninhalt von 168 cm^2. Wie breit ist es?

4 Überprüfe die angegebene Lösung. Korrigiere, falls erforderlich.

a) $x + 4 = 13$; $x = 9$
b) $x + 2 = 10$; $x = 3$
c) $x + 5 = 4$; $x = -10$
d) $3x = 12$; $x = 4$
e) $14 + x = 20$; $x = 6$
f) $7x = 70$; $x = 0$
g) $4x + 4 = 12$; $x = 2$

1 Füge im Heft je zwei Terme zu einer Gleichung zusammen.

(62 – 4) : 2 | 9 · 3 + 19 | 144 : 9 · 7 | 4 · 2 + 21 | 8 · 24 + 4 | 138 : 3 | 476 : 2 – 42 | 334 – 37 · 6

2 Übertrage die Tabelle ins Heft.
Setze für die Variablen den gegebenen Wert ein und überprüfe wie im Beispiel, ob die Aussage wahr oder falsch ist.

x	3 · x + 6 = 9	2 · x + 5 = 9	x : 2 = 2
0	6 = 9 *f*	…	…
1	…	…	…
2	…	…	…
3	…	…	…
4	…	…	…

3 Umfang und Flächeninhalt bei Rechtecken und Quadraten.
Arbeite mit den Formeln.

a) Ein Rechteck hat einen Flächeninhalt von 128 cm^2 und eine Breite von 8 cm. Berechne den Umfang.
b) Der Umfang eines Quadrates beträgt 36 cm. Wie groß ist sein Flächeninhalt?

4 Überprüfe die angegebene Lösung. Korrigiere, falls erforderlich.

a) $z + 39 = 61$ $z = 23$
b) $2z = 38$ $z = 19$
c) $z + 44 = 81$ $z = 37$
d) $72 - z = -9$ $z = 83$
e) $3z + 7 = 40$ $z = 13$
f) $34 + 5z = 114$ $z = 16$
g) $42 - 3z = 0$ $z = 15$

HINWEIS
zu Aufgabe 3: Rechne mit der Umkehraufgabe.

ERINNERE DICH
Gleichungen kann man mit einem Streifenmodell, Zahlenstrahlmodell und Operatormodell darstellen.

5 Schreibe als Gleichung, löse mit der Umkehraufgabe.
Führe die Probe durch.

a) 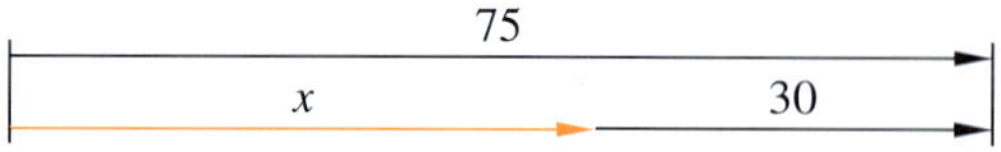

b) 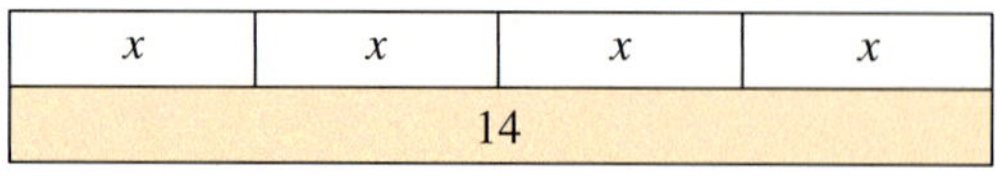

c) 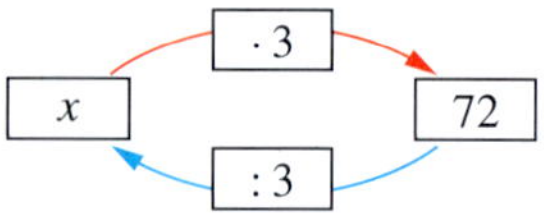

5 Schreibe als Gleichung, löse mit der Umkehraufgabe.
Führe die Probe durch.

a) 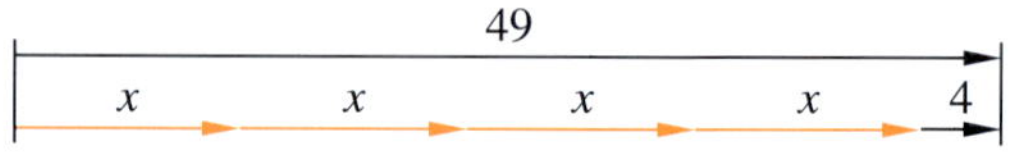

b) 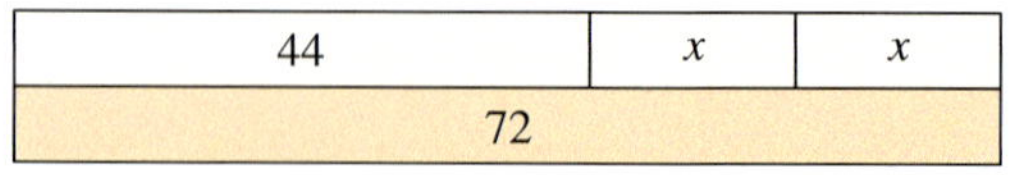

c) 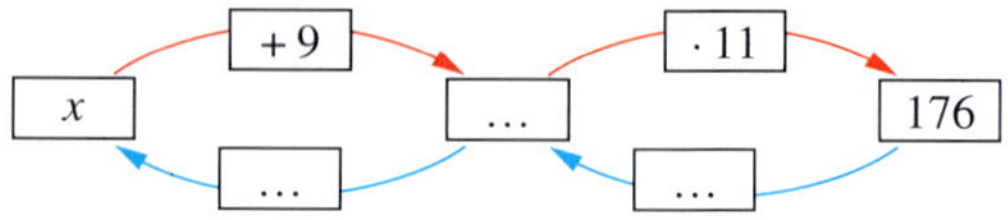

6 Stelle die Gleichungen mit einem geeigneten Modell dar und löse sie.
a) $3x = 57$ b) $x \cdot 8 + 6 = 14$

6 Stelle die Gleichungen mit einem geeigneten Modell dar und löse sie.
a) $81 - x = 68$ b) $15 + 6x = 87$

7 Die Lösung der Gleichung ist eine der Zahlen 1, 2, 3, … 10.
Finde mit möglichst wenig Versuchen die Lösung.
a) $45 \cdot x + 6 = 96$
b) $83 + x - 4 = 86$

7 Die Lösung der Gleichung ist eine der Zahlen 1, 2, 3, … 10.
Finde mit möglichst wenig Versuchen die Lösung.
a) $75 - 5 \cdot x = 25$
b) $35 + 5 \cdot x - 2x = 50$

8 Carina war auf einem Volksfest. Auf dem Heimweg hat sie 6,50 € übrig. Sie überlegt, was sie alles unternommen hat:

Zuletzt war sie auf dem Kettenkarussell. Die Fahrt kostete 3 €.

Davor hat sie sich 2 Crêpes für je 2,50 € gekauft.

Gleich zu Beginn ist sie mit der Achterbahn gefahren.

Carina ist mit 20 € auf das Volksfest gefahren.
a) Wie teuer war die Achterbahnfahrt? Rechne rückwärts.
b) Beschreibe, wie du beim Rückwärtsrechnen vorgegangen bist.
c) Stellt euch gegenseitig ähnliche Aufgaben und löst sie durch Rückwärtsrechnen.

9 Schreibe als Gleichung. Rechne rückwärts.
Henning hat nach seinem Einkauf noch genau 2 € übrig.
Er hat drei Schokoriegel für je 1 € und eine Tüte Chips für 2 € gekauft.
Wie viel Geld hatte er vor dem Einkauf?

9 Schreibe die Aufgabe als Gleichung und löse durch Rückwärtsrechnen.
Sarah und ihre Schwester kommen mit 1,80 € aus dem Freibad. Sie haben je 4,40 € Eintritt bezahlt. Ihr Eis hat 2,30 € und 2,10 € gekostet.
Wie viel Geld hatten sie vorher?

10 Löse jedes Zahlenrätsel mithilfe einer Gleichung.
a) Zu welcher Zahl muss man 12 addieren, um 32 zu erhalten?
b) Wird von einer Zahl 125 subtrahiert, so lautet die Differenz 77. Wie heißt die Zahl?
c) Welche Zahl muss mit 7 multipliziert werden, um 119 zu erhalten?
d) Dividiert man eine Zahl durch 12, so erhält man 8. Wie heißt die Zahl?

Strategie Gleichungen zu Sachsituationen aufstellen und lösen

Viele Sachaufgaben kannst du nach einem Lösungsplan berechnen. Dazu musst du eine Gleichung aufstellen.

Die 23 Schüler der Klasse 7 c planen eine dreitägige Radwanderung im Altmühltal. Die Gesamtstrecke beträgt 110 km. Da die 2. Teilstrecke viele Steigungen hat, werden 30 km weniger als für die erste Teilstrecke eingeplant. Für den dritten Tag werden 20 km mehr als für die erste Teilstrecke vorgesehen.
Wie lang sind die drei Teilstrecken?

Diese Aufgabe kann man sehr gut mithilfe einer Gleichung darstellen und lösen.

<table>
<tr><th>Schritt</th><th>Beispiel</th></tr>
<tr><td>① Text genau lesen:
Was ist gegeben, was ist gesucht?</td><td>gegeben: Gesamtstrecke: 110 km; 3 Teilstrecken; zweite um 30 km kürzer, dritte um 20 km länger als erste
gesucht: erste Teilstrecke, dann alle Teilstrecken</td></tr>
<tr><td>② Variable festlegen</td><td>erste Teilstrecke: x</td></tr>
<tr><td>③ Gleichung aufstellen,
eine Skizze kann helfen</td><td>Skizze:
<table>
<tr><td colspan="3">Gesamtstrecke: 110</td></tr>
<tr><td>x</td><td>$x - 30$</td><td>$x + 20$</td></tr>
<tr><td>1. Teilstrecke</td><td>2. Teilstrecke</td><td>3. Teilstrecke</td></tr>
</table>
Terme aufstellen und zusammenfügen:
$\underbrace{x}_{\text{1. Strecke}} + \underbrace{x - 30}_{\text{2. Strecke}} + \underbrace{x + 20}_{\text{3. Strecke}} = \underbrace{3 \cdot x - 10}_{\text{Gesamtstrecke}}$
Gleichung:
$3 \cdot x - 10 = 110$</td></tr>
<tr><td>④ Gleichung lösen</td><td>Gleichung lösen, z. B. über die Umkehraufgabe:
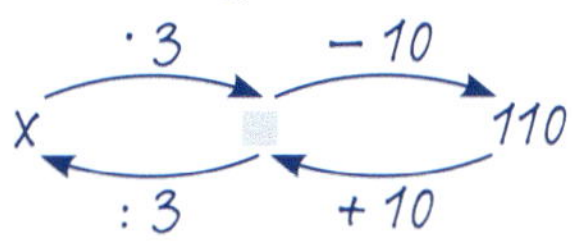

$110 + 10 = 120$ und $120 : 3 = \underline{\underline{40}}$
Das bedeutet:
<table>
<tr><th>1. Strecke</th><th>2. Strecke</th><th>3. Strecke</th></tr>
<tr><td>x</td><td>$x - 30$</td><td>$x + 20$</td></tr>
<tr><td>40 km</td><td>10 km</td><td>60 km</td></tr>
</table></td></tr>
<tr><td>⑤ Ergebnis prüfen</td><td>Probe:
1. Strecke + 2. Strecke + 3. Strecke = 110 km
40 + 10 + 60 = 110
110 = 110 (w)</td></tr>
<tr><td>⑥ Antwortsatz schreiben</td><td>Am ersten Tag fährt die Klasse 40 km, am zweiten Tag 10 km und am dritten Tag 60 km.</td></tr>
</table>

Unterscheide Wichtiges von Unwichtigem: Für die Aufgabe ist es unwichtig, dass 23 Schüler in der Klasse sind.

Üben und anwenden

ZUM WEITERARBEITEN
Erstellt zu den übrigen Skizzen eigene Texte.

1 Markus ist 5 cm kleiner als Olliver. Zusammen sind sie 2,99 m groß.
Wie groß ist Markus?
Wie groß ist Olliver?

a) Ordne dem Text die passende Skizze zu.

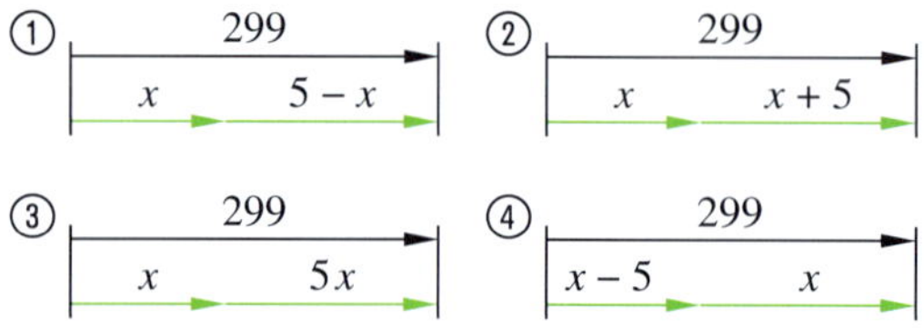

b) Erkläre dann deinem Lernpartner, weshalb du dich so entschieden hast.

c) Stellt eine Gleichung auf und löst sie.

2 Der Opa ist 36 Jahre älter als Michaels Vater. Zusammen sind beide 98 Jahre alt. Michael ist 8 Jahre alt.
Wie alt sind Michaels Vater und Opa?

3 Samira und Charlotte wiegen zusammen 105 kg.
Charlotte ist um 8 kg leichter als Samira.

4 Von 100 m Draht auf einer Kabelrolle werden 8 gleich lange Stücke abgeschnitten, 2 m Draht sind übrig.
Wie lang sind die Teilstücke?

5 Ein rechteckiges Grundstück hat einen Flächeninhalt von 342 m². Die Länge beträgt 19 m. Wie lang ist die andere Seite?
Löse mit einer Gleichung.

6 Schreibe zu jeder Skizze eine Aufgabe.

45 kg	
x kg	37 kg

350 km		
x km	x − 40 km	x + 270 km

7 Die Klasse 7 b gab für ihre Eltern eine Theateraufführung. Von den 34 anwesenden Kindern zahlte jeder 35 Ct. Erwachsene bezahlten das Doppelte. Insgesamt wurden 65,10 € eingenommen. Wie viele Erwachsene waren bei der Theateraufführung?

1 Faruk arbeitet als Zeitungsausträger.
Im zweiten Monat hat er 5 € mehr verdient als im ersten, im dritten Monat 8 € mehr als im ersten. Insgesamt hat er 163 € verdient.

a) Ordne dem Text die passende Skizze zu.

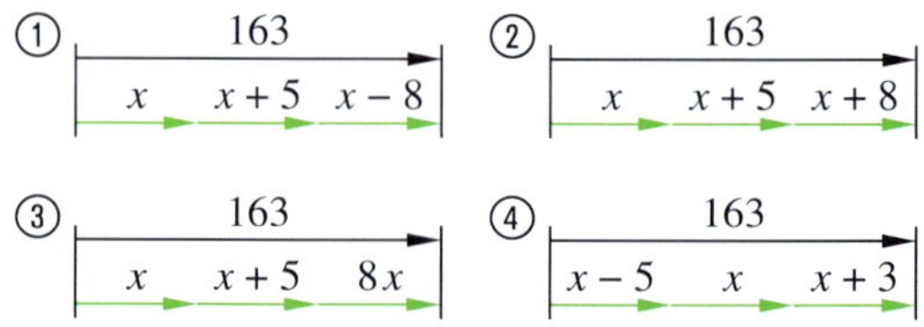

b) Erkläre dann deinem Lernpartner, weshalb du dich so entschieden hast.

c) Stellt eine Gleichung auf und löst sie.

2 Ines ist 61 Jahre jünger als ihre Oma. Zusammen sind sie in diesem Jahr 87 Jahre alt. Ines' Vater ist 45 Jahre älter als Ines.
Wie alt ist Ines?

3 Josef, Peter und Klaus wiegen zusammen 147 kg. Peter ist um 9 kg leichter als Josef und Klaus 3 kg schwerer als Peter.

4 Eine Erbschaft in Höhe von 17 500 € wird so verteilt, dass Erbe A 2 500 € mehr als Erbe B erhält. Erbe C erhält um 1 500 € weniger als Erbe B. Wie viel Geld bekommt jeder?

5 Eine rechteckige Koppel ist mit 540 m Elektrozaun eingezäunt. Die Koppel ist doppelt so lang wie breit.
Wie lang und wie breit ist sie?

6 Schreibe zu jeder Skizze eine Aufgabe.

72 €		
x	2x	3x

x	x	x	x	x	13 €
28 €					

7 Ein Landwirt bewirtschaftet 0,63 km² Ackerbaufläche.
Darauf baut er 4-mal so viel Mais wie Gerste und halb so viel Weizen wie Mais an. Wie viel Mais baut der Landwirt an?
Erstelle eine Skizze.

Gleichungen mit Äquivalenzumformungen lösen

Entdecken

1 Aus der Berufswelt
Die 7. Jahrgangsstufe einer Schule besuchen insgesamt 87 Schülerinnen und Schüler.
Für eine Fahrt nach Hamburg sollen Busse gemietet werden.

1. Möglichkeit (90 Sitzplätze)

1 Doppeldeckerbus,
1 Kleinbus

2. Möglichkeit (90 Sitzplätze)

3 Kleinbusse

a) Eine Reiseverkehrskauffrau sucht weitere Möglichkeiten, jeweils gleich viele Personen zu transportieren.
Sind ihre Lösungen richtig? Begründe deine Antwort.

①  und 

②  und 

③  und 

④  und 

b) Wie kann man leicht weitere Möglichkeiten finden? Diskutiert untereinander.

2 Jessie und Ahmet haben sich aus der Physiksammlung eine Tafelwaage geborgt und wiegen nun Gebrauchsgegenstände aus dem Schulalltag aus.
Zur Tafelwaage gehört dieser komplette Gewichtssatz:

1 kg	500 g	200 g	100 g	100 g	50 g	20 g	10 g	10 g	5 g	2 g	1 g	1 g

a) Warum sind einige Gewichtssteine doppelt vorhanden?
b) Welche Gewichtssteine benötigen sie jeweils für das Mathebuch (569 g), den Zirkel (96 g), das Geodreieck (13 g), den Turnbeutel (852 g) und die Trinkflasche (528 g)?
c) Besorgt euch ebenfalls eine solche Waage und macht selber Wiegeversuche.

MATERIAL
Waage

3 Die Balkenwaage ist im Gleichgewicht, wenn das Gewicht auf der linken Schale genauso groß ist wie das Gewicht auf der rechten Schale.
a) Was passiert, wenn man aus der linken Schale eine Kugel entfernt?
b) In die rechte Schale wird ein grüner Würfel gepackt. Wie viele Kugeln muss man in die linke Schale legen, damit die Waage wieder im Gleichgewicht ist?
c) Zeichne mindestens drei Waagen, die im Gleichgewicht sind.
d) Vergleiche deine Waagen mit denen deines Lernpartners.

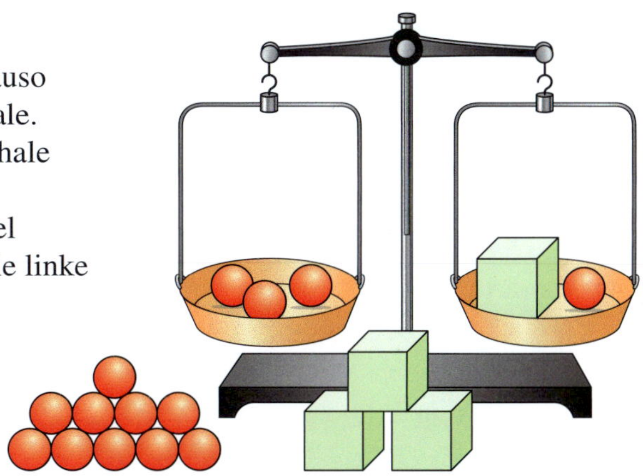

Verstehen

An der Waage wird die Gleichung $\mathbf{2x + 3 = 7}$ dargestellt.

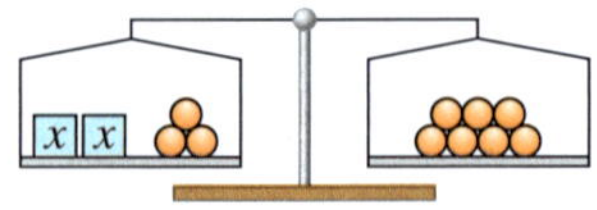

Die Kugeln und Würfel befinden sich in der linken oder rechten Waagschale, so wie die Zahlen und Variablen in der Gleichung links oder rechts vom Gleichheitszeichen stehen.

Beispiel 1

Wie viele Kugeln wiegen genauso viel wie ein Würfel?

Waagemodell:

auf jeder Seite 3 Kugeln wegnehmen

auf jeder Seite die Hälfte wegnehmen

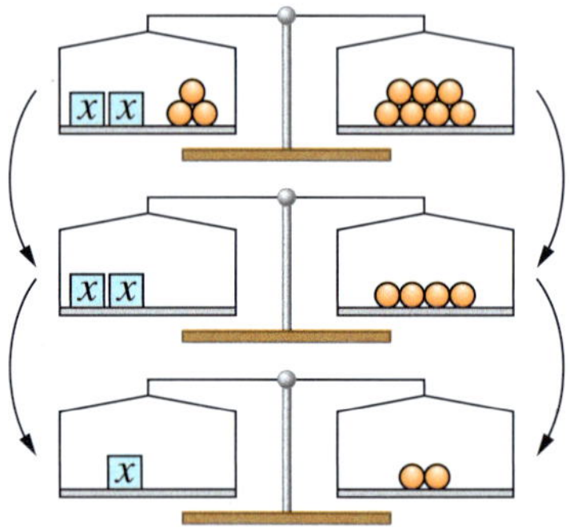

Ein Würfel wiegt genau so viel wie 2 Kugeln.

Rechenweg:

$2x + 3 = 7$

auf beiden Seiten 3 subtrahieren

$2x + 3 - 3 = 7 - 3$

$2x = 4$

auf beiden Seiten durch 2 dividieren

$2x : 2 = 4 : 2$

$x = 2$

Die Gleichung $2x + 3 = 7$ hat die Lösung $x = 2$.

Die **Waage** bleibt im Gleichgewicht, wenn auf **beiden Seiten** die gleiche Operation durchgeführt wird:
- Auf beiden Seiten dasselbe *hinzulegen*,
- auf beiden Seiten dasselbe *wegnehmen*,
- auf beiden Seiten das *Doppelte*, das *Dreifache … hinlegen*,
- auf beiden Seiten die *Hälfte*, ein *Drittel … hinlegen*.

In der **Gleichung** bleibt das Gleichheitszeichen erhalten, wenn auf beiden Seiten derselbe Rechenschritt ausgeführt wird:
- Auf beiden Seiten dasselbe *addieren*,
- auf beiden Seiten dasselbe *subtrahieren*,
- auf beiden Seiten mit derselben Zahl (ungleich 0) *multiplizieren*,
- auf beiden Seiten durch dieselbe Zahl (ungleich 0) *dividieren*.

Merke Eine Gleichung löst man, indem man
- wenn nötig, erst die Terme auf beiden Seiten **zusammenfasst**,
- die Gleichung dann schrittweise so umformt, dass die **gesuchte Variable allein auf einer Seite** steht (**Äquivalenzumformungen**).

Beispiel 2

$39 = 5x - 6 \quad | + 6$

$39 + 6 = 5x - 6 + 6$

$45 = 5x \quad | : 5$

$45 : 5 = 5x : 5$

$9 = x \quad$ *Seiten tauschen*

$\underline{\underline{x = 9}}$

Probe: $39 = 5 \cdot \mathbf{9} - 6$

$39 = 45 - 6$

$39 = 39$ Die Aussage ist wahr. $x = 9$ ist die Lösung der Gleichung.

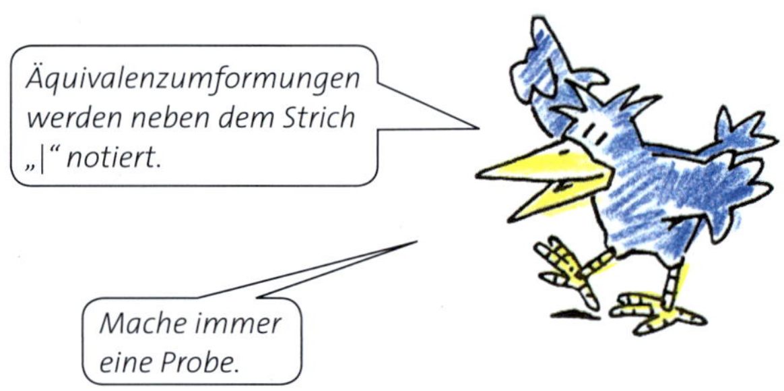

Starthilfe

A Wie schwer sind diese Gegenstände?

①
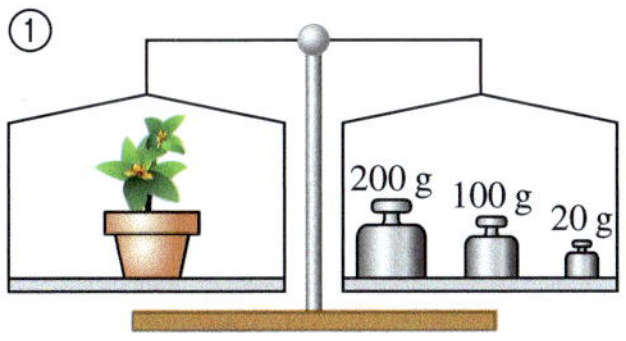

②
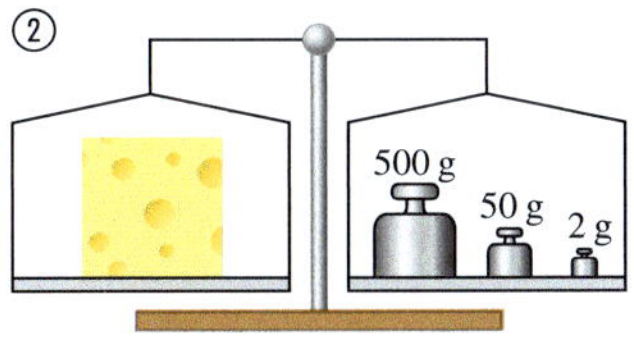

③
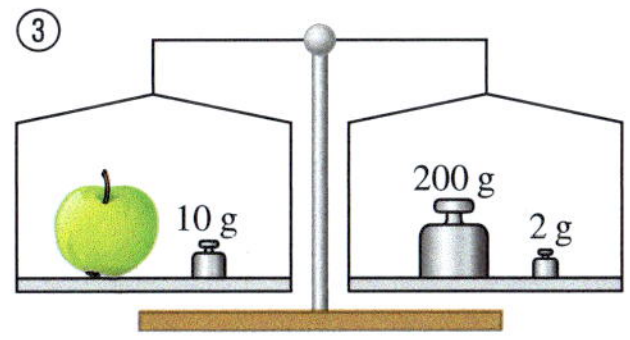

④
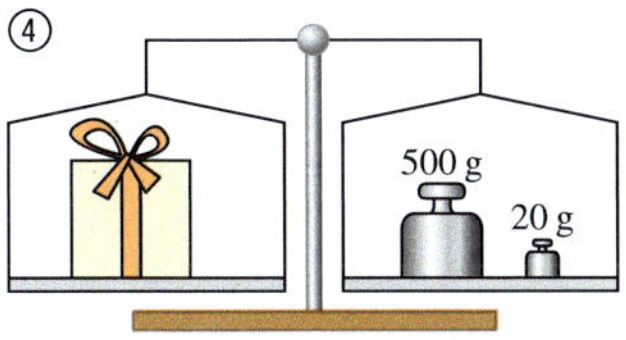

⑤
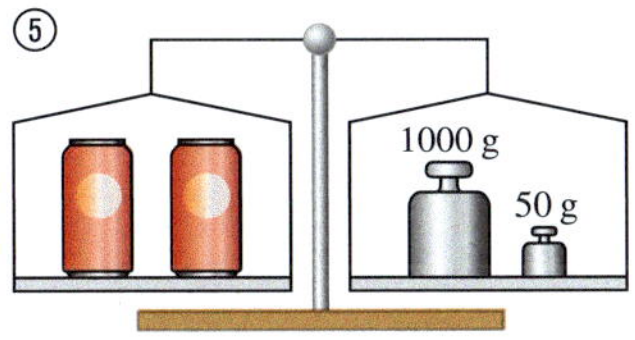

⑥
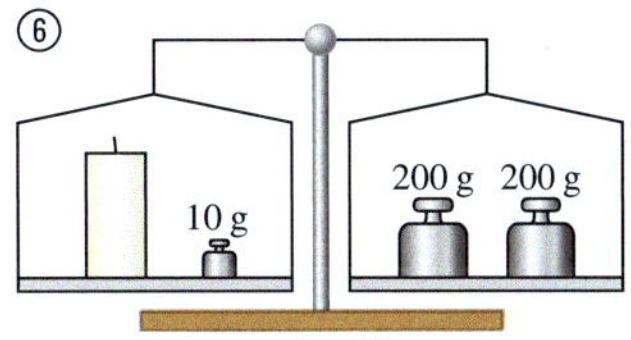

B Fertige eine Skizze zum Text an.
Übertrage und ergänze dann die Gleichung und die Umformungsschritte im Heft.

Leon legt auf die linke Seite einer Waage mehrere 10 g-Gewichte und ein 80 g-Gewicht.
Auf die rechte Seite legt er ein 200 g-Gewicht, damit die Waage im Gleichgewicht ist.

$10x + ■ = ■ \quad | -■$

$10\ x + ■ - ■ = ■ - ■$

$10x = ■ \quad | :10$

$x = ■$

Üben und anwenden

1 Notiert zu jeder Waage eine zugehörige Gleichung. Notiert die Lösungsschritte mit Pfeilen im Heft und gebt die Lösung der Gleichung an.

1.
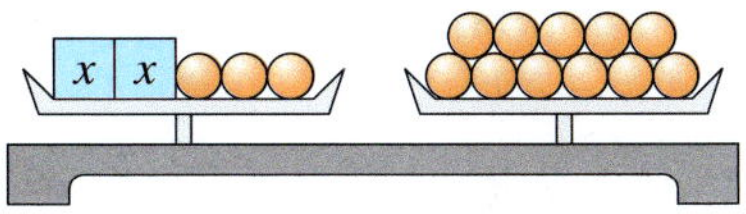

2.
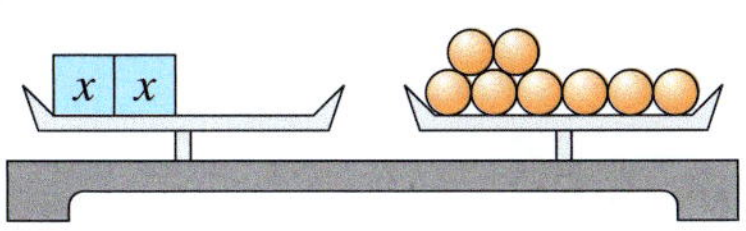

3.
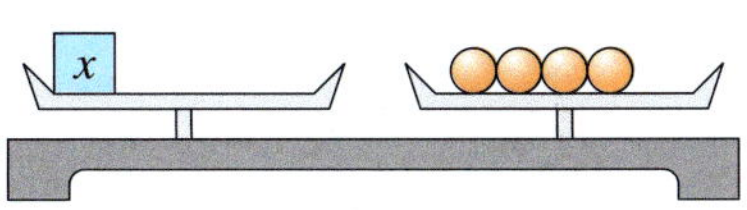

1 Gebt Gleichungen an, die zu den Waagen passen. Beschreibt dann mögliche Lösungsschritte im Heft.

a)

b)
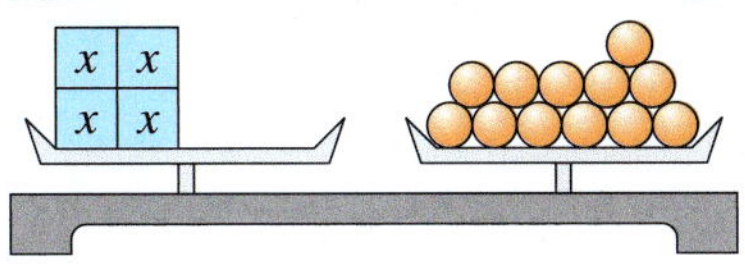

c)
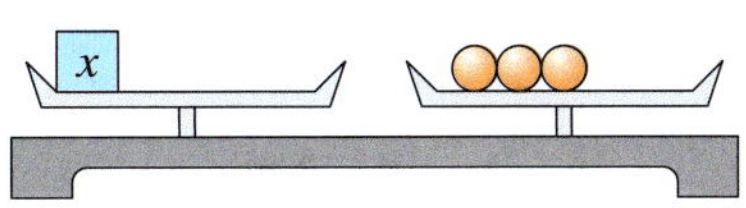

2 Wie schwer ist jeweils eine Kiste x?
Vergleicht eure Lösungswege untereinander.

①
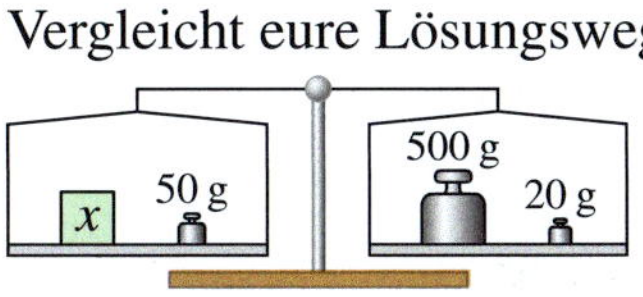

②
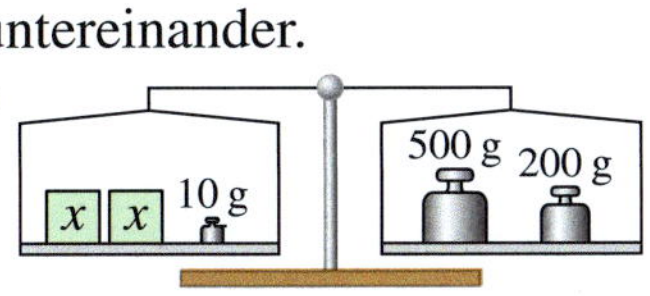

③
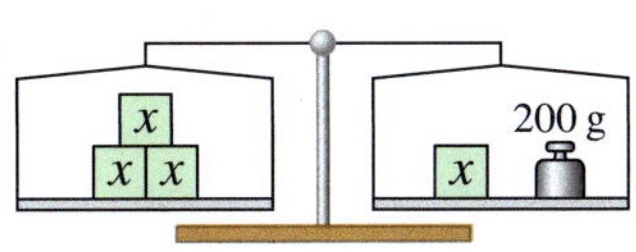

3 Erläutere die Umformungen der Gleichung bei der Lösung an einer Waage.
a) $5 + x = 9$ b) $2x + 3 = 9$

3 Erläutere die Umformungen der Gleichung bei der Lösung an einer Waage.
a) $3x + 4 = 13$ b) $18 = 4x + 2$

4 Hier genügt eine Umformung, um zur einfachsten Gleichung zu gelangen.
a) $x + 7 = 44$ b) $x + 44 = 112$
c) $x - 19 = 93$ d) $3 \cdot x = 27$
e) $272 = 16 \cdot x$ f) $x : 7 = 18$

4 Hier genügt eine Umformung, um zur einfachsten Gleichung zu gelangen.
a) $x - 134 = 222$ b) $32 = x : 22$
c) $49 = x - 17$ d) $135 = 9x$
e) $37 = -18 + x$ f) $168 = x \cdot 6$

5 Welche Umformungen sind richtig durchgeführt worden, welche nicht? Begründe.
a) $3x + 5 = 10 \mid -5$; $3x = 5$
b) $9x - 4 = 14 \mid -4$; $9x = 10$
c) $5x = 15 \mid :5$; $x = 15$
d) $9x + 12 = 33 \mid -12$; $9x = 45$

5 Welche Fehler wurden gemacht? Berichtige im Heft und gib den Umformungsschritt an.
a) $2x - 5 = 10 \mid$ ■; $2x = 5$
b) $8 - 5x = 23 \mid$ ■; $5x = 15$
c) $x : 3 = 18 \mid$ ■; $x = 6$
d) $6 + 3x = 9 \mid$ ■; $6 + x = 3$

6 Zwei Umformungen führen zum Ziel.
a) $2 + 8x = 34$ b) $6x - 5 = 31$
c) $34 = 9x - 2$ d) $29 = 8x - 3$
e) $85 = 9x + 4$ f) $43 + 5x = 58$

6 Zwei Umformungen führen zum Ziel.
a) $x : 8 - 8 = 32$ b) $45 = 15 + x : 8$
c) $13 + 8x = 93$ d) $5x - 183 = 2$
e) $314 = 110 + 4x$ f) $503 + 72x = 935$

7 Welche Äquivalenzumformungen wurden jeweils durchgeführt?
Diskutiert: Machen die Umformungsschritte Sinn? Wie würdet ihr vorgehen?

a) $25a - 45 = 5 \mid$ ■; $5a - 9 = 1$

b) $3x - 5 = 4 \mid$ ■; $9x - 15 = 12$

c) $-3e + 15 = -9 \mid$ ■; $-3e + 24 = 0$

8 Zahlenrätsel
a) Addiert man zu dem Vierfachen einer Zahl 9, so erhält man 45.
b) Subtrahiert man von einer Zahl 9, so erhält man 35.

8 Zahlenrätsel
a) Die Differenz aus dem 8-Fachen einer Zahl und acht ergibt 24.
b) Die Summe aus dem Zweifachen einer Zahl und zehn ergibt 14.

9 Martin und seine zwei Schwestern reisen mit dem Zug zu ihrem Vater.
Für die drei Tickets zahlen sie 87 €. Hinzu kommen noch drei Sitzplatzreservierungen.
Wie viel kostet eine Sitzplatzreservierung, wenn sie insgesamt 100,50 € zahlen?

9 Manuela jobbt als Babysitterin.
5 Stunden passte sie auf Leonie und 8 Stunden auf Stefan auf. Leonies Eltern bezahlten 4 € pro Stunde.
Wie viel erhielt sie von Stefans Eltern pro Stunde, wenn sie insgesamt 44 € verdiente?

10 Mit Äquivalenzumformungen kann man Aufgaben erfinden.
1. Sucht euch jeweils eine Gleichung aus.
2. Verändert die einfachen Gleichungen mithilfe von Äquivalenzumformungen so, dass man den Wert der Variablen nicht mehr erkennen kann.
3. Tauscht die veränderten Gleichungen untereinander aus und löst sie gegenseitig.

$x = 7$ | $x = -2$ | $x = 5$ | $x = 0$ | $-10 = x$ | $x = 0{,}2$

Strategie Formeln umstellen

Formeln sind Gleichungen mit mehreren Variablen.
Du kennst bereits einige Formeln aus dem Mathematik- und Natur-und-Technik-Unterricht.

Quadrat
$u = 4 \cdot a$
$A = a^2$

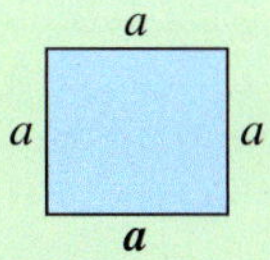

$v = s : t$
v: Geschwindigkeit
s: Weg
t: Zeit

Arbeit = Kraft · Weg

Innenwinkelsumme im Dreieck:
$\alpha + \beta + \gamma = 180°$

Formeln können genau wie Gleichungen mithilfe von Äquivalenzumformungen umgeformt werden. Die gesuchte Größe bestimmt man, indem man die Formel zunächst nach der gesuchten Größe auflöst und dann die gegebenen Werte in die umgeformte Formel einsetzt.

Beispiel

Die Klasse 7 a bastelt Kantenmodelle von geometrischen Körpern. Maria stellt einen Quader mit quadratischer Grundfläche her. Sie hat 80 cm Draht zur Verfügung.
Welche Kantenlängen kann sie dazu wählen?
Zunächst stellt sie eine **Formel** für die Kantenlänge k auf:
$k = 8a + 4h$

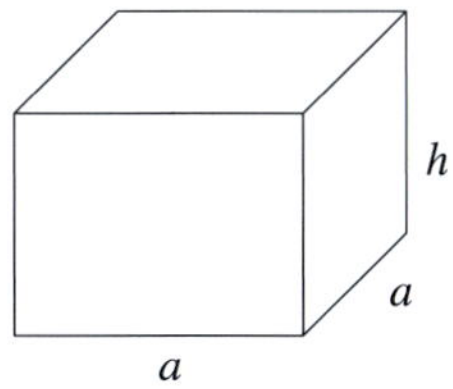

In einer Tabelle legt Maria Seitenlängen fest. Aus den beiden bekannten Längen kann sie die fehlende Länge berechnen.

a	5 cm	6 cm	…	…
h	…	…	14 cm	12 cm
k	80 cm	80 cm	80 cm	80 cm

Wenn man die Seitenlänge a der quadratischen Grundfläche kennt, so wird die Formel nach der gesuchten Höhe h umgeformt.

$k = 8a + 4h \quad | - 8a$
$k - 8a = 4h \quad | : 4$
$\frac{k - 8a}{4} = h$

Wenn man die Höhe h kennt, so wird die Formel nach der gesuchten Seitenlänge a umgeformt.

$k = 8a + 4h \quad | - 4h$
$k - 4h = 8a \quad | : 8$
$\frac{k - 4h}{8} = a$

Nun können die bekannten Größen eingesetzt werden.

Für $a = 5$ cm gilt $h = \frac{80 - 8 \cdot 5}{4} = 10$ [cm]
Für $a = 6$ cm gilt $h = \frac{80 - 8 \cdot 6}{4} = 8$ [cm]

Für $h = 14$ cm gilt $a = \frac{80 - 4 \cdot 14}{8} = 3$ [cm]
Für $h = 12$ cm gilt $a = \frac{80 - 4 \cdot 12}{8} = 4$ [cm]

Üben und anwenden

1 Der Flächeninhalt eines Rechtecks wird mit der Formel $A = a \cdot b$ berechnet.
a) Ein Rechteck hat einen Flächeninhalt von 36 cm². Die Seite a ist 12 cm lang. Stelle die Formel nach b um und berechne b.
b) Prüfe, ob du richtig umgeformt hast, indem du a und b in die Ausgangsgleichung einsetzt.

2 Stelle die Formeln wie angegeben um.
a) Umfang eines Quadrats: $u = 4 \cdot a$ — Stelle nach a um.
b) Winkelsumme im Dreieck: $180° = \alpha + \beta + \gamma$ — Stelle nach γ um.
c) Geschwindigkeit: $v = s : t$ — Stelle nach s um.
d) Vergleicht eure Ergebnisse. Wie könnt ihr prüfen, ob ihr richtig umgeformt habt?

Klar so weit?

→ Seite 82

Terme mit Variablen aufstellen und berechnen

1 Vervollständige die Preistabelle im Heft.

Gewicht Äpfel (kg)	x	0,5	1	2	2,8
Preis (€)	$2 \cdot x$	…	…	…	…

1 Vervollständige die Preistabelle im Heft.

Gewicht Pilze (kg)	x	0,2	0,8	1	1,5
Preis (€)	$8 \cdot x$	…	…	…	…

2 Gib für die Berechnung des Umfangs jeweils einen Term an.
Berechne dann.

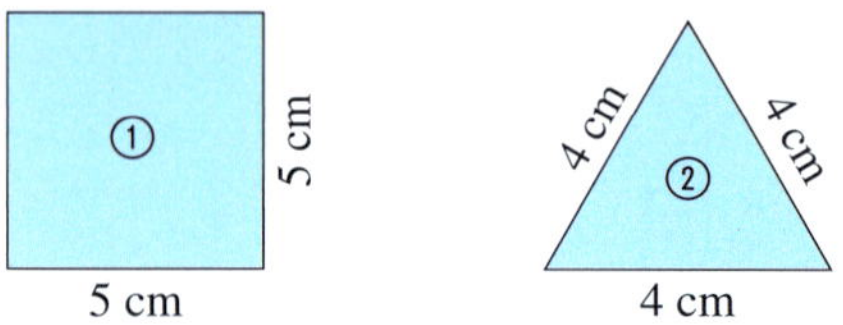

2 Gib einen Term an, mit dem die Gesamtlänge der Strecke berechnet werden kann.

a)
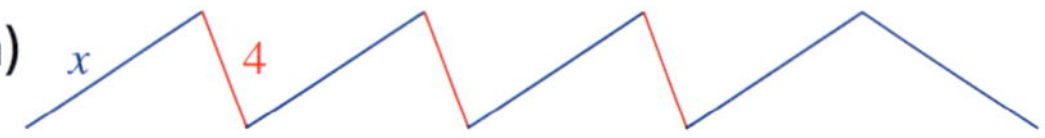

b)
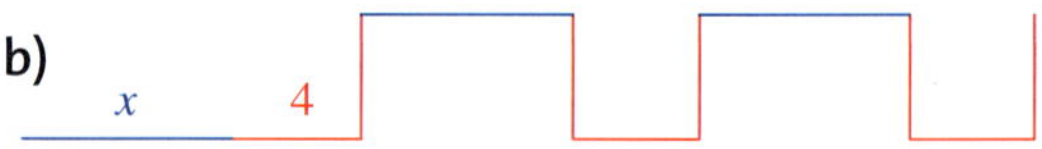

3 Ordne den Texten passende Terme zu.

Zu einer unbekannten Zahl wird 80 addiert.
Eine unbekannte Zahl wird mit 80 multipliziert.
Von einer unbekannten Zahl wird 80 subtrahiert.
Von 80 wird eine unbekannte Zahl subtrahiert.

$80 - x$	$80 \cdot x$	$80 : x$
$x : 80$	$x - 80$	$x + 80$

3 Schreibe jeweils zum Text einen passenden Term auf.
a) Bilde die Hälfte einer unbekannten Zahl.
b) Berechne das Fünffache einer unbekannten Zahl.
c) Vom Dreifachen einer unbekannten Zahl wird ihr Doppeltes subtrahiert.
d) Vermindere das Sechsfache einer unbekannten Zahl um ihre Hälfte.

→ Seite 86

Terme vereinfachen

4 Vereinfache die Terme so weit wie möglich. Berechne dann den Wert des Terms für 2.
a) $3c + 12c + 11c$
b) $6x + 24x + 6x$
c) $22p - 14p + 3p$
d) $13x - 29x + 46$
e) $14n + 8n - n$
f) $y + 19y + 26y - 40y$

4 Vereinfache die Terme so weit wie möglich. Berechne dann den Wert des Terms für -3 und 3.
a) $2x + 5 + 3x + 10$
b) $3y + 5 + 8 - 2y$
c) $8r - 4r + 13 - 11$
d) $6x + 5x + 4 + 13 + x$
e) $1{,}5a + \frac{1}{2}a - 5a + a$

5 Welcher Term passt zum Text?
Schreibe den Term ohne Klammern.
Von einer Zahl wird 5 subtrahiert.
Dann wird die Differenz vervierfacht.

$(x : 5) \cdot 4$ $5 \cdot (x + 4)$ $(x - 5) \cdot 4$

5 Welcher Term passt zum Text?
Schreibe den Term ohne Klammern.
Zum Doppelten der Zahl wird 32 addiert.
Die Summe wird durch 7 dividiert.

$2(x + 32) : 7$ $2x + (32 : 7)$ $(2x + 32) : 7$

Gleichungen aufstellen und lösen

→ Seite 90

6 Überprüfe, ob die Variable zu einer wahren Aussage führt.

a) $x + 8 = 21$ $x = 13$
b) $28 - x = 13$ $x = 15$
c) $7x = 63$ $x = 9$
d) $x : 6 = 18$ $x = 3$
e) $2x - 3 = 4$ $x = 7$
f) $8 - 3x = -4$ $x = 4$

6 Überprüfe, ob die Variable zu einer wahren Aussage führt.

a) $2x + 5 = 3$ $x = -4$
b) $25 - 2x = 29$ $x = 2$
c) $-5x + 35 = 20$ $x = -3$
d) $45 = 3x + 3$ $x = 13$
e) $100 - x = 9x$ $x = 10$
f) $-2x + 4 = 2(x + 2)$ $x = 0$

7 Stelle zu dem Streifenmodell eine Gleichung auf und löse sie.

200				
x	x	x	x	40

7 Stelle zu dem Streifenmodell eine Gleichung auf und löse sie.

11	15	u	u	u
26		15		

Gleichungen mit Äquivalenzumformungen lösen

→ Seite 96

8 Notiere die passende Gleichung zur Waage. Führe die angegebenen Äquivalenzumformungen durch und gib den Wert der Variable an.

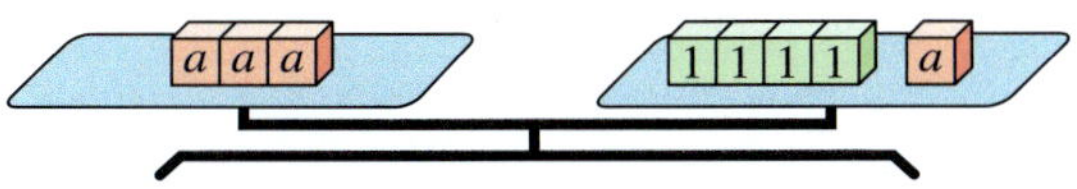

a) Nimm auf beiden Seiten 1 a weg. Teile danach durch 2.
b) Lege auf jeder Seite 1 a dazu. Nimm anschließend auf jeder Seite die Hälfte weg. Nimm auf beiden Seiten 1 a weg.

8 Notiere, welche Gleichung dargestellt wird, und schreibe die Anweisungen als Äquivalenzumformungen.
Gib die Lösung an.

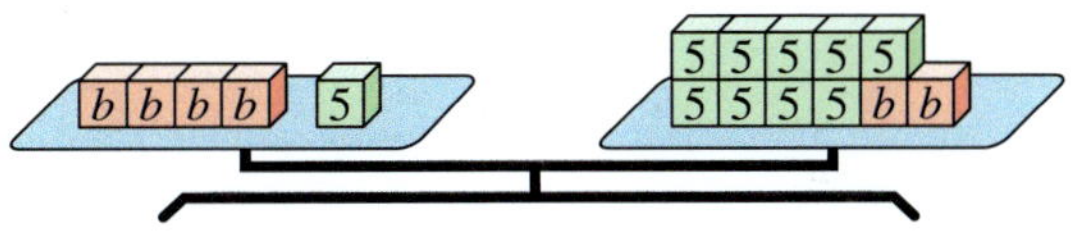

a) Nimm auf beiden Seiten erst 5 und dann $2b$ weg. Dividiere jetzt auf beiden Seiten durch 2.
b) Lege auf beiden Seiten 5 dazu. Nimm dann auf beiden Seiten die Hälfte weg. Nimm nun je 1 b und danach 5 weg.

9 Beschreibe, welche Fehler gemacht wurden, und berichtige sie im Heft.

a)
$3x - 15 = 63 \quad |:3$
$x - 15 = 21 \quad |+15$
$x = 36$

b)
$6x - 3 = 27 \quad |-3$
$6x = 24 \quad |:6$
$x = 24$

c)
$6x - 3x + 9x = 36$
$18x = 36$
$x = 2$

10 Ein Rechteck hat den Umfang 24 cm. Die Seite a ist 8 cm lang. Gesucht ist b.

a) Welche Gleichung passt dazu?
$2 \cdot 8\,\text{cm} + 2 \cdot b = 24\,\text{cm}$
$2 \cdot 8\,\text{cm} + b = 24\,\text{cm}$
b) Berechne b.

10 Zwei Partner eröffnen gemeinsam ein Geschäft und zahlen zusammen das Startkapital in Höhe von 60 000 € ein. Ein Partner zahlt 8000 € mehr Startkapital ein als der andere. Bestimme mithilfe einer Gleichung, wie viel beide einzahlen.

Vermischte Übungen

1 Ordne die Kärtchen den zugehörigen Termen zu.

a) $27 \cdot 2 + 9$ **b)** $14 : 2 - 2$ **c)** $3 + (17 - 9)$ **d)** $3x \cdot 3 + 9$ **e)** $24 - 3x - 6x - 15$

| 63 | 11 | 5 | $9 - 9x$ | $9x + 9$ |

2 Schreibe einen entsprechenden Term auf.

a) Bilde die Hälfte einer Zahl.

b) Berechne das Fünffache einer Zahl.

c) Vom Dreifachen einer Zahl wird ihr Doppeltes subtrahiert.

2 Schreibe einen entsprechenden Term auf.

a) Vermindere das Sechsfache einer Zahl um ihre Hälfte.

b) Verdreifache die Summe aus einer Zahl und 6.

3 Vereinfache den Term und berechne dann seinen Wert für $x = 2$ und $x = -2$ im Kopf.

a) $23x + 17x + 37x$

b) $75x - 33 - 12x$

3 Vereinfache den Term und berechne dann seinen Wert für $x = 7$ und $x = -7$ im Kopf.

a) $3x - 5 + 12 - 2x - 21$

b) $8x + 9x - 5x - 13x$

4 Skizziere die Figuren in deinem Heft. Gib einen Term an, mit dem man den Umfang der Figuren berechnen kann.

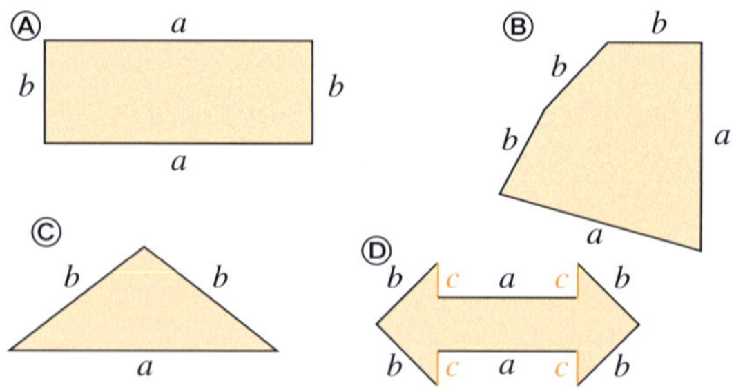

4 Skizziere die Figuren in deinem Heft. Bezeichne gleich lange Seiten mit der gleichen Variable und gib einen Term an, mit dem man den Umfang der Figuren berechnen kann.

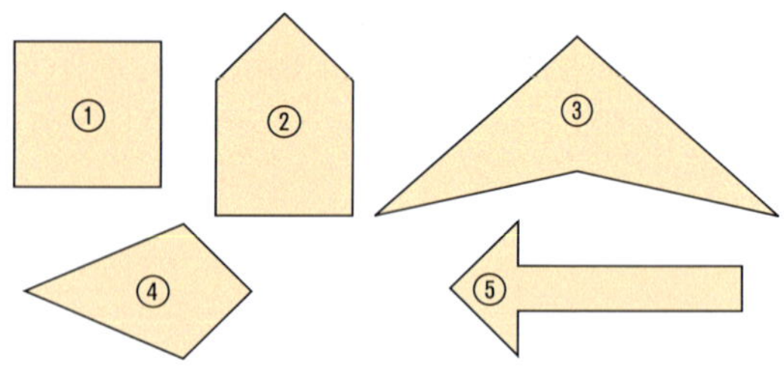

5 **Aus der Berufswelt**

Taxikosten setzen sich aus einem festen Grundpreis und den Kosten pro gefahrenem Kilometer zusammen.

a) Lies aus der Grafik den Grundpreis und die Kosten pro gefahrenem Kilometer ab.

b) Gib einen Term zur Berechnung der Gesamtkosten an.

c) Berechne die Taxikosten für 10 km; 20 km und 30 km.

d) Wie weit ist jemand gefahren, der 6 € (12 €; 21 €) bezahlen musste?

e) In jeder Stadt gelten eigene Taxigebühren: Zeichne ein solches Koordinatensystem für einen Grundpreis von 2 € und 1,80 € Kosten pro gefahrenem Kilometer. Vergleiche.

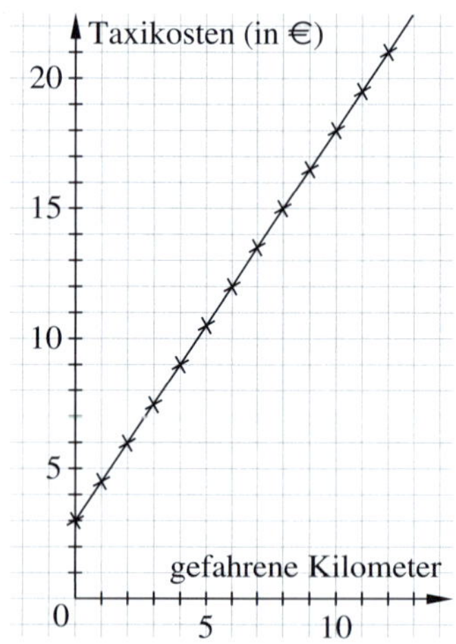

6 Übertrage in dein Heft und ergänze die fehlenden Zahlen.

a) $4a + 8 = ■ (a + 2)$

b) $3 \cdot (5b + 8b) = ■ b + ■ b = ■ b$

6 Übertrage in dein Heft und ergänze die fehlenden Zahlen.

a) $7 \cdot (2u + 3 + 4u) = ■ u + ■$

b) $■ \cdot (8v - 2 + 3v) = ■ v - 8$

7 Bilde aus den vorgegebenen Zahlen 12; 6; 5 und 45 Terme mit …

a) einem einstelligen Ergebnis,
b) einem negativen Ergebnis.

8 Eine WLAN-Drohne mit Kamera wurde um 30 € heruntergesetzt.
David kauft sich dazu noch das passende Akku-Set für 16 €. Er bezahlt 101 €. Wie viel hat die Drohne zuvor gekostet?

9 Wie viele Kugeln wiegt ein Würfel?

a)
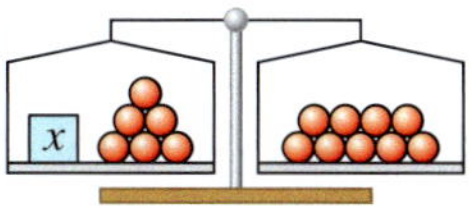

b)
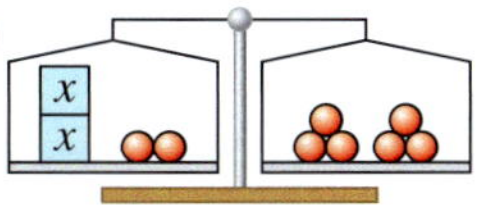

10 Löse die Gleichungen.
Beschreibe deinen Lösungsweg.

a) $x + 42 = 71$
b) $57 - x = 19$
c) $x - 74 = 47$
d) $x + x = 101$
e) $24x = 48$
f) $12x = 144$
g) $2x = 5$
h) $2{,}5x = 50$
i) $\frac{1}{3}x = 7$
j) $x : 5 = 42$
k) $2x + 5 = 27$
l) $9x - 48 = 33$

11 Erstelle eine Gleichung und berechne.

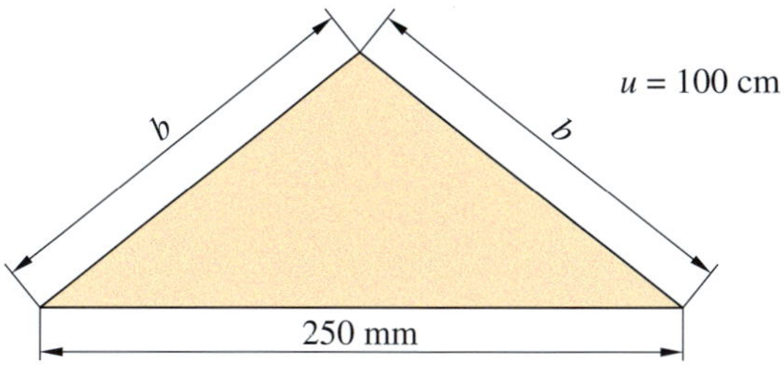

12 Stelle zu jeder Aussage eine Gleichung auf. Gib die Lösung der Gleichung an.

a) Zieht man von einer gedachten Zahl 12 ab, so erhält man 2.
b) Tom wiegt zusammen mit seinem 35 kg schweren Hund genau 100 kg.
c) Ein Drittel des gesamten Weges zur Waldhütte beträgt 7,5 km.
d) In 5 Jahren wird Tills Vater 50 Jahre alt.

7 Bilde Terme mit dem Ergebnis $20u + 160$. Verwende dabei …

a) mindestens eine Klammer,
b) mindestens vier verschiedene Zahlen.

8 Für ein Mountainbike kostet ein Reifen mit Felge 72 €. Die Felge allein kostet 12 € mehr als der Reifen.
Berechne den Preis für den Reifen und für die Felge.

9 Wie viele Kugeln wiegt ein Würfel?

a)
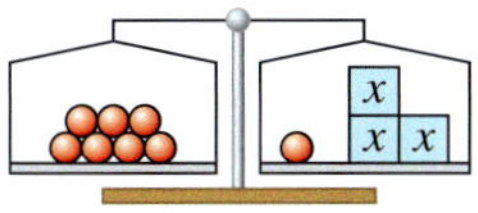

b)
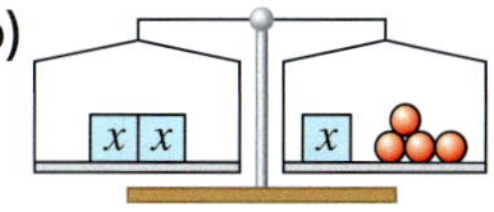

10 Löse die Gleichungen.
Beschreibe deinen Lösungsweg.

a) $x - 17 = 54$
b) $a \cdot a = 400$
c) $6y + 42 = 48$
d) $z : 6 = 12$
e) $136 - 2x = 98$
f) $-x = -45$
g) $105 = 25 + 8c$
h) $7d = -28$
i) $\frac{1}{3}a - 2 = 1$
j) $2x - 5 = x$
k) $2m + 12 = -8$
l) $24 : n = 48$

11 Der Lehrer hat aus einer zusammengeknoteten Schnur eine 60 cm lange „Endlosschnur“ erhalten.
Er zeigt verschiedene Rechtecke.

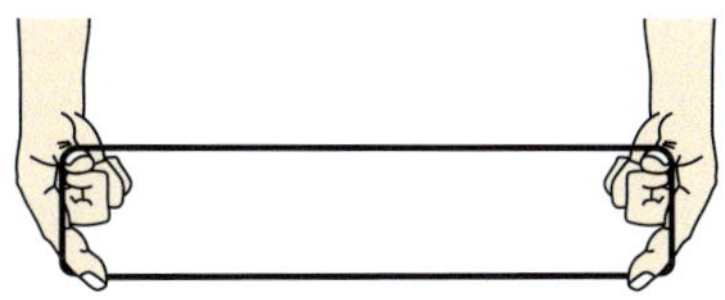

Wie lang ist die zweite Seite, wenn eine Seite 6 cm (10 cm; 12 cm) lang ist?

12 Stelle zu jeder Aussage eine Gleichung auf. Gib die Lösung der Gleichung an.

a) Addiert man zu einer gedachten Zahl 2, so erhält man 1,5.
b) Gülcan wiegt 54 kg. Damit ist sie 3-mal so schwer wie ihr kleiner Bruder.
c) Nach 460 km sind zwei Drittel der Fahrt in die Berge geschafft.
d) In 3,5 Jahren ist Gaby endlich volljährig.

Zahlenzauber

13 Milchmädchenrechnung?

Das Ergebnis der Multiplikation 27 · 18 ist 486.
Man kann auch auf andere Weise zum richtigen Ergebnis kommen:

① Zeichne eine Tabelle. Schreibe in der ersten Spalte die erste Zahl, also 27, und in die zweite Spalte die zweite Zahl, also 18.

② **In der ersten Spalte wird halbiert.**
Halbiere die Zahl 27. Runde ab und schreibe 13 darunter. Dann halbiere 13. Runde ab und notiere 6 darunter. Führe fort, bis du die Zahl 1 erreichst.

③ **In der zweiten Spalte wird verdoppelt.**
Schreibe unter 18 das Doppelte, also 36 usw.

④ Markiere die ungeraden Zahlen der 1. Spalte. Hier sind es die Zahlen 27, 13, 3 und 1.

⑤ Addiere nur die Zahlen der 2. Spalte, die neben einer ungeraden Zahl stehen. Hier sind es die Zahlen 18, 36, 144 und 288.

⑥ Das Ergebnis ist 486.

1. Spalte	2. Spalte		
(27)	18	⟶	18
(13)	36	⟶	+ 36
6	72		
(3)	144	⟶	+ 144
(1)	288	⟶	+ 288
			486

a) Wende das Rechenverfahren auch auf andere Produkte an, zum Beispiel auf 24 · 51.

b) Berechnet mit diesem Verfahren die Aufgaben $4 \cdot x$ und $9 \cdot x$.
Versucht dadurch herauszufinden, weshalb dieses Verfahren mit allen Zahlen möglich ist.

14 Geht das überhaupt?

Zeichne die Figur. Trage in die Kreise die Zahlen von 1 bis 8 so ein, dass Kreise, die durch eine Linie miteinander verbunden sind, keine Nachbarzahlen enthalten.
(Nachbarzahlen sind 3 und 4; 1 und 2; 7 und 8 usw.)
Tipp: Überlege zuerst, welche Zahlen in die beiden markierten Kreise geschrieben werden müssen.

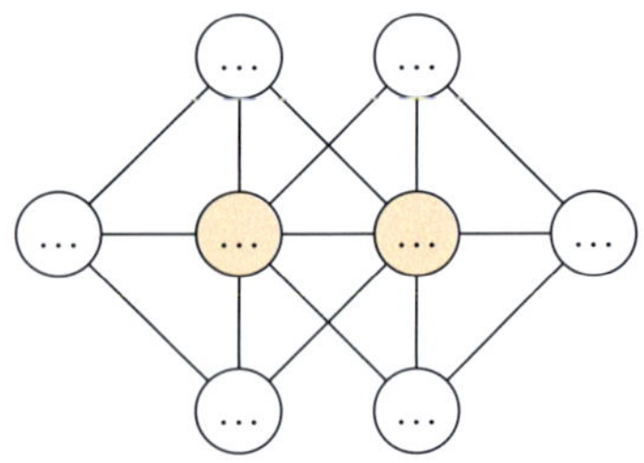

15 Magische Zahlen

Melanie behauptet, Zahlen raten zu können.

Suche dir eine beliebige Zahl aus.
Bilde die Spiegelzahl.
Subtrahiere die kleinere Zahl von der größeren.
Bilde die Spiegelzahl vom Ergebnis.
Addiere das Ergebnis und die Spiegelzahl.
Du erhältst 1089.

Till schreibt auf:

358
853
853
− 358
495
594
495
+ 594
1089

Till versucht, ob das auch mit der Zahl 361 geht. Er erhält wieder 1089.
Rechne die Aufgabe mit beliebigen anderen dreistelligen Zahlen.
Was stellst du fest? Beschreibe im Heft.
Findest du eine Zahl, bei der Melanies Trick nicht funktioniert?

Teste dich!

1 Ordne jeder Aussage einen passenden Term zu. *(4 Punkte)*
Denke dir zu zwei der übrigen Terme Aussagen aus.

a) die 3-fache Menge
b) Die Fläche wird um $40\,\text{m}^2$ kleiner.
c) Die Länge halbiert sich.
d) Sie ist 12 Jahre älter.
e) Der doppelte Preis wird um 3 € reduziert.
f) Zur halben Anzahl kommen 5 dazu.

$2(x+5)+5$ | $5x-2$ | $2x-3$ | $\frac{1}{3}x+4$ | $\frac{1}{2}x+5$ | $\frac{1}{3}(x+4)$

$x-40$ | $x+12$ | $5x-3$ | $\frac{1}{2}x$ | $\frac{1}{2}(x+5)$ | $3x$

2 Fasse zuerst zusammen. Berechne dann den Wert des Terms. Setze für die Variable 12 ein. *(2 Punkte)*

a) $10a + 12a - 8a - 3a$
b) $3x - x + 2x - 5 - 18$

3 Welche Terme führen zum selben Ergebnis? Ordne richtig zu. *(6 Punkte)*

① $3 \cdot (-8) - 5 \cdot (-8)$	Ⓐ $3 \cdot (-8 + 5)$
② $3 \cdot (-8) - 3 \cdot 5$	Ⓑ $-3 \cdot (-8 - 5)$
③ $3 \cdot (-8) + 3 \cdot 5$	Ⓒ $(3 - 5) \cdot (-8)$
④ $3 \cdot 8 - 3 \cdot 5$	Ⓓ $3 \cdot (8 - 5)$
⑤ $(-3) \cdot (-8) - (-3) \cdot 5$	Ⓔ $3 \cdot (-8 - 5)$
⑥ $(-3) \cdot (-8) + 5 \cdot (-8)$	Ⓕ $(-3 + 5) \cdot (-8)$

4 Hier musst du die verschiedenen Rechengesetze anwenden. *(6 Punkte)*

a) Rechne vorteilhaft, indem du Klammern setzt.
① $187 + 59 + 11$ ② $367 \cdot 4 \cdot 0{,}25$ ③ $\frac{1}{3} \cdot 8 + \frac{1}{3} \cdot 7$

b) Ordne die Terme und fasse sie so weit wie möglich zusammen.
① $6 + 2 \cdot a \cdot 3 + 7$ ② $5 \cdot (2 + x) - 5x$ ③ $27x + 13y - y + 13x + 7$

5 Stelle zum Wiegevorgang eine Gleichung auf, löse sie und mache anschließend die Probe. *(4 Punkte)*

a)
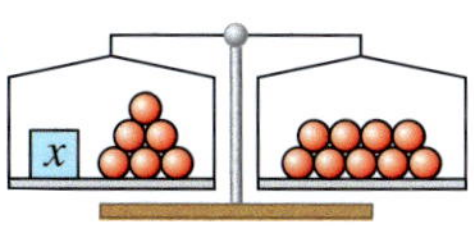

b)
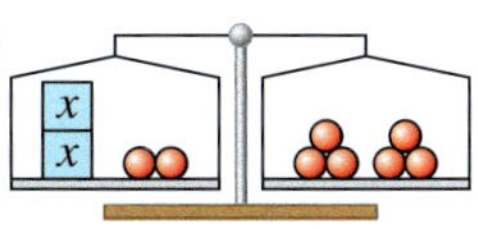

c)
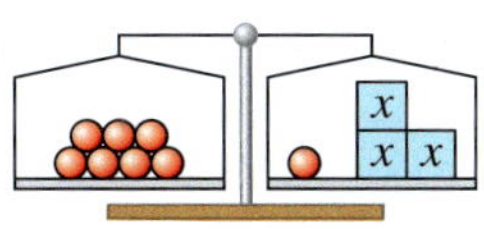

d)
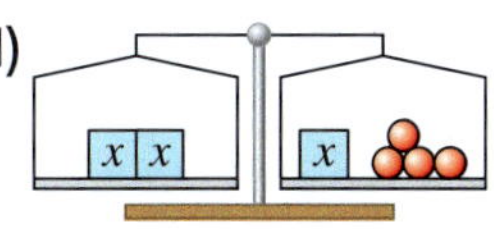

6 Löse die Gleichungen. *(6 Punkte)*

a) $6u + 7 = 61$
b) $5v - 9 = 16$
c) $4w + 46 - 40 = 56$
d) $2 + 2x + 4 = 14$
e) $6y - (16 - 8) = 28$
f) $8 \cdot (6z - 5) = 61$

7 Für zwei Erwachsene und drei Kinder müssen in einem Freizeitpark zusammen 56 € Eintritt bezahlt werden. Was kostet der Eintritt für einen Erwachsenen und ein Kind? *(3 Punkte)*

8 Ein Quadrat hat 6 cm Seitenlänge. *(3 Punkte)*
Es wird in ein Rechteck mit dem gleichen Flächeninhalt und der Breite $b = 9$ cm verwandelt.
Wie lang ist dieses Rechteck?

Gold: 32–34 Punkte, Silber: 27–31 Punkte, Bronze: 19–26 Punkte

Lösungen ab Seite 202

Zusammenfassung

→ Seite 82

Terme mit Variablen aufstellen und berechnen

Terme (Rechenausdrücke) sind sinnvolle Verbindungen von Zahlen, Variablen, Rechenzeichen und Klammern.

Variablen sind zum Beispiel: a; b; c; x; y
Terme sind zum Beispiel: $5 \cdot a$; $21 - (7 + 2)$; $-q + p$

Setzt man für die Variablen Zahlen ein, so erhält man den **Wert des Terms**.
Haben zwei Terme nach dem Einsetzen der gleichen Zahl den gleichen Wert, so nennt man sie **gleichwertig**.

Der Wert des Terms $4 \cdot x : 6$ für $x = \mathbf{9}$ ist $4 \cdot \mathbf{9} : 6 = \underline{\underline{6}}$
Der Wert des Terms $\frac{2}{3} \cdot x$ für $x = \mathbf{9}$ ist $\frac{2}{3} \cdot \mathbf{9} = \underline{\underline{6}}$
Die beiden Terme sind gleichwertig.

→ Seite 86

Terme vereinfachen

Beim **Addieren** und **Subtrahieren** kann man gleiche Variablen zusammenfassen. Unterschiedliche Variablen dürfen nicht addiert bzw. subtrahiert werden.

$a + 2a + 4 + 3a + 5$	Term
$a + 2a + 3a + 4 + 5$	ordnen
$6a \quad + \quad 9$	zusammenfassen

Beim **Multiplizieren** kann man gleiche Variablen zu einer Potenz zusammenfassen.

$x \cdot 5 \cdot x \cdot 6$	Term
$5 \cdot 6 \cdot x \cdot x$	ordnen
$30 \cdot x^2$	zusammenfassen

Die **Rechengesetze** gelten auch für das Rechnen mit Variablen:
Für Addition und Multiplikation gelten:
- **Vertauschungsgesetz** (Kommutativgesetz)
  $a + b = b + a \qquad a \cdot b = b \cdot a$
- **Verbindungsgesetz** (Assoziativgesetz)
  $a + b + c = (a + b) + c = a + (b + c)$
  $a \cdot b \cdot c = (a \cdot b) \cdot c = a \cdot (b \cdot c)$

Verteilungsgesetz (Distributivgesetz)
Beim Multiplizieren mit einer Summe oder Differenz in Klammern darf man auch einzeln multiplizieren.
$a \cdot (b + c) = a \cdot b + a \cdot c$

→ Seite 90

Gleichungen aufstellen und lösen

Eine **Gleichung** verbindet zwei Terme durch ein Gleichheitszeichen „=".

Gleichung: $4x + 8 = 16$

Eine Zahl heißt **Lösung einer Gleichung**, wenn beim Einsetzen der Zahl in die Gleichung eine wahre Aussage entsteht.

Die Lösung der Gleichung $4x + 8 = 16$ ist $x = \mathbf{2}$, denn $4 \cdot \mathbf{2} + 8 = 16$.

→ Seite 96

Gleichungen mit Äquivalenzumformungen lösen

Eine Gleichung löst man durch **Umformen**, indem man **auf beiden Seiten** …
- dasselbe addiert oder subtrahiert,
- mit derselben Zahl (ungleich 0) multipliziert,
- durch dieselbe Zahl (ungleich 0) dividiert.

$$
\begin{aligned}
2x + 7 + 9 &= 42 \\
2x + 16 &= 42 \quad | -16 \\
2x &= 26 \quad | :2 \\
x &= 13
\end{aligned}
$$

Dreiecke und Vierecke berechnen

Kräftiger Wind strafft die Segel und lässt das Schiff übers Wasser gleiten.
Die Stärke des Antriebs hängt außer vom Wind vor allem von den Segeln ab,
insbesondere von deren Größe.
Meist finden wir drei- und viereckige Segelflächen.
Bei einer Segelwettfahrt, der Regatta, wetteifern nur Boote miteinander,
die gleich große Segelflächen haben.

Noch fit?

Einstieg

1 Rechtecke erkennen
Welche der Figuren sind Rechtecke? Begründe.

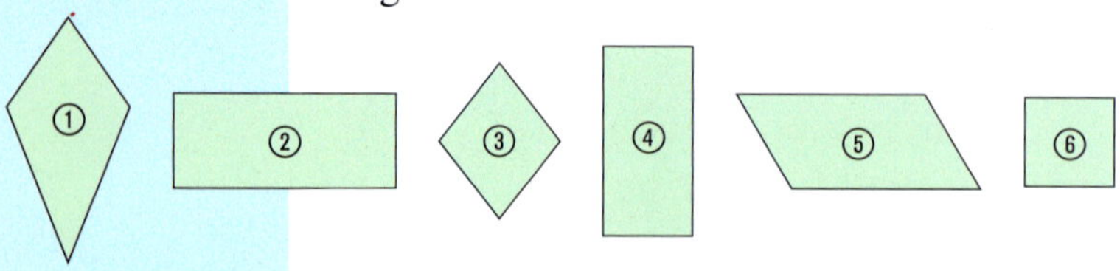

2 Umfang und Flächeninhalt
Zeichne ein Quadrat mit $a = 3$ cm sowie ein Rechteck mit $a = 2$ cm und $b = 4$ cm ins Heft.
a) Berechne den Umfang für das Quadrat und für das Rechteck.
b) Berechne den Flächeninhalt der Vierecke.
c) Gib die jeweiligen Formeln an.

3 Einheiten umrechnen
Rechne in die in Klammern angegebene Längen- bzw. Flächeneinheit um.
a) 120 cm (m)
b) 170 mm (cm)
c) 100 cm^2 (dm^2)
d) 500 mm^2 (cm^2)

4 Eigenschaften von Figuren
Welche Behauptungen sind wahr, welche falsch? Begründe.
a) Jedes Quadrat ist auch ein Rechteck.
b) Jedes Rechteck ist ein Parallelogramm.
c) In jedem Trapez sind zwei Winkel gleich groß.
d) Eine Raute mit vier 90°-Winkeln ist ein Quadrat.

Aufstieg

1 Rechtecke und andere Vierecke
Benenne die Figuren. Begründe jeweils.

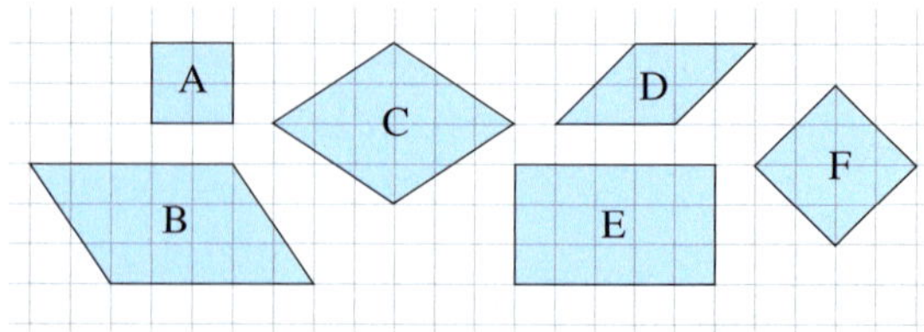

2 Umfang und Flächeninhalt
Zeichne und berechne Umfang und Flächeninhalt der Vierecke. Gib die Formeln an.
a) Quadrat: $a = 4$ cm
b) Quadrat: $a = 7{,}5$ cm
c) Rechteck: $a = 45$ mm; $b = 80$ mm
d) Rechteck: $a = 1{,}1$ dm; $b = 5{,}5$ cm

3 Einheiten umrechnen
Rechne in die in Klammern angegebene Längen- bzw. Flächeneinheit um.
a) 0,035 m (cm)
b) 12,04 m (dm)
c) 5 m^2 (dm^2)
d) 13 dm^2 (cm^2)

4 Eigenschaften von Figuren
Nimm Stellung zu den Behauptungen und begründe deine Antwort.
a) Rechtecke mit gleichem Flächeninhalt haben auch den gleichen Umfang.
b) Kennt man einen Winkel eines Drachenvierecks, kann man die anderen berechnen.
c) Ein Viereck mit zwei 90°-Winkeln ist immer ein Rechteck.

5 Winkel schätzen
Entscheide zuerst: spitzer, stumpfer oder rechter Winkel. Schätze dann die Größe der Winkel. Kontrolliere anschließend mit der Spitze deines Geodreiecks.

a) 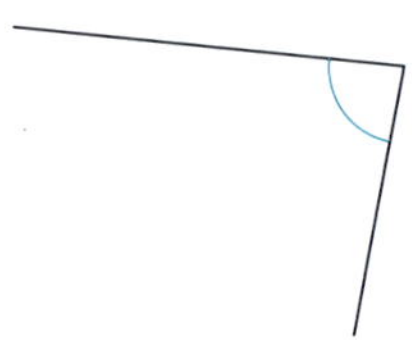
b) 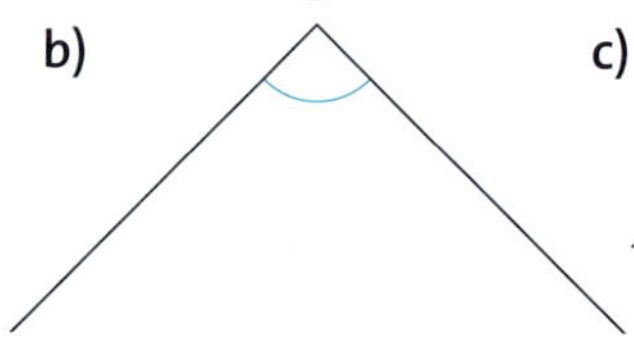
c) 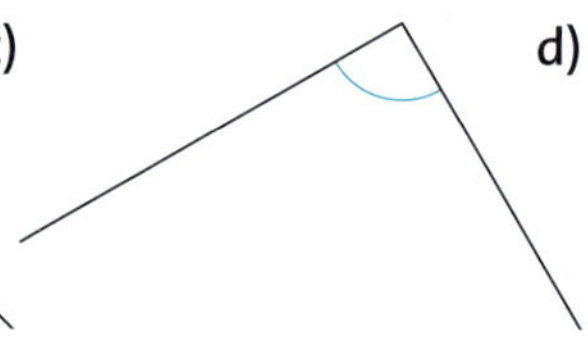
d) 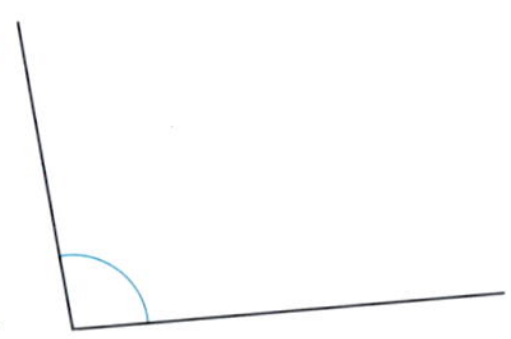

6 Senkrechte zeichnen
Zeichne ein beliebiges Dreieck. Zeichne eine Senkrechte zur Seite a, die durch den Punkt A geht, eine Senkrechte zur Seite b, die durch B geht, und eine Senkrechte zu c, die durch C geht.

Lösungen ab Seite 202

Flächeninhalt von Parallelogrammen

Entdecken

1 Übertrage die Vierecke in dein Heft und beschrifte sie fachgerecht.

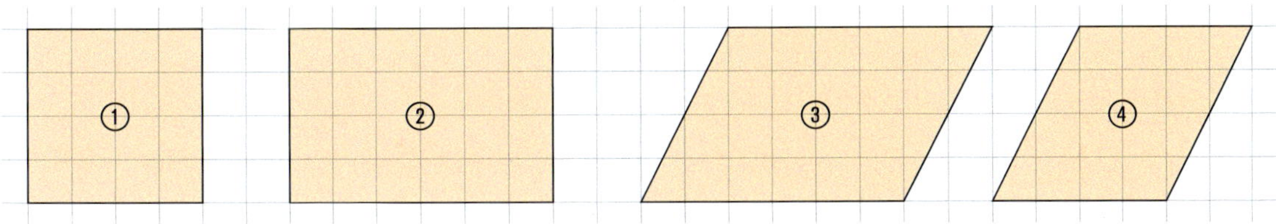

a) Beschreibe Gemeinsamkeiten und Unterschiede der Vierecke.
b) Ordnet die Vierecke einmal nach ihrem Umfang und einmal nach ihrem Flächeninhalt. Beginnt jeweils mit dem kleinsten. Was fällt euch auf?
c) Vergleicht eure Ergebnisse. Stellt Aussagen zum Umfang und Flächeninhalt von Parallelogrammen auf.

HINWEIS
Die Standardbeschriftung in einem Viereck sieht so aus:

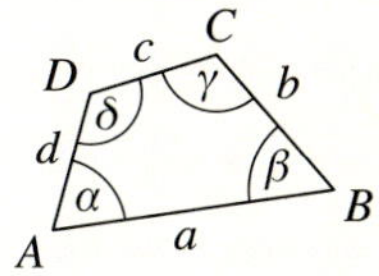

2 Jedes Parallelogramm hat zwei Höhen, je nachdem, welche Seite man als Grundseite nimmt.
a) Multipliziere die Länge der Seite a mit der Höhe h_a und die Länge der Seite b mit der Höhe h_b. Was fällt dir auf? Gilt das auch für andere Parallelogramme?

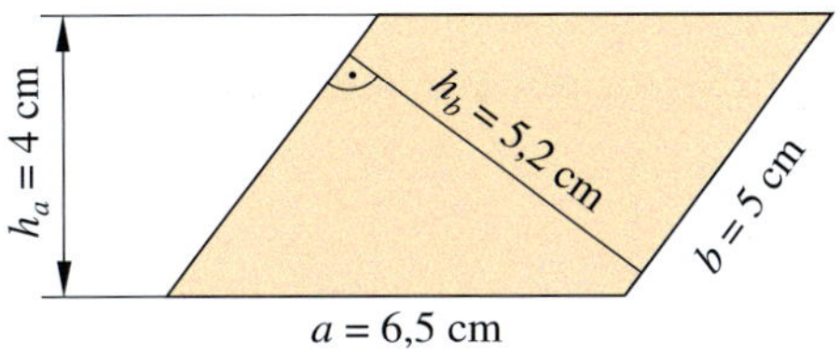

b) Miss die Längen der Seiten und Höhen der abgebildeten Parallelogramme und überprüfe deine Vermutung.

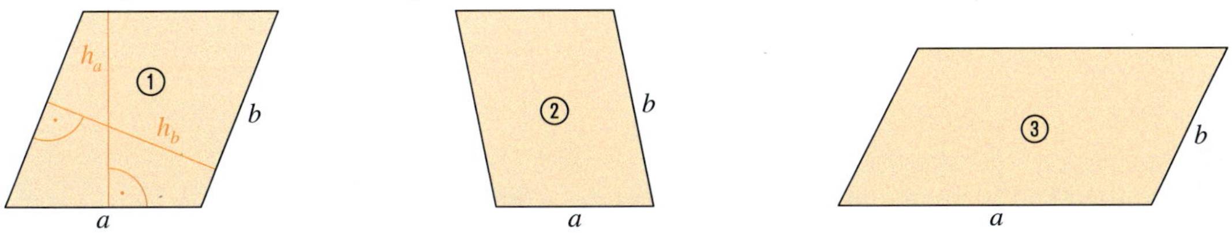

c) Übertragt die Parallelogramme auf ein Blatt Papier. Zerschneidet jedes Parallelogramm und legt es so zusammen, dass ein Rechteck entsteht. Wie groß ist der Flächeninhalt des Rechtecks? Was fällt euch auf?

MATERIAL
Papier, Schere

3 Parallelogramme lassen sich verändern.
a) Lege aus Streichhölzern die abgebildeten drei Parallelogramme. Vergleiche sie nun bezüglich ihrer Höhe, des Umfangs und des Flächeninhalts. Was fällt dir auf?

MATERIAL
Streichhölzer

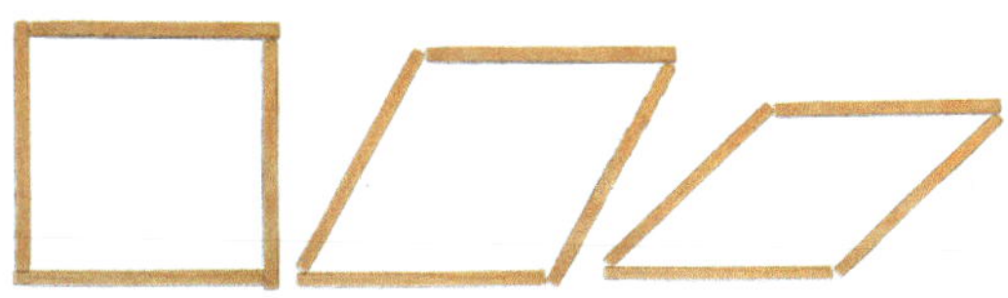

b) Schätze Umfang und Flächeninhalt der vier Parallelogramme. Hast du eine Vermutung? Kannst du deine Vermutung begründen?

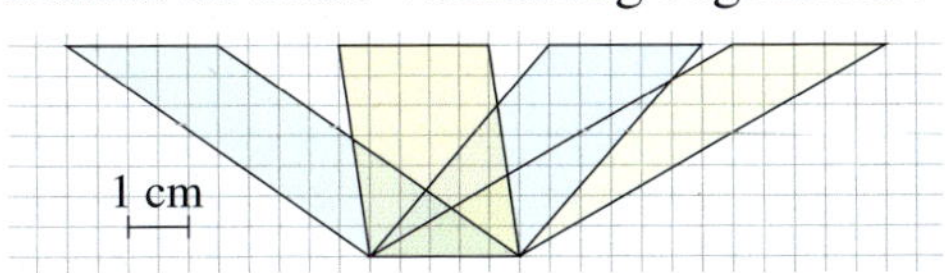

Verstehen

Die mittlere Glasscheibe des Geländers in der Form eines Parallelogramms ging kaputt und muss ersetzt werden.
Eine Handwerksfirma, die die Glasscheibe austauscht, will die Größe der Glasscheibe berechnen.

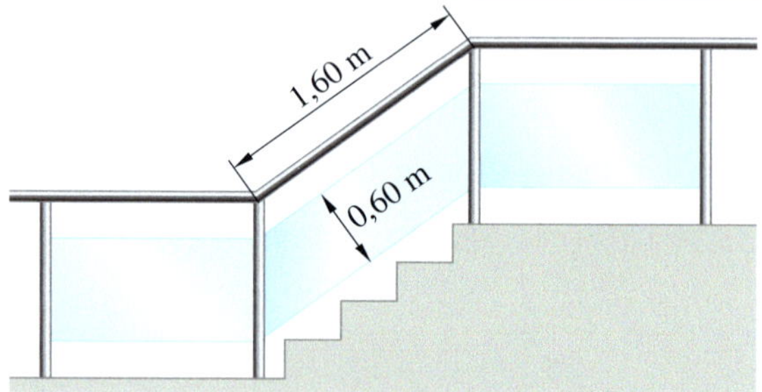

Um den Flächeninhalt eines Parallelogramms berechnen zu können, wandelt man es in ein Rechteck um. Dazu trennt man eine dreieckige Teilfläche ab und verschiebt sie.

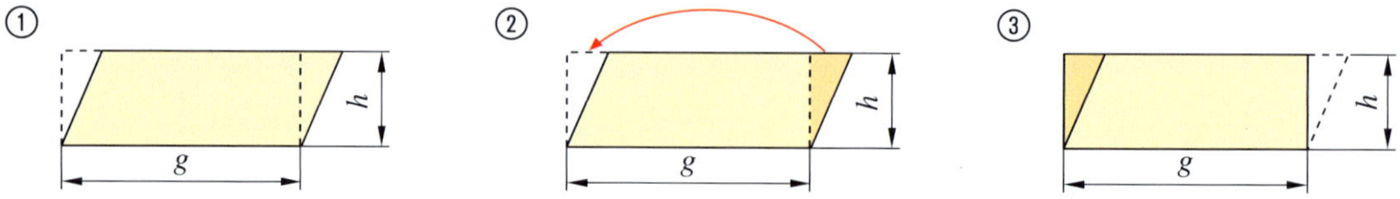

Für den Flächeninhalt des Rechtecks gilt: $A_{\text{Rechteck}} = g \cdot h$
Der Flächeninhalt des Parallelogramms ist genau so groß wie der des Rechtecks, also gilt:
$A_{\text{Parallelogramm}} = g \cdot h$

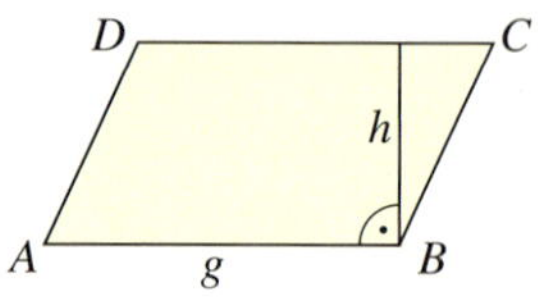

Merke Zur Berechnung des **Flächeninhalts** eines **Parallelogramms** benötigt man die Grundseite g und die senkrecht darauf stehende Höhe h.

Für den Flächeninhalt eines Parallelogramms gilt:
$A_{\text{Parallelogramm}} = g \cdot h$

Beispiel 1

Die Handwerksfirma berechnet die Größe der Glasscheibe mit der Formel $A_{\text{Parallelogramm}} = g \cdot h$.
$A_{\text{Parallelogramm}} = 1{,}60 \cdot 0{,}60$
$A_{\text{Parallelogramm}} = 0{,}96$
Der Flächeninhalt der Scheibe beträgt $0{,}96\,\text{m}^2$.

Beispiel 2

Zur Kontrolle rechnet der Meister nochmal nach. Er multipliziert die kürzere Seite des Parallelogramms mit der dazugehörenden Höhe.
$A_{\text{Parallelogramm}} = 1{,}20 \cdot 0{,}80$
$A_{\text{Parallelogramm}} = 0{,}96$
Der Flächeninhalt der Scheibe beträgt $0{,}96\,\text{m}^2$.
Die beiden Ergebnisse stimmen überein.

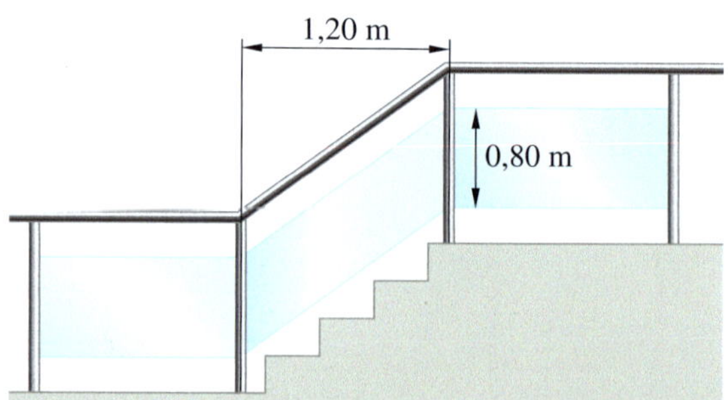

Merke Jede Seite eines Parallelogramms kann Grundseite sein. Zu jeder Seite gibt es eine dazugehörende Höhe. Man kann den Flächeninhalt eines Parallelogramms also auf zwei Wegen berechnen.

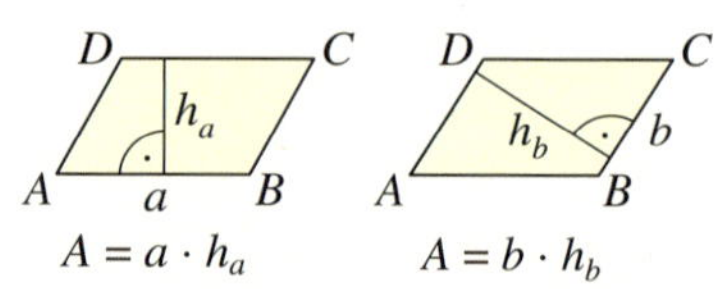

Starthilfe

A Übertrage die Parallelogramme in dein Heft.
Zeichne eine Höhe ein und miss deren Länge.

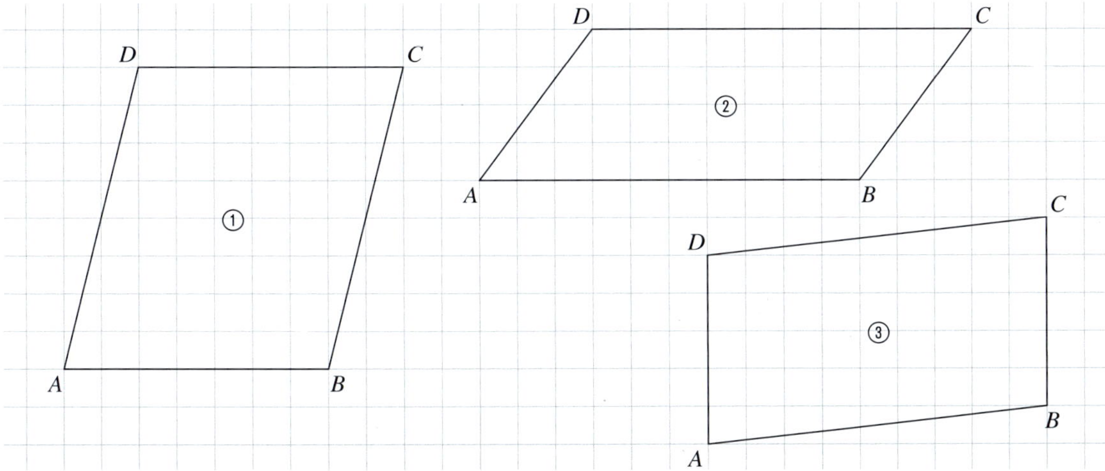

B Zeichne drei verschiedene Parallelogramme in dein Heft.
a) Beschrifte die Ecken und Seiten.
b) Markiere den Umfang der Parallelogramme grün.
c) Färbe den Flächeninhalt der Parallelogramme gelb.
d) Zeichne eine Höhe ein.

Üben und anwenden

1 Zu welcher Vierecksart gehören die folgenden Figuren?

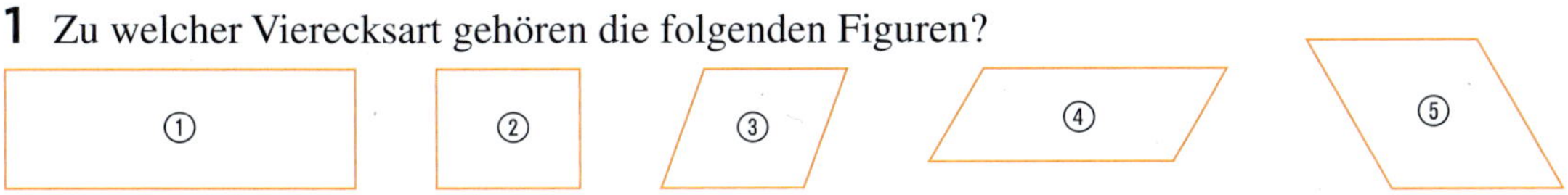

a) Wie viele Seiten musst du jeweils mindestens messen, um den Umfang zu bestimmen?
b) Was musst du jeweils messen, um den Flächeninhalt zu bestimmen?
c) Erkläre den Unterschied zwischen Umfang und Flächeninhalt.

2 Berechne den Flächeninhalt des Parallelogramms.
a) $a = 3\,\text{cm};\ h_a = 12\,\text{cm}$
b) $a = 13\,\text{cm};\ h_a = 13\,\text{cm}$
c) $b = 64\,\text{cm};\ h_b = 34\,\text{cm}$
d) $b = 3{,}1\,\text{cm};\ h_b = 2{,}4\,\text{cm}$

2 Berechne den Flächeninhalt des Parallelogramms.
a) $a = 15\,\text{cm};\ h_a = 4\,\text{cm};\ h_b = 10\,\text{cm}$
b) $b = 12\,\text{cm};\ h_a = 4\,\text{cm};\ h_b = 6\,\text{cm}$
c) $a = 2\,\text{m};\ b = 15\,\text{dm};\ h_b = 1{,}2\,\text{m}$
d) $a = 3{,}8\,\text{cm};\ b = 46\,\text{mm};\ h_a = 0{,}24\,\text{dm}$

3 Berechne den Flächeninhalt jedes Parallelogramms. Was fällt dir auf?

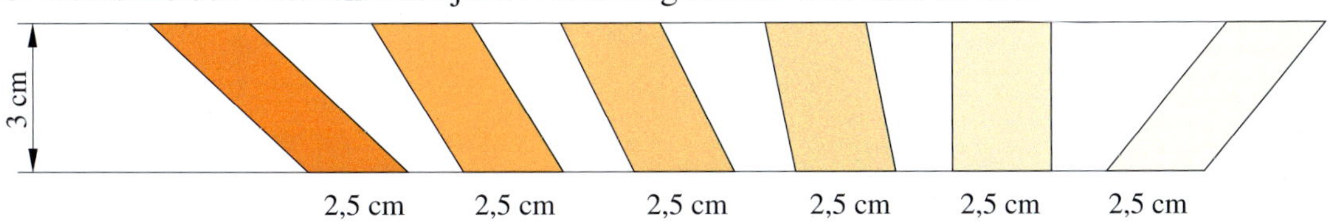

4 Bestimme den Flächeninhalt des Parallelogramms. Zwei Kästchen sind 1 cm.

a)

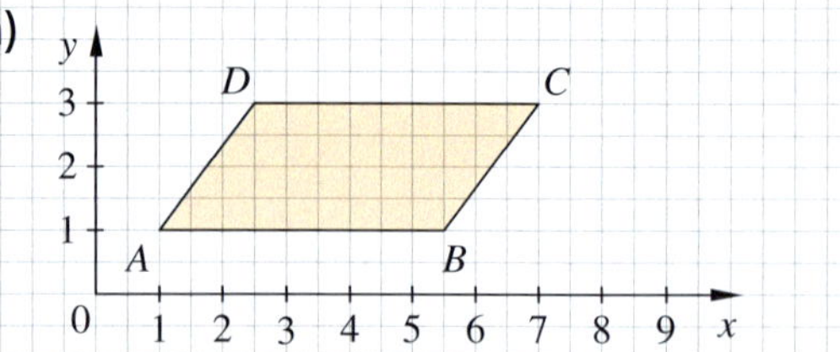

b)

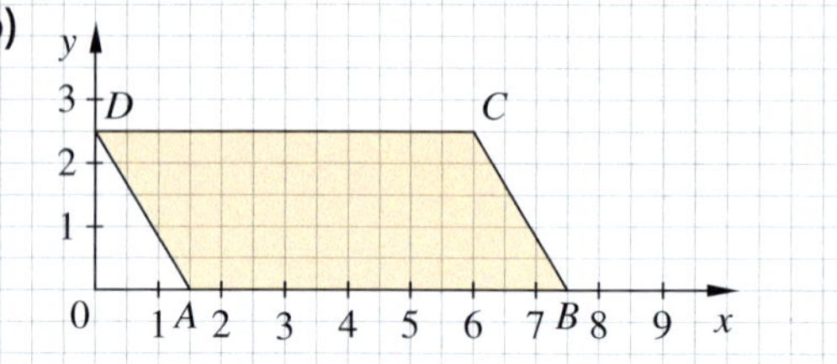

4 Berechne jeweils Umfang und Flächeninhalt des Parallelogramms.

a)

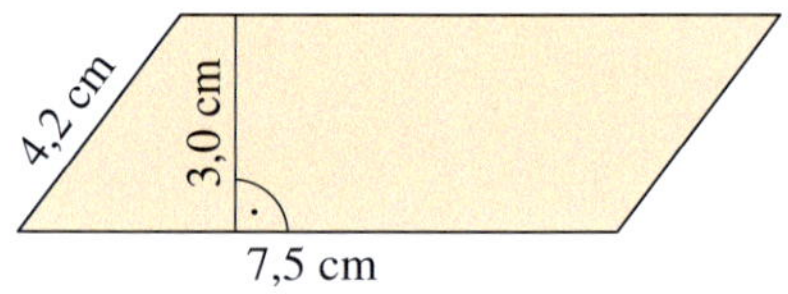

b)

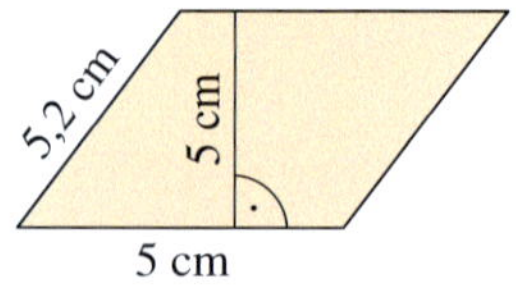

c)

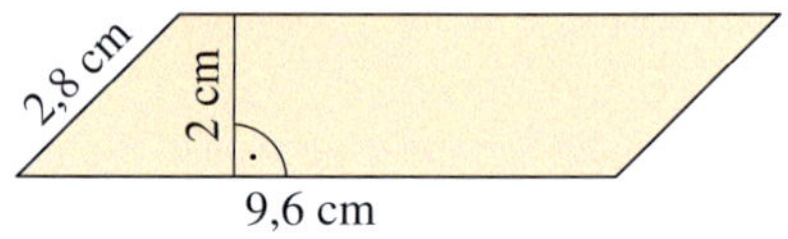

5 In jedes Parallelogramm kann man zwei verschiedene Höhen einzeichnen. Berechne den Flächeninhalt aus der Höhe h_a und der Seite a sowie aus der Höhe h_b und der Seite b.

a)

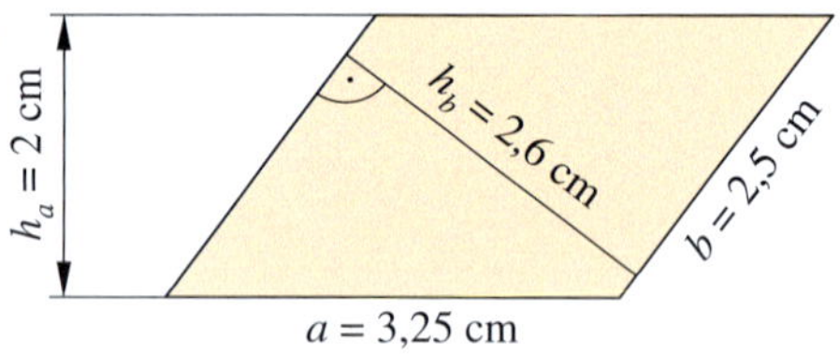

b)

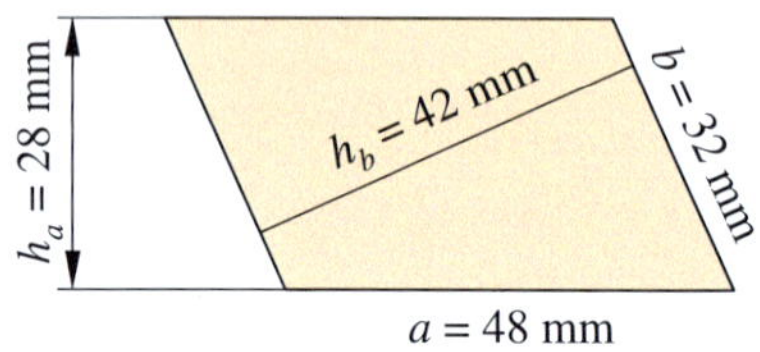

HINWEIS
Bei manchen Parallelogrammen verläuft die Höhe außerhalb der Fläche.

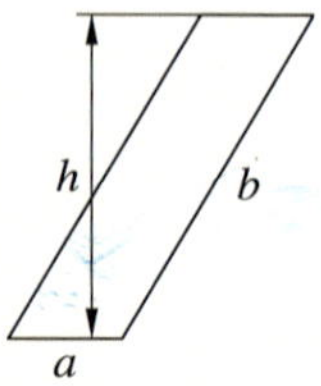

5 Berechne die Flächeninhalte der drei Parallelogramme. Dazu brauchst du jeweils nur zwei Angaben.
Berechne mit der dritten Angabe bei a) und b) die 2. Höhe und bei c) die 2. Seite.

a)

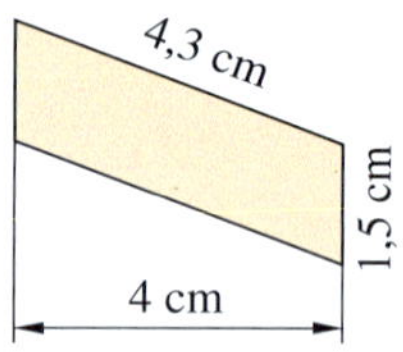

b)

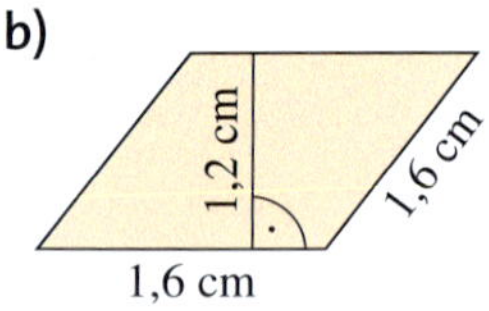

c)

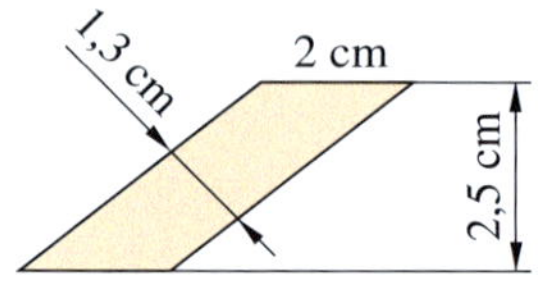

ERINNERE DICH
Maßstab 1:10 bedeutet: 1 cm in der Zeichnung entspricht 10 cm in der Wirklichkeit.

6 Aus der Berufswelt
Drei Parkbuchten werden mit Kopfsteinpflaster gepflastert. Mit 500 kg der Steine können etwa 3 m² gepflastert werden. Wie hoch sind die Materialkosten für das Kopfsteinpflaster, wenn 500 kg 75 € kosten?

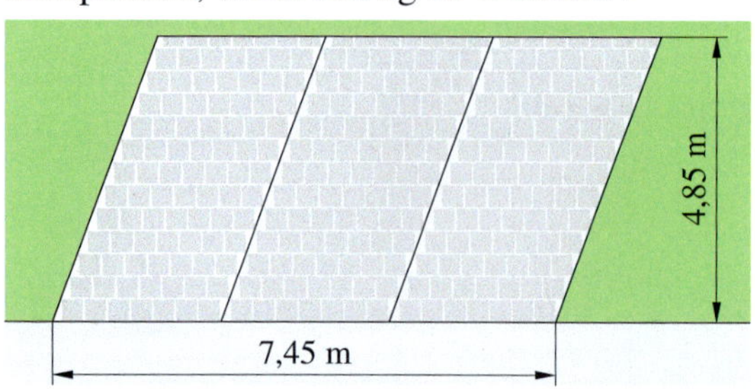

6 Aus der Berufswelt
Ein Baugrundstück wird neu vermessen. Der Umfang beträgt 74 m. Zeichne das Grundstück im Maßstab 1 : 100 und berechne seinen Flächeninhalt.

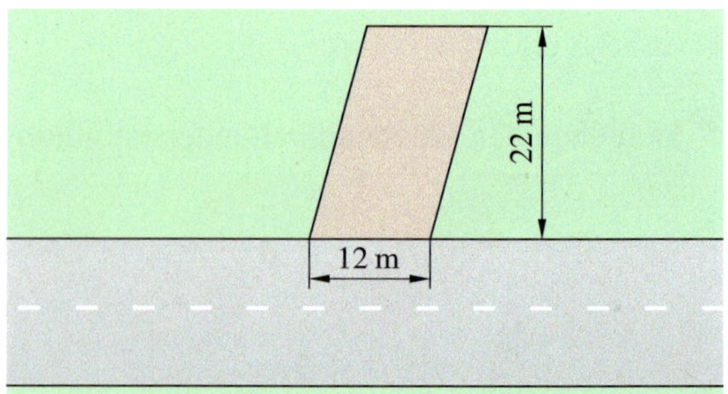

Flächeninhalt von Dreiecken

Entdecken

1 Übertrage die Dreiecke in dein Heft und beschrifte sie fachgerecht.

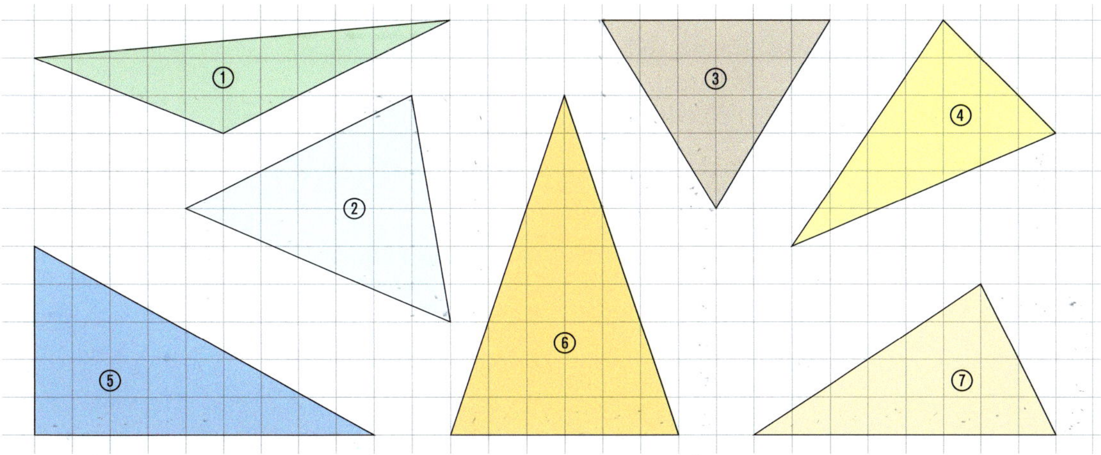

a) Miss die Seitenlängen und berechne den Umfang der Dreiecke. Wie bist du vorgegangen?
b) Welche Dreiecke haben zwei oder sogar drei gleich lange Seiten?
Wie werden diese Sonderformen genannt?

ERINNERE DICH
Die Standardbeschriftung beim Dreieck sieht so aus:

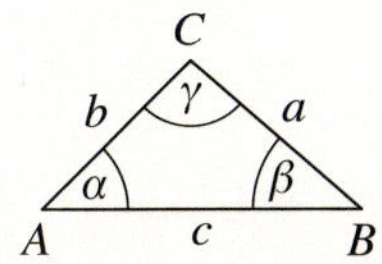

2 Übertrage zwei verschiedene Dreiecke aus Aufgabe 1 jeweils zweimal auf ein Blatt Papier. Schneide die Dreiecke aus.
a) Arbeite mit deinen Dreiecken, wie es in Ⓐ, Ⓑ oder Ⓒ beschrieben ist.

Ⓐ Lege zwei gleiche Dreiecke zu einem Parallelogramm zusammen.

Ⓑ Lege zwei gleiche Dreiecke zu einem Rechteck zusammen. Zerschneide bei Bedarf deine Dreiecke.

Ⓒ Nimm nur ein Dreieck und versuche durch Zerschneiden und neu Zusammenlegen ein Rechteck zu bilden.

b) Vergleicht eure Vorgehensweise. Wie könnt ihr jeweils aus dem Flächeninhalt des Rechtecks bzw. Parallelogramms den Flächeninhalt des Dreiecks bestimmen?
c) Tragt eure Ergebnisse zusammen.
Was könnt ihr zur Flächenberechnung von Dreiecken sagen?

MATERIAL
Papier, Schere

3 Betrachtet die Dreiecke. Vergleicht deren Flächeninhalte und beschreibt Gemeinsamkeiten.
Diskutiert in der Klasse, wie man diese Flächeninhalte vergleichen oder gar berechnen kann.

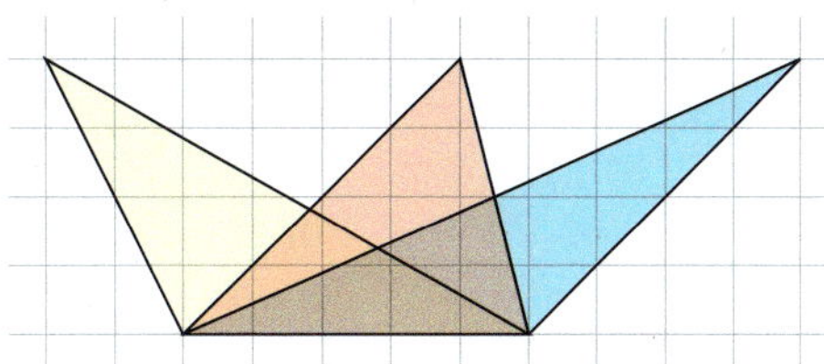

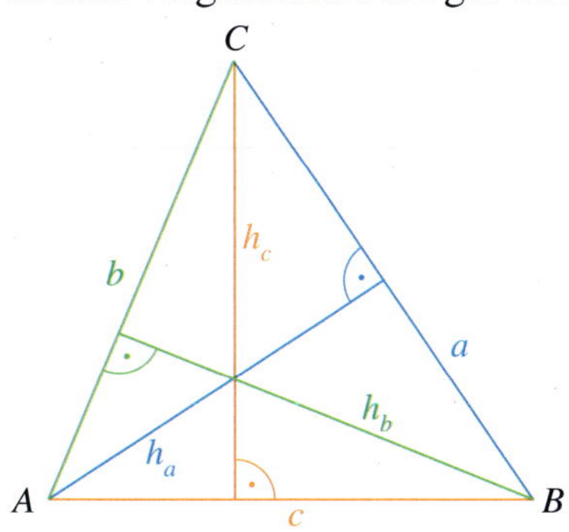

4 Zeichne ein unregelmäßiges spitzwinkliges Dreieck und trage die Höhen h_a, h_b und h_c ein. Achte darauf, dass die Höhen auf ihren jeweiligen Grundseiten senkrecht stehen. Jetzt miss die Seiten und Höhen aus.
Lege eine Tabelle an und trage die gemessenen Längen ein. Erforsche einen Zusammenhang zwischen Seitenlänge und zugehöriger Höhe.

Seite	Höhe
$a =$	$h_a =$
$b =$	$h_b =$
$c =$	$h_c =$

Verstehen

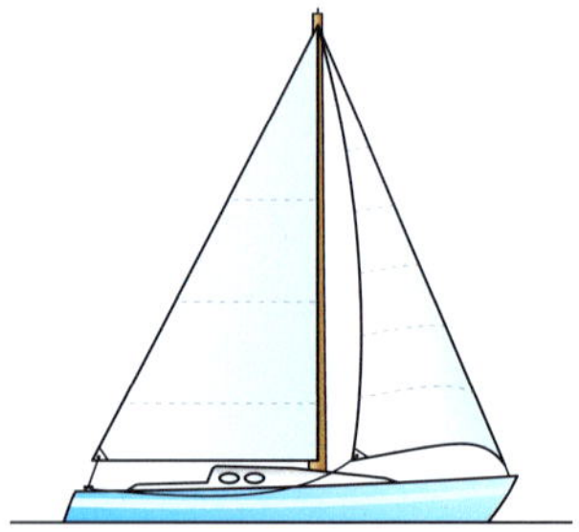

Tim und Tine starten bei einer Regatta ihres Segelclubs. Sie möchten wissen, welchen Flächeninhalt das Hauptsegel ihres Bootes hat.

Um den Flächeninhalt eines Dreiecks zu berechnen, wandelt man es in eine bereits bekannte Fläche um. Dazu gibt es verschiedene Möglichkeiten.

1. Flächeninhalt durch Ergänzen bestimmen

Zuerst verdoppelt man das Dreieck.
Dann legt man beide Dreiecke zu einem Parallelogramm zusammen.

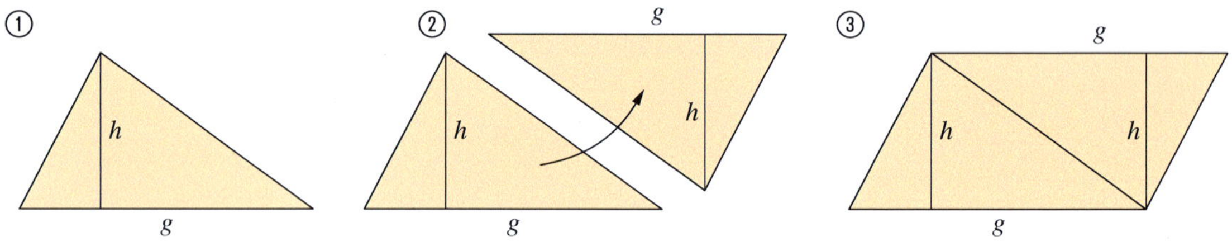

Für den Flächeninhalt des Parallelogramms gilt: $A_{\text{Parallelogramm}} = g \cdot h$
Der Flächeninhalt des Dreiecks ist halb so groß wie der des Parallelogramms, also gilt:
$A_{\text{Dreieck}} = g \cdot h : 2$ oder $A_{\text{Dreieck}} = \frac{g \cdot h}{2}$

2. Flächeninhalt durch Zerlegen bestimmen

Zuerst halbiert man die Dreieckshöhe. Dann dreht und verschiebt man die an der Spitze entstandenen kleinen Dreiecke so, dass ein Rechteck entsteht.

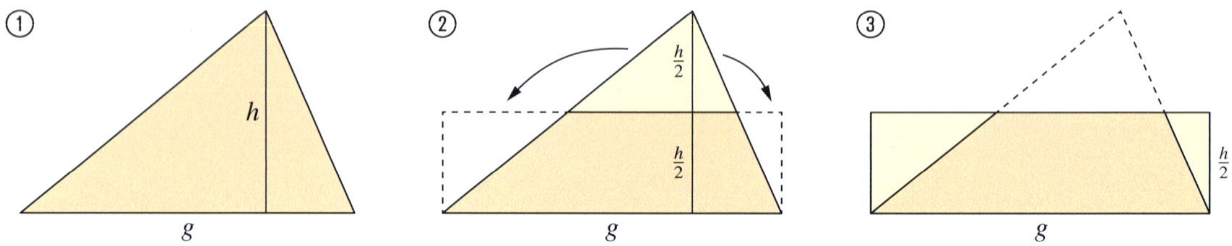

Für den Flächeninhalt des Rechtecks gilt: $A_{\text{Rechteck}} = g \cdot \frac{h}{2}$
Der Flächeninhalt des Dreiecks ist so groß wie der des Rechtecks, also gilt: $A_{\text{Dreieck}} = g \cdot \frac{h}{2}$

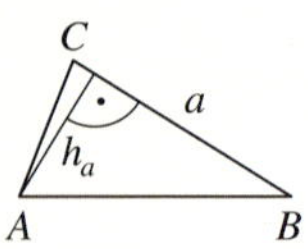

$A = \frac{a \cdot h_a}{2}$

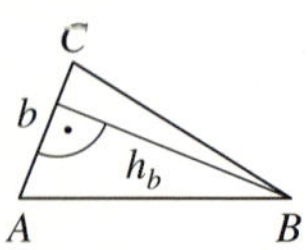

$A = \frac{b \cdot h_b}{2}$

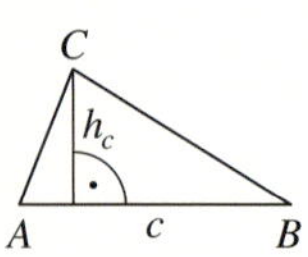

$A = \frac{c \cdot h_c}{2}$

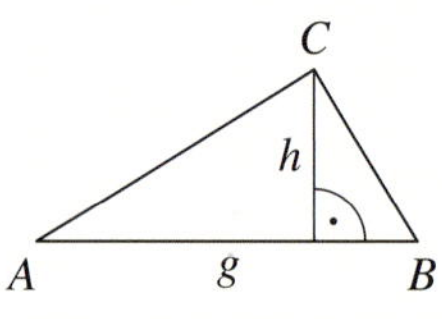

Merke Zur Berechnung des **Flächeninhalts** eines **Dreiecks** benötigt man die Längen der Grundseite g und der Höhe h.

Für den Flächeninhalt des Dreiecks gilt: $\boldsymbol{A_{\text{Dreieck}} = g \cdot \frac{h}{2} = \frac{g \cdot h}{2}}$

Beispiel

Tim und Tine messen die Grundseite g und die Höhe h des dreieckigen Segels:
$g = 2{,}98\,\text{m}$; $h = 5{,}80\,\text{m}$
Sie berechnen den Flächeninhalt des Segels mit der Formel: $A_{\text{Dreieck}} = g \cdot \frac{h}{2}$
$A_{\text{Dreieck}} = 2{,}98 \cdot \frac{5{,}80}{2}$
$A_{\text{Dreieck}} = 8{,}642$
Das Segel hat einen Flächeninhalt von etwa $8{,}6\,\text{m}^2$.

Starthilfe

A Übertrage die Dreiecke in dein Heft.

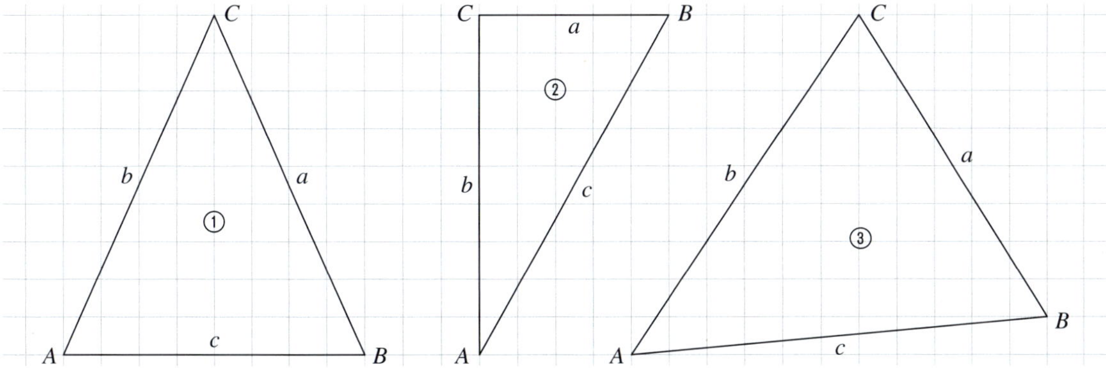

a) Beschrifte die Ecken und die Seiten und gib die Dreiecksart an.
b) Markiere den Umfang der Dreiecke grün.
c) Färbe den Flächeninhalt der Dreiecke gelb.
d) Zeichne jeweils eine Höhe ein und miss deren Länge.

B Zeichne ein gleichseitiges, ein gleichschenkliges und ein rechtwinkliges Dreieck in dein Heft. Die Maße darfst du selbst bestimmen.
Beschrifte die Dreiecke und zeichne jeweils eine Höhe ein.

Üben und anwenden

1 Dreiecksumfänge vergleichen und berechnen.
a) Ordne die Dreiecke der Größe ihrer Umfänge nach. Beginne beim kleinsten. Schätze dafür die Umfänge.
b) Überprüfe deine Schätzung, indem du die Seitenlängen misst und die Umfänge berechnest.

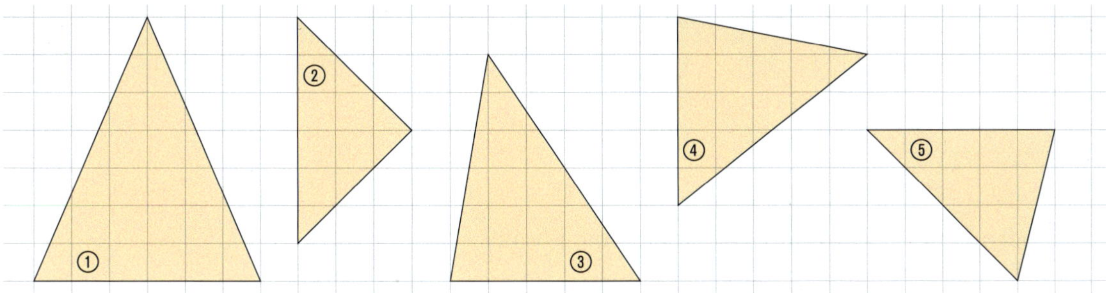

2 Übertrage die Dreiecke ①–③ aus Aufgabe 1 auf ein Blatt und schneide sie aus.
a) Zerlege die Dreiecke jeweils so, dass du sie zu einem Rechteck zusammenfügen kannst.
b) Bestimme den Flächeninhalt des Rechtecks. Entnimm benötigte Maße der Zeichnung.
c) Überprüfe dein Ergebnis mit der Formel für Dreiecke.

2 Übertrage die Dreiecke ③–⑤ aus Aufgabe 1 auf ein Blatt und schneide sie aus.
a) Zerlege die Dreiecke jeweils so, dass du sie zu einem Rechteck zusammenfügen kannst.
b) Bestimme den Flächeninhalt des Rechtecks. Entnimm benötigte Maße der Zeichnung.
c) Überprüfe dein Ergebnis mit der Formel für Dreiecke.

MATERIAL
Papier, Schere

3 Bestimme den Flächeninhalt des Dreiecks.
a) $g = 2\,cm$; $h = 5\,cm$
b) $g = 12\,cm$; $h = 3\,cm$
c) $g = 25\,cm$; $h = 8\,cm$
d) $g = 3\,dm$; $h = 7\,dm$
e) $g = 2{,}5\,m$; $A = 4{,}0\,m^2$

3 Berechne den Flächeninhalt des Dreiecks.
a) $a = 4\,cm$; $h_a = 7\,cm$
b) $b = 26{,}0\,m$; $h_b = 7{,}5\,m$
c) $c = 18{,}2\,cm$; $h_c = 104\,mm$
d) $a = 803\,mm$; $b = 1\,040\,mm$; $h_a = 1\,040\,mm$
e) $b = 59\,mm$; $a = 5{,}2\,cm$; $h_a = 31\,mm$

4 Zeichne das Dreieck ab und miss alle Seitenlängen und Höhen aus.
a) Berechne die Terme $\frac{a \cdot h_a}{2}$, $\frac{b \cdot h_b}{2}$ und $\frac{c \cdot h_c}{2}$.
b) Vergleiche die drei Ergebnisse. Was fällt dir auf?
c) Suche eine Begründung für deine Erkenntnisse und formuliere sie in einem Satz für ein beliebiges Dreieck.
d) Stelle das Ergebnis der Klasse vor.

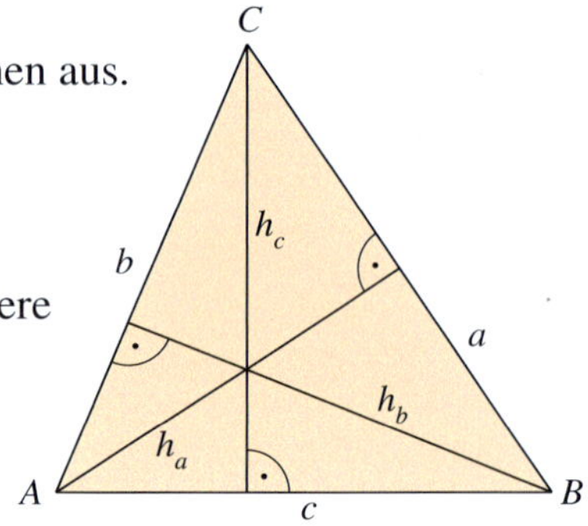

5 Ermittle die Flächeninhalte der Dreiecke. Miss die benötigten Größen in der Zeichnung.

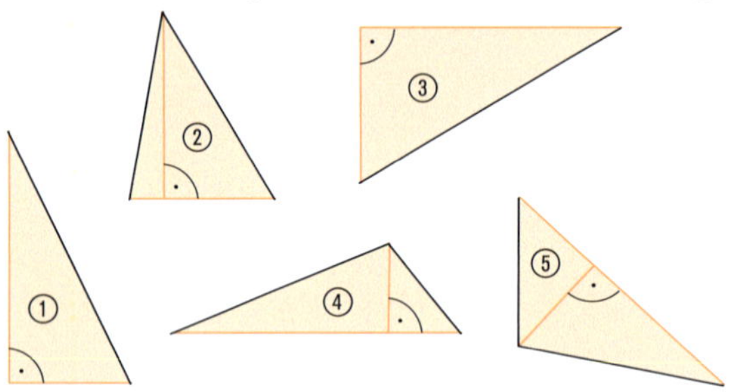

5 Übertrage die abgebildeten Dreiecke in dein Heft und berechne die jeweiligen Flächeninhalte auf drei verschiedene Arten.

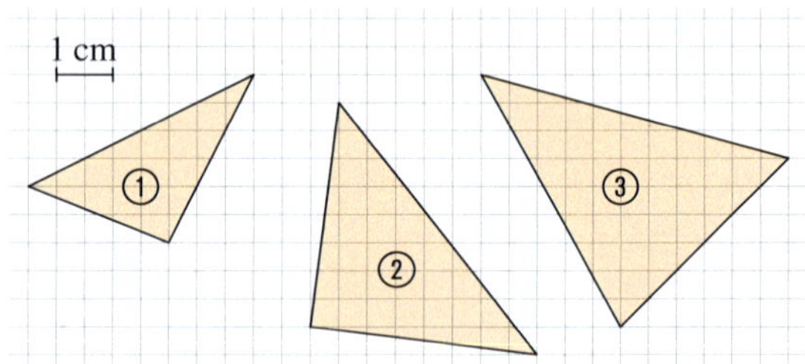

6 Betrachte die Bildfolge. Hier entstehen besondere Dreiecke.

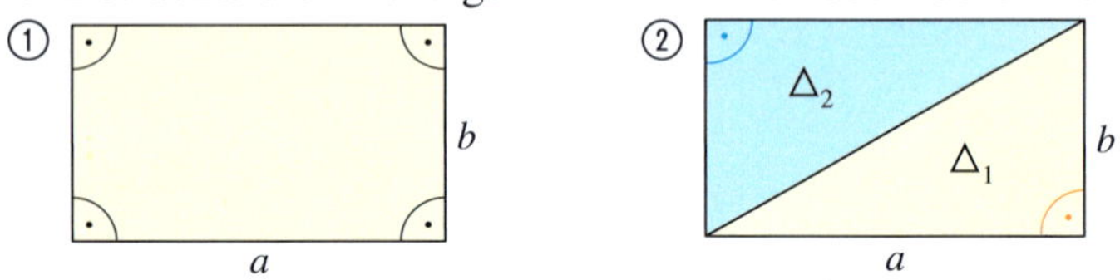

$A_{Rechteck} = a \cdot b$ $A_{\Delta_1} = A_{\Delta_2}$

Für welche Sonderform von Dreiecken gilt die Formel $A_{Dreieck} = \frac{a \cdot b}{2}$? Begründe im Heft.
Berechne die Flächeninhalte der Dreiecke:
Ⓐ $a = 6\,cm$; $b = 8\,cm$; $c - 10\,cm$; $\gamma = 90°$
Ⓑ $a = 5\,cm$; $b = 13\,cm$; $c = 12\,cm$; $\beta = 90°$
Ⓒ $a = 25\,cm$; $b = 7\,cm$; $c = 24\,cm$; $\alpha = 90°$
Ⓓ $a = 3\,cm$; $b = 4\,cm$; $c = 5\,cm$; $\gamma = 90°$

7 Aus der Berufswelt
Ein Dachgiebel mit der Form eines gleichschenkligen Dreiecks soll gestrichen werden. Die Grundseite ist 8 m lang, die Höhe des Dreiecks beträgt 4 m. Wie groß ist der Flächeninhalt des Dachgiebels?

7 Aus der Berufswelt
Um den dreieckigen Dachgiebel zu streichen, wird ein Gerüst aufgestellt. Der Flächeninhalt der Giebelfläche beträgt $27\,m^2$. Das Haus ist 12 m breit. Das Erdgeschoss ist 3 m hoch. Wie hoch muss das Gerüst sein?

Strategie Zusammengesetzte Flächen berechnen

Den Flächeninhalt eines Vielecks kann man bestimmen, indem man es in Teilflächen zerlegt, die man berechnen kann. Die Summe aller Teilflächen ergibt die Gesamtfläche des Vielecks.

1 Unten findest du zwei unterschiedliche Zerlegungen eines Sechsecks.

a) Welche Zerlegung ist nach deiner Meinung günstiger?
Argumentiert untereinander und begründet eure Meinung.

b) Findest du eine weitere, noch bessere Zerlegung?

2 Zeichne das Viereck in ein Koordinatensystem (1 LE ≙ 1 cm). Zerlege es geeignet und berechne den Flächeninhalt.

a) $A(1|2)$; $B(8|1)$; $C(8|4)$; $D(5|6)$

b) $A(1|1)$; $B(9|2)$; $C(7|6)$; $D(3|5)$

2 Zeichne die Figur in ein Koordinatensystem (1 LE ≙ 1 cm). Zerlege sie geeignet und berechne den Flächeninhalt.
$A(0|-4)$; $B(4|-3)$; $C(8|0)$; $D(8|3)$; $E(4|3)$; $F(4|0)$

HINWEIS
LE steht für Längeneinheit.

3 Zeichne die Fläche zweimal ins Heft und berechne sie …

a) … durch Zerlegen.

b) … durch Ergänzen zu einem Rechteck und Subtrahieren der ergänzten Flächen.

c) Diskutiert beide Berechnungsarten.

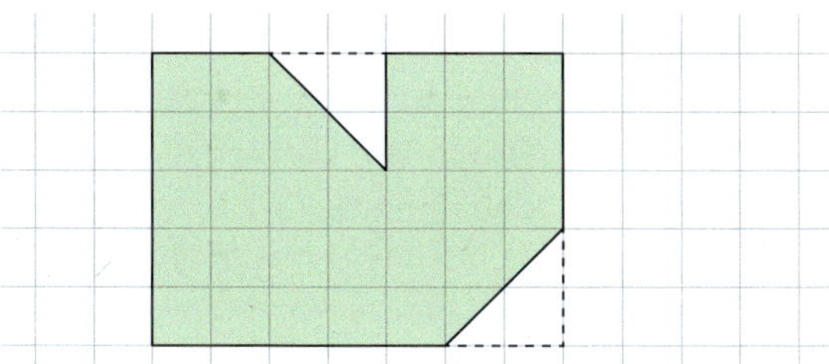

3 Übertrage die Figuren in dein Heft. Ergänze sie zu einem Rechteck und berechne daraus den Flächeninhalt der Ausgangsfigur.

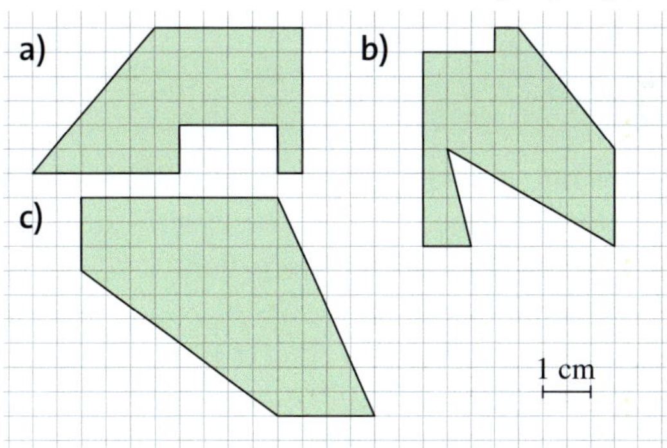

Manchmal ist es einfacher, eine Vielecksfläche zu einem Rechteck zu ergänzen und die ergänzten Flächen zu subtrahieren.

4 Aus der Berufswelt
Ein Vermesser berechnet den Flächeninhalt des Grundstücks, indem er die Fläche sinnvoll zerlegt.

a) Zeichne das Grundstück im Maßstab 1 : 1 000 in dein Heft ($\alpha = 56°$; $\beta = 115°$ und $\gamma = 165°$).

b) Überlegt gemeinsam, wie man den Flächeninhalt sinnvoll berechnen kann. Im Anschluss berechnet jeder anhand der eigenen Zeichnung.

c) Vergleicht eure Ergebnisse.
Wie können Unterschiede zustande kommen?

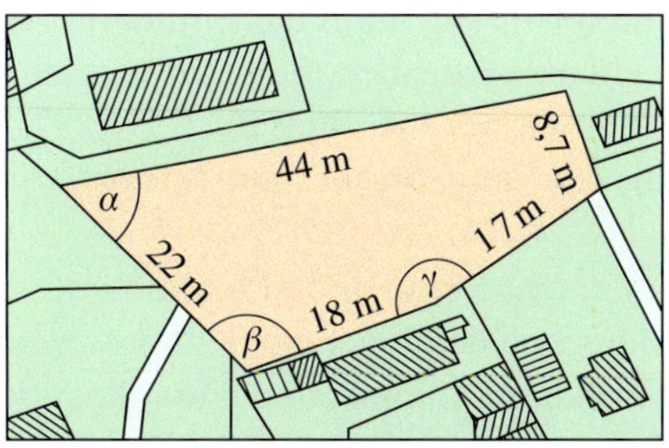

Klar so weit?

→ Seite 110

Flächeninhalt von Parallelogrammen

1 Berechne den Flächeninhalt der Parallelogramme.

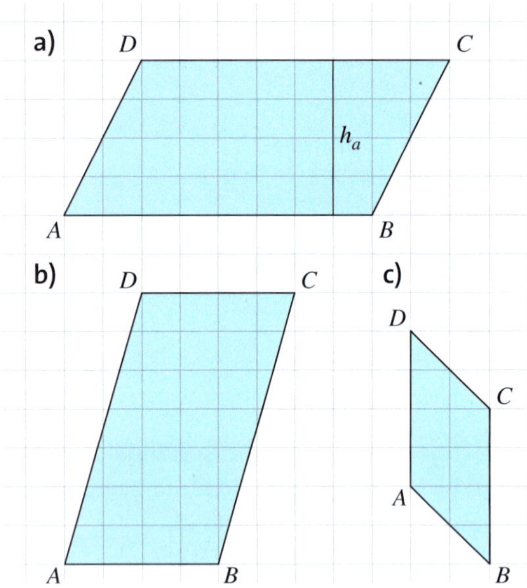

2 Berechne den Flächeninhalt des Parallelogramms.

a) $a = 5\,\text{cm}$; $h_a = 2\,\text{cm}$
b) $a = 2{,}5\,\text{cm}$; $h_a = 4\,\text{cm}$
c) $b = 10\,\text{cm}$; $h_b = 2\,\text{cm}$
d) $b = 20\,\text{cm}$; $h_b = 4\,\text{cm}$

3 Zeichne die Parallelogramme $ABCD$ in ein Koordinatensystem ein und beschrifte sie fachgerecht. Berechne jeweils den Flächeninhalt. (1 LE ≙ 1 cm)

a) $A(0|0)$; $B(6|0)$; $C(9|5)$; $D(3|5)$
b) $A(2|1)$; $B(7|1)$; $C(9|7)$; $D(4|7)$
c) $A(2|4)$; $B(0|0)$; $C(8|0)$; $D(10|4)$

4 Zeichne die Parallelogramme und berechne ihren Umfang und Flächeninhalt.
Fehlende Angaben musst du messen.

a) $a = 6\,\text{cm}$; $b = 4\,\text{cm}$; $\beta = 45°$
b) $b = 5\,\text{cm}$; $\gamma = 60°$; $c = 3{,}5\,\text{cm}$

1 Berechne den Flächeninhalt der Parallelogramme.

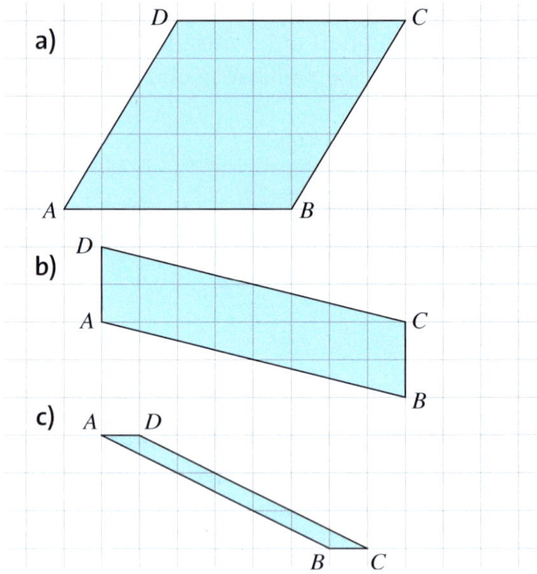

2 Berechne den Flächeninhalt des Parallelogramms.

a) $a = 5\,\text{cm}$; $b = 10\,\text{cm}$; $h_a = 7\,\text{cm}$
b) $b = 2\,\text{cm}$; $h_a = 1{,}3\,\text{cm}$; $h_b = 2{,}5\,\text{cm}$
c) $b = 1{,}5\,\text{cm}$; $h_a = 1{,}3\,\text{cm}$; $h_b = 4\,\text{cm}$
d) $b = 6{,}3\,\text{cm}$; $h_a = 4{,}5\,\text{cm}$; $h_b = 5{,}5\,\text{cm}$

3 Zeichne Parallelogramme in ein Koordinatensystem, bei denen du den 4. Eckpunkt erst ergänzen musst. Beschrifte sie fachgerecht und berechne die Flächeninhalte. (1 LE ≙ 1 cm)

a) $A(6|1)$; $B(0|5)$; $C(-1|2)$; $D(■|■)$
b) $E(-1|-4)$; $F(-4|1)$; $G(-6|1)$; $H(■|■)$
c) $I(3|4)$; $J(3|7)$; $K(-3|3)$; $L(■|■)$

4 Zeichne die Parallelogramme und berechne ihren Umfang und Flächeninhalt.
Fehlende Angaben musst du messen.

a) $a = 4{,}5\,\text{cm}$; $b = 6\,\text{cm}$; $\alpha = 115°$
b) $u = 20\,\text{cm}$; $a = 6{,}1\,\text{cm}$; $\beta = 45°$

5 Zeichne ein Parallelogramm, dessen Maße du selbst bestimmst.
Berechne den Flächeninhalt auf zwei verschiedene Arten, indem du zuerst die Seite a als Grundseite nimmst und dann die Seite b.
Entnimm benötigte Maße deiner Zeichnung.

Flächeninhalt von Dreiecken

→ Seite 114

6 Zeichne die Dreiecke in dein Heft. Wähle eine Grundseite und die dazugehörige Höhe. Ermittle den Flächeninhalt A.

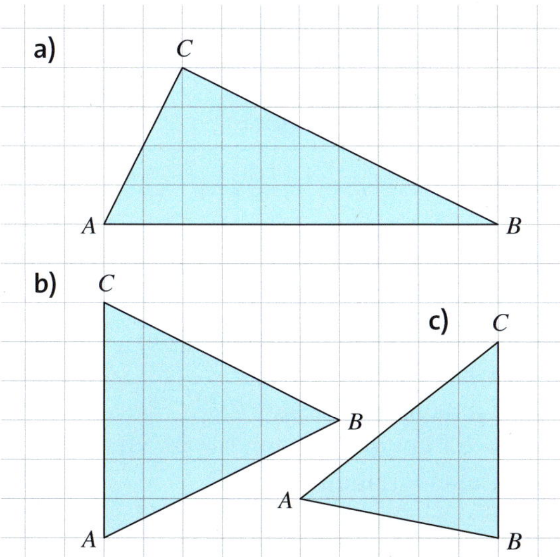

7 Berechne den Flächeninhalt des Dreiecks.

a) $c = 8\,cm$; $h_c = 6{,}5\,cm$

b) $b = 3{,}5\,cm$; $h_b = 7{,}4\,cm$

c) $a = 12{,}4\,cm$; $h_a = 4\,cm$

d) $c = 7\,cm$; $h_b = 6cm$; $h_c = 8\,cm$

8 Zeichne die Dreiecke ins Koordinatensystem (1 LE ≙ 1 cm) und beschrifte die Dreiecke fachgerecht.
Berechne jeweils den Flächeninhalt.

a) $A(-5|3)$; $B(1|3)$; $C(-4|8)$

b) $D(-4|-5)$; $E(7|-4)$; $F(-4|-1)$

c) $G(5|0)$; $H(6|6)$; $I(1|6)$

9 Drei Kinder bilden aus einem 20 m langen Seil ein Dreieck. Lea und Jens stehen 5 m auseinander, Lea und Celina 6,5 m.

a) Fertige eine Skizze an.

b) Wie weit sind Jens und Celina voneinander entfernt?

6 Berechne aus der Zeichnung die Flächeninhalte der blauen und gelben Flächen.
Ein Kästchen entspricht 1 cm.

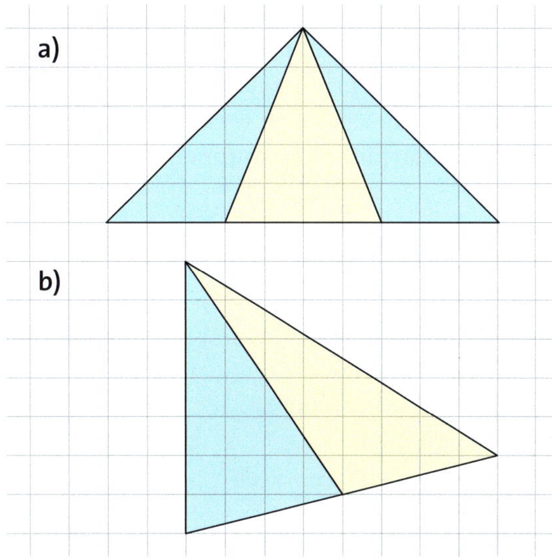

7 Berechne den Flächeninhalt des Dreiecks.

a) $c = 12\,cm$; $h_a = 7\,cm$; $h_c = 8\,cm$

b) $b = 37\,mm$; $h_b = 2{,}9\,cm$; $h_c = 22\,mm$

c) $a = 5{,}8\,dm$; $h_b = 50\,cm$; $h_a = 5{,}5\,dm$

d) $c = 2{,}2\,m$; $b = 37\,dm$; $h_b = 180\,cm$

8 Zeichne die Dreiecke ins Koordinatensystem (1 LE ≙ 1 cm) und beschrifte die Dreiecke fachgerecht.
Berechne jeweils den Flächeninhalt.

a) $A(-6|1{,}5)$; $B(-5|0)$ $C(0|1{,}5)$;

b) $D(-5|-4)$; $E(1|0{,}5)$; $F(-5|-1)$

c) $G(5|0)$; $H(5|6)$; $I(3{,}5|6)$

9 Zwischen zwei Bäumen und einem Stall soll eine Pferdekoppel entstehen.
Die Bäume stehen 20,5 m und 16,3 m vom Stall entfernt. Wie weit sind die Bäume voneinander entfernt, wenn 62,8 m Zaun zum Einzäunen benötigt wurden? Erstelle eine Skizze.

10 Zeichne ein Dreieck, dessen Maße du selbst bestimmst.
Berechne den Flächeninhalt auf drei verschiedene Arten, indem du nacheinander jede Seite als Grundseite nimmst.
Entnimm benötigte Maße deiner Zeichnung.

Lösungen ab Seite 202

Vermischte Übungen

MATERIAL
Papier, Schere

1 Das Tangram ist ein altes chinesisches Legespiel.

a) Übertrage das Tangram in dein Heft und schneide die einzelnen Teilflächen aus.
b) Sortiere die Teilflächen der Größe nach. Beginne mit der größten Fläche.
c) Überprüfe durch Rechnung, welche Reihenfolge stimmt.
d) Lege eine Figur mit einem Flächeninhalt von 32 cm^2 (16 cm^2; 12 cm^2) und skizziere sie im Heft.
e) Lege verschiedene Figuren und lasse deinen Partner den Flächeninhalt bestimmen. Überprüft eure Lösungen.

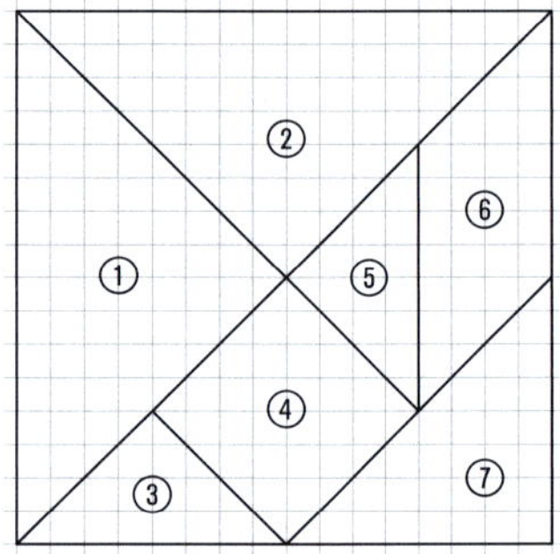

2 Die Grundstücke A, C und E werden zum Verkauf angeboten. Familie Meier möchte ein Grundstück kaufen, das zwischen 1 000 m^2 und 1 300 m^2 groß ist. Welche Grundstücke wären möglich?

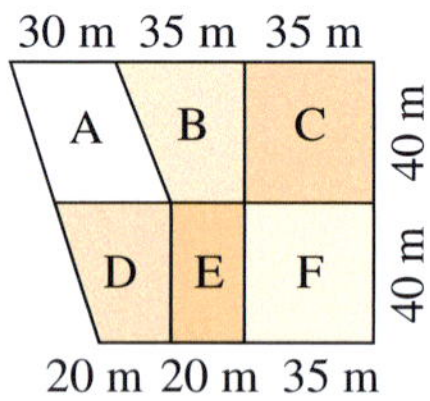

3 Vergleiche die Flächeninhalte der fünf Dreiecke. Was stellst du fest? Begründe.

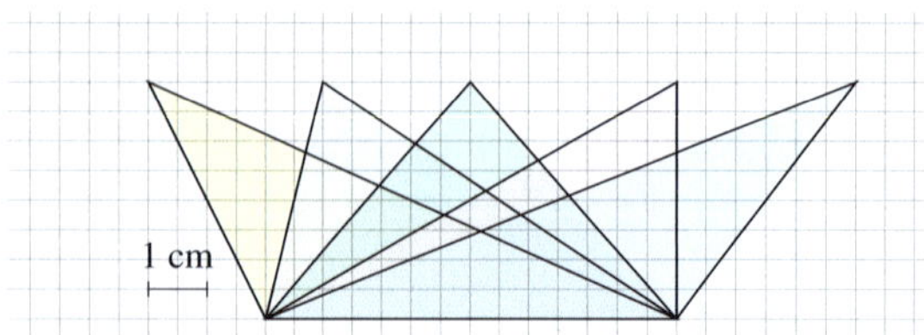

4 Von einem Parallelogramm sind $A = 10\ cm^2$ und $a = 4\ cm$ gegeben.

a) Bestimme die Höhe h, indem du die Formel $A = h \cdot a$ umstellst.
b) Zeichne ein Parallelogramm mit den Maßen.
c) Vergleicht eure Zeichnungen. Was fällt euch auf?

5 Ein Dreieck hat die Maße: $a = 17{,}5\ cm$; $h_a = 9{,}6\ cm$; $b = 12{,}3\ cm$; $h_c = 11{,}6\ cm$.

a) Berechne den Dreiecksflächeninhalt.
b) Wie groß ist die Höhe auf b?
Tipp: Gehe von der Dreiecksfläche bei a) aus und errechne h_b.
c) Berechne nun die Seite c. Verfahre ähnlich wie in b).

2 Zeichne folgende Figuren und berechne ihren Flächeninhalt. Entnimm die fehlenden Maße deiner Zeichnung.

a) gleichschenkliges Dreieck: $c = 8\ cm$; $a = b = 5\ cm$
b) allgemeines Dreieck: $a = 6{,}8\ cm$; $b = 44\ mm$; $c = 0{,}75\ dm$
c) Parallelogramm: $a = 0{,}53\ dm$; $b = 3{,}5\ cm$; $\gamma = 76°$

3 Kim behauptet:
„Wenn bei Dreiecken die Grundlinie und die Höhe gleich sind, dann haben sie in jedem Fall den gleichen Flächeninhalt. Der Umfang kann unterschiedlich sein.“
Hat Kim recht?
Begründe deine Meinung mit einer Zeichnung.

4 Ein Parallelogramm hat den angegebenen Flächeninhalt. Gib jeweils zwei Möglichkeiten für g und h_g an. Zeichne sie.

a) $A = 45\ cm^2$
b) $A = 66\ cm^2$
c) $A = 0{,}21\ dm^2$
d) $A = 1\,400\ mm^2$
e) $A = 22{,}5\ cm^2$

5 Ergänze fehlende Größen des Dreiecks.

	a)	b)	c)	d)
a	8 m	…	…	5,6 cm
h_a	…	7,0 cm	512 cm	…
b	10 m	…	59 dm	63 mm
h_b	…	4,2 cm	350 cm	…
A	24 m^2	17,85 cm^2	…	16,8 cm^2

6 Gegeben ist ein gleichschenkliges Dreieck mit $a = b = 5\,\text{cm}$ und $c = 6\,\text{cm}$.

a) Verändere die Längen der Seiten so, dass der Umfang verdoppelt wird.

b) Verändere die Länge der Seite c so, dass der Flächeninhalt verdoppelt wird.

c) Wie verändert sich der Flächeninhalt, wenn die Höhe h_c halbiert wird?

7 Übertrage die Vierecke in dein Heft. Berechne den Flächeninhalt, indem du sie in Dreiecke zerlegst.

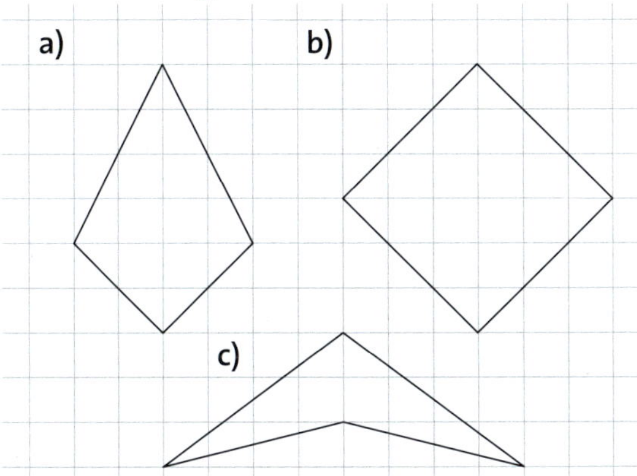

8 Welche Fläche ist beim Verkehrsschild „Vorfahrt gewähren“ größer? Die rote oder die weiße? Schätze erst, und rechne dann. Die Angaben der Zeichnung sind in cm.

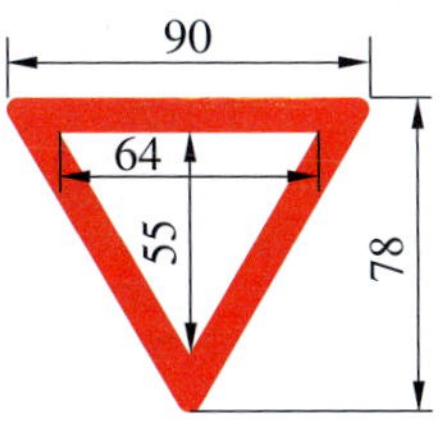

6 Gegeben ist ein Parallelogramm mit $a = 5\,\text{cm}$, $b = 3\,\text{cm}$ und $h_a = 2{,}5\,\text{cm}$. Verändere die gegebenen Größen des Parallelogramms so, dass …

a) der Umfang verdoppelt wird.

b) der Umfang halbiert wird.

c) der Flächeninhalt verdoppelt wird.

d) der Flächeninhalt halbiert wird.

7 Zeichne ein Koordinatensystem ($1\,\text{LE} \mathrel{\hat{=}} 1\,\text{cm}$).

a) Zeichne die Figur $ABCDEF$ in das Koordinatensystem ein: $A(0|2)$; $B(4|0)$; $C(6|2)$; $D(5|6)$; $E(3|8)$; $F(1|6)$.

b) Beschreibe die entstandene Figur.

c) Zerlege die Figur in Dreiecke und berechne den Flächeninhalt. Entnimm benötigte Maße deiner Zeichnung.

d) Finde weitere Möglichkeiten, die Figur in Dreiecke zu zerlegen.

e) Vergleiche eure Ergebnisse. Welche Zerlegung ist am besten? Begründet.

8 Welche Fläche ist beim abgebildeten Verkehrsschild am größten: die rote, die weiße oder die schwarze? Schätze erst und rechne dann. Die Angaben der Zeichnung sind in cm.

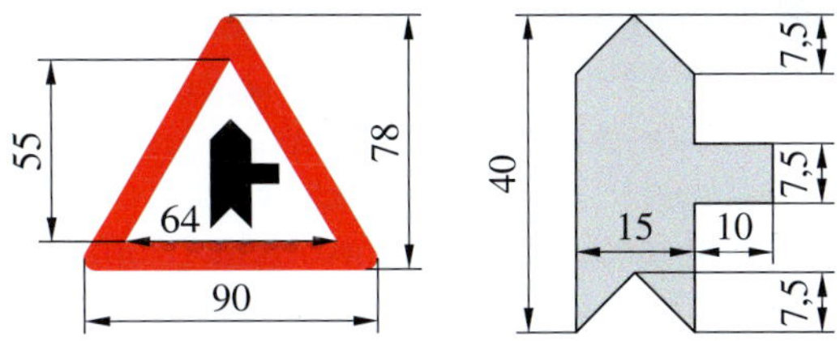

9 Linda geht mit ihrem Sportverein zelten. Sie möchte das Zelt vorher noch imprägnieren. Wie viele Dosen Imprägnierspray benötigt sie, wenn eine 200-ml-Sprühdose für $5\,\text{m}^2$ reicht?

a) Skizziere die Teilflächen mit den Maßen in dein Heft und berechne die Fläche.

b) Vergleicht eure Ergebnisse untereinander.

c) Wie viele Dosen Imprägnierspray sollte Linda kaufen? Diskutiert untereinander.

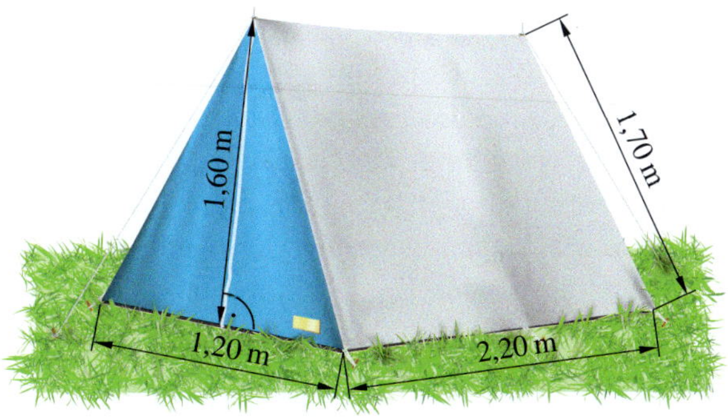

HINWEIS
Imprägnieren bedeutet, einen Stoff wasserdicht zu machen.

Aus der Berufswelt

10 Ein Gebäudereiniger soll die Fenster der beiden Häusergiebel putzen.
Jedes Haus ist 6,80 m breit und hat eine Giebelhöhe von 5,15 m.
Wie viel Quadratmeter müssen geputzt werden?

10 Ein Haus soll wärmegedämmt werden. Wie viel Quadratmeter Dämmstoff werden für das gesamte Haus inklusive des Daches benötigt? Berechne alle Flächen und addiere sie dann. Vernachlässige Fenster und Türen.

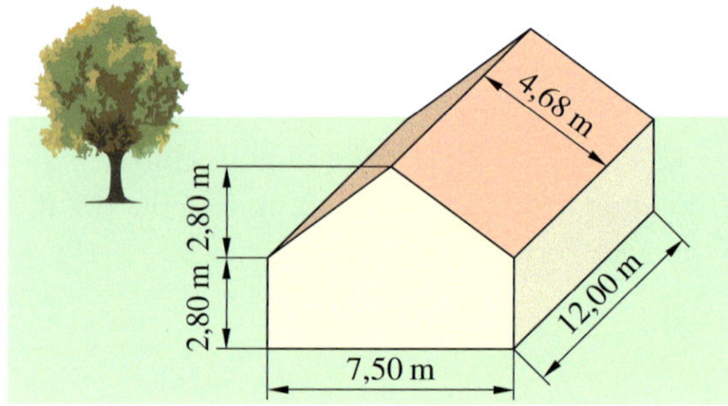

11 In einer Tischlerei wurde ein Brett zersägt.
Die Stärke des Sägeblattes beträgt 1,5 mm.

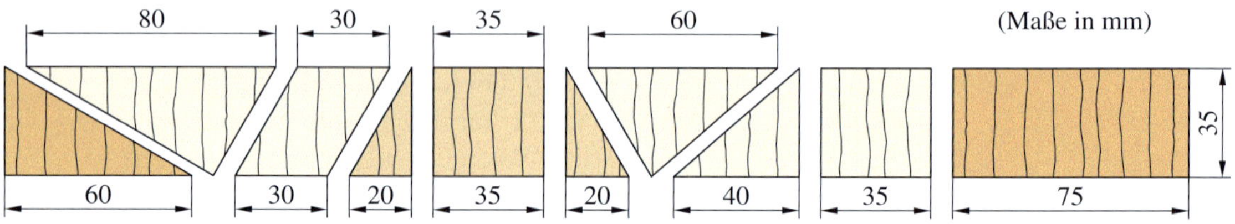

a) Berechne die Flächeninhalte der einzelnen Brettabschnitte.
b) Bestimme die ursprünglichen Maße des Brettes.

12 Im Fliesenhandel
Ein Fliesenhändler bietet die nebenstehenden Bodenfliesen an.
Sie lassen sich gut im Verbund legen.

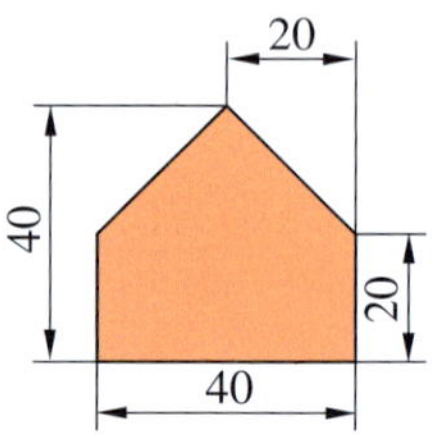

(Maße in cm)

a) Zeichne einen Verbund aus mindestens 10 Fliesen in dein Heft mit Rechenkästchen (ein Rechenkästchen entspricht 10 cm).
b) Berechne den Flächeninhalt einer einzelnen Fliese.
c) Der Händler verkauft die Ware für 45 € pro Quadratmeter. Wie teuer ist eine einzelne Fliese?
d) Ein rechteckiges Zimmer ist 5,50 m lang und 3,50 m breit. Das Zimmer soll gefliest werden. Welchen Flächeninhalt hat der Raum?
e) Wie viele dieser Fliesen benötigt man mindestens, um die Fläche des Zimmers auszulegen? Da man Verschnitt, Bruch usw. berücksichtigen muss, bestellt man üblicherweise $\frac{1}{10}$ mehr Fliesen.
f) Für das Verlegen berechnet der Handwerker 25 € pro Quadratmeter. Wie teuer werden Kauf und Verlegen der Fliesen?

Teste dich!

1 Berechne den Umfang und den Flächeninhalt der Dreiecke. Miss fehlende Längen nach. *(8 Punkte)*

a)

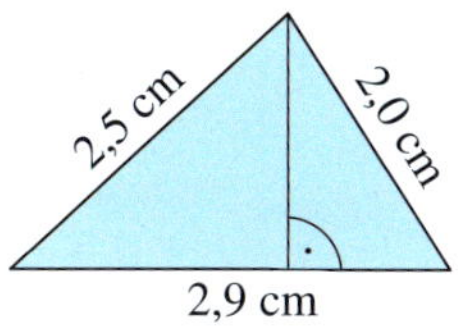

b)

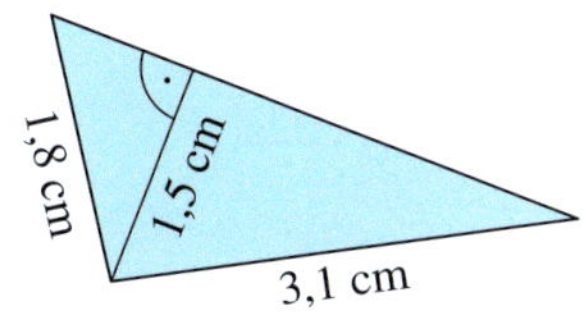

c)

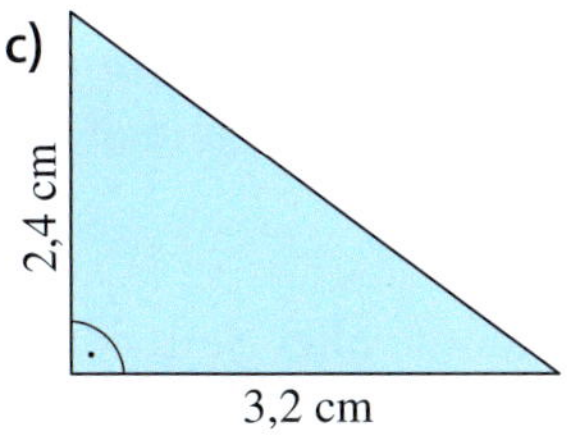

d)

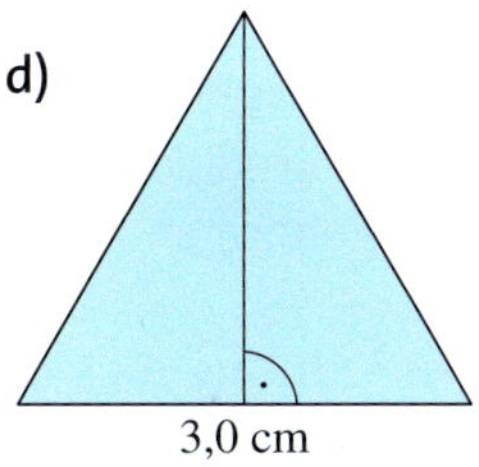

gleichseitiges Dreieck

2 In einen gleichschenkligen Dachgiebel soll ein neues Fenster eingesetzt werden. Berechne nach der Skizze den Flächeninhalt des Fensters in Quadratmetern. *(4 Punkte)*

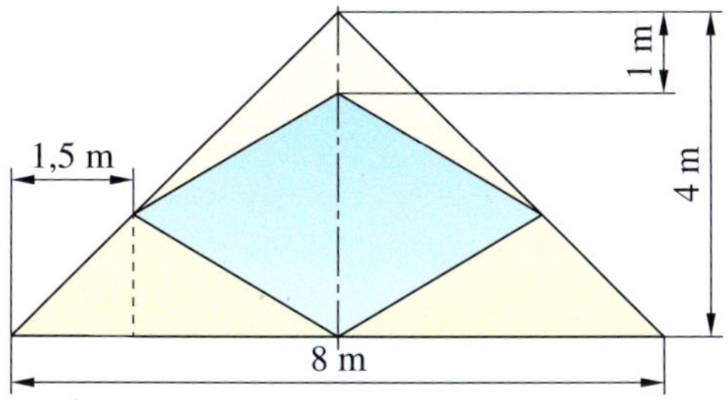

3 Berechne Umfang und Flächeninhalt der gegebenen Figuren. *(8 Punkte)*

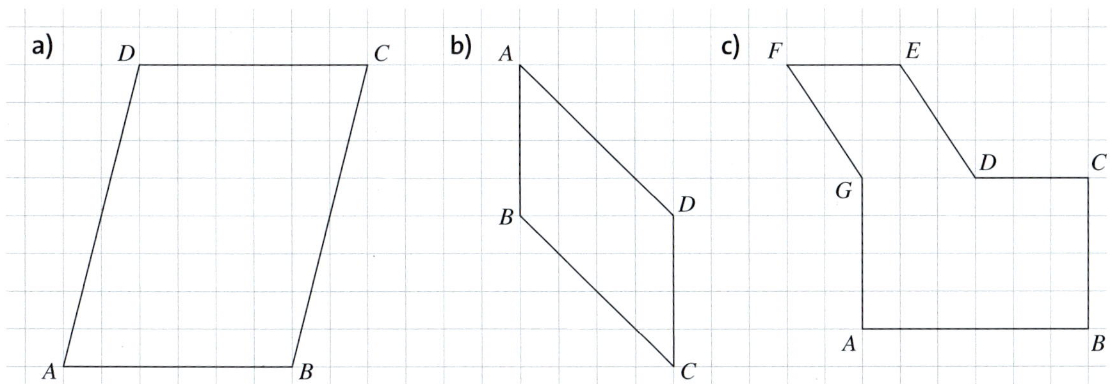

4 Von einem rechteckigen Grundstück sollen zwei dreieckige Teilstücke abgegeben werden. Der Besitzer erhält eine Entschädigung von 153 € pro m^2. Das verbliebene Grundstück verpachtet der Besitzer ein Jahr lang für 8,50 € pro 100 m^2 pro Jahr. *(4 Punkte)*

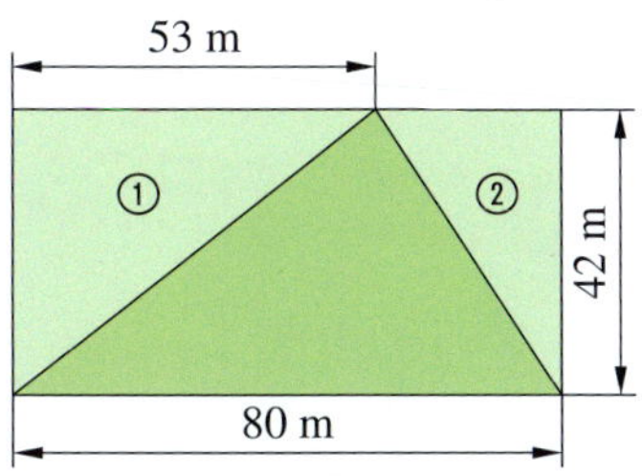

a) Wie hoch ist die einmalige Entschädigung?
b) Berechne die Jahrespacht.

Gold: 23–24 Punkte, Silber: 19–22 Punkte, Bronze: 14–18 Punkte

Lösungen ab Seite 202

Zusammenfassung

→ Seite 110

Flächeninhalt von Parallelogrammen

Der **Flächeninhalt** A eines **Parallelogramms** ist das Produkt aus der Grundseite g und der dazugehörigen Höhe h.

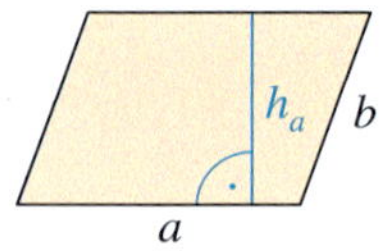

$A_{\text{Parallelogramm}} = a \cdot h_a$

Der **Umfang** $\boldsymbol{u}$ ist die Summe aller Seitenlängen. Gleich lange Seiten können mit der gleichen Variablen bezeichnet werden und die Umfangsterme zusammengefasst werden.

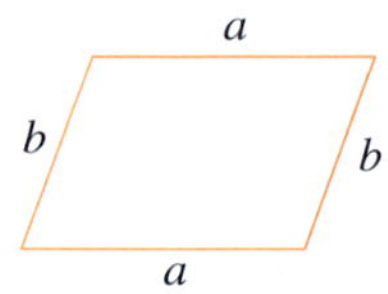

$u_{\text{Parallelogramm}} = a + b + a + b$
$= 2 \cdot (a + b)$

Gegeben ist ein Parallelogramm mit
$a = 4\,\text{cm}$; $b = 3\,\text{cm}$ und $h_a = 2{,}5\,\text{cm}$.
$A_{\text{Parallelogramm}} = 4 \cdot 2{,}5 = 10\,[\text{cm}^2]$
$u_{\text{Parallelogramm}} = 2 \cdot (4 + 3) = 14\,[\text{cm}]$

→ Seite 114

Flächeninhalt von Dreiecken

Der **Flächeninhalt** eines **Dreiecks** ist die Hälfte des Produktes aus der Grundseite g und der dazugehörigen Höhe h_g.

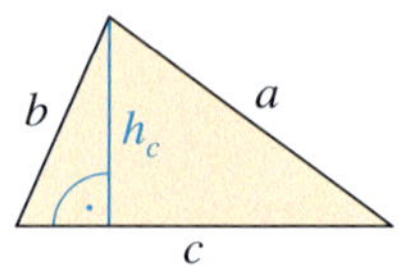

$A_{\text{Dreieck}} = \frac{c \cdot h_c}{2}$

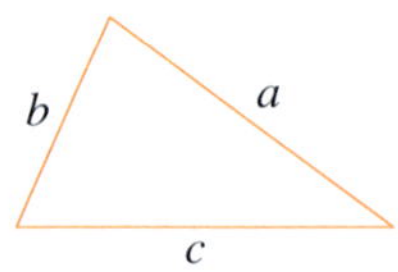

$u_{\text{Dreieck}} = a + b + c$

Gegeben ist ein Dreieck mit
$a = 6{,}4\,\text{cm}$; $b = 5\,\text{cm}$; $c = 8\,\text{cm}$ und $h_c = 4\,\text{cm}$.
$A_{\text{Dreieck}} = 8 \cdot \frac{4}{2} = 16\,[\text{cm}^2]$
$u_{\text{Dreieck}} = 6{,}4 + 5 + 8 = 19{,}4\,[\text{cm}]$

→ Seite 117

Flächeninhalt von zusammengesetzten Figuren

Der **Flächeninhalt** von **Vielecken** wird bestimmt, indem man diese in Teilflächen zerlegt, die man berechnen kann.
Die Summe aller Teilflächen ergibt die Gesamtfläche des Vielecks.

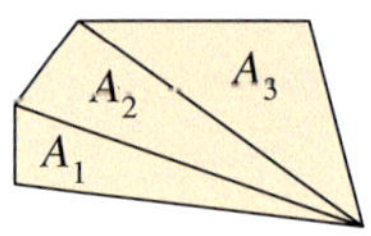

$A_{\text{Vieleck}} = A_1 + A_2 + A_3$

Prozentrechnung

Prozentangaben kennst du sicher aus vielen Bereichen. Beim Einkaufen beispielsweise wird häufig mit Prozentangaben geworben. Das Wort Prozent kommt vom lateinischen „pro centum“ (von hundert). „per cento“ wurde später abgekürzt mit cto. Daraus entstand mit der Zeit die Schreibweise %.

cento → cto → c/to → c/o → o/o → %

Noch fit?

Einstieg

Aufstieg

1 Bruchbilder lesen

Gib den Anteil der rot gefärbten und der blau gefärbten Fläche jeweils als Bruch an.

a) 
b) 
c) 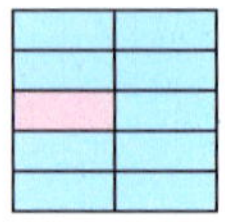
d) 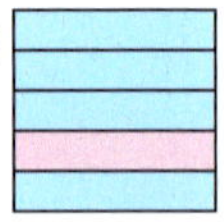
e) 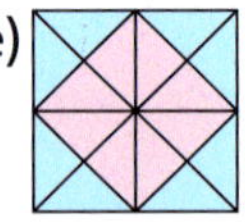
f) 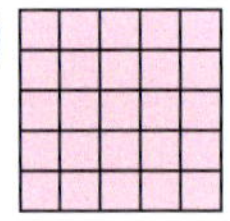

Einstieg

2 Bruchbilder zeichnen

Zeichne drei Rechtecke, jedes mit den Seitenlängen 3 cm und 5 cm.
Färbe im ersten Rechteck 50 %, im zweiten 75 % und im dritten 10 % der Fläche ein.

3 Brüche umwandeln

Schreibe als Dezimalbruch.

a) $\frac{7}{10}$ b) $\frac{87}{100}$ c) $\frac{3}{4}$
d) $\frac{14}{25}$ e) $\frac{7}{50}$ f) $\frac{77}{1000}$

4 Zahlen dividieren

Runde, wenn nötig.

a) 12 : 10 b) 29 : 4 c) 15 : 8
d) 21 : 6 e) 31 : 3 f) 15 : 6
g) 101 : 9 h) 42 : 11 i) 2 : 3

5 Bruchteile berechnen

Wie viel sind …

a) $\frac{1}{2}$ von 240? b) $\frac{1}{4}$ von 52?
c) $\frac{2}{3}$ von 270? d) $\frac{5}{6}$ von 54?

Aufstieg

2 Bruchbilder zeichnen

Zeichne drei Quadrate mit der Seitenlänge 6 cm.
Färbe im ersten Quadrat 25 %, im zweiten $33\frac{1}{3}$ % und im dritten 75 % der Fläche ein.

3 Brüche umwandeln

Schreibe als Dezimalbruch.

a) $\frac{9}{15}$ b) $\frac{3}{150}$ c) $\frac{3}{12}$
d) $\frac{6}{125}$ e) $2\frac{9}{20}$ f) $\frac{5}{8}$

4 Zahlen dividieren

Runde, wenn nötig.

a) 18 : 8 b) 20 : 9 c) 52 : 7
d) 123 : 5 e) 16 : 11 f) 15 : 16
g) 1 : 12 h) 2 : 11 i) 0,3 : 12

5 Bruchteile berechnen

Wie viel sind …

a) $\frac{3}{4}$ von 310? b) $\frac{5}{8}$ von 96?
c) $\frac{1}{12}$ von 290? d) $\frac{3}{8}$ von 330?

6 Anteile vergleichen

Zwei Basketball-Sportler unterhalten sich über ihre Leistungen.
Sportler A: „Ich habe von 75 Würfen 25 Körbe erzielt."
Sportler B: „Bei mir waren es von 90 Würfen genau 30."
Welcher Sportler hatte mehr Erfolg?

Einstieg

7 Verschiedene Schreibweisen

Welche Zahlen sind gleich?

0,75 | 75 % | $\frac{75}{100}$ | $\frac{3}{4}$ | $\frac{34}{100}$ | 0,340 | $\frac{6}{8}$ | 0,34 | $\frac{17}{50}$ | $\frac{750}{1000}$

Aufstieg

7 Verschiedene Schreibweisen

Welche Zahlen sind gleich?

0,4 | $\frac{2}{5}$ | $\frac{4}{10}$ | 40 % | 0,04 | $\frac{40}{1000}$ | $\frac{40}{100}$ | 4 % | $\frac{1}{25}$ | $\frac{4}{100}$ | 0,400 | 0,040

Lösungen ab Seite 202

Anteile und Prozente

Entdecken

1 Was bedeuten die Prozentangaben hier? Erkläre.

Im Iran sind 70 % der Bevölkerung unter 25 Jahre alt.
In Deutschland sind dies nur 24,7 % aller Menschen.

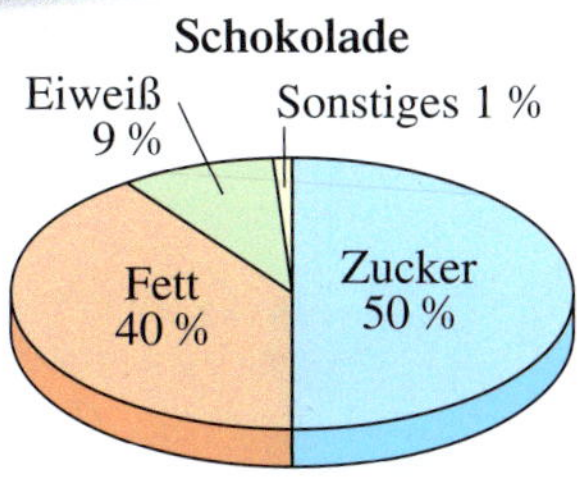

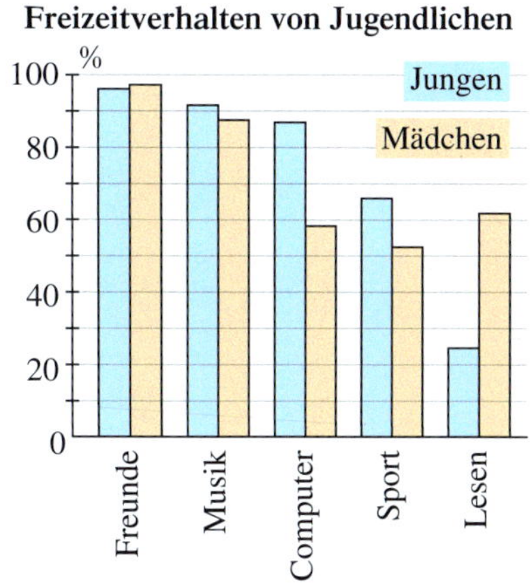

Findet selbst weitere Beispiele und stellt sie der Klasse vor.

2 Wie viel Prozent sind in den Hunderterfeldern jeweils dargestellt?

a) 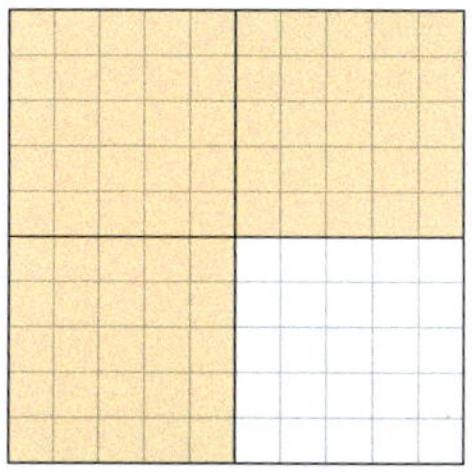

b) 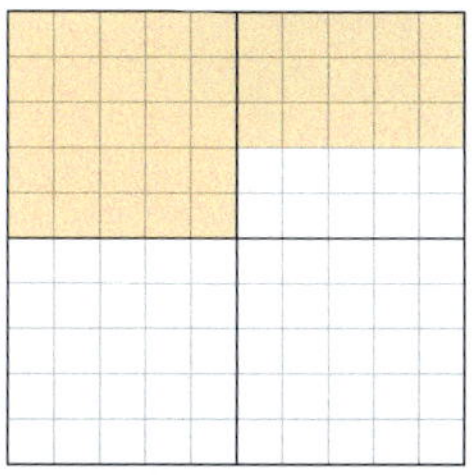

c) 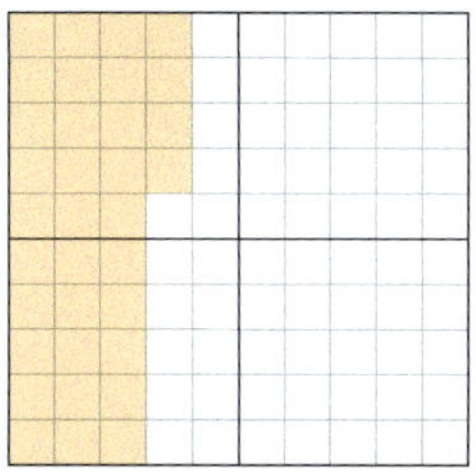

d) 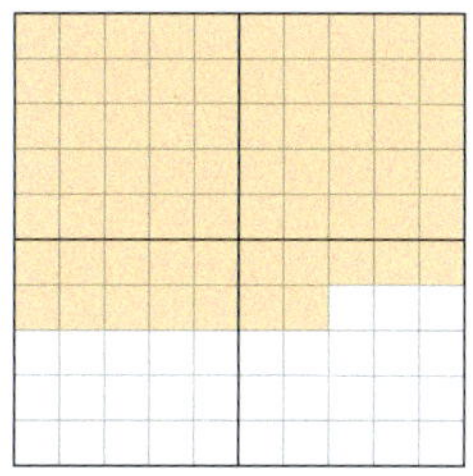

e) Zeichne eigene Hunderterfelder und gestalte ähnliche Aufgaben für deinen Partner.

3 Die Schülerinnen und Schüler der Kunst-AG üben sich im Zeichnen von Personen. Wichtig ist dabei auch, dass die Proportionen stimmen, also die Größenverhältnisse der einzelnen Körperteile zueinander.
Bei Erwachsenen macht z. B. der Kopf etwa $\frac{1}{8}$ der Körperlänge aus.
Die Schülerinnen und Schüler untersuchen das genauer.

Name (Alter)	Körperlänge	Kopflänge	Anteil
Paul (8)	1,36 m	21 cm	$\frac{21}{136} \approx 15{,}4\,\%$
Liu (10)	1,45 m	21 cm	…
Sina (12)	1,50 m	22 cm	…
Hannes (13)	1,60 m	23 cm	…
David (16)	1,92 m	24 cm	…
Fr. Wagner (30)	1,72 m	21 cm	…
Hr. Paffen (63)	1,78 m	25 cm	…

a) Sina hat den Anteil von Pauls Kopf an seiner Körperlänge berechnet:
$\frac{21}{136} = 21 : 136 \approx 0{,}154 = 15{,}4\,\%$
Erkläre Sinas Rechnung im Heft.

b) Bestimme jeweils, welchen Anteil der Kopf an der gesamten Körperlänge hat.

c) Ordnet die Personen nach dem Anteil des Kopfes an der Körperlänge. Schreibt auch das Alter dazu. Was fällt euch auf?

d) Schätzt aus eurer Körpergröße eure Kopflänge. Messt anschließend nach.

MATERIAL
Zollstock oder Maßband

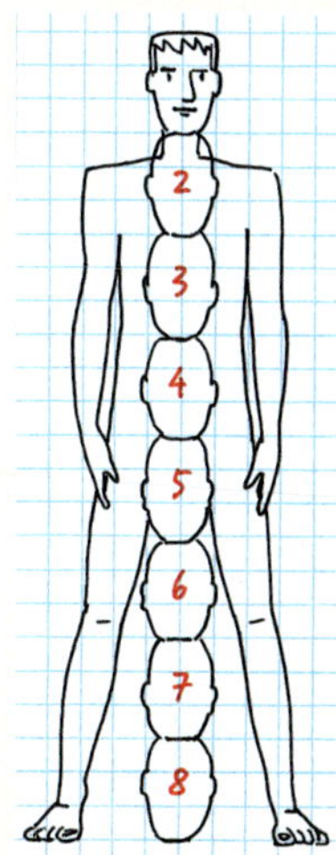

Verstehen

Die Schüler einer Schule haben an den Prüfungen zum Sportabzeichen teilgenommen.
Die siebten Klassen haben ihre Ergebnisse in einer Tabelle notiert:

Klasse	Teilnehmer	erworbene Abzeichen	Anteil der Kinder, die das Sportabzeichen geschafft haben
7 a	25	20	$\frac{20}{25}$
7 b	32	24	$\frac{24}{32}$
7 c	25	18	$\frac{18}{25}$
7 d	24	21	$\frac{21}{24}$

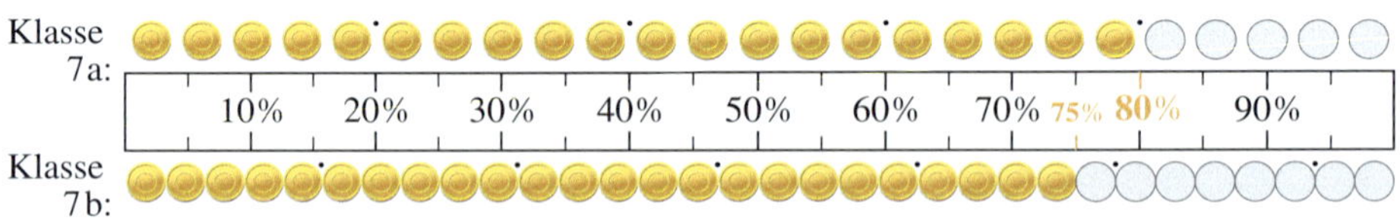

Mit **Anteilen** kann man Brüche vergleichen. Anteile werden mit Brüchen dargestellt.
Wenn die Brüche verschiedene Nenner haben, ist ein Vergleichen im Kopf meist schwierig.
Deswegen nutzt man beim Vergleichen von Anteilen Brüche mit dem Nenner 100.

Beispiel

Umwandeln in einen Hundertstelbruch:

a) Klasse 7 a: $\frac{20}{25} = \frac{20 \cdot 4}{25 \cdot 4} = \frac{80}{100} = 80\,\%$

b) Klasse 7 b: $\frac{24 : 8}{32 : 8} = \frac{3 \cdot 25}{4 \cdot 25} = \frac{75}{100} = 75\,\%$

Dividieren des Zählers durch den Nenner:

c) Klasse 7 c: $18 : 25 = 0{,}72 = \frac{72}{100} = 72\,\%$

d) Klasse 7 d: $21 : 24 = 0{,}875 = \frac{87{,}5}{100} = 87{,}5\,\%$

Merke Brüche mit dem Nenner 100 kann man in der Prozentschreibweise angeben.
$1\,\% = \frac{1}{100}$
Das Zeichen % (**Prozent**) bedeutet „von hundert" (Hundertstel).
Das *Ganze* umfasst immer 100 %.

Folgende Anteile helfen dir beim Kopfrechnen, Überschlagen und Schätzen.

Bruch	$\frac{1}{100}$	$\frac{1}{10}$	$\frac{1}{5}$	$\frac{1}{4}$	$\frac{1}{3}$	$\frac{1}{2}$	$\frac{2}{3}$	$\frac{3}{4}$	1
Dezimalbruch	0,01	0,1	0,2	0,25	$0{,}\overline{3}$	0,5	$0{,}\overline{6}$	0,75	1
Prozent	1 %	10 %	20 %	25 %	$33{,}\overline{3}\,\%$	50 %	$66{,}\overline{6}\,\%$	75 %	100 %

Starthilfe

A Markus sagt: „Auf dem Hunderterfeld sind 20 von 100 Feldern markiert. Das sind $\frac{20}{100} = 20\,\%$."

a) Auf einem Hunderterfeld sind 40 Felder markiert. Beschreibe den Zusammenhang wie Markus.

b) Auf einem Hunderterfeld sind die Zahlen 1 bis 75 markiert. Beschreibe den Zusammenhang.

c) Auf einem Hunderterfeld sind alle Zahlen markiert.

B Judith sagt: „$\frac{20}{100}$ sind 20 : 100 = 0,2. Also sind 20 % = 0,2."
Beschreibe den Zusammenhang für $\frac{10}{100}$, für $\frac{25}{100}$ und für $\frac{5}{100}$.

1	2	3	4	5	6	7	8	9	10
11	12	13	14	15	16	17	18	19	20
21	22	23	24	25	26	27	28	29	30
31	32	33	34	35	36	37	38	39	40
41	42	43	44	45	46	47	48	49	50
51	52	53	54	55	56	57	58	59	60
61	62	63	64	65	66	67	68	69	70
71	72	73	74	75	76	77	78	79	80
81	82	83	84	85	86	87	88	89	90
91	92	93	94	95	96	97	98	99	100

Üben und anwenden

1 Färbe die angegebenen Anteile in einem Hunderterfeld ein und schreibe sie als gekürzten Bruch, Dezimalbruch und in Prozent.
$\frac{1}{100}$; $\frac{12}{100}$; $\frac{35}{100}$; $\frac{60}{100}$; $\frac{85}{100}$

2 Schreibe als Hundertstelbruch, Dezimalbruch und in Prozent.

$\frac{1}{2}$ $\frac{1}{10}$ $\frac{1}{4}$ $\frac{3}{5}$ $\frac{25}{50}$

3 Was gehört zusammen?
Beispiel $\frac{1}{5} = \frac{20}{100} = 20\,\%$

$\frac{1}{2}$ $\frac{1}{10}$ $\frac{1}{100}$ $\frac{1}{25}$ $\frac{1}{50}$ $\frac{1}{4}$ $\frac{1}{1000}$ $\frac{1}{20}$

10 % 5 % 4 % 0,1 % 25 % 2 % 1 % 50 %

4 Gib die gefärbten Flächen als Bruch, Hundertstelbruch, Dezimalbruch und in Prozent an.

a) 

b) 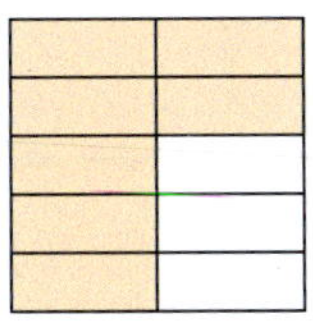

c) 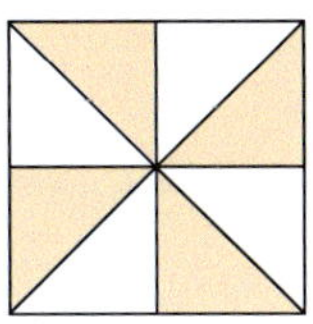

d) 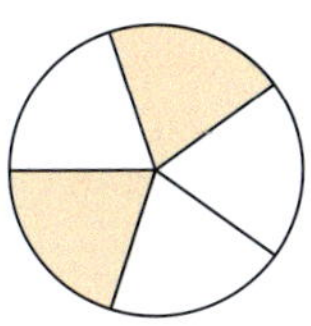

1 Färbe die angegebenen Anteile in einem Hunderterfeld ein und schreibe sie als gekürzter Bruch, Dezimalbruch und in Prozent.
$\frac{52}{100}$; $\frac{59}{100}$; $\frac{73}{100}$; $\frac{30}{50}$; $\frac{5}{20}$

2 Schreibe als Hundertstelbruch, Dezimalbruch und in Prozent.

$\frac{21}{25}$ $\frac{154}{200}$ $\frac{2}{5}$ $\frac{5}{125}$ $\frac{18}{90}$

3 Erstelle Aufgaben, wie im Beispiel.
Tauscht die Aufgaben untereinander aus und kontrolliert gegenseitig eure Lösungen.
Beispiel $\frac{1}{4} = \frac{25}{100} = 0{,}25 = ■\,\%$
$■ = \frac{80}{100} = ■ = 80\,\%$

4 Gib die gefärbten Flächen als Bruch, Hundertstelbruch, Dezimalbruch und in Prozent an.

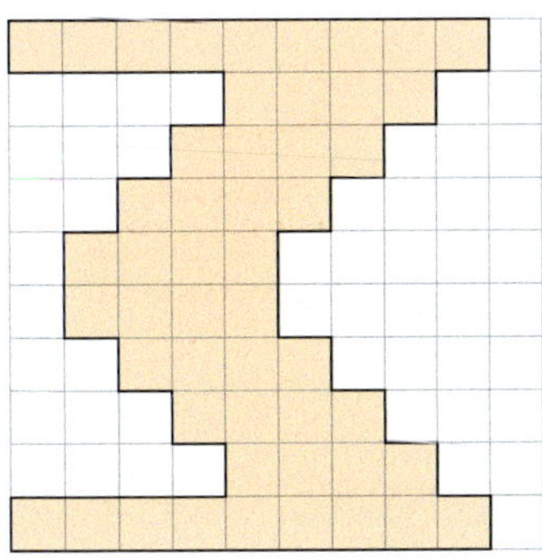

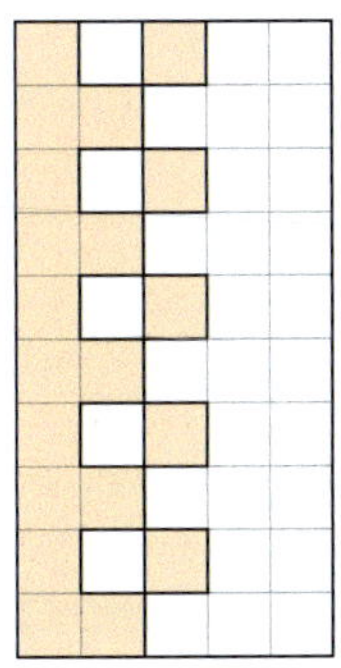

5 Welcher Anteil ist gefärbt? Schätze die Prozentzahl.
Beschreibe im Heft, wie du zu deiner Schätzung kommst.

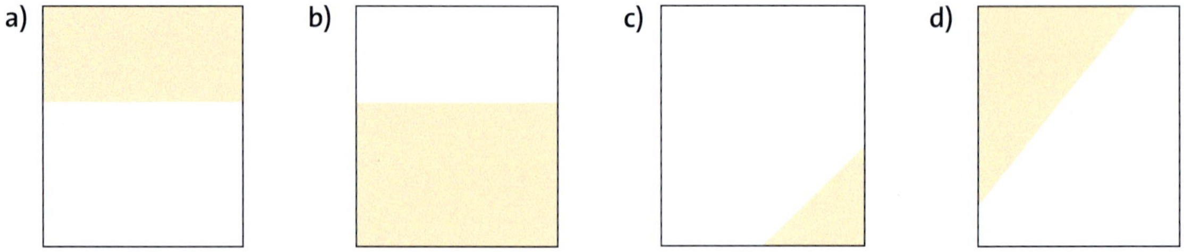

6 Ergänze die Tabelle in deinem Heft.

...	0,28	0,67	…	…	0,17
Bruch	$\frac{28}{100}$	…	…	$\frac{82}{100}$	…
...	…	…	19 %	…	…

6 Ergänze die Tabelle in deinem Heft.

...	…	…	65 %	…	…	71 %
...	$\frac{45}{100}$	…	…	…	$\frac{87}{100}$	…
...	…	0,85	…	0,24	…	…

7 Schreibe als Dezimalbruch, runde auf Tausendstel. Schreibe dann als Prozentzahl.

Beispiel $\frac{1}{6} = 1:6$
$\approx 0{,}167$
$\approx 16{,}7\,\%$

a) $\frac{1}{3}$; $\frac{1}{9}$; $\frac{1}{8}$; $\frac{1}{7}$; $\frac{1}{4}$ b) $\frac{5}{6}$; $\frac{2}{9}$; $\frac{2}{3}$; $\frac{3}{11}$; $\frac{2}{15}$

7 Schreibe als Dezimalbruch, runde auf Tausendstel. Schreibe dann als Prozentzahl.

Beispiel $\frac{9}{11} = 9:11$
$\approx 0{,}818$
$\approx 81{,}8\,\%$

a) $\frac{1}{6}$; $\frac{1}{5}$; $\frac{1}{13}$; $\frac{1}{15}$; $\frac{1}{21}$ b) $\frac{5}{7}$; $\frac{5}{9}$; $\frac{14}{15}$; $\frac{9}{13}$; $\frac{7}{17}$

8 In einer Klassenarbeit werden 20 Englisch-Vokabeln abgefragt.
Schätze, an wie viel Prozent der Vokabeln sich die Schüler noch erinnern. Prüfe dann nach.

a) Katrin weiß noch 17 Vokabeln.
b) Paul erinnert sich an 15 Wörter.
c) Cedric kann 12 Vokabeln übersetzen.
d) Lea erinnert sich an 9 Vokabeln.

9 Welche Klasse war beim Sportfest am besten? Vergleiche erst die Anzahlen und dann die Anteile.

	Schüleranzahl	Anzahl der Urkunden
7a	22	11
7b	30	24
7c	20	17
7d	25	16
7e	27	12

9 Durchschnittswerte in Deutschland

	Körperlänge	Kopflänge
Neugeborenes	48 cm	12 cm
6 Jahre alt	1,08 m	18 cm
12 Jahre alt	1,40 m	20 cm
25 Jahre alt	1,76 m	22 cm

a) Beschreibe die Informationen.
b) Gib jeweils den Anteil des Kopfes an der Körperlänge als Bruch und in Prozent an.

10 Der örtliche Sportverein zeigt auf einer Mitgliederversammlung folgendes Streifendiagramm.

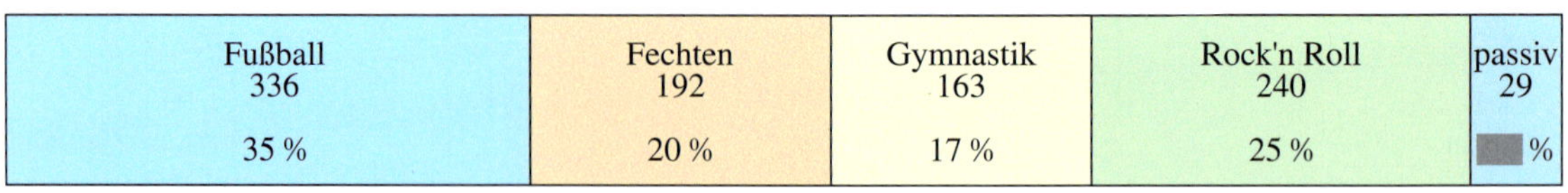

a) Notiere, was du aus diesem Diagramm ablesen kannst.
b) Wie viele Mitglieder hat der Verein, wenn jedes Mitglied höchstens in einer Sportgruppe ist?
c) Wie viel Prozent sind passive Mitglieder? Begründe schriftlich.

Grundbegriffe der Prozentrechnung

Entdecken

1 Marie hat den Preisnachlass vom Fernseher dargestellt. Erkläre die Aufgabe und Maries Darstellung in eigenen Worten.

2 Finde Fragen zu den Aufgaben.

a) Von 400 Schülern sind 20 Schüler erkrankt.

b) 10% von 230 Schülern haben ein Haustier.

c) Bei einem Sommerschlussverkauf gibt es 50% Rabatt auf alles. Sina spart beim Kauf einer Hose 30 €.

d) Vergleicht eure Fragen untereinander.

3 Finde zu den folgenden Darstellungen jeweils einen Sachzusammenhang. Stelle eine Frage zum fehlenden Wert.

a)

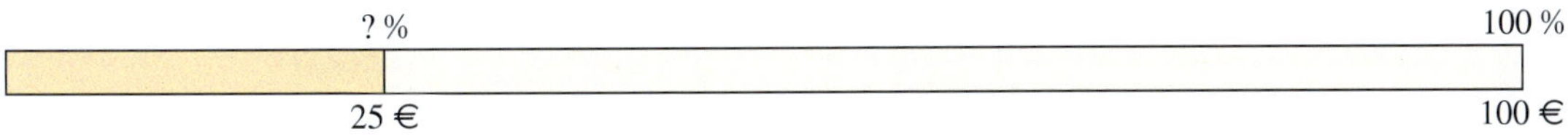

b)

c)

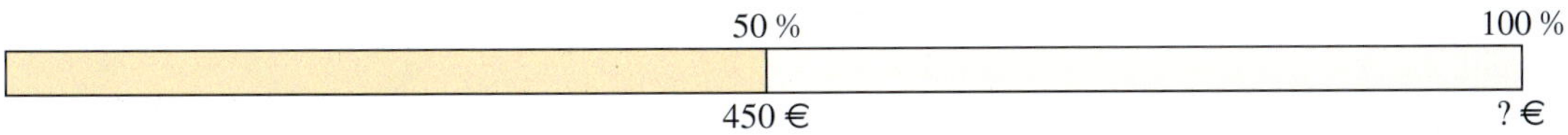

Verstehen

In der Klasse 7 d wählten 8 von 20 Schülerinnen und Schülern das Fach Musik.

Das Verhältnis kann man schreiben als:

$8 \text{ von } 20 = \frac{8}{20}$

$= 0{,}4$

$= 40\,\%$

Aus dem Bruchrechnen kennst du die Begriffe Teil, Ganzes und Anteil. Im Prozentrechnen passen dazu die drei Grundbegriffe:

Prozentwert – *P* 8 Schüler	von	**Grundwert – *G*** 20 Schüler(n)	sind	**Prozentsatz – *p*** 40%.	40% der Schüler wählten das Fach Musik.
(Teil)		*(Ganzes)*		*(Anteil)*	

Merke **Der Grundwert (*G*)** beschreibt immer das Ganze. Er entspricht 100%.
Einen Teil des Ganzen bezeichnet man als **Prozentwert (*P*)**.
Drückt man diesen Teil in Prozent aus, so spricht man vom **Prozentsatz (*p*)**.

Starthilfe

A Was ist jeweils markiert: Prozentwert, Grundwert oder Prozentsatz? Begründe deine Antwort.

a) Ich habe **50 %** meiner Ersparnisse verbraucht.
b) Ein ganzer Tag hat **24 Stunden**.
c) Von den Ferien sind bereits **5 Tage** vorüber.
d) Mein Lieblingsbuch hat **361 Seiten**.
e) **24 %** meiner Klassenkameraden besitzen ein Tablet.
f) Auf der Fahrt nach Italien haben wir nach **300 km** eine Pause gemacht.

Üben und anwenden

1 Notiere zu jeder Situation eine Frage.

a) Kristin möchte sich ein neues Handy für 420 € kaufen. Sie hat bereits 75 % der Kosten gespart.
b) Holger bekommt im Monat 40 € Taschengeld. Am 10. Juni hat er bereits 55 % davon ausgegeben.
c) Christians Vater schimpft: „Du verbringst 30 % von jedem Tag vor dem PC.“
d) Miriam sagt: „Ich bin jeden Tag 16 Stunden wach, davon verbringe ich 7 in der Schule.“
e) An einer Schule kaufen sich 120 Schüler täglich etwas beim Pausenverkauf. Das sind 40 % aller Schüler.

1 Beschreibe, welche Begriffe der Prozentrechnung du finden kannst.

„Bikie“
City-Fahrrad 24"
299,– €

- Alu-Rahmen
- Federsattelstütze
- SRAM 5-Gang

„Rocky“
Mountainbike
499,– €

- Alu-Rahmen
- Federgabel vorn
- S-21-Gang
- Gasdruckfeder hinten
- V-Super-Stop-Bremsen

2

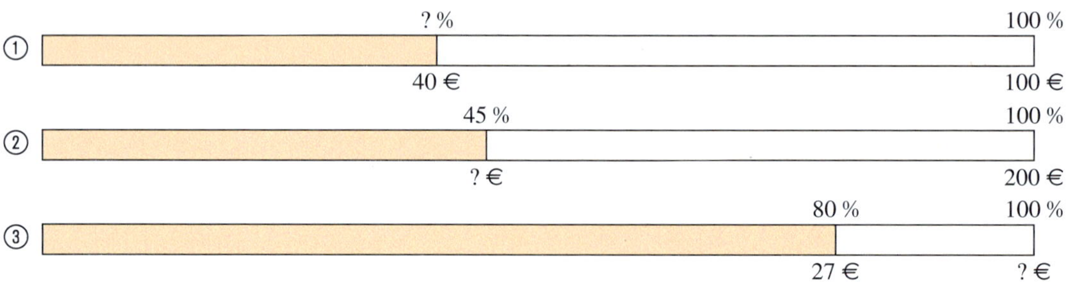

a) Welche Grundbegriffe des Prozentrechnens werden hier gesucht?
b) Finde zu jedem Streifen eine passende Situation wie in Aufgabe 1.

3 Welche der Begriffe Prozentwert, Grundwert und Prozentsatz sind bekannt, welche gesucht?

a) 9 von 36 Kindern sind erkrankt.
b) 144 Schüler kommen mit dem Fahrrad zur Schule, das sind 24 % aller Schüler.
c) 12 % von 470 Schülern kommen mit dem Schulbus zur Schule.

3 Welche der drei Grundbegriffe sind bekannt, welche gesucht?

a) 400 von 640 Schülern sind in einem Sportverein.
b) 62,5 % der Schüler sind Jungen, das sind 250 Jungen.
c) 6 Schüler, das sind 25 %, möchten das Fach Ernährung und Soziales wählen.

Der Prozentsatz

Entdecken

1 Spiel: Anteile raten

Vorbereitung: Erstellt eine „Prozent-Scheibe“.

① Zeichnet einen Kreis auf ein Blatt Papier und unterteilt ihn gleichmäßig in Prozentschritten. Schneidet den Kreis aus und schneidet ihn entlang der 100%-Linie bis zum Mittelpunkt ein.

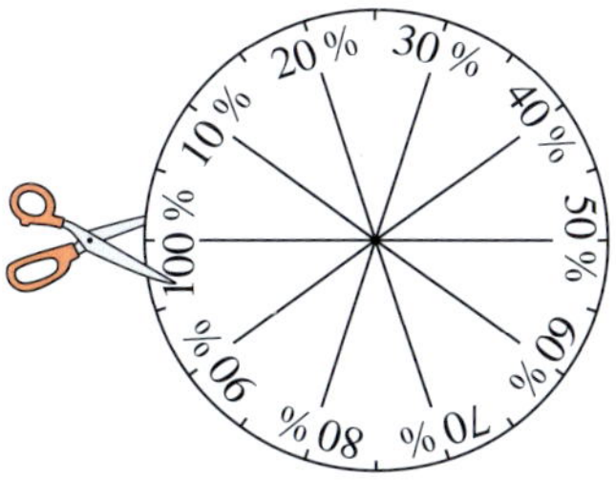

② Zeichnet einen zweiten Kreis auf farbiges Papier. Der Kreis soll genauso groß sein wie der erste Kreis.
Schneidet den Kreis aus und schneidet ihn bis zum Mittelpunkt ein.

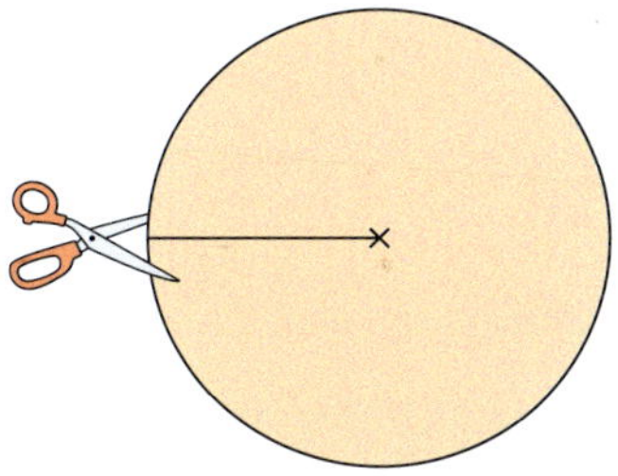

MATERIAL
Papier oder Pappe, Schere, Zirkel

Steckt beide Kreise so ineinander, dass auf der einen Seite die Prozentskala und auf der anderen nur der farbige Anteil zu sehen ist.

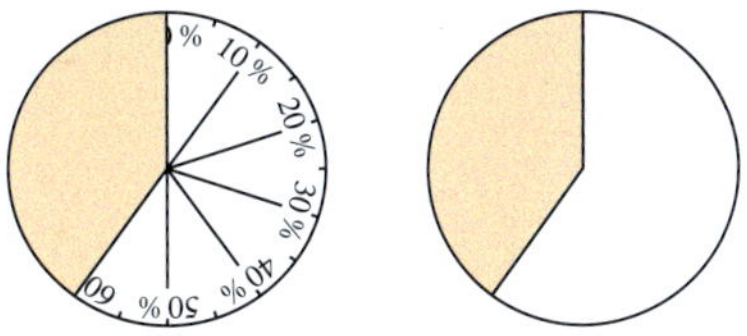

Spielablauf: Schüler A stellt einen Prozentwert mit der Skala ein.
Schüler B sieht nur den farbigen Anteil und schätzt den eingestellten Wert.
Wechselt euch ab. Notiert die eingestellten und geschätzten Werte.
Wer 10-mal näher dran war, gewinnt.

2 Zum Regieren brauchen Parteien mehr als 50 % der Sitze im Parlament.
Um die 50 % zu erreichen, schließen sich meistens zwei oder drei Parteien zusammen.
Das nennt man eine Koalition.

a) Schätze, ohne genau zu messen: Welche der Parteien könnten eine Koalition bilden?

b) Gebt die Anteile der Parteien an den Parlamentssitzen so genau wie möglich in Prozent an.

c) Recherchiert die aktuelle Sitzverteilung im Stadtrat eurer Stadt oder im Landtag von Bayern.
Erstellt ein passendes Diagramm.

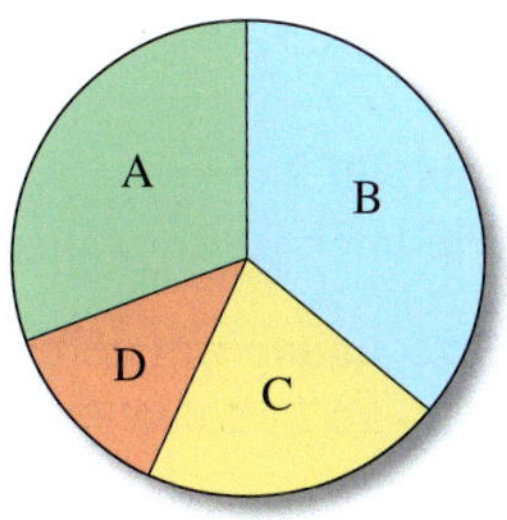

MATERIAL
Computer

3 Verkehrskontrolle

75 Fahrzeuge	
	15 Fahrzeuge
100 %	
	p

a) Beschreibe die Darstellung. Welcher Sachzusammenhang könnte dargestellt sein?

b) Bestimmt den Prozentsatz. Beschreibt euer Vorgehen schriftlich.

c) Vergleicht eure Lösungswege.

Verstehen

Die Klasse 7 a wird von 12 Mädchen und 13 Jungen besucht.
Wie viel Prozent der Schüler sind Mädchen?

Zur Lösung der Aufgabe muss der Prozentsatz für 12 Schüler bzw. Mädchen berechnet werden.

12 Schüler	von	25 Schüler(n)	sind	■ Schüler.
Prozentwert (P)		Grundwert (G)		Prozentsatz (p)

In der Prozentrechnung rechnet man häufig mit dem **Dreisatz**.

Beispiel 1

Marc berechnet den Anteil der Mädchen in der 7 a mit dem Dreisatz.

: 25	25 Schüler ≙ 100 %	: 25
· 12	1 Schüler ≙ 4 %	· 12
	12 Schüler ≙ 48 %	

1. **Wertepaar aufschreiben. Das Ganze ist immer 100 %.**
   Das Ganze sind alle Schüler in der 7 a, also 25 Schüler.
2. **Auf Eins rechnen.**
   Der Prozentsatz für 1 Schüler beträgt 4 %.
3. **Gesuchten Prozentsatz berechnen.**
   Der Prozentsatz für 12 Schüler beträgt 48 %.

In der 7 a sind 48 % der Schüler Mädchen.

Beispiel 2

Wie hoch ist der Anteil der Jungen in der Klasse 7a?

HINWEIS
Der Anteil der Jungen und Mädchen muss zusammen 100 % ergeben.
Probe:
48 % + 52 % = 100 %

Berechnung mit dem Dreisatz:

: 25	25 Schüler ≙ 100 %	: 25
· 13	1 Schüler ≙ 4 %	· 13
	13 Schüler ≙ 52 %	

1. **Wertepaar aufschreiben. Das Ganze ist immer 100 %.**
   Das Ganze sind alle Schüler in der 7 a, also 25 Schüler.
2. **Auf Eins rechnen.**
   Der Prozentsatz für 1 Schüler beträgt 4 %.
3. **Gesuchten Prozentsatz berechnen.**
   Der Prozentsatz für 13 Schüler beträgt 52 %.

In der 7 a sind 52 % der Schüler Jungen.

Merke Man kann den **Prozentsatz *p*** mit dem **Dreisatz** berechnen.

Starthilfe

A Heidi hatte 20 € Guthaben auf ihrem Handy.
Sie hat schon 5 € des Guthabens verbraucht.

a) Der Prozentsatz ist gesucht. Gib den Grundwert und den Prozentwert an.
b) Schreibe eine passende Frage zur Aufgabe.
c) Erkläre die Rechnung mit dem Dreisatz.
Ergänze die Rechnung im Heft und schreibe einen Antwortsatz.

	20 € ≙ 100 %		
: ■ ↓		↓ : ■	
	1 € ≙ 5 %		
· ■ ↓		↓ · ■	
	5 € ≙ 25 %		

B In einem Freibad sind 200 Personen. 120 davon sind Jugendliche.

a) Schreibe die passende Frage zur Berechnung des Prozentsatzes auf.
b) Vervollständige die Berechnung mit dem Dreisatz im Heft und schreibe einen Antwortsatz.

	200 Personen ≙ 100 %		
■ ↓		↓ ■	
	1 Person ≙ ■ %		
■ ↓		↓ ■	
	120 Personen ≙ ■ %		

Üben und anwenden

1 Bestimme die Prozentsätze.
Welche kannst du leicht im Kopf berechnen?

a)

10 m	25 m	50 m	78 m	99 m
von 100 m				

b)

2 kg	20 kg	90 kg	100 kg	150 kg
von 200 kg				

2 Berechne die fehlenden Werte.

	Grundwert	Prozentwert	Prozentsatz
a)	50 €	17 €	…
b)	25 m	23 m	…
c)	40 min	3 min	…
d)	250 kg	92 kg	…

3 Überschlage zuerst.
Berechne dann den Prozentsatz.

a) 65 kg von 260 kg
b) 84 g von 420 g
c) 31 m von 151 m

1 Bestimme die Prozentsätze.
Welche kannst du leicht im Kopf berechnen?

a)

2 €	20 €	25 €	50 €	75 €
von 200 €				

b)

5 min	10 min	12 min	20 min	30 min
von 60 min				

2 Berechne die fehlenden Werte.

	Grundwert	Prozentwert	Prozentsatz
a)	300 l	33 l	…
b)	456 cm	342 cm	…
c)	250 km	50 km	…
d)	450 m	54 m	…

3 Überschlage zuerst.
Berechne dann den Prozentsatz.

a) 64 km von 128 km
b) 6,24 l von 7,8 l
c) 6,5 l von 31,5 l

4 In der Klasse 7 c einer Schule sind 12 Jungen und 18 Mädchen. Wie viel Prozent der Klasse sind das jeweils?

4 Von 1 500 Schülerinnen und Schülern einer Schule gehören 117 der 7. Jahrgangsstufe an. Wie viel Prozent sind das?

5 Bei der letzten Klassenarbeit gab es bei 25 Arbeiten nur einmal die Note 1. Wie viel Prozent sind das?

5 In einer Schulklasse mit 24 Jugendlichen sind sechs an Grippe erkrankt. Wie viel Prozent sind das?

6 Erkläre im Heft, wie Magnus rechnet. Finde ähnliche Aufgaben.

① 15 von 60 Handys

② 40 von 160 Elfmetern

③ 45 von 90 Telefonaten

7 Bei einem Basketballspiel erzielte Lukas bei 9 Würfen 4 Treffer, Amelie mit 15 Würfen 9 Treffer und Kevin traf bei 25 Würfen 11-mal.
Vergleiche die Trefferquoten: Wer hatte die beste Trefferquote?

7 Stadt A hat 25 000 Einwohner, Stadt B hat 45 000 Einwohner.
In A fahren 12 000 Menschen mit dem Auto zur Arbeit, in B 16 000.

a) Wie viel Prozent hat Stadt B mehr an Einwohnern als Stadt A?
b) In welcher Stadt fährt ein höherer Prozentsatz mit dem Auto zur Arbeit?

ZUM WEITERARBEITEN
Wie ist es in eurer Klasse? Macht eine Umfrage und wertet sie aus. Stellt das Ergebnis in einem Diagramm dar.

8 257 von 920 Schülern kommen mit dem Bus, 449 mit dem Fahrrad und 42 mit dem Moped zur Schule. Die anderen kommen zu Fuß. Wie viel Prozent sind das jeweils?

9 Was wurde falsch gemacht? Begründe.

a) 8 von den Jugendlichen sind 100 m gelaufen. $p = 8\,\%$
b) 10 m von den Holzleisten kosten 25 €. $p = 40\,\%$
c) 3 Jungen und 9 Mädchen $p \approx 33{,}3\,\%$

9 Finde die Fehler und korrigiere im Heft.

a) 7 kg von 50 kg

$50\,kg \mathrel{\hat=} 100\,\%$

$1\,kg \mathrel{\hat=} 100\,\% \cdot 50$

$7\,kg \mathrel{\hat=} \frac{100\,\% \cdot 50}{7} \approx$ ■

b) 2 € von 12,50 €

$100\,\% \mathrel{\hat=} 12{,}5\,€$

$1\,\% \mathrel{\hat=} \frac{12{,}50\,€}{100}$

$2\,\% \mathrel{\hat=} \frac{12{,}50\,€ \cdot 2}{100}$

10 Aus dem Werbeprospekt eines Musikhauses

Akustik-Gitarre „Alma“ *E-Gitarre „Rock!“* *E-Gitarre „Fire“*

a) Wie viel Prozent des ursprünglichen Preises kostet die Gitarre noch?
b) Wie viel Geld wird jeweils gespart? Um wie viel Prozent ist die Gitarre reduziert?
c) Suche aus Werbeprospekten ähnliche Aufgaben heraus und stelle sie der Klasse vor.

MATERIAL
Werbeprospekte

Der Prozentwert

Entdecken

1 Said zeichnet ein Hunderterfeld mit Schälchen.
Auf diese Schälchen verteilt er 360 € gleichmäßig.

a) Wie viel Geld liegt in *einem* Schälchen?
Wie viel Prozent vom gesamten Betrag sind das?

b) Wie viel Geld enthalten 12 Schälchen?
Wie viel Prozent von 360 € sind das?

c) Beschreibe, wie man den Geldbetrag für verschiedene Prozentsätze bestimmen kann.

d) Bestimme 40 % vom Gesamtbetrag.

e) Bestimme 72 % vom Gesamtbetrag.

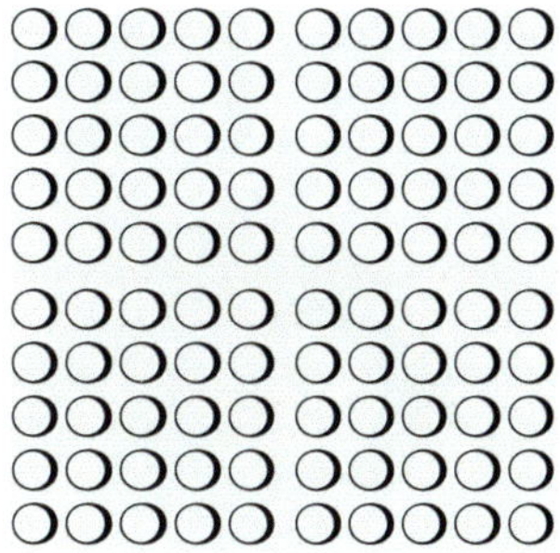

2 Gestern war Bürgermeisterwahl in Neustadt.
8000 Personen haben gewählt.

Bürgermeisterwahl in Neustadt	
Jana Berwig	40 %
Peter Petersen	5 %
Florian Segelke	20 %
Dr. Katrin Wagner	35 %

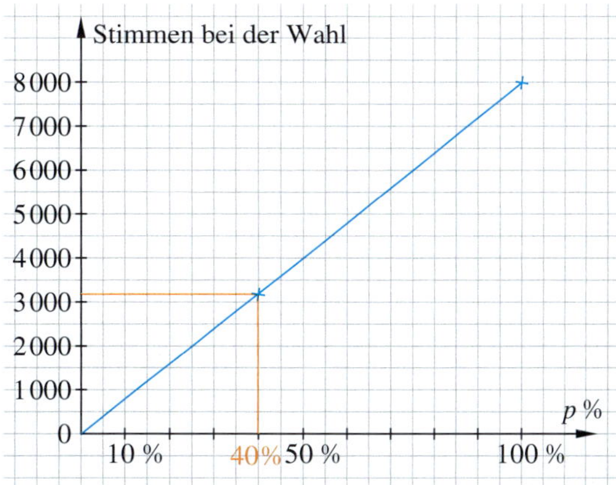

a) Claire versucht ihre Frage zeichnerisch zu lösen. Erkläre, was sie gemacht hat.

b) Übertrage die Zeichnung in dein Heft.
Markiere die Werte aller Kandidaten und lies sie ab.

3 Eine Internetbuchhandlung wirbt für ein Hörbuch.

a) Klärt untereinander die Angaben, die für euch unverständlich sind.

b) Helena und Tom wollen überprüfen, ob der Preis wirklich um 40 % reduziert wurde.
Erklärt die unterschiedlichen Rechenwege.
Helena berechnet 40 % von 89,95 €:

: 100 (100 % ≙ 89,95 €) : 100
· 40 (1 % ≙ 0,8995 €) · 40
40 % ≙ 35,98 €

Tom rechnet so:

: 40 (40 % ≙ 35,98 €) : 40
· 100 (1 % ≙ 0,8995 €) · 100
100 % ≙ 89,95 €

Märchen – Gesamtausgabe Band 1–7	
Hörbuch	
Unverb. Preisempfehlung ~~EUR 89,95~~	
Preis	EUR 53,97
Sie sparen	EUR 35,98 (40 %)

Verstehen

Wie viel Ermäßigung erhält Claudia beim Kauf eines Trikots?

Zur Lösung der Aufgabe muss der Prozentwert berechnet werden.

3 %	von	36 €	sind	■ €.
Prozentsatz (p)		Grundwert (G)		Prozentwert (P)

Beispiel 1

Claudia rechnet mit dem Dreisatz:

$$\begin{array}{rrcll} & 100\,\% & \mathrel{\hat=} & 36\,€ & \\ :100 \downarrow & & & & \downarrow :100 \\ & 1\,\% & \mathrel{\hat=} & 0{,}36\,€ & \\ \cdot 3 \downarrow & & & & \downarrow \cdot 3 \\ & 3\,\% & \mathrel{\hat=} & 1{,}08\,€ & \end{array}$$

1. **Wertepaar aufschreiben. Das Ganze ist immer 100 %.**
   Das Ganze ist der volle Preis, also 36 €.
2. **Auf Eins rechnen.**
   Der Prozentwert für 1 % beträgt 0,36 €.
3. **Gesuchten Prozentwert berechnen.**
   Der Prozentsatz für 3 % beträgt 1,08 €.

Claudia erhält bei 3 % Ermäßigung einen Preisvorteil von 1,08 €.

Beispiel 2

Wie viel Euro spart Tom?

$$\begin{array}{rrcll} & 100\,\% & \mathrel{\hat=} & 36\,€ & \\ :100 \downarrow & & & & \downarrow :100 \\ & 1\,\% & \mathrel{\hat=} & 0{,}36\,€ & \\ \cdot 15 \downarrow & & & & \downarrow \cdot 15 \\ & 15\,\% & \mathrel{\hat=} & 5{,}40\,€ & \end{array}$$

1. **Wertepaar aufschreiben. Das Ganze ist immer 100 %.**
   Das Ganze ist der volle Preis, also 36 €.
2. **Auf Eins rechnen.**
   Der Prozentwert für 1 % beträgt 0,36 €.
3. **Gesuchten Prozentwert berechnen.**
   Der Prozentsatz für 15 % beträgt 5,40 €.

Tom spart bei 15 % Ermäßigung 5,40 €.

Merke Man kann den **Prozentwert *P*** mit dem **Dreisatz** berechnen.

Starthilfe

A Eine 250 € teure Jacke wird um 17 % billiger. Wie viel Euro spart man?

a) Der Prozentwert ist gesucht. Gib den Grundwert und den Prozentsatz an.

b) Erkläre die Rechnung mit dem Dreisatz. Ergänze die Rechnung im Heft und schreibe einen Antwortsatz.

: ■	100 % ≙ 250 €	: ■
· ■	1 % ≙ 2,50 €	· ■
	17 % ≙ 42,50 €	

B In diesem Jahr sind 20 % weniger Schüler an einer Schule. Letztes Jahr waren es 460 Schüler.

a) Der Prozentwert soll berechnet werden. Welche Frage passt dazu?

① Wie viel Prozent der Schüler sind in diesem Jahr noch an der Schule?

② Wie viel weniger Schüler sind in diesem Jahr an der Schule?

③ Wie viele Schüler sind in diesem Jahr an der Schule?

b) Vervollständige die Berechnung mit dem Dreisatz im Heft und schreibe einen Antwortsatz.

■	100 % ≙ 460 Schüler	■
■	1 % ≙ ■ Schüler	■
	20 % ≙ ■ Schüler	

Üben und anwenden

1 Bestimme die Prozentwerte.
Welche kannst du leicht im Kopf berechnen?

a)

1 %	5 %	51 %	77 %	99 %
von 100 €				

b)

1 %	10 %	17 %	50 %	75 %
von 200 kg				

2 Berechne im Heft den fehlenden Wert.

	Grundwert	Prozentsatz	Prozentwert
a)	4500 €	8 %	…
b)	30 l	9 %	…
c)	24 h	25 %	…

3 Überschlage zuerst und berechne dann.

a) 8 % von 98 € b) 19 % von 72 m
c) 14 % von 820 kg d) 49 % von 70 g

4 Gib den Prozentwert in der nächstkleineren Einheit an.

Beispiel 2 % von 10 m sind 0,2 m, also 2 dm.

a) 5 % von 50 € b) 20 % von 80 kg
c) 25 % von 125 m d) 30 % von 4 h

1 Bestimme die Prozentwerte.
Welche kannst du leicht im Kopf berechnen?

a)

1 %	1,5 %	7 %	65,5 %	100 %
von 200 m				

b)

1 %	1,5 %	5 %	31 %	99 %
von 50 €				

2 Berechne im Heft den fehlenden Wert.

	Grundwert	Prozentsatz	Prozentwert
a)	120 mm	12 %	…
b)	10 kg	13 %	…
c)	320 l	12,5 %	…

3 Überschlage zuerst und berechne dann.

a) 27 % von 421 km b) 5,6 % von 126 m
c) 12 % von 124 cm^3 d) 0,9 % von 136 kg

4 Gib den Prozentwert in der nächstkleineren Einheit an.

Beispiel 7 % von 100 € sind 7 €, also 700 Cent.

a) 5,5 % von 120 € b) 12,5 % von 90 h
c) 0,4 % von 4 kg d) 35 % von 72 t

5 Der Sportverein „Kondor“ zählt 640 Mitglieder.
20 % seiner Mitglieder spielen Fußball, 30 % spielen Basketball, 40 % sind Leichtathleten und 10 % aller Mitglieder sind Schwimmer. Berechne die Anzahl der Mitglieder in jeder Abteilung.

5 In einer Schule wurden 360 Fahrräder kontrolliert. 30 % der Fahrräder waren ohne Mängel, 45 % hatten fehlerhafte Bremsen, bei 35 % funktionierten die Lichter nicht.
a) Berechne die einzelnen Anteile.
b) Addiere die einzelnen Prozentsätze. Was stellst du fest? Begründe.

6 In vielen Lebensmitteln befindet sich ein großer Anteil Wasser.
a) Wie viel Wasser befindet sich in 1 kg des jeweiligen Lebensmittels?

b) Wie viel Wasser ist in 25 kg Kartoffeln, und in 200 g Käse enthalten?
c) Recherchiert die Wasseranteile weiterer Lebensmittel und präsentiert sie.

MATERIAL
Plakat

6 Bei normaler körperlicher Anstrengung soll man täglich höchstens 75 g Fett zu sich nehmen. Hält Kevin die Empfehlung ein?
a) Heute hat er gegessen:

15 g Walnüsse	(63 % Fett)
120 g Roggenbrot	(1 % Fett)
25 g Butter	(80 % Fett)
15 g Wurst	(41 % Fett)
60 g Ei	(10 % Fett)
100 g Rindfleisch	(19 % Fett)

b) Recherchiert weitere Lebensmittel mit einem besonders hohen und besonders niedrigen Fettanteil. Präsentiert eure Ergebnisse auf einem Plakat.

7 230 Jugendliche wurden befragt: „Wie wichtig ist dir Ruhe bei den Hausaufgaben?“

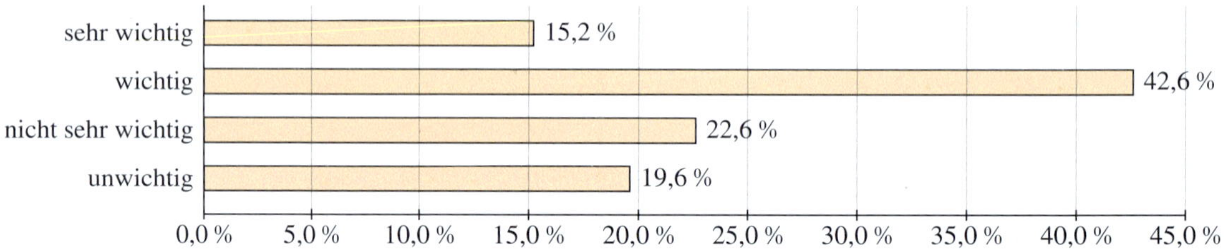

Jonas möchte die Umfrage in einem Piktogramm darstellen. Ein Smiley steht für 5 Jugendliche.

sehr wichtig ☺ ☺ ☺ ☺ ☺ ☺ ☺
wichtig ☺

a) Prüfe, ob Jonas richtig gerechnet hat. Begründe deine Meinung.
b) Übertrage die Darstellung von Jonas in dein Heft und ergänze die restlichen Werte.

8 127 Schüler wurden zu ihren Zeugnisnoten in Englisch befragt:

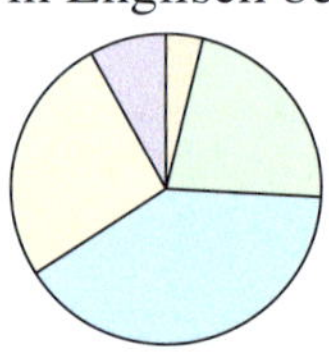

sehr gut: 4 %
gut: 22 %
befriedigend: 40 %
ausreichend: 26 %
mangelhaft/ungenügend: 8 %

a) Ordne die Prozentsätze den Kreissegmenten zu. Begründe deine Zuordnung.
b) Wie viele Schüler bekamen welche Note? Runde sinnvoll.

8 Was ist in dem Diagramm dargestellt? Zeichne ein Säulendiagramm, das die Prozentsätze darstellt. Vergleiche die beiden Diagramme miteinander.

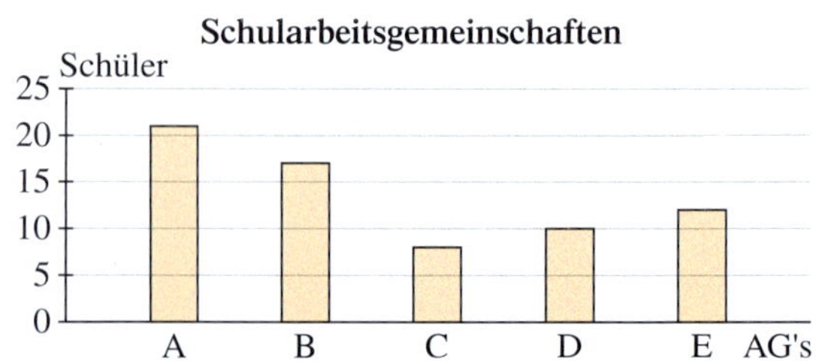

Der Grundwert

Entdecken

1 Übertrage das Viereck in dein Heft und ergänze es, bis 100 % erreicht sind. Gibt es immer mehrere Möglichkeiten?

a)

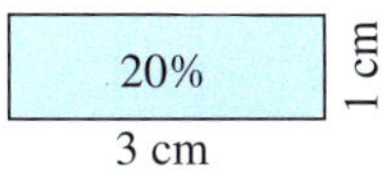

b)

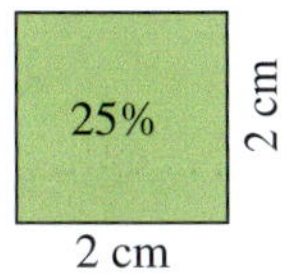

c)

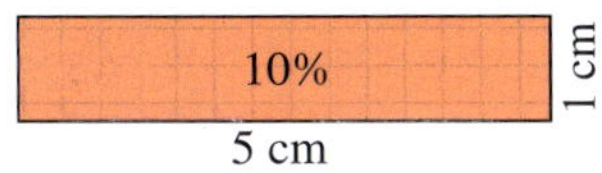

d)

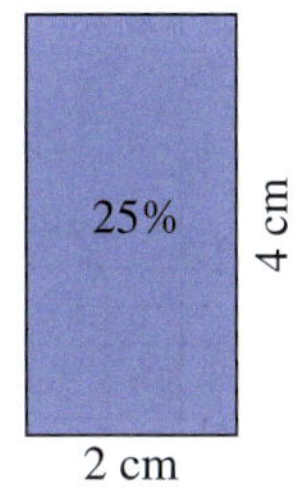

2 Aus dem Neustädter Tageblatt

> **Hausaufgabenzeit**
> Von den befragten Schülerinnen und Schülern gaben 30 an, in der Woche mehr als 6 Stunden für die Hausaufgaben zu benötigen. Das entspricht einem Prozentsatz von 15 %.

a) Kann man mit dem Dreisatzschema berechnen, wie viele Schülerinnen und Schüler befragt wurden?
100 % ≙ ■ Schüler
1 % ≙ ■ Schüler
15 % ≙ 30 Schüler

b) Sonja will das Dreisatzschema verändern:
Sie will die Lösung der Aufgabe rechts unten ablesen, so wie sie es bisher beim Dreisatz getan hat.
Erstelle ein solches Schema.

c) Überprüfe dein Dreisatzschema aus b) mit einer weiteren Angabe aus derselben Umfrage:

> 45 % der Schülerinnen und Schüler benötigen pro Woche 4 bis 6 Stunden für die Hausaufgaben. Diese Zeitspanne gaben 90 von den Befragten an.

3 Aus der Berufswelt

In Niederbayern wurden in einem Jahr insgesamt 1 054 Ausbildungen im Bereich Hotel- und Gaststättengewerbe begonnen.
Das waren 22 % aller begonnenen Ausbildungen.
Beurteilt die folgenden Aussagen:

① „Es wird der Grundwert gesucht."
② „Es müssen fast 5-mal so viele Ausbildungen gesamt sein."
③ „22 mal 1054 ergibt 23 188 Ausbildungen."
④ „Ich rechne mit dem Dreisatz:
100 % sind 1054 Ausbildungen,
1 % sind 10,54 Ausbildungen und
22 % sind 232 Ausbildungen."
⑤ „Beim Dreisatz müssen auf jeden Fall die 22 % und die 1 054 in der Zeile stehen, weil der Grundwert gesucht ist."

Verstehen

In der Verkehrssicherheitswoche an einer Schule wurden die Fahrräder der Fünft- bis Achtklässler stichprobenartig überprüft.

16 Fahrräder wiesen Mängel auf, das sind 20 %.

Alessia möchte wissen, wie viele Fahrräder überprüft wurden.

Zur Lösung der Aufgabe muss der Grundwert berechnet werden.

20 %	sind	16 Fahrräder	von	■ Fahrrädern.
Prozentsatz (p)		Prozentwert (P)		Grundwert (G)

Beispiel 1

Alessia rechnet mit dem Dreisatz:

	20 % ≙ 16 Fahrräder		
: 20 ↓		↓ : 20	
	1 % ≙ 0,8 Fahrräder		
· 100 ↓		↓ · 100	
	100 % ≙ 80 Fahrräder		

1. **Wertepaar aufschreiben.** 20 % sind 16 Fahrräder.
2. **Auf Eins rechnen.** Der Prozentwert für 1 % beträgt 0,8 Fahrräder.
3. **Den Grundwert bzw. „das Ganze" berechnen.** 100 % der Fahrräder sind 80 Fahrräder.

Insgesamt wurden 80 Fahrräder der Fünft- bis Achtklässler kontrolliert.

Beispiel 2

Markus sagt: „Bei uns in der Klasse hatten 2 Fahrräder Mängel. Das waren 10 % der geprüften Fahrräder."
Wie viele Fahrräder wurden in Markus' Klasse geprüft?

	10 % ≙ 2 Fahrräder		
: 10 ↓		↓ : 10	
	1 % ≙ 0,2 Fahrräder		
· 100 ↓		↓ · 100	
	100 % ≙ 20 Fahrräder		

1. **Wertepaar aufschreiben.** 10 % sind 2 Fahrräder.
2. **Auf Eins rechnen.** Der Prozentwert für 1 % beträgt 0,2 Fahrräder.
3. **Den Grundwert bzw. „das Ganze" berechnen.** 100 % der Fahrräder sind 20 Fahrräder.

In Markus' Klasse wurden 20 Fahrräder geprüft.

Merke Man kann den **Grundwert *G*** mit dem **Dreisatz** berechnen.

Starthilfe

A 40 % der Kosten eines Fahrrades sind 340 €.

a) Der Grundwert ist gesucht. Gib den Prozentwert und den Prozentsatz an.

b) Erkläre die Rechnung mit dem Dreisatz.
Ergänze die Rechnung im Heft und schreibe einen Antwortsatz

: ■	40 % ≙ 340 €	: ■
· ■	1 % ≙ 8,50 €	· ■
	100 % ≙ 850 €	

B 75 km einer Fahrtstrecke sind 85 %.

a) Schreibe eine passende Frage zur Aufgabe.

b) Vervollständige die Berechnung mit dem Dreisatz im Heft und schreibe einen Antwortsatz.

■	85 % ≙ 75 km	■
■	1 % ≙ ■ km	■
	100 % ≙ ■ km	

Üben und anwenden

1 Bestimme den Grundwert.

a) 3 % sind 12 € b) 50 % sind 36 kg
c) 40 % sind 80 m d) 65 % sind 455 l
e) 80 % sind 728 km f) 5 % sind 45 €

1 Berechne den Grundwert.

a) 44 % sind 968 g b) 32 % sind 736 cm
c) 61 % sind 1 647 m d) 89 % sind 267 l
e) 57 % sind 9,69 km f) 99 % sind 2,97 m

2 Berechne im Heft den fehlenden Wert.

	Prozentwert	Prozentsatz	Grundwert
a)	114,56	16 %	…
b)	50,40	12 %	…
c)	45	9 %	…
d)	128	25 %	…

2 Berechne im Heft den fehlenden Wert.

	Prozentwert	Prozentsatz	Grundwert
a)	127,68	42 %	…
b)	723,20	64 %	…
c)	574,56	76 %	…
d)	6 245	2 %	…

3 Überschlage zuerst und berechne dann.

a) 18 % sind 197 € b) 17 % sind 420 t
c) 46 % sind 81 l d) 24 % sind 31 cm

3 Überschlage zuerst und berechne dann.

a) 8 % sind 75 g b) 12 % sind 72,60 €
c) 74 % sind 675 km d) 91 % sind 36 kg

4 Das Wohnzimmer von Familie Reimer hat eine Fläche von 32 m^2. Das sind 22 % der gesamten Wohnfläche.

a) Wie groß ist die gesamte Wohnfläche?
Runde sinnvoll.

b) Der Anteil eines Kinderzimmers an der gesamten Wohnfläche beträgt 10 %.

c) Die Fläche der Küche wird mit 15 % angegeben.

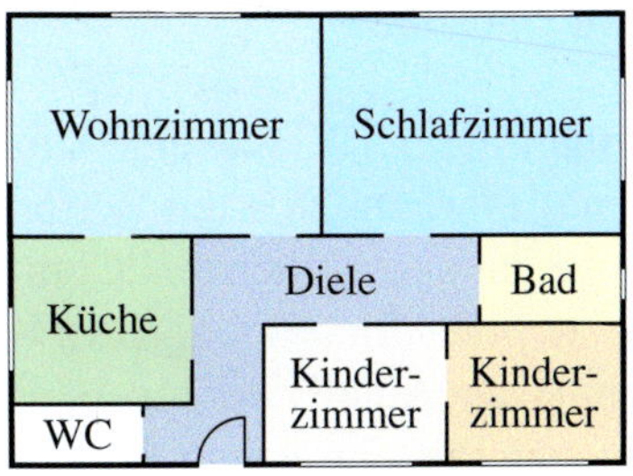

ZUM WEITERARBEITEN
Skizziere einen Grundriss von deiner Wohnung/deinem Haus. Informiere dich über die einzelnen Zimmergrößen. Erstelle zu dem Grundriss Aufgaben.

5 In einer Schule sind 208 Schülerinnen und Schüler Mitglied in einem Verein, das sind 65 % der gesamten Schüleranzahl.
Berechne diese Anzahl.

6 An einer Losbude

a) Stelle sinnvolle Fragen und beantworte sie.
b) Schreibe eine passende Geschichte.

7 Ergänze die Streifen im Heft zu 100 %.

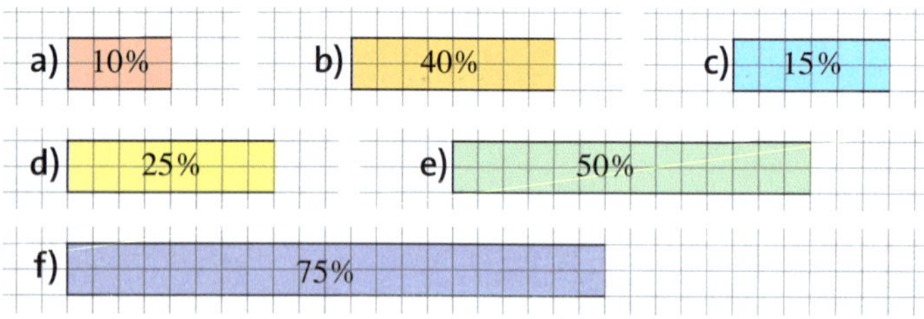

8 Lillis Mutter hat eine Mieterhöhung um 4 % erhalten. Sie zahlt jetzt 34 € mehr.
a) Wie hoch war die alte Miete?
b) Wie viel Miete muss sie nach der Mieterhöhung zahlen?

9 An einer Tankstelle erhöhte sich der Preis für Superbenzin um ca. 1,6 %. Das entsprach einer Preiserhöhung von 2 Ct pro Liter.
a) Wie teuer war das Benzin vorher?
b) Wie teuer war das Benzin nach der Preiserhöhung?

5 Ein bebautes Grundstück hat 600 m^2 Gartenfläche, was 80 % des Grundstücks ausmacht. Wie viel m^2 hat das Grundstück und welche Fläche ist bebaut?

6 An einer Losbude

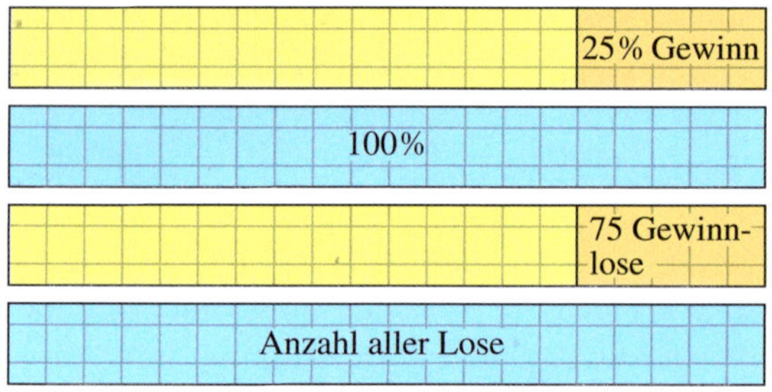

a) Stellt euch Fragen zum Diagramm und beantwortet sie gegenseitig.
b) Schreibt zu dem Diagramm eine passende Geschichte.

7 Wie groß ist jeweils der Grundwert?

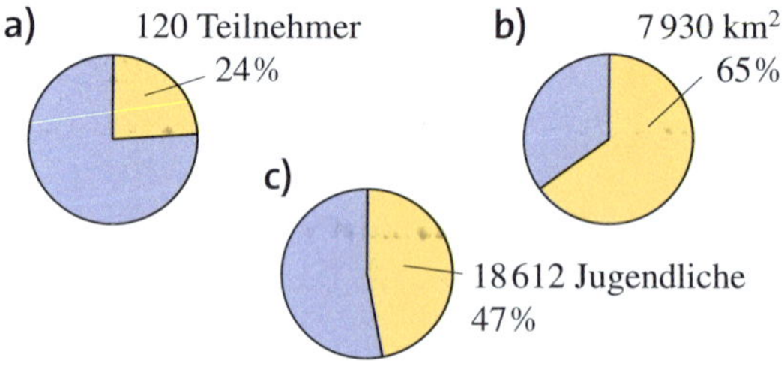

8 Herr Bonner zahlt monatlich 360,74 € Lohnsteuer, das sind 17 % seines Gehalts.
a) Wie viel verdient Herr Bonner monatlich?
b) Vor zwei Monaten wurde sein Gehalt um 8 % erhöht. Wie viel hat er zuvor verdient?

9 Der durchschnittliche Preis für Diesel ist gegenüber dem Vorjahr um rund 10,7 % gestiegen. Dieses Jahr kostet ein Liter im Durchschnitt rund 12,4 Ct mehr als im Vorjahr. Wie teuer war Diesel im vorigen Jahr? Runde sinnvoll.

10 Jana führt in ihrer Klasse eine Umfrage zur Fernseh- und Computernutzung durch.
7 Personen (das waren 28 % der Befragten) gaben an, dass sie täglich fernsehen.
19 gaben an, dass sie täglich den Computer nutzen.
a) Wie viele Jugendliche sind in der Klasse?
b) Bestimme den Anteil derjenigen, die täglich den Computer nutzen.
c) Addiere die Prozentsätze und erkläre dein Ergebnis. Erstelle ein geeignetes Diagramm.

Strategie Argumentieren in der Mathematik

Argumentieren in der Mathematik besteht aus drei wichtigen Schritten:

Schritt	**Beispiel**
1. Es werden **Aussagen aufgestellt** oder **Fragen gestellt** wie z. B. „Was passiert, wenn …?“ oder „Wie verändert sich…, wenn…?“	Frank: „Im Vokabeltest hatte ich 5 Punkte und eine 4. Im Mathetest hatte ich dreimal so viele Punkte und auch nur eine 4. Das ist doch ungerecht!“
2. Die Beantwortung der Fragen ist häufig eine **Erklärung** oder **Erläuterung**.	Petra: „Unser Lehrer hat mir mal erklärt, dass er die Notenschlüssel immer mit Prozenten macht. Je mehr Punkte es in einem Test gibt, desto mehr Punkte musst du auch erreichen.“
3. Anhand von (gerechneten) Beispielen lassen sich diese Erläuterungen dann **begründen** bzw. **beweisen**. **Durch Gegenbeispiele kann man Aussagen widerlegen.**	Vokabeltest Gesamtpunktzahl 12: $100\,\% \mathrel{\hat{=}} 12$ $1\,\% \mathrel{\hat{=}} 0{,}12$ $57\,\% \mathrel{\hat{=}} 6{,}84 \approx 7$ Punkte Mathetest Gesamtpunktzahl 40: $100\,\% \mathrel{\hat{=}} 40$ $1\,\% \mathrel{\hat{=}} 0{,}40$ $57\,\% \mathrel{\hat{=}} 22{,}8 \approx 23$ Punkte „Die Note 3 endet also immer bei 57 % der Gesamtpunktzahl. Im Matheteste muss man 23 Punkte erreichen, um eine 3 zu erhalten, im Vokabeltest nur 7 Punkte.“

Notenschlüssel
100 – 91 % = 1
90 – 77 % = 2
76 – 57 % = 3
56 – 39 % = 4
38 – 25 % = 5
24 – 0 % = 6

Üben und anwenden

1 Prüfe, ob die Aussagen wahr oder falsch sind. Begründe jeweils schriftlich.

a) Für den Punktabstand zwischen Note 1 und 2 ist immer die Gesamtpunktzahl verantwortlich.
b) 6 Punkte sind 25 %. Um 50 % zu schaffen, benötigt man doppelt so viele Punkte.
c) Mit 50 Punkten ist man in jedem Test mindestens im Bereich einer 3.
d) Wenn es im nächsten Test halb so viele Punkte gibt wie in diesem, dann muss man auch nur halb so viele Punkte schaffen, um die gleiche Note zu bekommen.
e) Stelle weitere Aussagen zu dem Notenschlüssel auf und lasse sie von deinem Lernpartner prüfen.

2 Ein Rechteck hat einen Umfang von 20 cm und die Seitenlänge $a = 4$ cm.
Gib den Prozentanteil der Seite a am Umfang des Rechtecks an.
Wie ändert sich der Prozentanteil, wenn der Umfang gleich bleibt?
Wende die Schritte des Argumentierens an.

a) Die Seite a wird halbiert.
b) Die Seite a wird verdoppelt.

Strategie Mischungsaufgaben lösen

Im Alltag findet man häufig Prozentangaben, die Mischungsverhältnisse darstellen. Hier von einem Erfrischungsgetränk:

OBA-Schorle
47 % Orangensaft
6 % Ananassaft
2 % Bananensaft
der Rest ist Wasser

Den Zusammenhang zwischen Brüchen und Prozenten kennst du bereits.
$\frac{1}{4} = 0{,}25 = 25\,\%$
Bei Mischaufgaben kannst du dies gut anwenden.

Mischverhältnis von 1:3, das sind 4 Teile also $\frac{1}{4}$ und $\frac{3}{4}$, das sind 25 % und 75 %.

Drei Dosen Rot und eine Dose Blau werden zu Violett gemischt:

Eine von vier Dosen ist blau.

Drei von vier Dosen sind rot.

$\frac{1}{4} = 0{,}25 = 25\,\%$
$\frac{1}{4}$ bzw. 25 % der Dosen sind blau.

Man spricht von einem Mischungsverhältnis Blau zu Rot von 1 : 3.

$\frac{3}{4} = 0{,}75 = 75\,\%$
$\frac{3}{4}$ bzw. 75 % der Dosen sind rot.

Man spricht von einem Mischungsverhältnis Rot zu Blau von 3 : 1.

Üben und anwenden

1 Welche Aussagen passen zusammen? Begründe schriftlich.

- **a)** 300 ml Saft und 600 ml Wasser
- **b)** 25 % und 75 %
- **c)** doppelt so viel
- **d)** Mische blaue und rote Farbe im Verhältnis 1 : 2.
- **e)** 2 Kanister gelbe und 6 Kanister blaue Farbe
- **f)** 400 ml auf 10 l
- **g)** 250 ml blau und 500 ml rot
- **h)** Mischungsverhältnis 1 : 3
- **i)** Das Mofa fährt mit Benzin/Öl-Gemisch 1 : 25.
- **j)** $\frac{1}{4}$ Sirup und $\frac{3}{4}$ Wasser

2 Aus Blau und Weiß soll ein Hellblau entstehen. Ergänze die Tabelle im Heft.

	Mischungsverhältnis	Anteil blau	blau %	Anteil weiß	weiß %
a)	1 : 3	…	…	…	…
b)	…	…	40 %	…	…
c)	…	…	…	$\frac{1}{2}$	…
d)	…	…	…	…	10 %

3 Svenja mischt aus blau und gelb Grüntöne. Gib jeweils das Mischungsverhältnis und die einzelnen Anteile als Bruch und in Prozentschreibweise an.

a) ■■■■ + ●●● b) ■■■■■ + ●●
c) ■■ + ●● d) ■■■ + ●●●

3 Gib die Mischungsverhältnisse an und berechne die jeweiligen Prozentanteile.

a) 3 Teile Zement und 12 Teile Kies
b) 2 Liter Saft und 4 Liter Wasser
c) 100 ml Öl und 5 l Benzin
d) 60 ml Essig und 180 ml Speiseöl

4 Zutatenlisten berechnen

a) Wie viel Orangen-, Ananas- und Bananensaft ist in einer 0,5-Liter-Flasche des Erfrischungsgetränkes „OBA-Schorle“?
b) Erkläre deinem Partner, wie sich der Restanteil von Wasser herausfinden lässt, und berechne ihn.
c) Untersucht weitere Zutatenlisten von Lebensmitteln und gestaltet daraus Aufgaben, die ihr eurer Klasse stellen könnt.

HINWEIS
Die Anteile der OBA-Schorle findest du auf Seite 146.

5 Aus der Berufswelt
Lehrling Thomas soll folgende Farben mischen:
grün: 60 % gelb und 40 % blau
orange: 57 % rot und 43 % gelb
Es sollen jeweils zwei Liter grün und orange entstehen. Berechne die jeweils benötigte Menge der Mischfarben.

5 Aus der Berufswelt
Anna soll einen Orangeton im Verhältnis Rot zu Gelb 3 : 5 mischen.

a) Bestimme den prozentualen Anteil für Rot und Gelb.
b) Wie viel Milliliter jeder Farbe braucht sie, wenn sie 4 Liter des Orangetons herstellen will?

ZUM WEITERARBEITEN
Suche in deinem Natur- und Technik-Buch nach der Zusammensetzung von Luft. Wieviel Sauerstoff enthält ein Liter Luft?

6 Aus der Berufswelt
Friseurin Heidi mischt eine Haarfärbung aus 2 Teilen Farbe und 3 Teilen Wasserstoffperoxid.

a) Gib die Anteile in Prozent an.
b) Wie viel ml braucht sie jeweils, wenn sie 250 ml Färbebrei herstellen will?

6 Aus der Berufswelt
Alex arbeitet in einer Kaffeebar.
Er hat sich zu den Getränken Notizen gemacht:

Latte macchiato: 4 Teile Milch, ein Teil Kaffee
Café Latte: 3 Teile Milch, ein Teil Kaffee
Milchkaffee: halb Kaffee, halb Milch

a) Gib die Anteile in Prozent an.
b) Wie viel ml braucht er jeweils, wenn in ein Glas 250 ml passen?

Bunt gemischt

1 Rechne im Kopf.

a) 4,3 : 10 b) 0,07 · 100 c) 4,63 : 10 d) 0,5678 : 100
e) 0,038 · 100 f) 4,67 : 1000 g) 0,0037 : 100 h) 27,6 · 100

2 Überschlage das Ergebnis, überprüfe mit dem Taschenrechner.

a) 3,6 : 3 b) 45,25 : 5 c) 9,88 : 2,6 d) 0,15 · 15
e) 14,7 · 19 f) 36,9 · 99 g) 74,1 : 30 h) 0,05 · 18

3 Welcher Dezimalbruch ist größer? Trage im Heft ein: $<$ oder $>$.

a) 3,47 ■ 3,7401 b) 0,1 ■ 0,10 c) 0,36 ■ 0,361 d) 1,5 ■ 1,05
e) 17,4 ■ 174,0 f) 9,3 ■ 9,29 g) 10,10 ■ 11,10 h) 191,0 ■ 19,1

Klar so weit?

→ Seite 128

Anteile und Prozente

1 Gib den Anteil der gefärbten Fläche als Bruch, als Dezimalzahl und in Prozent an.

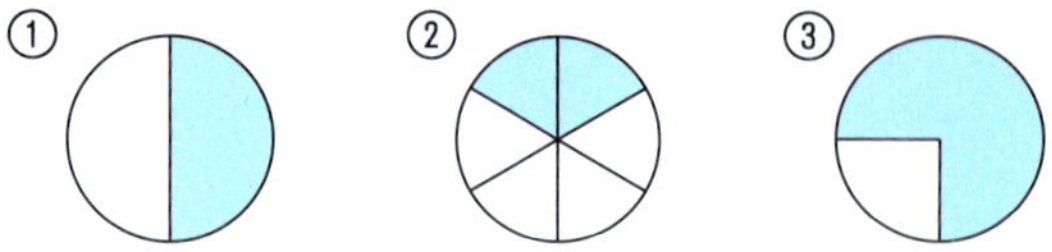

1 Gib den Anteil der gefärbten Fläche als Bruch, als Dezimalzahl und in Prozent an.

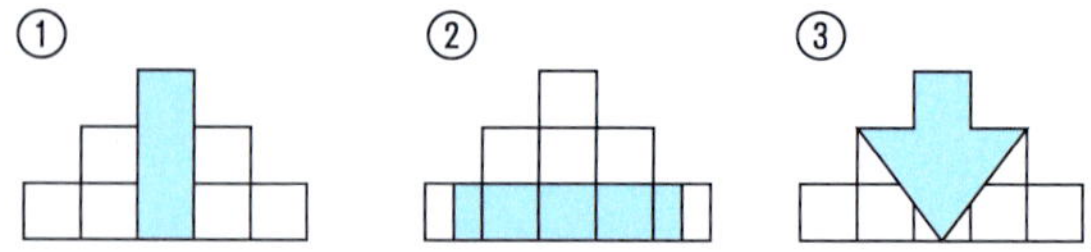

2 Schreibe als Dezimalbruch und dann in Prozentschreibweise.

a) $\frac{7}{10}$; $\frac{7}{25}$; $\frac{4}{80}$; $\frac{1}{8}$; $\frac{5}{25}$

b) $\frac{9}{25}$; $\frac{16}{40}$; $\frac{68}{102}$; $\frac{94}{141}$; $\frac{59}{177}$

2 Schreibe als Dezimalbruch. Runde, wenn nötig. Schreibe dann in Prozent.

a) $\frac{18}{60}$; $\frac{36}{80}$; $\frac{11}{20}$; $\frac{72}{90}$; $\frac{10}{40}$

b) $\frac{1}{3}$; $\frac{5}{7}$; $\frac{5}{9}$; $\frac{4}{24}$; $\frac{0}{2}$

3 Luise hat im Aufsatz 300 Wörter geschrieben. Davon haben 15 Wörter Fehler.
Sven hat bei 250 Wörtern insgesamt 10 Fehler gemacht.
Wer hat prozentual mehr Fehler gemacht?

3 Alina stand bei 20 Elfmetern im Tor, sie hat 3-mal gehalten.
Jasmin war bei 25 Elfmetern Torwartin und hat 4-mal gehalten.
Vergleiche die Anteile der gehaltenen Elfmeter.

→ Seite 131

Grundbegriffe der Prozentrechnung

4 Erkläre die drei Grundbegriffe Prozentsatz, Prozentwert und Grundwert mithilfe der Grafiken.
Welche Begriffe sind jeweils gegeben und welche gesucht?
Wie kann man sich merken, was die Begriffe bedeuten?

a)
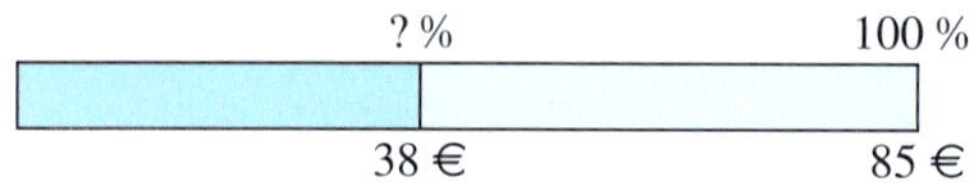

b)
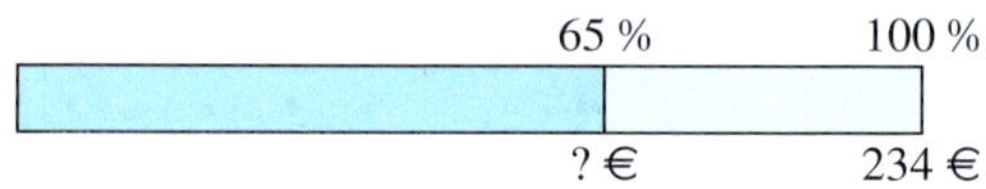

c)
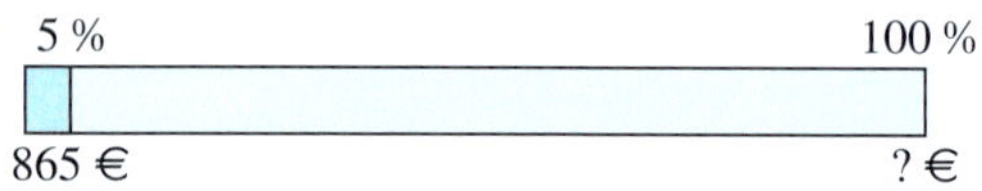

d)
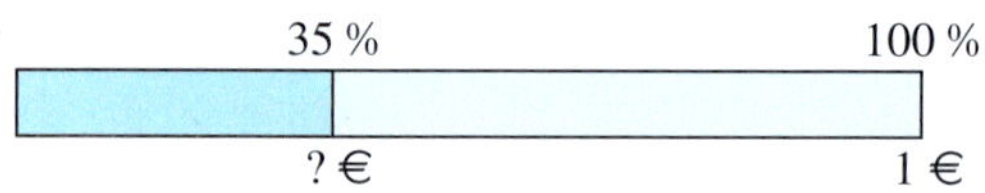

5 Welche Begriffe sind gegeben, welche gesucht:
Grundwert, Prozentwert, Prozentsatz?

a) 50 % von 5 kg
b) drei Hunde von 10 Hunden
c) 25 m von 100 m
d) 10 min sind 20 %

5 Welche Grundbegriffe sind gegeben und welche gesucht?

a) Acht Schüler einer Klasse mit 32 Schülern besuchen den Ethikunterricht.
b) 36 Schüler der beiden 7. Klassen kommen mit dem Bus zur Schule.
Das sind 60 %.

→ Seite 134

Der Prozentsatz

6 Bestimme den Prozentsatz.

2 kg	20 kg	90 kg	100 kg	150 kg
von 500 kg				

6 Bestimme den Prozentsatz.

1 l	21 l	51 l	101 l	200 l
von 200 l				

7 In einer Schule mit 460 Schülerinnen und Schülern sind 69 in der 7. Jahrgangsstufe. Wie viel Prozent sind das?

8 Gib den Prozentsatz an.
Überprüfe durch einen Überschlag.
a) 13 m von 25 m
b) 144 kg von 900 kg
c) 176 m von 320 m

7 Von 250 in einer Woche vom TÜV geprüften Fahrzeugen erhielten 175 die TÜV-Plakette. Wie viel Prozent sind das?

8 Überschlage zuerst das Ergebnis. Berechne dann den Prozentsatz. Runde dein Ergebnis.
a) 3,50 € von 12 €
b) 250 € von 2 700 €
c) 724 € von 6 600 €

Der Prozentwert

→ Seite 138

9 Berechne.
a) 2 % von 800 € (von 1 200 €; von 640 €)
b) 45 % von 60 m (von 1 500 m; von 3,60 m; von 9,60 m; von 6 m; von 62 km)

10 Berechne jeweils den Prozentwert aus dem Prozentsatz und dem Grundwert.

11 Herr Schur verdient monatlich 2 400 €. Er erhält eine Gehaltserhöhung von 5 %.
a) Gib die Gehaltserhöhung in Euro an.
b) Berechne das neue Gehalt.

9 Korrigiere, falls vorhanden, die Fehler.
a) 70 % von 70 m sind 49 m.
b) 90 % eines Tages sind 1 296 min.
c) 50 % von 1 h sind 50 min.

10 Surfartikel im Herbst

Surfbrett ~~966~~ € reduziert um 25 %
4-m²-Segel ~~404~~ € reduziert um 15 %

a) Wie viel Euro beträgt die Ermäßigung?
b) Berechne die neuen Preise.

11 Frau Seidel verdient monatlich 3 012 €. Sie erhält eine Gehaltserhöhung von 4 %. Gib die Gehaltserhöhung in Euro an und berechne das neue Gehalt.

Der Grundwert

→ Seite 142

12 Gesucht ist der Grundwert.
a) 20 % sind 8 kg
b) 40 % sind 16 h
c) 5 % sind 12 kg
d) 3 % sind 15 Liter
e) 80 % sind 24 kg
f) 70 % sind 49 m

13 Bei einer Verlosung gibt es 75 Gewinnlose, das sind 25 % aller Lose. Wie viele Lose gibt es insgesamt bei der Verlosung?

14 In einem Kaninchengehege sind 5 Männchen.
Das sind 20 % aller Kaninchen.
Wie viele Kaninchen sind in dem Gehege?

12 Berechne den Grundwert.
a) 168 cm sind 24 %
b) 108 l sind 45 %
c) 390 cm sind 26 %
d) 7,8 h sind 65 %
e) 2,88 m sind 96 %
f) 45 900 m sind 9 %

13 Die 7 d plant eine Verlosung mit 30 Gewinnen.
15 % der Lose sollen Gewinnlose sein.
Wie viele Lose müssen sie insgesamt erstellen?

14 Ermittle den alten Preis. Ein Laden wirbt: „Alles muss raus! Alles 20 % billiger!“
① Die Hose ist jetzt 12 € günstiger.
② Das Hemd ist jetzt 3 € günstiger.

Lösungen ab Seite 202

Vermischte Übungen

1 Wie viel Prozent sind es?

a) 500 t von 2 500 t b) 450 kg von 1 350 kg
c) 25 l von 250 l d) 28 m von 112 m

2 Gib den gefärbten Anteil als Bruch und in Prozent an.

a)
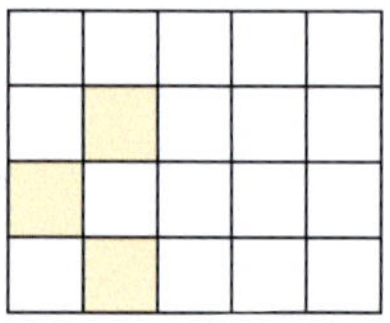

b)
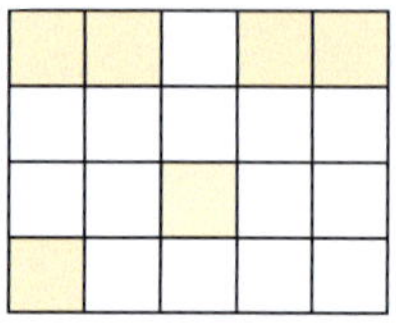

c)
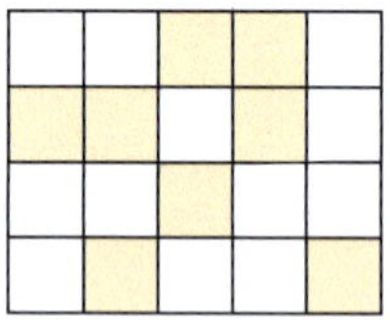

d)
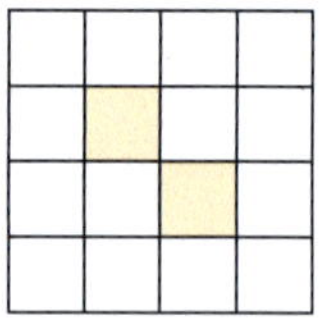

3 Berechne den Prozentwert.

a) 24 % von 650 € b) 45 % von 44 kg
c) 39 % von 663 m^2 d) 18 % von 1 750 €

4 Der Preis für eine Jeanshose wird um 20 % auf 28 € reduziert.

a) Auf wie viel Prozent wurde reduziert?
b) Wie viel kostete die Jeans vorher?
c) Ordne den Werten die Begriffe „Prozentsatz“, „Prozentwert“ und „Grundwert“ zu.

5 Ergänze die Tabelle im Heft.

Grundwert	Prozentsatz	Prozentwert
1 100	35 %	…
…	70 %	154
820	…	451
3	66 %	…
…	12 %	45
8	…	0,08

1 Wie viel Prozent sind es?

a) 28 t von 560 t b) 6 h von 24 h
c) 27 min von 1 h d) 120 kg von 1,5 t

2 Gib den gefärbten Anteil als Bruch und in Prozent an.

a)
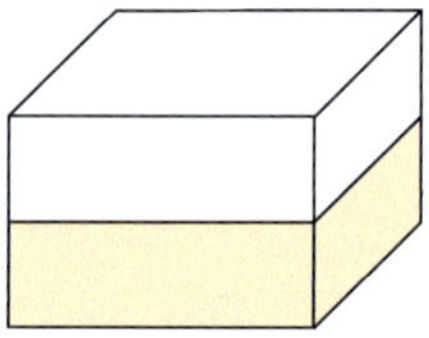

b)
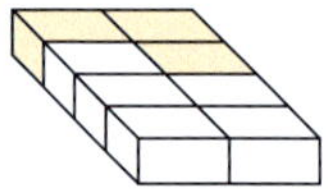

c)
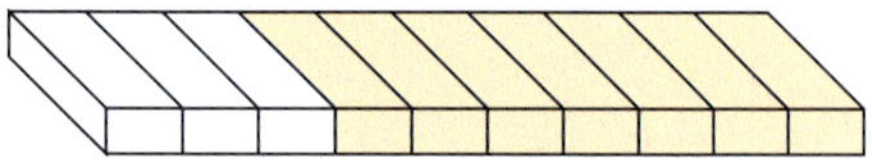

d)
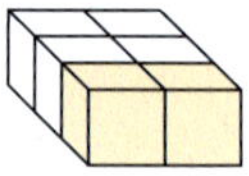

e)
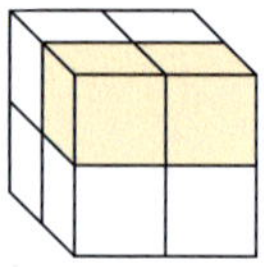

f)

3 Berechne den Prozentwert.

a) 54 % von 890 l b) 14 % von 4 740 €
c) 0,71 % von 30 km d) 5,3 % von 1,4 l

4 Frau Seiler kauft eine Waschmaschine mit Lackschäden.
Sie erhält 20 % Rabatt und zahlt 572 €.

a) Wie hoch war der Preis vorher?
b) Ordne den Werten die Begriffe „Prozentsatz“, „Prozentwert“ und „Grundwert“ zu.

5 Ergänze die Tabelle im Heft.

Grundwert	Prozentsatz	Prozentwert
12 €	12 %	…
…	2,4 %	4,8 m
2,5 l	…	0,1 l
…	0,2 %	1,2 m^2
39 km	17 %	…
140 g	…	22,49 g

67 % Stärke 2 % Salze
12 % Eiweiß 2 % Fasern
15 % Wasser 2 % Fett

6 Weizen

a) Wie viel Gramm dieser Inhaltsstoffe sind in 1,5 kg Weizen enthalten?
b) Wie viel Weizen muss man essen, um 150 g Eiweiß zu sich zu nehmen?
c) Zwei Scheiben Toastbrot liefern ca. 0,8 g Salz. Überschlage den Salzanteil in Toastbrot.

7 In Werbung findet man häufig Prozentangaben. Sucht in Prospekten, Zeitungen oder dem Internet solche Werbungen und ordnet die Begriffe der Prozentrechnung den einzelnen Angaben zu und erklärt sie. Gestaltet dazu ein Plakat und präsentiert es.

Beispiel

100 % entsprechen dem Grundwert. Gemeint ist, dass nur natürliche Zutaten verwendet wurden.

ZUM WEITERARBEITEN

Formuliere eigene Textaufgaben. Lasse deinen Partner die Begriffe zuordnen.

8 Gib als Prozentsatz an: Entfernungen, die ein Deutscher im Schnitt im Jahr zurücklegt.

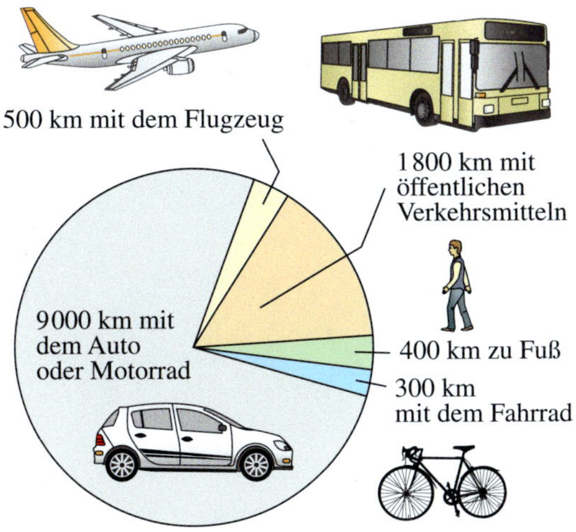

8 **Zeitungen in Deutschland**

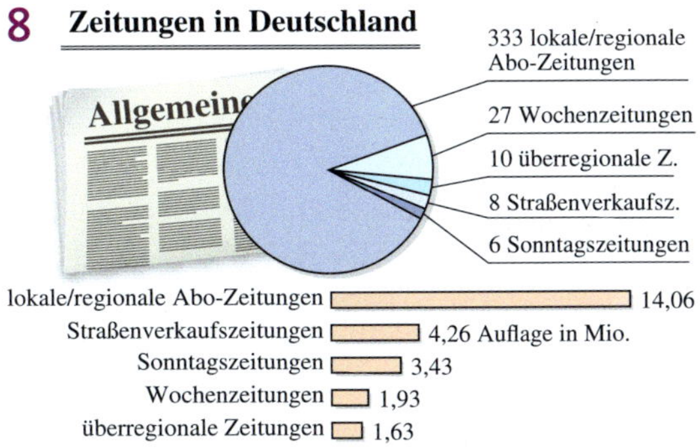

Hier sind zwei Statistiken dargestellt. Berechne für beide die prozentuale Verteilung und stelle sie in einer Tabelle dar. Was fällt dir auf?

Zeitungsart	Anteil an Anzahl	Anteil an Auflage

9 Aus der Berufswelt

Krankenschwester Ute stellt 1000 ml Vogelmiere-Salbe her. Dazu braucht sie: 88 % Schmalz, 12 % Vogelmiere

Wie viel Milliliter Schmalz und Vogelmiere benötigt sie jeweils?

9 Aus der Berufswelt

Frau Trus stellt 3 Liter Ringelblumensalbe her. Die Salbe besteht zu 94 % aus Ringelblumenöl und zu 6 % aus Bienenwachs.

Wie viel Ringelblumenöl und Bienenwachs benötigt sie jeweils?

HINWEIS

zu Aufgabe 9 (blau): Die Vogelmiere ist ein Heilkraut.

10 Aus der Berufswelt

In Rechnungen von Handwerkern wird die Mehrwertsteuer (19 %) zusätzlich ausgewiesen. Berechne jeweils die Mehrwertsteuer.

Rechnung	
Materialkosten	150 €
Arbeitslohn (10 Stunden à 35 €)	350 €
Gesamt	500 €
+ 19 % Mehrwertsteuer	…

Rechnung	
Materialkosten	80 €
Arbeitslohn (3 Stunden à 40 €)	120 €
Gesamt	200 €
+ 19 % Mehrwertsteuer	…

10 Aus der Berufswelt

In Rechnungen von Handwerkern wird die Mehrwertsteuer zusätzlich ausgewiesen.

a) Ergänze die Rechnung im Heft.

Malerwerkstatt Klecks Rechnung	
Materialkosten	340 €
Arbeitslohn (8 Stunden à 35 €)	…
Gesamtkosten	…
+ 19 % Mehrwertsteuer	…
Endsumme	…

b) Erstellt eigene Rechnungen und berechnet jeweils die Mehrwertsteuer. Überprüft gegenseitig eure Ergebnisse.

Der Freistaat Bayern

11 Berechne die Anteile der landwirtschaftlichen Nutzfläche und der Waldflächen.
Was könnte der Rest sein und wie groß ist er?

> **Gesamtfläche:** 70 550 km², davon sind:
> 49,2 % landwirtschaftliche Nutzfläche,
> 35,1 % Waldfläche

12 Regierungsbezirke in Bayern

a) Beschreibe die Karte.

b) Stelle die prozentualen Anteile der Bezirke an der Gesamtfläche in einem Hunderterfeld dar.

c) Erstelle ein Hunderterfeld für die Einwohnerzahlen.
Vergleiche die beiden Hunderterfelder.

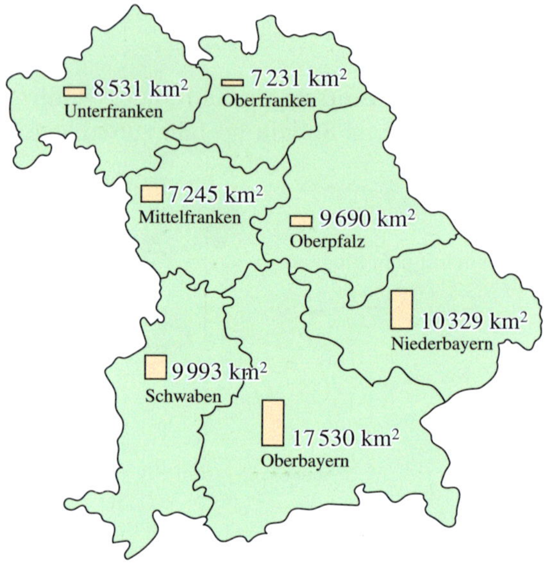

Regierungsbezirk	Einwohner in Mio.
Oberbayern	4,59
Niederbayern	1,21
Oberpfalz	1,09
Oberfranken	1,06
Mittelfranken	1,74
Unterfranken	1,31
Schwaben	1,85

13 Das Gastgewerbe spielt in Bayern eine wichtige Rolle.
Es gibt 40 444 gastgewerbliche Betriebe mit insgesamt 353 905 Beschäftigten.

a) Wie viele Beschäftige hat durchschnittlich jeder Betrieb?

b) Was bedeutet hier durchschnittlich?

MATERIAL
Computer

14 Stelle die Daten in einem geeigneten Diagramm dar. Nutze eine Tabellenkalkulation.

> **Gästebetten in Bayern**
> Rund 556 036 Gästebetten, davon
> 39 % in Hotels
> 15 % in Hotels garni
> 13 % in Gasthöfen
> 12 % in Ferienhäusern/-wohnungen
> 6 % in Pensionen
> 6 % in Erholungs-, Ferien- und Schulungsheimen
> 9 % Sonstige

① Übertrage die Ausgangsdaten in eine Tabelle.
② Markiere die Daten in der Tabelle.
③ Klicke in der Menüleiste auf „Einfügen“. Dann wähle den Diagrammtyp.
④ Sobald du den Diagrammtyp ausgewählt hast, wird das Diagramm angezeigt.
⑤ Füge einen Diagrammtitel ein. Du kannst das Diagramm noch weiter bearbeiten.

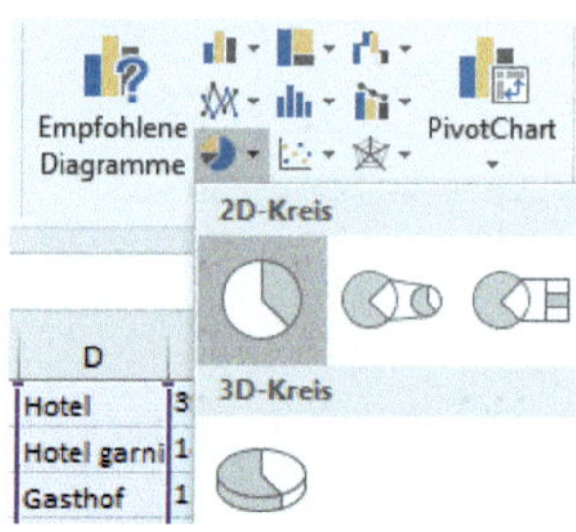

ZUM WEITERARBEITEN
Überlege dir, welche Vorteile eine Darstellung von Daten in einer Tabelle hat. Dabei kann dir das Fach Wirtschaft und Kommunikation helfen.

Teste dich!

1 Welche Prozentzahlen sind in den Hunderterfeldern farbig dargestellt? *(3 Punkte)*
Wie viel Prozent ist jeweils nicht eingefärbt?
Gib die Prozentzahlen auch als Bruch und als Dezimalzahl an.

a)
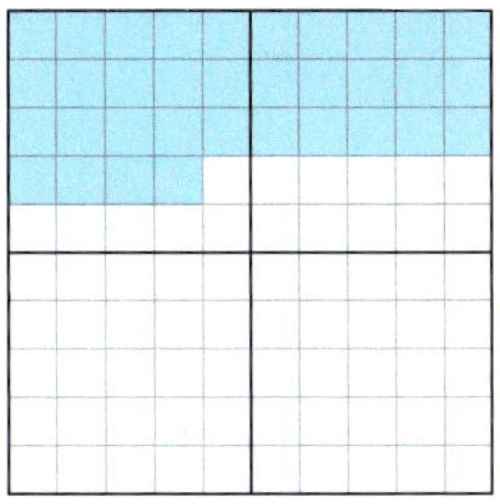

b)
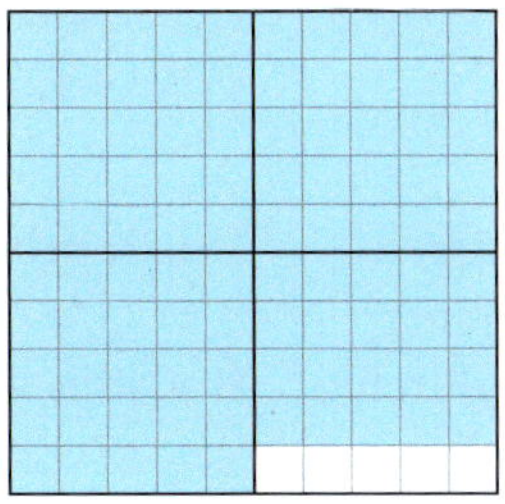

c)
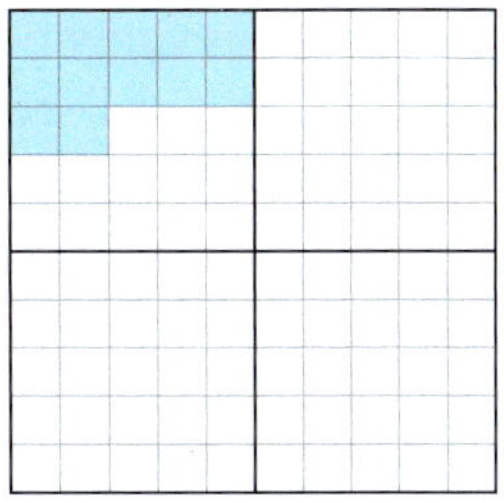

2 Ergänze die Tabelle im Heft. *(6 Punkte)*

Dezimalzahl	0,25	0,87	…	…	0,02	…	…
Hundertstelbruch	$\frac{25}{100}$	…	$\frac{45}{100}$	…	…	$\frac{3}{100}$	…
Prozent	25 %	…	…	56 %	…	…	4,5 %

3 In welcher Klasse ist der Anteil der Jugendlichen, die ein Handy besitzen, größer? *(2 Punkte)*

Klasse	7 a	7 b
Anzahl der Schüler/-innen	20	25
Schüler/-innen mit Handy	12	14

4 Die Diagramme zeigen, wie viele der Schülerinnen und Schüler den Schulbus nutzen. *(4 Punkte)*

a) Klasse 7 a

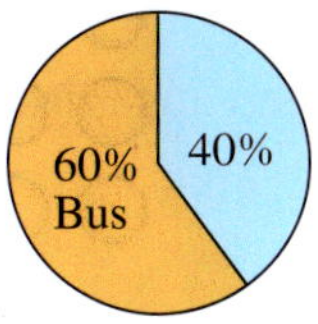

25 Jugendliche gehen in die 7 a.
Wie viele Jugendliche aus der 7 a fahren mit dem Bus?
Wie viele fahren nicht mit dem Bus?

b) Klasse 7 b

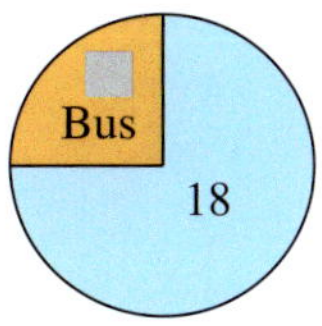

75 % der Klasse 7 b fährt nicht mit dem Bus. Wie viele Jugendliche gehen insgesamt in die Klasse 7 b?
Wie viele fahren mit dem Bus?

5 Übertrage und ergänze die Tabelle im Heft. *(9 Punkte)*

Grundwert	200 l	30 cm	…	1 200 h	40 cm	…	12,5 s
Prozentsatz	3 %	5 %	15 %	…	5,1 %	15 %	…
Prozentwert	6 l	…	200 kg	450 h	…	21,6 kg	4,5 s

6 Daniel meint: „Von meinen 27 Mitschülern kamen heute Morgen 11 % zu spät.“ *(3 Punkte)*

a) Ist das überhaupt möglich?

b) Was könnte Daniel gemeint haben? Löse sinnvoll.

7 Von den 120 Schülern der Klassenstufe 7 arbeiten 45 in einer AG mit. *(3 Punkte)*
Wie hoch ist der Prozentsatz der Schüler, die in keiner AG sind?

Gold: 27–30 Punkte, Silber: 24–26 Punkte, Bronze: 16–23 Punkte

Lösungen ab Seite 202

Zusammenfassung

→ Seite 128

Anteile und Prozente

Brüche mit dem Nenner 100 kann man in Prozentschreibweise angeben.
Das Zeichen % (**Prozent**) bedeutet „von Hundert" (Hundertstel).
Prozente erhält man entweder durch Kürzen und Erweitern von Brüchen auf den Nenner 100 oder durch Dividieren des Zählers durch den Nenner.

1 von 100 schreibt man kurz $\frac{1}{100} = 1\,\%$.

Das Ganze umfasst immer 100 %.

Umwandeln in einen Hundertstelbruch:
$\frac{13}{25} = \frac{52}{100} = 0{,}52 = 52\,\%$
Division des Zählers durch den Nenner:
$\frac{17}{29} = 17 : 29 \approx 0{,}59 = 59\,\%$

→ Seite 131

Grundbegriffe der Prozentrechnung

In der Prozentrechnung unterscheidet man zwischen drei Grundbegriffen:

Prozentwert – *P*		**Grundwert – *G***		**Prozentsatz – *p***
8 Schüler	von	20 Schüler(n)	sind	40 %.

→ Seite 134

Der Prozentsatz

Der **Prozentsatz (*p*)** gibt den Anteil am Ganzen in Prozentschreibweise an.

Man kann den Prozentsatz mit dem **Dreisatz** berechnen.

Von 50 Schülern kommen 26 aus Fürth.

: 50	50 Schüler ≙ 100 %	: 50
· 26	1 Schüler ≙ 2 %	· 26
	26 Schüler ≙ 52 %	

52 % der Schüler kommen aus Fürth.

→ Seite 138

Der Prozentwert

Der Wert, der dem Prozentsatz *p* entspricht, heißt **Prozentwert (*P*)**.

Man kann den **Prozentwert** mit dem **Dreisatz** berechnen.

Eine Jacke kostet 74 €. Sie wird um 15 % reduziert.

: 100	100 % ≙ 74 €	: 100
· 15	1 % ≙ 0,74 €	· 15
	15 % ≙ 11,10 €	

Die Jacke wird um 11,10 € billiger.

→ Seite 142

Der Grundwert

Der **Grundwert (*G*)** ist das „Ganze".
Er entspricht immer 100 %.

Man kann den **Grundwert** mit dem **Dreisatz** berechnen.

Zwei Autos haben Mängel.
Das sind 8 Prozent der überprüften Autos.

: 8	8 % ≙ 2 Autos	: 8
· 100	1 % ≙ 0,25 Autos	· 100
	100 % ≙ 25 Autos	

Insgesamt wurden 25 Autos überprüft.

Oberflächeninhalt und Rauminhalt von Prismen

Das Dockland steht seit 2005 in Hamburg an der Elbe.
Das Gebäude ist ein auf der Seite liegendes
Prisma mit einem Parallelogramm als Grundfläche.

Noch fit?

Einstieg

1 Schrägbild vervollständigen
Übertrage ins Heft und vervollständige zum Schrägbild eines Quaders.

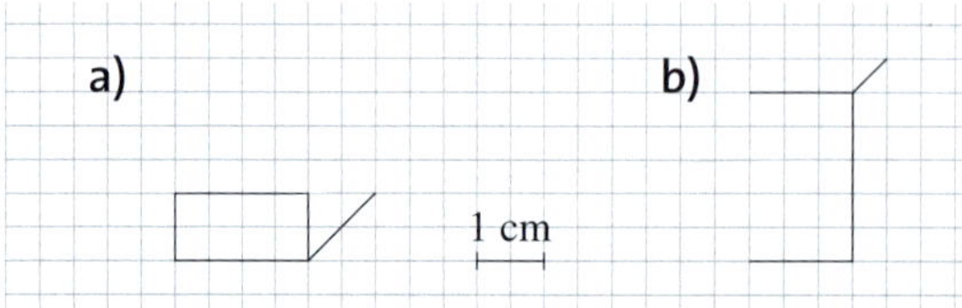

2 Würfelnetze zeichnen
Zeichne zwei verschiedene Netze eines Würfels mit der Kantenlänge $a = 3\,\text{cm}$.

3 Volumen und Oberflächeninhalt
Zeichne das Schrägbild eines Würfels mit einer Kantenlänge von 5 cm.
Berechne das Volumen des Würfels.
Berechne seinen Oberflächeninhalt.

4 Einheiten umrechnen
Rechne in die angegebene Einheit um.

a) 4 cm (mm) b) 2 500 m (km)
c) $4\,\text{cm}^2$ (mm^2) d) $300\,\text{m}^2$ (dm^2)
e) $4\,\text{cm}^3$ (mm^3) f) $9\,000\,\text{m}^3$ (dm^3)

Aufstieg

1 Schrägbild vervollständigen
Übertrage ins Heft und vervollständige zum Schrägbild eines Quaders.

2 Quadernetze zeichnen
Zeichne verschiedene Netze eines Quaders mit $a = 3\,\text{cm}$, $b = 2\,\text{cm}$ und $c = 1{,}5\,\text{cm}$.

3 Volumen und Oberflächeninhalt
Zeichne das Schrägbild eines Quaders mit den Kantenlängen $a = 4{,}2\,\text{cm}$, $b = 2{,}3\,\text{cm}$, $c = 70\,\text{mm}$. Berechne das Volumen und den Oberflächeninhalt des Quaders.

4 Einheiten umrechnen
Rechne in die angegebene Einheit um.

a) 4,3 cm (dm) b) 67 mm (cm)
c) $51\,\text{cm}^2$ (dm^2) d) $382\,\text{cm}^2$ (m^2)
e) 3,81 l (cm^3) f) $56\,\text{mm}^3$ (cm^3)

5 Fachbegriffe erklären
Erkläre mithilfe des Rechtecks die Begriffe:

a) Seite | Fläche | Ecke | Diagonale

b) rechter Winkel | parallel | senkrecht

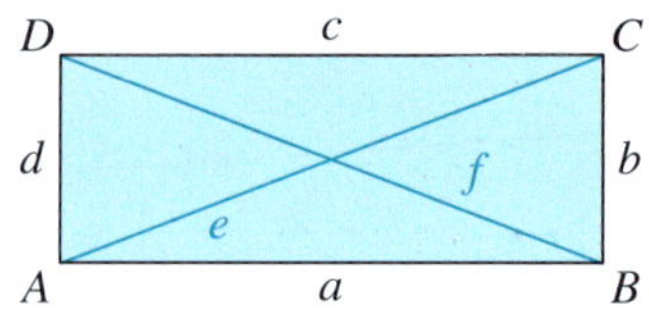

6 Umfänge und Flächeninhalte verschiedener Figuren
Bestimme die Umfänge und Flächeninhalte der folgenden Flächen.
Miss die notwendigen Maße der Figuren in der Zeichnung nach.

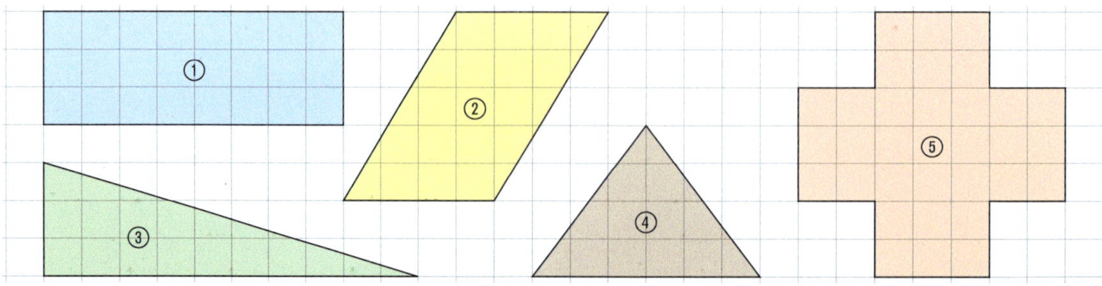

Lösungen ab Seite 202

Prismen erkennen und beschreiben

Entdecken

1 Häufig sind Verpackungen quaderförmig. Sie können aber auch andere Formen haben.

a) Beschreibe Gemeinsamkeiten und Unterschiede der Verpackungen. Notiere sie im Heft.
b) Saskia behauptet, dass die Oberflächen der Verpackungen hauptsächlich aus Rechtecken bestehen. Begründet und diskutiert darüber.
c) Nennt weitere Dinge aus eurer Umgebung (z. B. andere Verpackungen, Möbel und Gebäude), die eine ähnliche Form besitzen.

2 Welcher Körper passt nicht in die Reihe? Begründet eure Auswahl schriftlich.

a)

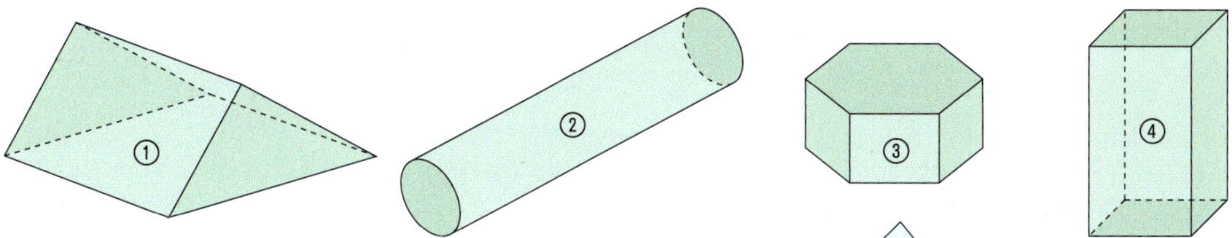

b)

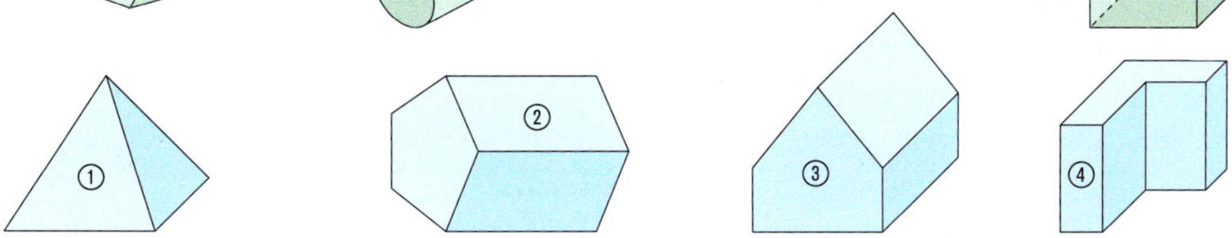

3 Eigenschaften von Körpern

a) Ergänze die Tabelle zu den abgebildeten Körpern im Heft.

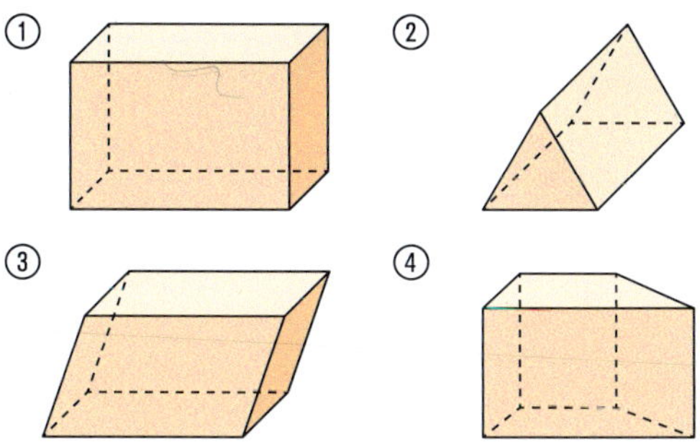

	①	②	③	④
Anzahl der Ecken	…	…	…	…
Anzahl der Kanten	…	…	…	…
Anzahl der Seitenflächen	…	…	…	…

b) Zeigt abwechselnd an den Körpern ① bis ④:

parallele Kanten | parallele Seitenflächen | senkrechte Kanten | rechte Winkel

c) Einer beschreibt einen der auf dieser Seite abgebildeten Körper. Verwendet dabei die Fachbegriffe: Seitenfläche, Kante, Ecke, rechter Winkel, parallel und senkrecht.
Die anderen raten, welcher Körper beschrieben wurde.

Verstehen

Die meisten Verpackungen sind quaderförmig.
Um nicht so gewöhnlich auszusehen und schnell wiedererkannt zu werden, nutzen viele Hersteller besondere Verpackungsformen.

Hierzu werden oft Prismen mit verschiedenen Grundflächen verwendet.

Dreiecksprisma
Grundfläche: Dreieck

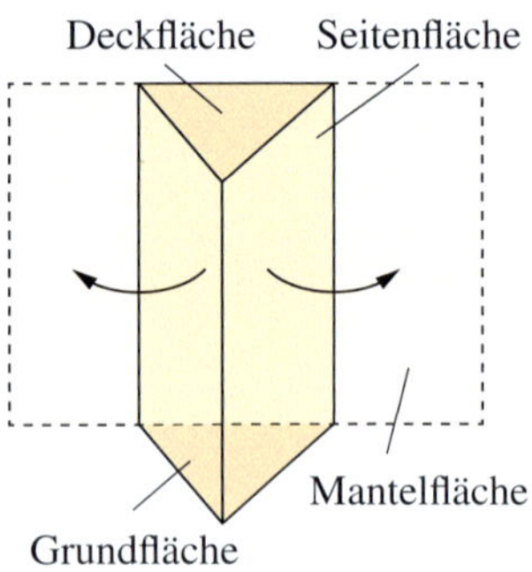

Vierecksprisma (Quader)
Grundfläche: Rechteck

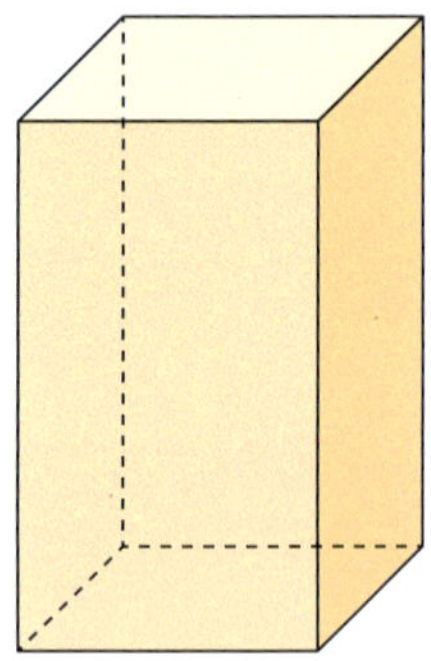

Vierecksprisma
Grundfläche: Parallelogramm

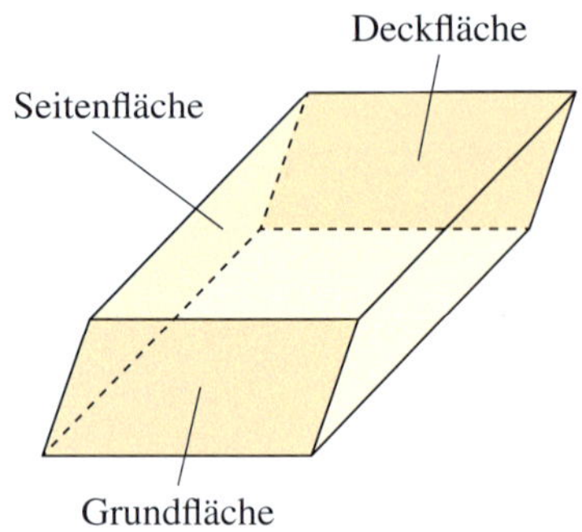

Merke Ein **Prisma** hat folgende Eigenschaften:
- **Grund- und Deckfläche** können Dreiecke, Vierecke, Fünfecke oder andere Vielecke sein. Sie sind deckungsgleich und parallel zueinander.
- Die **Seitenflächen** sind Rechtecke und stehen senkrecht auf der Grundfläche. Sie bilden die **Mantelfläche** des Prismas.
- Der Abstand zwischen Grund- und Deckfläche ist die **Körperhöhe** h_k des Prismas.

Zu jedem Prisma gibt es unterschiedliche Netze. Schneidet man das Papiermodell eines Prismas an seinen Kanten auseinander, dann kann man es ausbreiten.

ERINNERE DICH
Netz eines Quaders:

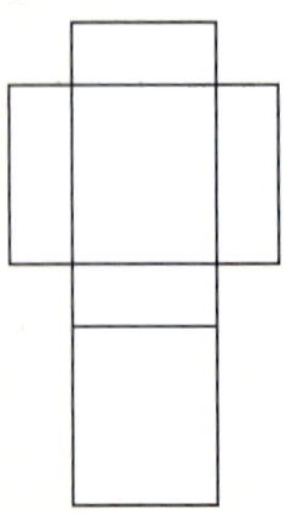

Beispiel 1
Netz eines Dreiecksprismas

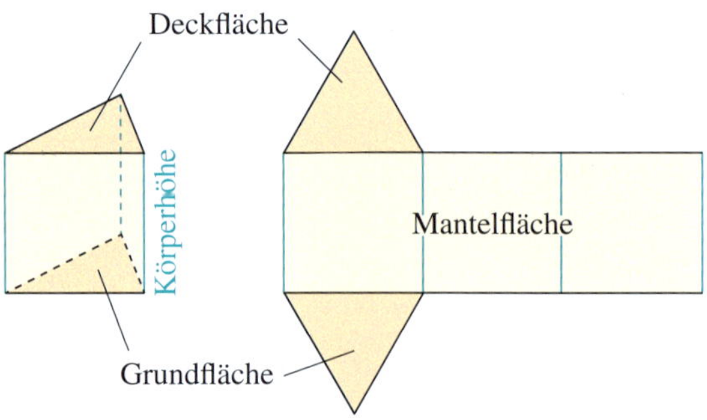

Beispiel 2
Netz eines Vierecksprismas (Parallelogramm)

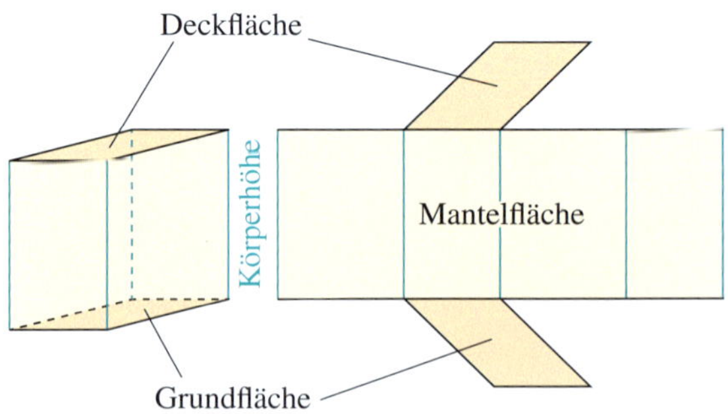

Ein **Netz** eines Prismas besteht aus zusammenhängenden Flächen, die die **Oberfläche** des Prismas bilden. Faltet man das Netz zusammen, so entsteht wieder das Prisma.

Starthilfe

A Das Prisma hat eine rechteckige Grundfläche.

a) Ordne die Fachbegriffe richtig zu:
Grundfläche, Seitenfläche, Deckfläche
Diskutiert: Gibt es mehrere Möglichkeiten?

b) Welche Flächen gehören zur Mantelfläche, wenn Fläche ⑥ die Grundfläche ist?

c) Welche Flächen sind gleich groß?

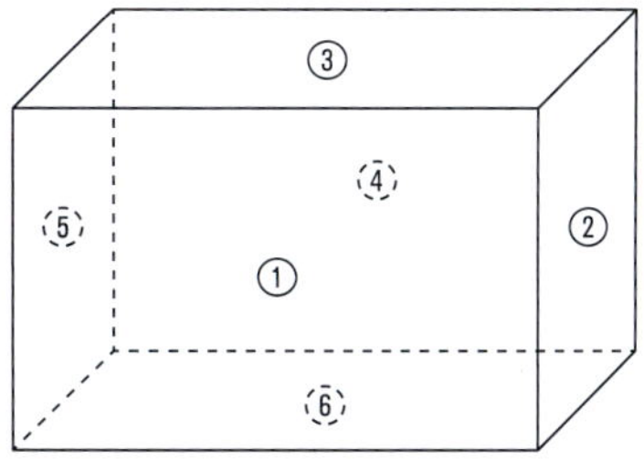

B Das Netz gehört zu einem Dreiecksprisma.

a) Ordne die Fachbegriffe richtig zu:
Grundfläche, Seitenfläche, Deckfläche.

b) Welche Flächen gehören zur Mantelfläche?

c) Welche Flächen sind gleich groß?

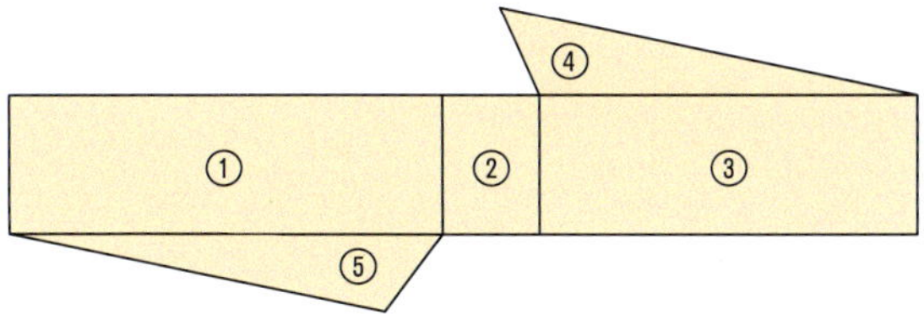

Üben und anwenden

1 Entscheide, ob die Körper Prismen sind. Begründe deine Meinung im Heft.
Welche Form haben Grund- und Deckfläche?

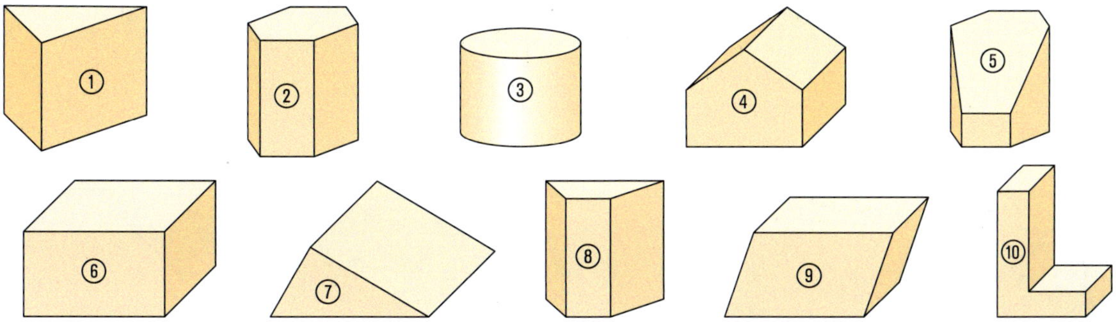

2 Handelt es sich bei den Gegenständen um Prismen? Begründe deine Entscheidung.

2 Es gibt unterschiedliche Hausformen.
Die Dachformen haben eigene Namen:

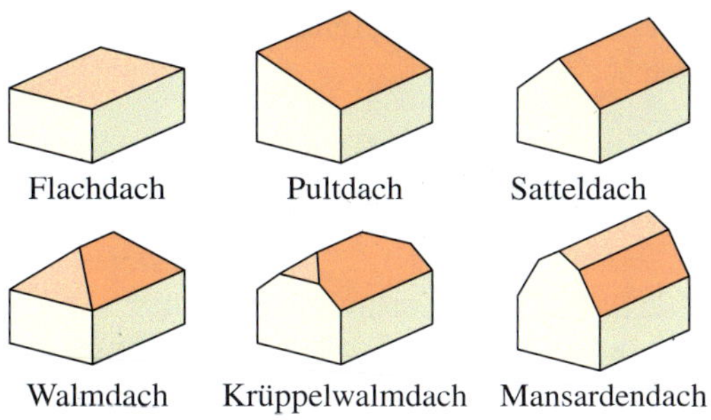

a) Welche Häuser sind Prismen?
Begründe deine Entscheidung im Heft.

b) Skizziere weitere Beispiele für prismenförmige Häuser.

ZUM WEITERARBEITEN
Nenne und skizziere weitere Beispiele für prismenförmige Gegenstände im Klassenzimmer, zu Hause, in der Freizeit.

Werkzeug Schrägbilder von Prismen zeichnen

Bevor Verpackungen in die Produktion gehen, erstellt ein Verpackungsdesigner zunächst einen zeichnerischen Entwurf der Verpackung.
In der **Vorderansicht** zeichnet er die Verpackung von vorne, in der **Seitenansicht** von der Seite.
Mithilfe des **Schrägbilds** kann man sich die ganze Verpackung besser vorstellen.

ZUM WEITERARBEITEN
Kennst du aus dem Kunstunterricht noch andere Darstellungsweisen? Überlege dir Vor- und Nachteile dazu.

Vorderansicht — Seitenansicht — Gesamtansicht

Schrägbild eines liegenden Dreiecksprismas zeichnen

Das Schrägbild eines Dreiecksprismas mit den Seiten $a = 3\,\text{cm}$; $b = 3\,\text{cm}$; $c = 3\,\text{cm}$ und $h_k = 12\,\text{cm}$ kann nach den bereits bekannten Regeln gezeichnet werden.

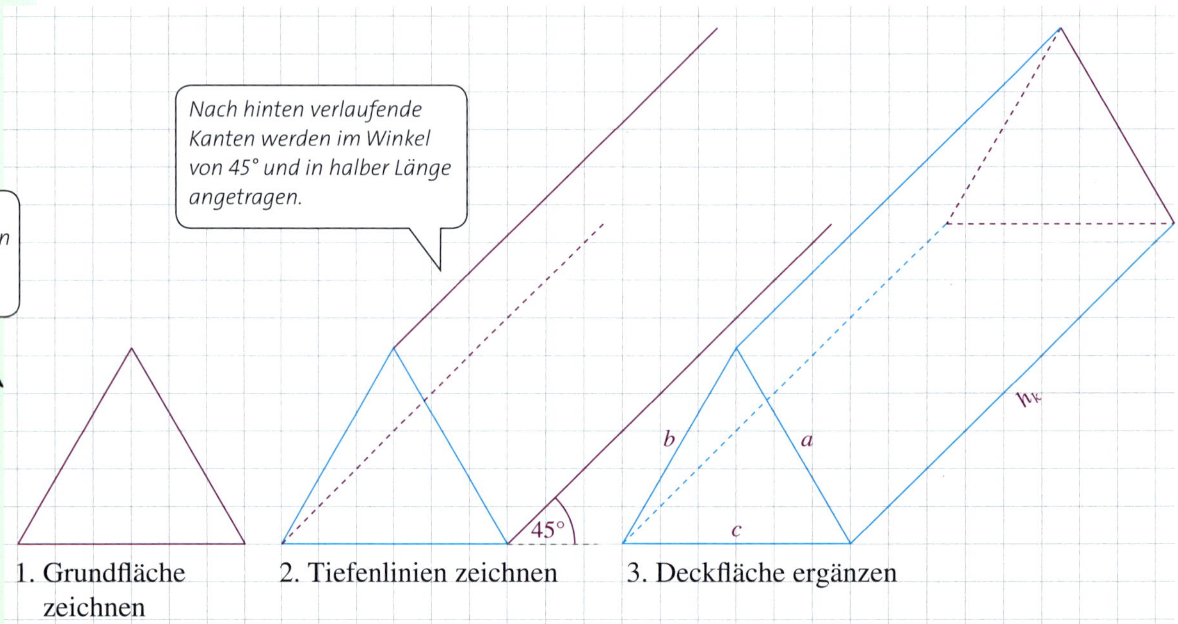

1. Zuerst wird die Grundfläche des Dreiecksprismas in **Originalgröße** gezeichnet:
   $a = 3\,\text{cm}$; $b = 3\,\text{cm}$ und $c = 3\,\text{cm}$

2. Die nach hinten verlaufenden Kanten werden in den Eckpunkten der Grundfläche in einem Winkel von **45°** und in **halber Länge** angetragen:
   $h_k = \frac{1}{2} \cdot 12 = 6\,[\text{cm}]$
   Alle nach hinten verlaufenden Kanten sind gleich lang und parallel zueinander. Somit werden die anderen Kanten durch eine Parallelverschiebung eingezeichnet. Aufgepasst: Alle verdeckten Kanten werden **gestrichelt** gezeichnet.

3. Die Eckpunkte werden verbunden. Die Kanten des Dreieckprismas werden beschriftet.

Üben und anwenden

1 Zeichne Schrägbilder von Prismen in dein Heft.
Die Prismen haben folgende Grundflächen und sind 10 cm hoch.

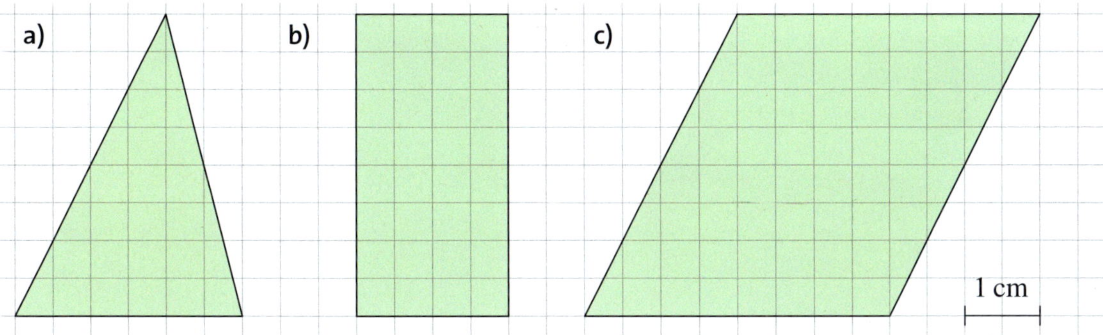

2 Zeichne die Prismen als Schrägbild in dein Heft.

a)

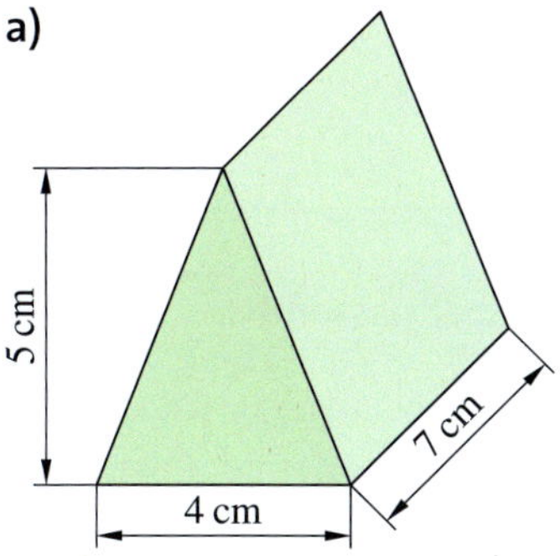

b)

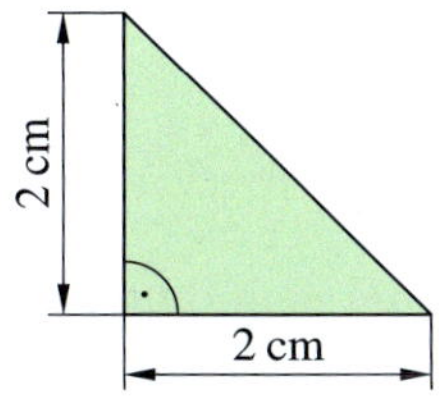

Höhe $h_k = 8$ cm

3 Die grünen Dreiecksprismen sind Teilkörper des Quaders.
Zeichne sie in dein Heft.

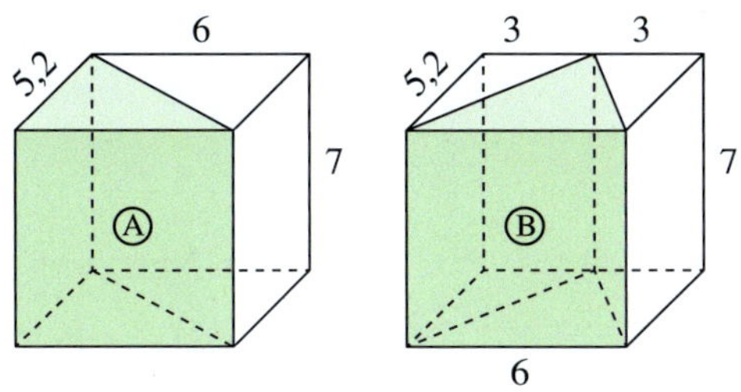

3 Beschreibe, wie die Schrägbilder der Dreiecksprismen gezeichnet wurden.
Zeichne das Prisma aus **1a)** als stehendes Prisma.

4 Marco hat das Schrägbild eines Prismas mit einem Parallelogramm als Grundfläche gezeichnet.
Beschreibe, welche Fehler er gemacht hat.

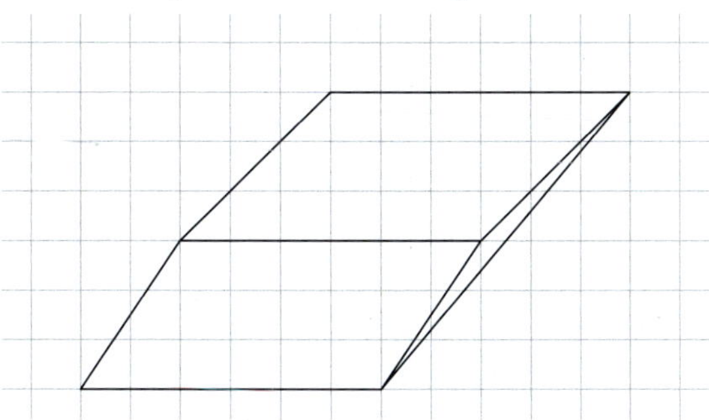

4 Samira hat das Schrägbild eines Prismas mit einer dreieckigen Grundfläche gezeichnet.
Beschreibe, welche Fehler sie gemacht hat und korrigiere sie im Heft.

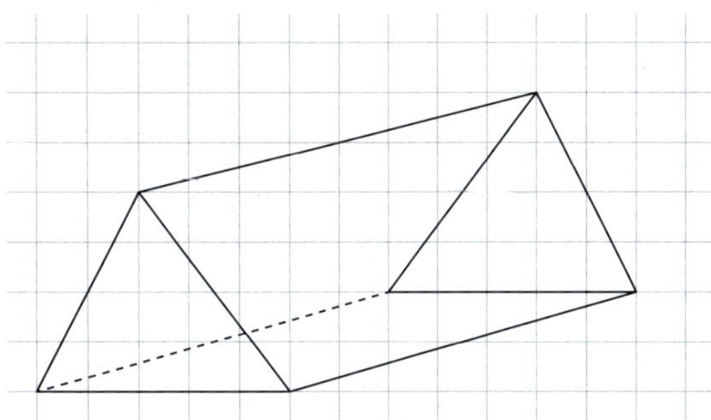

Werkzeug Netze von Prismen zeichnen

Zerschneidet man ein Prisma so, dass beim Auseinanderklappen eine zusammenhängende Fläche entsteht, erhält man das Netz des Prismas.
Wenn man das Netz faltet und zusammenklebt, erhält man daraus wieder den Körper.

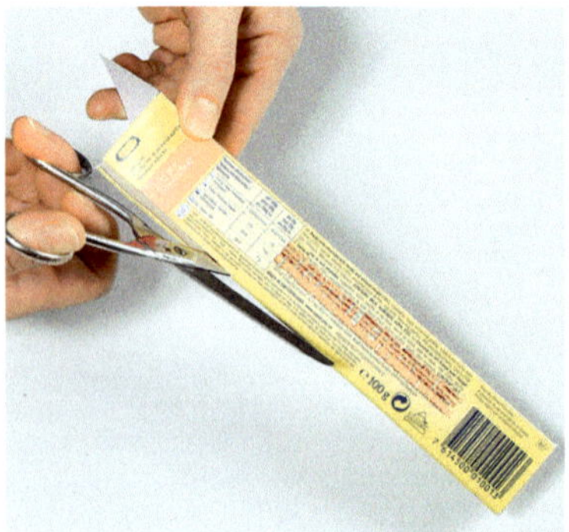

① Verpackung an den Kanten aufschneiden

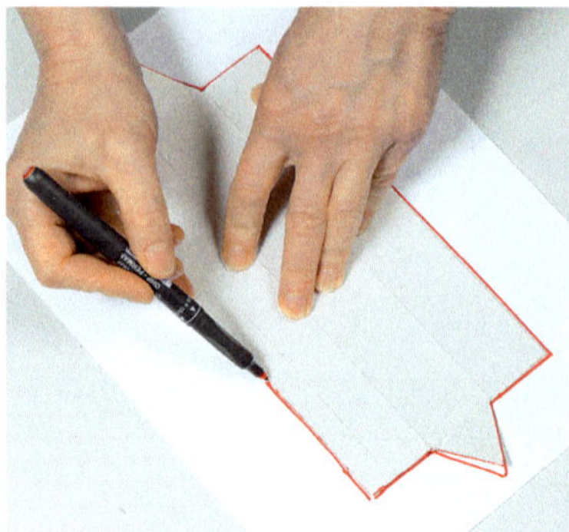

② Verpackung eben ausbreiten und nachzeichnen

③ Faltkanten der Verpackung nachzeichnen

Üben und anwenden

ZUM WEITERARBEITEN
Bringt verschiedene Verpackungen mit, zerschneidet sie und zeichnet die Netze.

1 Jasmin sagt: „Diese Figuren sind unterschiedlich. Wenn ich sie aber passend zusammenfalte, erhalte ich immer das gleiche Prisma."
Hat Jasmin recht? Begründet eure Meinung schriftlich.

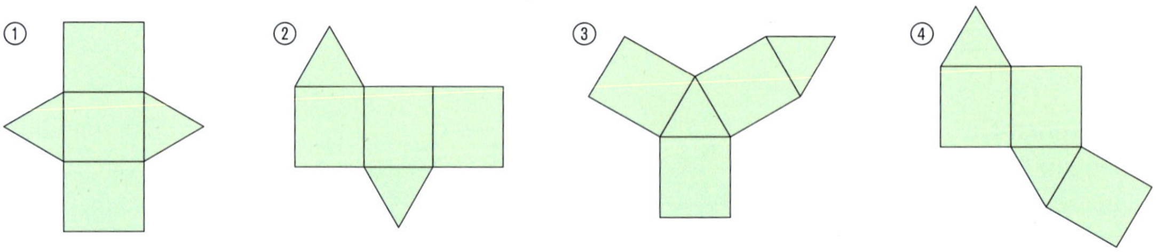

MATERIAL
Papier, Schere

2 Vom Netz zum Prisma

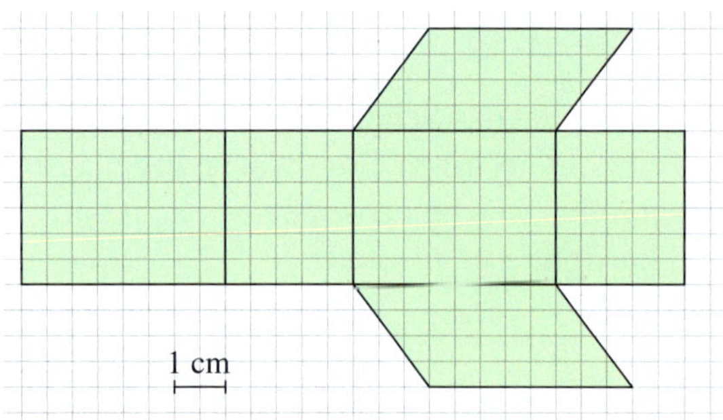

a) Zeichne das Netz und schneide es aus.
b) Markiere die Grund- und die Deckfläche rot und die Mantelfläche grün.
c) Falte das Netz zu einem Prisma. Beschreibe dein Vorgehen mithilfe der Fachbegriffe (Ecke, Kante, Seitenfläche...).

2 Vom Netz zum Prisma

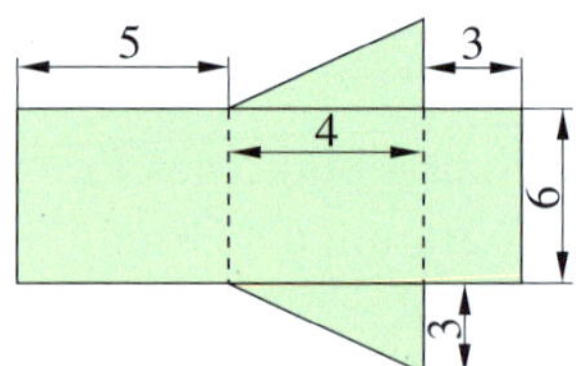

(Maße in cm)

a) Zeichne das Netz auf ein Blatt Papier und schneide es aus.
b) Markiere die Mantelfläche grün.
c) Falte das Netz zu einem Prisma. Beschreibe dein Vorgehen mithilfe der Fachbegriffe (Ecke, Kante, Seitenfläche...).
d) Zeichne ein weiteres Netz zu dem gleichen Prisma, das sich aber von dem abgebildeten Netz unterscheidet.

3 Prüfe, ob die Figuren Prismennetze sind. Begründe jeweils im Heft.

a)

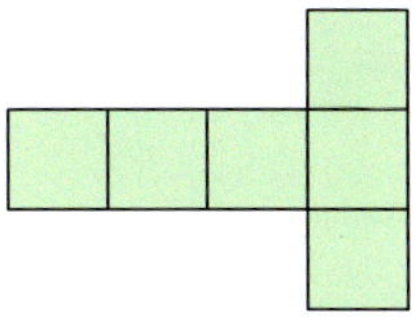

b)

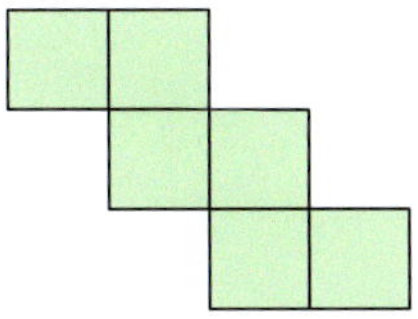

c)

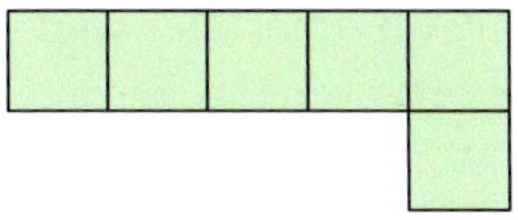

d)

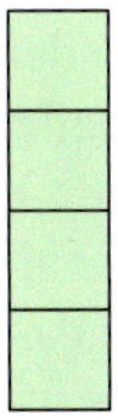

3 Prüfe, ob die Figuren Prismennetze sind. Begründe jeweils im Heft.

a)

b)

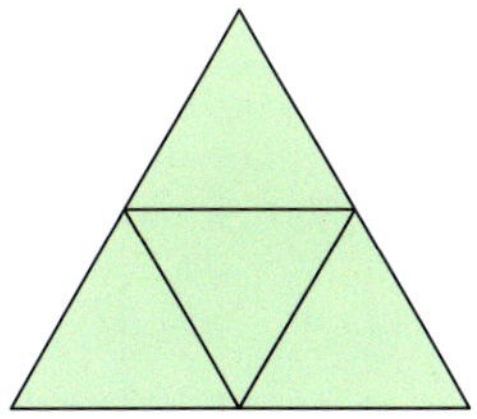

c)

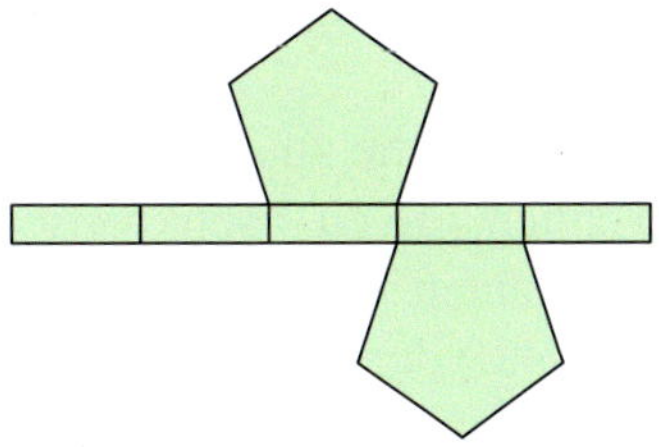

4 Ist es möglich, aus den abgebildeten Netzen Prismen zu falten? Begründe deine Meinung. Wenn nicht: Kannst du die Figuren zu Prismennetzen ergänzen?
Besprich dich mit deinem Partner.

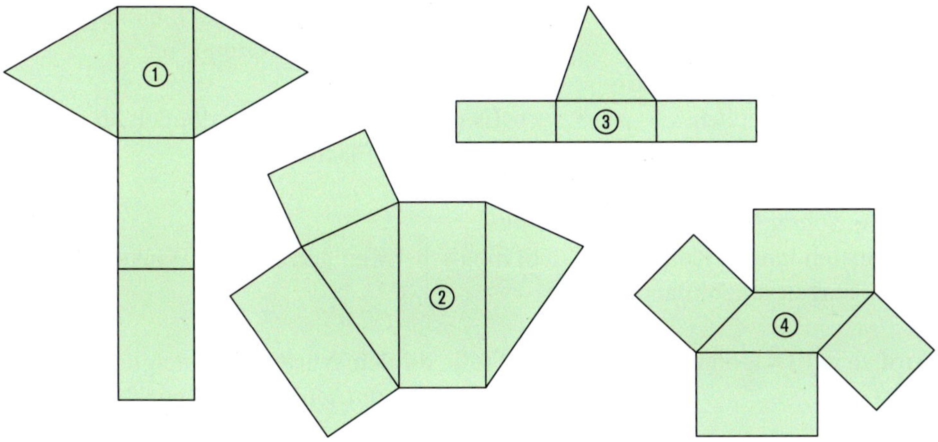

5 Zeichne die Netze der abgebildeten Prismen in dein Heft.

a)

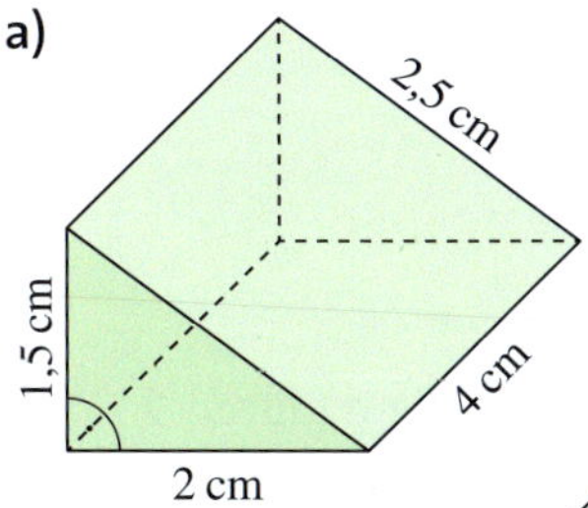

b)

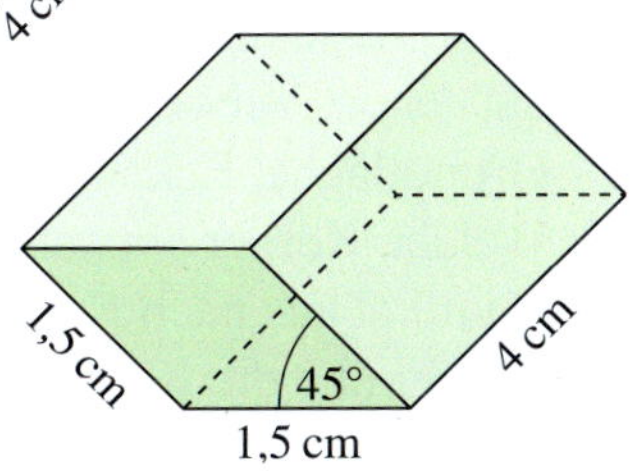

5 Zeichne die Prismennetze mit $h_k = 3\,\text{cm}$ und der gegebenen Grundfläche in dein Heft.

a)

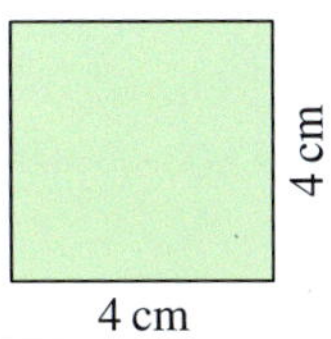

b)

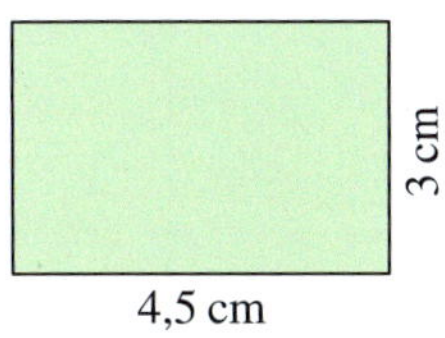

c)

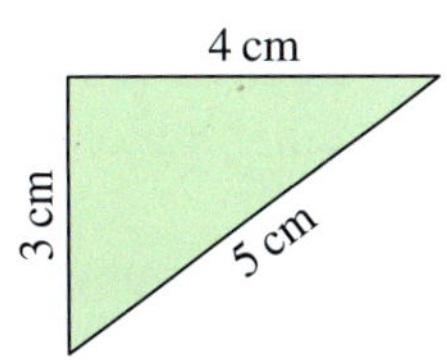

d)

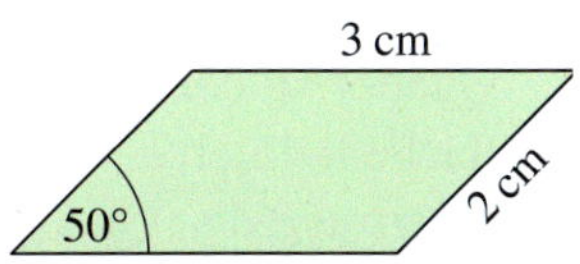

ZUM WEITERARBEITEN

Erstellt ein Plakat, auf dem ihr anschaulich darstellt, wie Netze und Schrägbilder angefertigt werden. Stellt euer Ergebnis der Klasse vor.

3 Skizziere die Schrägbilder der Prismen in dein Heft.

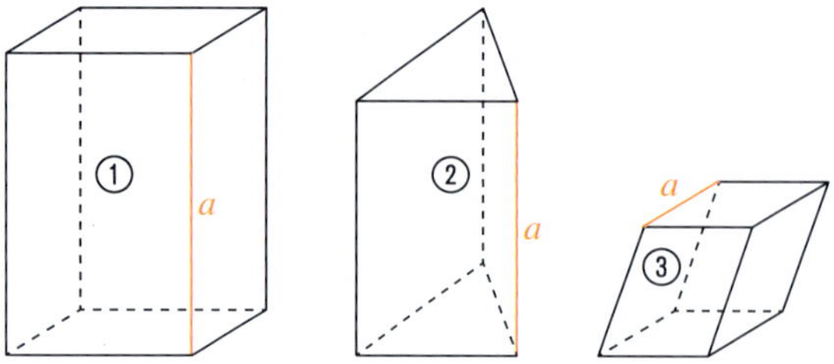

Markiere in deiner Skizze …

a) in blau: alle Kanten, die zu a parallel sind
b) in rot: alle Kanten, die zu a senkrecht sind
c) Markiere alle rechten Winkel mit ⊾.
d) Skizziere die Netze der Prismen und markiere wie in a) bis c).

3 Zeichne die Schrägbilder der Prismen in dein Heft.

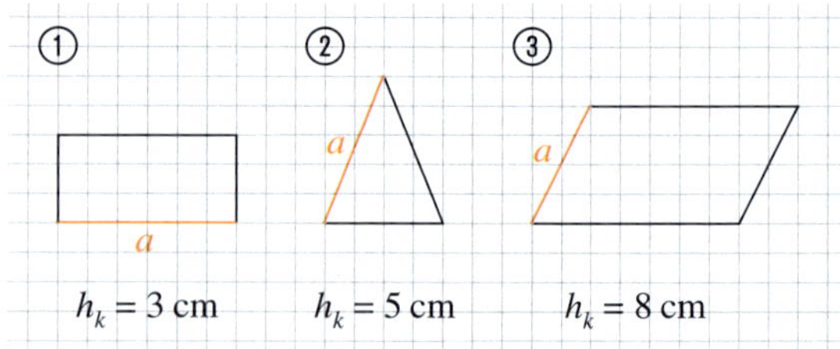

Markiere in deiner Zeichnung …

a) in blau: alle Kanten, die zu a parallel sind
b) in rot: alle Kanten, die zu a senkrecht sind
c) Markiere alle rechten Winkel mit ⊾.
d) Zeichne das Schrägbild als Netz und markiere wie in a) bis c).

4 Sind die Aussagen wahr? Begründe.

a) Jedes Prisma hat mindestens drei Rechtecke als Seitenflächen.
b) In einem Prisma sind Deck- und Seitenflächen parallel.
c) In einem Prisma steht die Grundfläche senkrecht auf allen Seitenflächen.
d) Es gibt kein Prisma mit 10 Ecken.

4 Sind die Aussagen wahr? Begründe.

a) Ein Prisma besitzt immer mehr Ecken als Kanten.
b) Bei einem Quader kann man nicht genau sagen, ob er auf der Grund- oder Seitenfläche steht.
c) Es gibt kein Prisma, das doppelt so viele Ecken wie Flächen besitzt.

5 Zeichne jeweils das Schrägbild eines Prismas mit…

a) möglichst vielen gleich langen Kanten.
b) möglichst wenigen rechten Winkeln.

Vergleicht eure Lösungen untereinander.

6 Der Quader wird an der Diagonalen der Grundfläche halbiert.

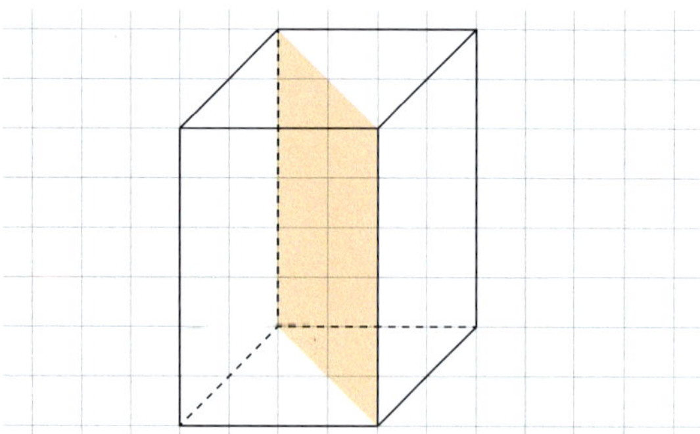

a) Beschreibe die Körper, die dadurch entstehen, mit Fachbegriffen.
b) Welche Körper entstehen, wenn man den Quader an der Diagonalen einer Seitenfläche halbiert?
Übertrage den Quader in dein Heft und zeichne die Schnittfläche ein.

6 Stelle dir den Würfel aus Knetgummi gefertigt vor und schneide ihn von N und O gleichmäßig nach T und U.

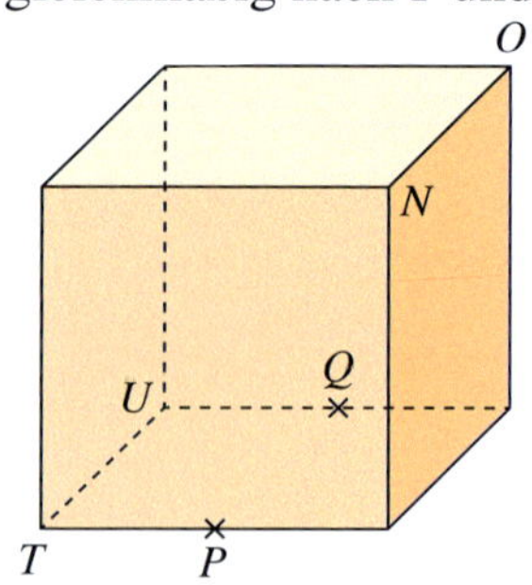

a) Beschreibe die Körper, die dadurch entstehen. Verwende die Fachbegriffe: Grundfläche, Ecken, Kanten, Diagonale.
b) Welche Körper entstehen, wenn man von N und O aus nach P und Q schneidet? Beschreibe die Körper mit Fachbegriffen.

Oberflächeninhalt von Prismen

Entdecken

1 In das Schrägbild eines Quaders wurde ein Prisma mit einem rechtwinkligen Dreieck als Grundfläche eingezeichnet.
Sophia meint, dass die Oberfläche des Quaders doppelt so groß ist wie die des Prismas. Tom ist anderer Ansicht.
Was meinst du? Begründe schriftlich.

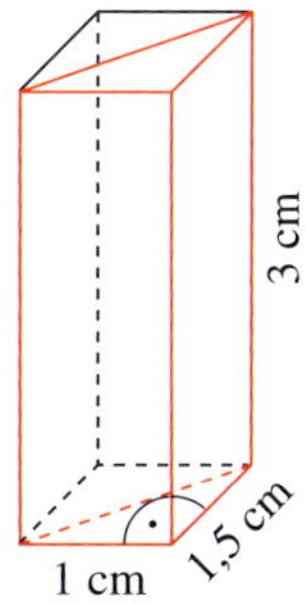

Um die Oberfläche zu vergleichen, haben Tom und Sophia Netze des Quaders und des Dreiecksprismas gezeichnet.

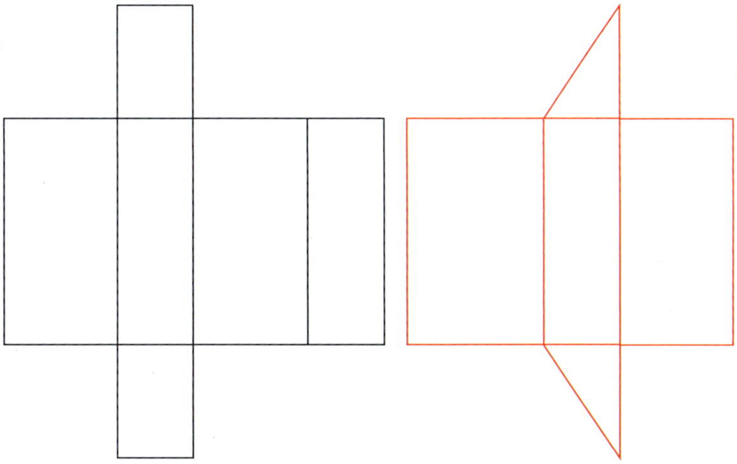

a) Schätze anhand der Netze, wer recht hat: Sophia oder Tom? Begründe deine Meinung.
b) Zeichne die Netze mit den gegebenen Längen in dein Heft.
c) Markiere gleich große Flächen im Netz des Quaders und des Dreiecksprismas in den gleichen Farben.
d) Berechne den Flächeninhalt der Netze.
e) Wer von beiden hat recht? Sophia oder Tom? Hast du richtig geschätzt?

2 Die Schachtel wurde aufgefaltet.
a) Um welche Verpackungsform handelt es sich? Begründe.
b) Bei welchen Flächen handelt es sich um Klebelaschen oder Stecklaschen?
c) Gib die Grund- und Deckfläche sowie die Mantelfläche an.
d) Welche Flächen haben die gleichen Abmessungen?
e) Die Verpackung ist im Original 20,8 cm hoch und hat eine Seitenlänge von 3,5 cm.
Zeichne das Netz der Verpackung in einem geeigneten Maßstab in dein Heft.
f) Bestimme den Oberflächeninhalt der Verpackung (ohne Klebelaschen und Stecklaschen).
Vergleicht eure Lösungen untereinander.

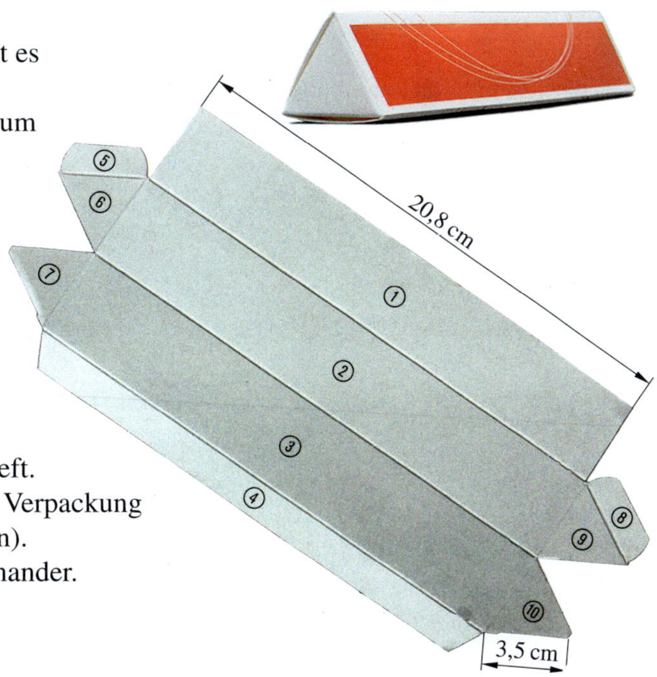

HINWEIS
In den weiteren Aufgaben werden Klebe- und Stecklaschen vernachlässigt.

Verstehen

Herr Meyer ist Produktdesigner und soll eine Verpackung für Schokolinsen entwickeln.
Er hat sich für ein Prisma mit dreieckiger Grundfläche entschieden.
Der Süßwarenhersteller möchte wissen, wie viel Pappe für die Verpackung benötigt wird.
Herr Meyer berechnet den Oberflächeninhalt in zwei Schritten.

Beispiel 1

HINWEIS
Die rechteckigen Seitenflächen der Mantelfläche bilden zusammen ein großes Rechteck mit den Seitenlängen h_k (Körperhöhe) und u (Umfang der Grundfläche).

Zuerst berechnet Herr Meyer den **Mantelflächeninhalt** des Prismas.

1. Möglichkeit:
Teilflächenberechnung:
$A_1 = 4 \cdot 12 = 48\,[\text{cm}^2]$
$A_2 = 3 \cdot 12 = 36\,[\text{cm}^2]$
$A_3 = A_1 = 48\,[\text{cm}^2]$
Mantelflächeninhalt:
$M = A_1 + A_2 + A_3$
$M = 48 + 36 + 48$
$M = 132\,[\text{cm}^2]$

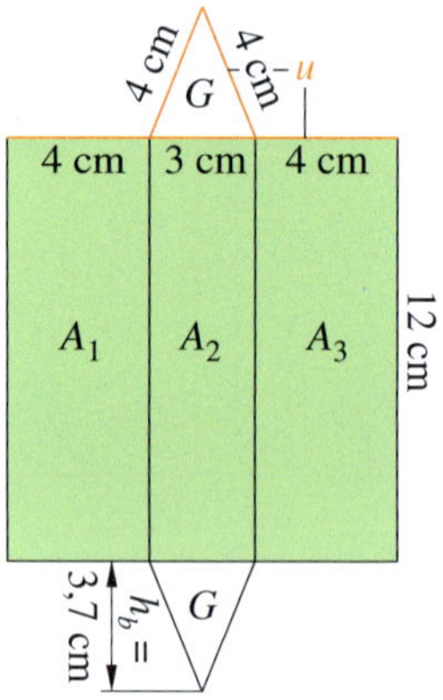

2. Möglichkeit:
Umfang der Grundfläche:
$u = a + b + c$
$u = 4 + 3 + 4$
$u = 11\,[\text{cm}]$
Mantelflächeninhalt:
$M = u \cdot h_k$
$M = 11 \cdot 12$
$M = 132\,[\text{cm}^2]$

Merke Der **Mantelflächeninhalt *M*** eines Prismas lässt sich nach folgender Formel berechnen: $M = A_1 + A_2 + \ldots + A_n$
Es gilt demnach auch: $\boldsymbol{M = u \cdot h_k}$

Für die Berechnung des Oberflächeninhalts des Prismas muss man zum Mantelflächeninhalt noch den Flächeninhalt der Grund- und der Deckfläche hinzurechnen.

Beispiel 2

Aus dem Mantelflächeninhalt und dem Flächeninhalt der Grundfläche kann Herr Meyer den Oberflächeninhalt des Prismas berechnen.

Flächeninhalt der Grundfläche: $G = \frac{g \cdot h}{2}$
$G = \frac{3 \cdot 3{,}7}{2}$
$G = 5{,}55\,[\text{cm}^2]$
Oberflächeninhalt des Prismas: $O = 2 \cdot G + M$
$O = 2 \cdot 5{,}55 + 132$
$O = 143{,}1\,[\text{cm}^2]$

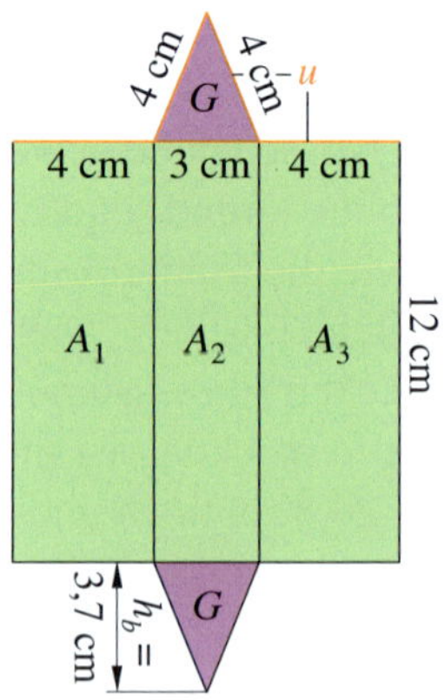

Für die Verpackung werden ohne Klebelaschen 143,1 cm² Pappe benötigt.

Merke Die Oberfläche eines Prismas besteht aus dem Mantel sowie der Grund- und der Deckfläche. Der **Oberflächeninhalt *O*** berechnet sich deshalb so:
$O = 2G + A_1 + A_2 + \ldots + A_n$ bzw. $O = 2G + M$

Starthilfe

A Übertrage das Netz des Prismas in dein Heft.

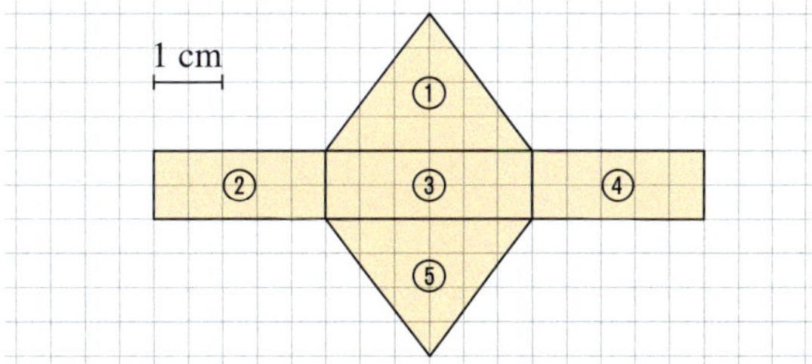

a) Kennzeichne die Seitenflächen blau und die Grund- und Deckfläche rot.
b) Aus welchen Flächen besteht die Mantelfläche?
c) Berechne den Mantelflächeninhalt.

B Von dem Vierecksprisma (Quader) sind drei Teilflächen gegeben.

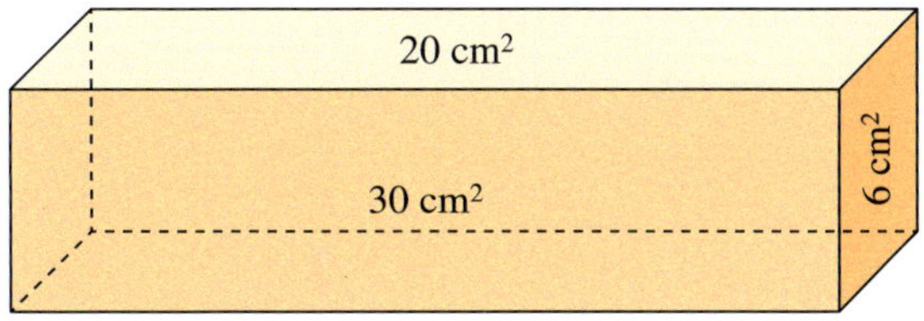

a) Warum reicht es, die Größe der drei Teilflächen zu kennen, um den Oberflächeninhalt des Quaders zu berechnen? Begründe schriftlich.
b) Berechne den Oberflächeninhalt.
c) Diskutiert, wie viele Teilflächen eines Dreiecksprismas ihr kennen müsst, um den Oberflächeninhalt berechnen zu können.

Üben und anwenden

1 Oberflächeninhalt berechnen

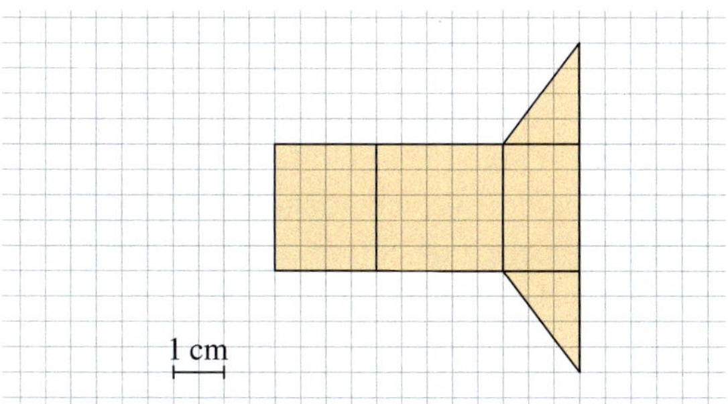

a) Zeichne das abgebildete Netz des Prismas in dein Heft.
b) Markiere die Grundfläche und die Deckfläche gelb sowie die Mantelfläche grün.
c) Berechne den Oberflächeninhalt.

2 Berechne den Oberflächeninhalt des Dreiecksprismas (Maße in cm).

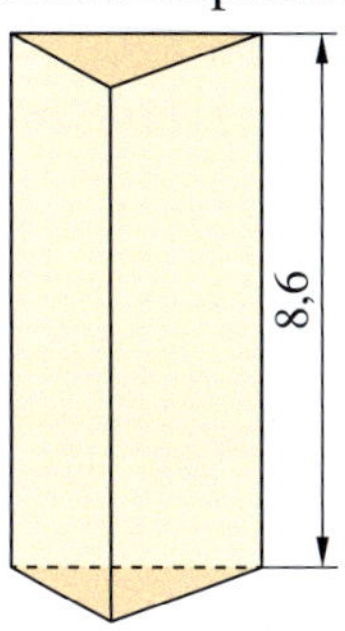

Grundfläche:

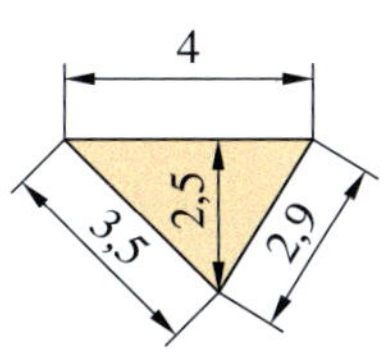

1 Oberflächeninhalt berechnen

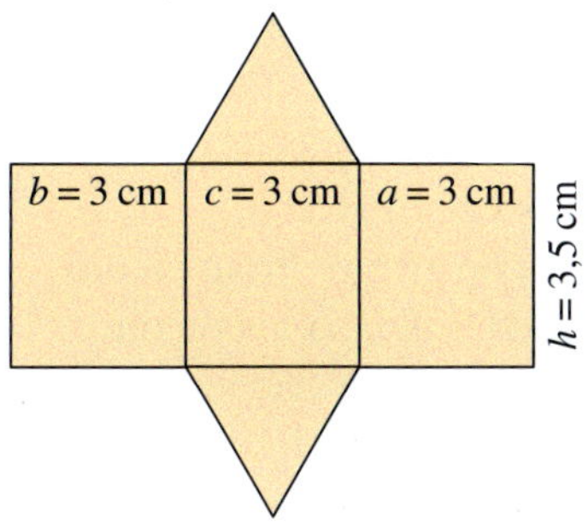

a) Zeichne das Netz in dein Heft. Markiere die Grund- und die Deckfläche blau und die Mantelfläche grün.
b) Berechne den Oberflächeninhalt. Miss benötigte Maße in der Zeichnung.

2 Berechne den Oberflächeninhalt des Vierecksprismas.

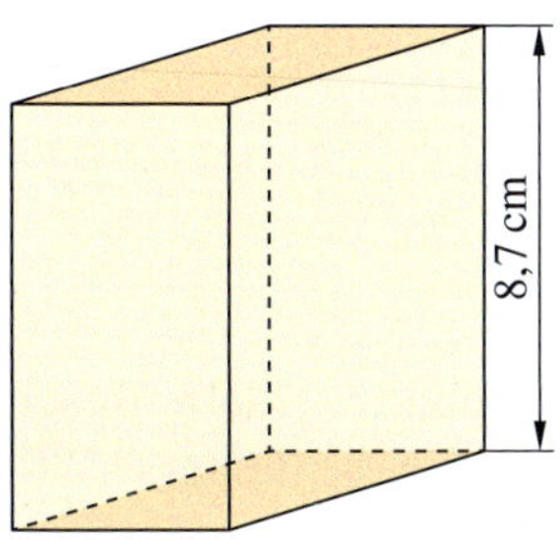

Grundfläche:

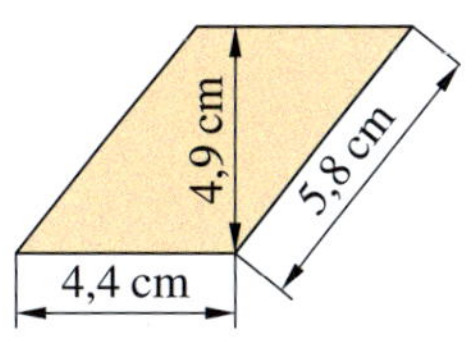

Achtung! Nicht immer sind alle Maße, die du zur Berechnung brauchst, direkt angegeben.

3 Berechne den Oberflächeninhalt von 10 cm hohen Prismen mit folgenden Grundflächen.

a) 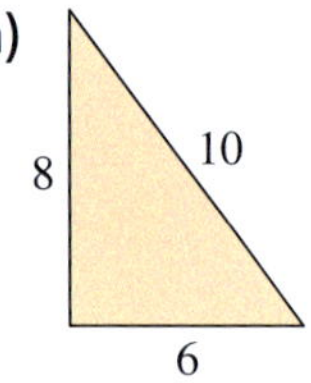

b) 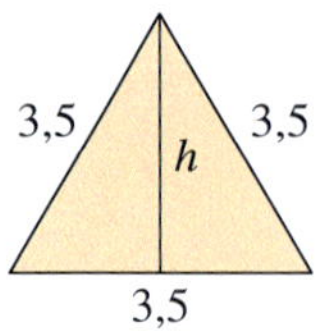

3 Berechne den Oberflächeninhalt von 12 cm hohen Prismen mit folgenden Grundflächen.

a) 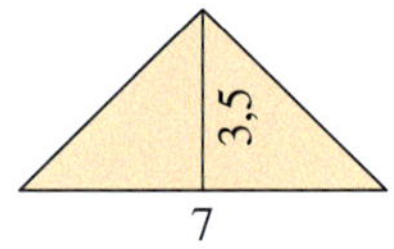

b) 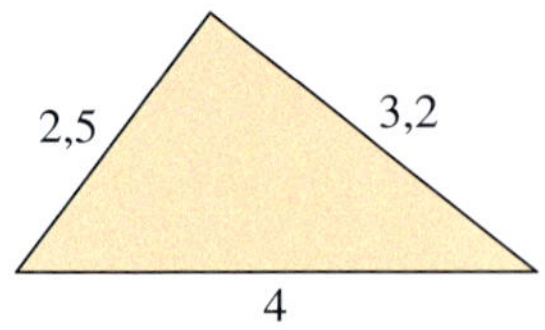

4 Ergänze die Mantelfläche im Heft zu dem Netz eines Dreiecksprismas.
Berechne den Oberflächeninhalt.

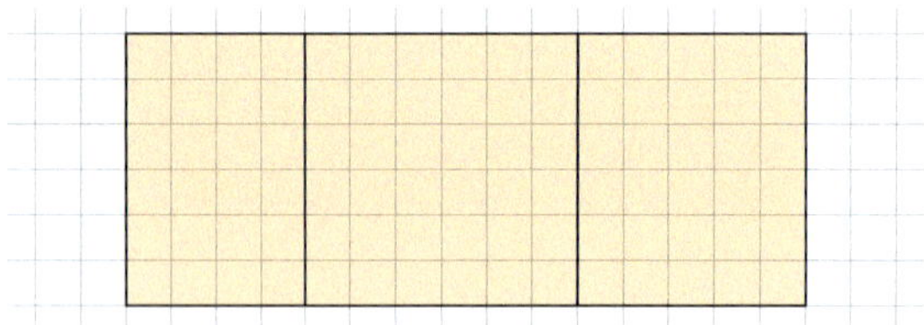

4 Ergänze die Zeichnung im Heft zu dem Netz eines Dreiecksprismas.
Berechne den Oberflächeninhalt.

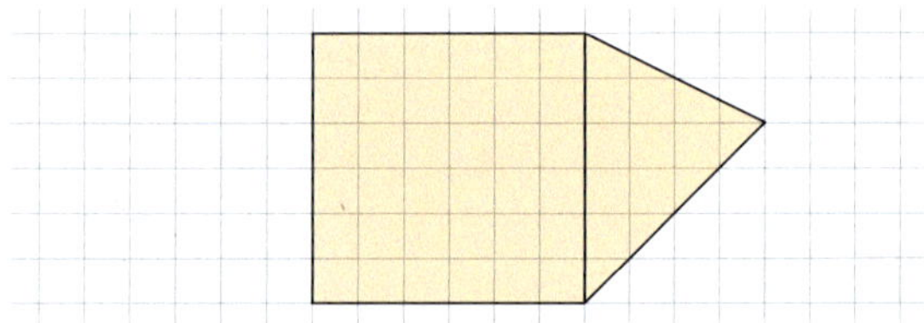

5 Berechne den Oberflächeninhalt des Prismas.

	Grundfläche	Seitenlängen der Grundfläche	Körperhöhe h_k
a)	gleichseitiges Dreieck	$c = 4\,\text{cm}$; $h_c = 3{,}5\,\text{cm}$	$h_k = 8\,\text{cm}$
b)	unregelmäßiges Dreieck	$a = 4\,\text{cm}$; $b = 6\,\text{cm}$; $c = 9\,\text{cm}$; $h_a = 4{,}8\,\text{cm}$	$h_k = 4\,\text{cm}$
c)	gleichschenkliges Dreieck	$a = b = 4{,}5\,\text{cm}$; $c = 5\,\text{cm}$; $h_c = 3{,}7\,\text{cm}$	$h_k = 6\,\text{cm}$

6 Beurteilt folgende Aussagen.
Begründet eure Antwort im Heft.

a) Hat die Grundfläche zweier Prismen die gleiche Form und Größe, so haben die Prismen den gleichen Oberflächeninhalt.

b) Haben zwei Prismen die gleiche Höhe und den gleichen Umfang, so haben sie auch den gleichen Mantelflächeninhalt.

6 Ein 10 cm hohes Prisma hat eine dreieckige Grundfläche mit 15 cm Umfang.

a) Zeichne drei verschiedene Dreiecke, die Grundflächen des Prismas sein könnten.

b) Begründe, warum die Mantelflächeninhalte der Prismen gleich groß sind.

c) Sind die Oberflächeninhalte der Prismen auch gleich groß? Begründe schriftlich.

Zerlege **zusammengesetzte Körper** bzw. Flächen in einzelne Körper bzw. Flächen, die du berechnen kannst.

7 Aus der Berufswelt

Für ein Brettspiel werden aus Holz Haus-Spielfiguren angefertigt.
Die Auszubildenden Andrej und Mara berechnen den Oberflächeninhalt eines Hauses.

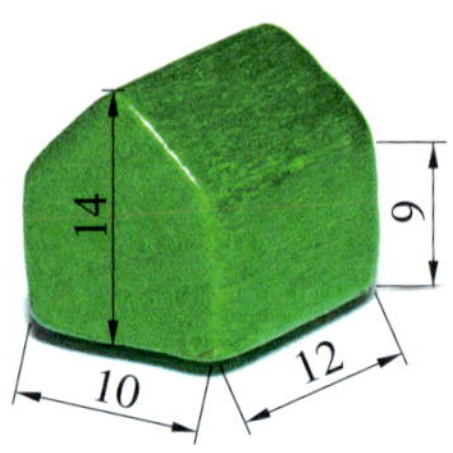

a) Beurteile und vergleiche die beiden Lösungsansätze.

Andrej:
Die Flächen A bis D kommen jeweils doppelt vor. Die Unterseite E einmal.
$O_{gesamt} = 2 \cdot A + 2 \cdot B + 2 \cdot C + 2 \cdot D + E$

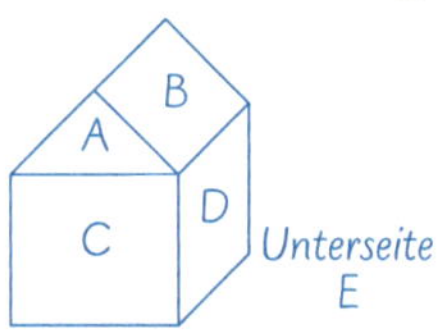

Mara:
Das Haus besteht aus einem Quader und einem Dreiecksprisma. Verdeckte Flächen muss ich abziehen.
Daher kann ich rechnen:
$O_{gesamt} = O_{Quader} + O_{Prisma} - 2 \cdot (10 \cdot 12)$

b) Berechne wie Andrej und wie Mara. Beschreibe jeweils deinen Lösungsweg.
Welchen Lösungsweg findest du besser? Begründe schriftlich.

Volumen von Prismen

Entdecken

1 Die Kantenlänge der abgebildeten Würfel beträgt immer 1 cm.

a) Welche Körperform hat der rot gefärbte Teil des Quaders?

b) Aus wie vielen Würfeln besteht der rot gefärbte Teil des Quaders?

c) Aus wie vielen Würfeln besteht der rot gefärbte Teil des Quaders, wenn zwei Schichten hintereinander stehen?

d) Übertrage die folgende Tabelle in dein Heft und vervollständige sie.

Anzahl Schichten	Anzahl aller Würfel	Anzahl rote Würfel
1	9	4,5
2	…	…
3	…	…
4	…	…
5	…	…

2 Justin will das Volumen der abgebildeten Blumenvase bestimmen.
Mithilfe eines Messbechers stellt er fest, dass in die Vase genau 1,4 l, also 1400 cm^3 Wasser passen.

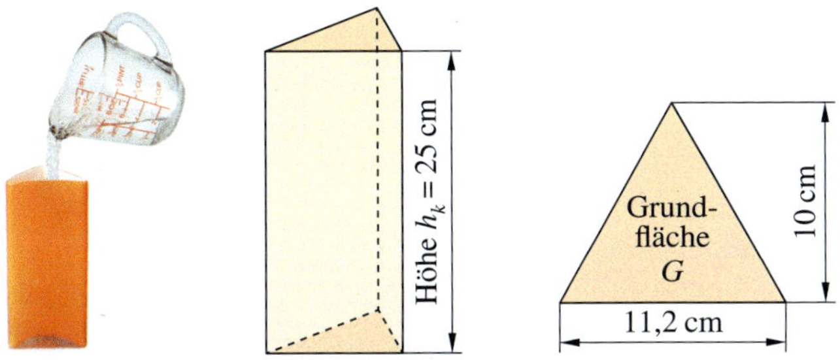

MATERIAL
prismenförmige Gefäße, Messbecher, Wasser oder Sand

ERINNERE DICH
1 l = 1 dm^3
1 l = 1000 cm^3

a) Von welchen Größen hängt das Volumen eines Prismas ab?

b) Führt eigene Messungen mit Wasser oder Sand und prismenförmigen Gegenständen durch und überprüft eure Vermutung.

3 ①

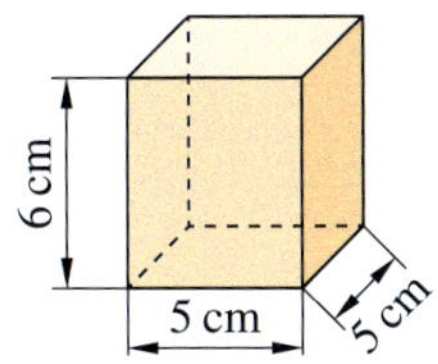

②

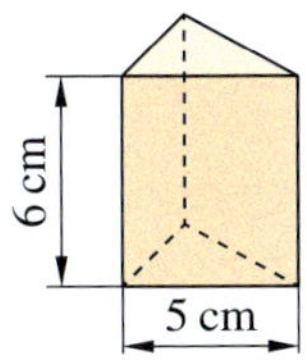

Grundfläche:

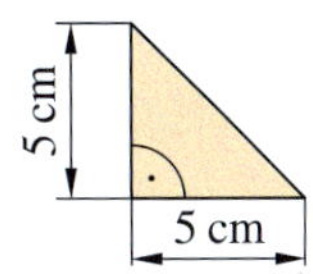

a) Beschreibe, wie du das Volumen des Quaders ① berechnen kannst.
Berechne das Volumen des Quaders.

b) Überlegt gemeinsam, wie ihr das Volumen des Prismas ② berechnen könnt.
Notiert eure Überlegungen.

c) Vergleicht eure Überlegungen aus b) und bestimmt das Volumen des Prismas.

4 Phillip behauptet: „Das Volumen eines Quaders kann man mit der Formel $V = G \cdot h_k$ berechnen.“
Zeigt, dass er recht hat.
Prüft anhand des Beispiels aus Aufgabe 3, ob die Formel auch für Prismen gilt.

Verstehen

Der Teehersteller ist sich nicht sicher, ob die Teeblätter in der von Herrn Meyer vorgeschlagenen Verpackung Platz finden. Es wird ein Volumen von mindestens $100\,cm^3$ benötigt. Daher erfragt er bei ihm das Volumen der Verpackung.

Verpackung 1 ist ein dreiseitiges Prisma, Verpackung 2 ist ein parallelogrammförmiges Prisma.
Sind die beiden Verpackungen groß genug?

Merke Das **Volumen *V*** eines Prismas bestimmt man, indem man den Flächeninhalt der Grundfläche G mit der Körperhöhe h_k des Prismas multipliziert.
Es gilt also:
$$V = G \cdot h_k$$

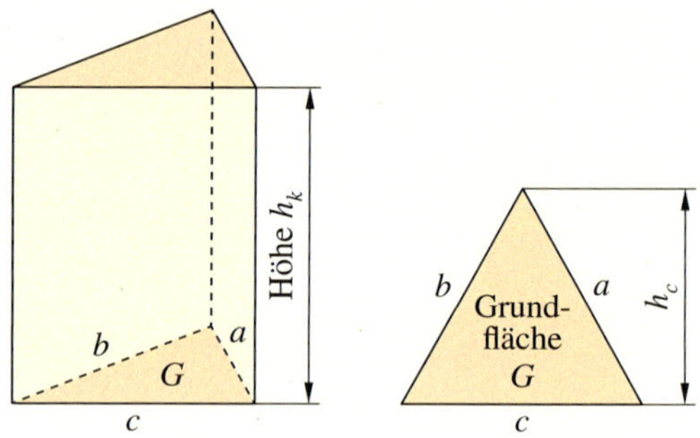

Kurz gesagt:
Volumen eines Prismas = Grundfläche · Höhe

Beispiel 1

Herrn Meyers dreiseitiges Prisma hat folgende Maße:
$a = 5\,cm$; $b = 5\,cm$; $c = 4\,cm$; $h_c = 4{,}6\,cm$; $h_k = 12\,cm$
Berechnung der Grundfläche (Dreieck):

$$G = \frac{c \cdot h_c}{2}$$

$$G = \frac{4 \cdot 4{,}6}{2} = 9{,}2\,[cm^2]$$

Berechnung des Volumens:

$$V = G \cdot h_k$$

$$V = 9{,}2 \cdot 12 = 110{,}4\,[cm^3]$$

Die Verpackung hat ein Volumen von $110{,}4\,cm^3$.

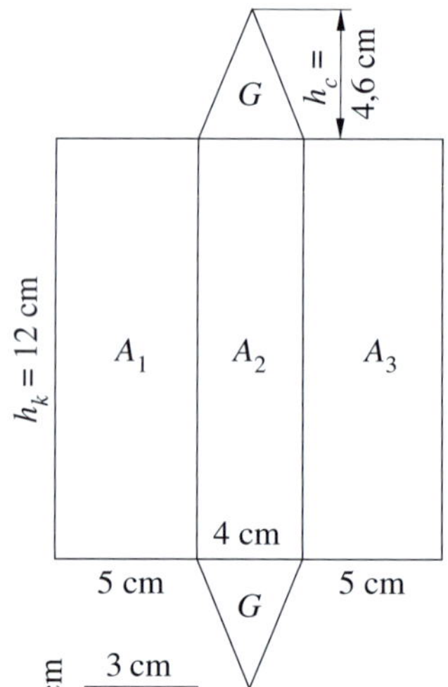

Beispiel 2

Der parallelogrammförmige Vorschlag hat folgende Maße:
$a = 3\,cm$; $b = 4\,cm$; $h_a = 3{,}5\,cm$; $h_k = 10\,cm$
Berechnung der Grundfläche (Parallelogramm):

$$G = a \cdot h_a$$

$$G = 3 \cdot 3{,}5 = 10{,}5\,[cm^2]$$

Berechnung des Volumens:

$$V = G \cdot h_k$$

$$V = 10{,}5 \cdot 10 = 105\,[cm^3]$$

Die Verpackung hat ein Volumen von $105\,cm^3$.

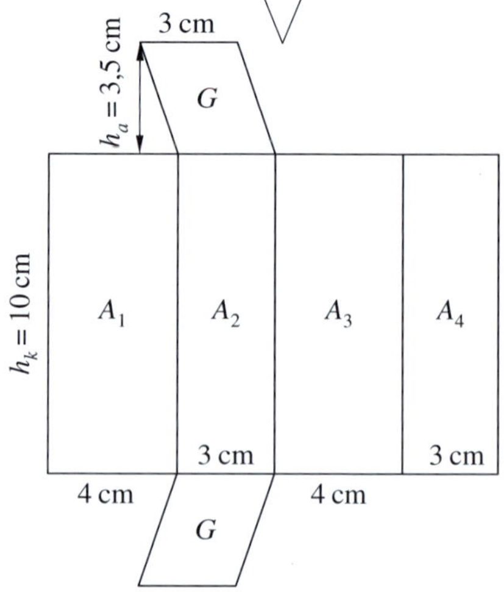

Beide Verpackungen sind groß genug.

Starthilfe

A Volumen von Prismen

a) Welche Maße benötigt man zur Berechnung des Volumens eines Prismas?

b) Welche Einheiten haben diese Maße: cm, cm^2 oder cm^3?

c) In welcher Einheit wird das Volumen angegeben?

B Übertrage das Schrägbild des Prismas in dein Heft.

a) Kennzeichne die Grundfläche und die Körperhöhe farbig.

b) Der Flächeninhalt der Grundfläche beträgt 2,25 ■.
Die Körperhöhe beträgt 4 ■.
Ergänze die Einheiten und trage die Größen in dein Schrägbild ein.

c) Berechne das Volumen des Prismas.

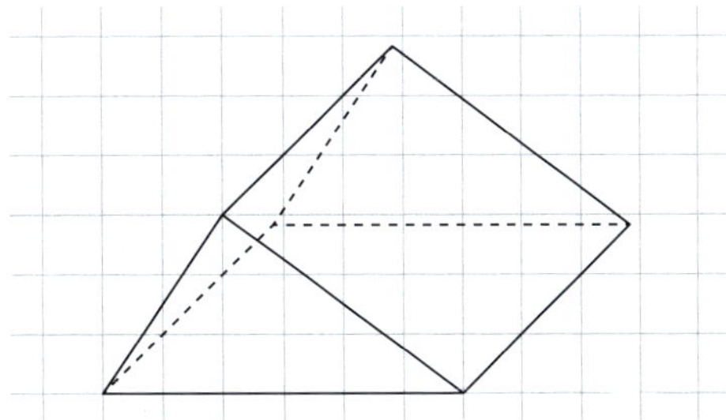

Üben und anwenden

1 Berechne das Volumen des Prismas.

a) $G = 25\,cm^2$; $h_k = 8\,cm$

b) $G = 12{,}5\,m^2$; $h_k = 10\,m$

c) $G = 49{,}5\,m^2$; $h_k = 12\,m$

d) $G = 17{,}5\,dm^2$; $h_k = 2{,}3\,dm$

2 Berechne das Volumen des Prismas.

a)

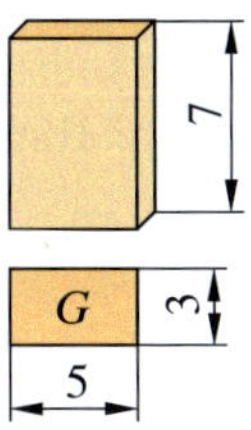

b)

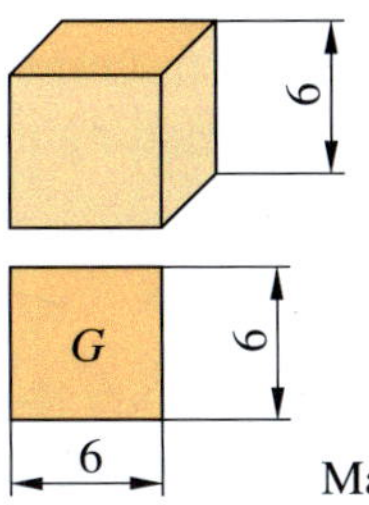

Maße in cm

3 Der Flächeninhalt der Grundfläche eines Prismas beträgt $12\,cm^2$ und die Körperhöhe 4 cm.
Gib das Volumen des Prismas an.

1 Gib das Volumen des Dreiecksprismas an.

	a)	b)	c)	d)
Grundseite	8 m	13 cm	3,5 dm	13,1 m
Dreieckshöhe	6 m	9 cm	2,4 dm	17,4 m
Körperhöhe	10 m	17 cm	6,7 dm	12 m

2 Berechne das Volumen des Prismas.

a)

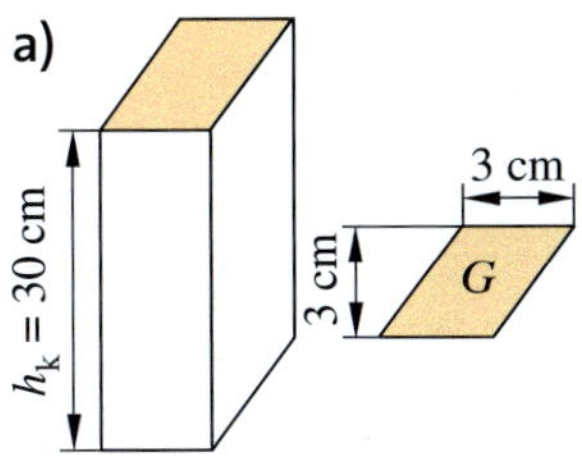

b)

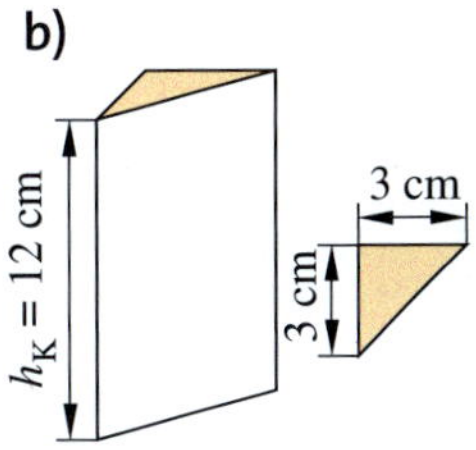

3 Ein dreiseitiges Prisma hat bei einer Höhe von 14 cm ein Volumen von $392\,cm^3$.
Wie groß ist die Grundfläche? Welche Formen und Maße könnte die Grundfläche haben?

4 Im Bild siehst du Grundflächen von Prismen. Die Prismen sind jeweils 8 cm hoch.
Berechne jeweils das Volumen.

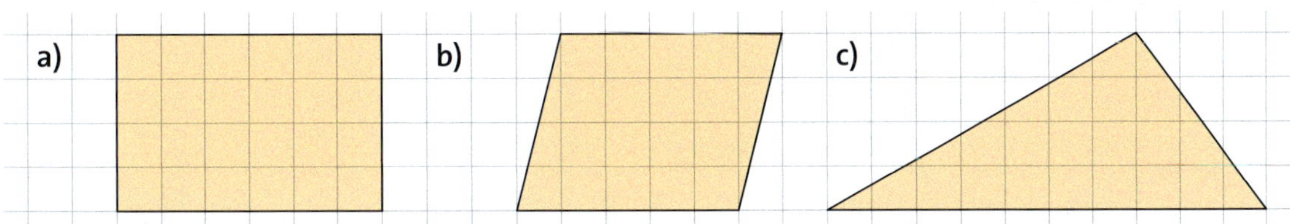

5 Vervollständige im Heft und begründe: „Wenn man die Höhe eines Prismas verdoppelt, dann … sich das Volumen.“

5 Vervollständige im Heft und begründe: „Wenn man die Grundfläche eines Prismas verdoppelt, dann … sich das Volumen.“

6 Übertrage die Tabelle ins Heft und berechne die fehlende Größe der Prismen.

	Grundfläche G	Körperhöhe h_k	Volumen V
a)	$42\,cm^2$	13 cm	…
b)	$5{,}8\,dm^2$	…	$11{,}6\,dm^3$
c)	…	19,3 m	$887{,}8\,m^3$

7 Berechne das Volumen des Prismas.

a) Grundfläche:
Rechteck mit $a = 3{,}2\,cm$; $b = 1{,}2\,cm$;
Körperhöhe: $h_k = 14{,}2\,cm$

b) Grundfläche:
Parallelogramm mit $a = 7{,}8\,cm$;
$b = 3{,}5\,cm$; $h_a = 2{,}5\,cm$;
Körperhöhe: $h_k = 25\,cm$

7 Berechne das Volumen des Prismas.

a) Grundfläche:
Parallelogramm mit $a = 7{,}8\,dm$;
$b = 2{,}5\,dm$; $h_b = 54\,cm$;
Körperhöhe: $h_k = 12\,dm$

b) Grundfläche:
rechtwinkliges Dreieck mit $\gamma = 90°$;
$a = 4{,}2\,m$; $b = 5{,}1\,cm$; $c = 6{,}6\,cm$;
Körperhöhe $h_k = 20\,cm$

8 Der „Stein des Südens“ ist der größte bisher bekannte von Menschen geschaffene Steinquader.
Er liegt in einer Tempelanlage im Libanon.
Die Länge des Steins beträgt 21,40 m, die Breite 4,60 m und die Höhe 4,30 m.
Berechne das Volumen des Quaders.

8 Familie Jansen will das Dachgeschoss ihres Hauses mit einem Kaminofen beheizen.
Das Dachgeschoss ist am Boden 8 m breit und 12 m lang. Der Giebel ist 4 m hoch.
Für das Heizen mit einem Kaminofen müssen bei 1 kW Heizleistung mindestens $4\,m^3$ Raum vorhanden sein.

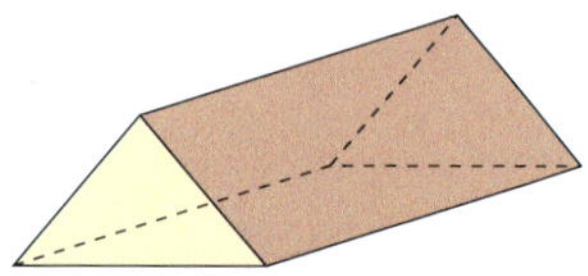

a) Welches Volumen hat das Dachgeschoss?
b) Welche Leistung (in kW) sollte der Ofen haben?

9 Berechne das Volumen des Prismas.
Die Grundfläche ist ein Rechteck mit den Seiten a und b.

	a)	b)	c)	d)
a	8 m	13 cm	2,5 dm	2,4 m
b	5 m	9 cm	3,5 dm	3,9 m
h_k	3,5 m	11 cm	12 dm	400 cm

9 Berechne das Volumen des Prismas.
Die Grundfläche ist ein Dreieck mit der Grundseite a.

	a)	b)	c)	d)
a	5,3 m	230 mm	25 cm	30 dm
h_a	0,6 dm	18 cm	1,9 dm	9,4 m
h_k	2,8 m	11 cm	8 dm	6,3 m

10 Von einem Rechtecksprisma sind das Volumen ($672\,m^3$) und der Flächeninhalt der Grundfläche ($42\,m^2$) bekannt.

a) Berechne die Körperhöhe.

b) Zeichne das Prisma und beschrifte deine Zeichnung mit den Fachbegriffen Ecke, Seitenfläche, Diagonale, Kante.

c) Vergleicht eure Zeichnungen. Beschreibt, was euch auffällt.

10 Von einem Dreiecksprisma sind das Volumen ($210\,m^3$) und der Flächeninhalt der Grundfläche bekannt ($30\,m^2$).

a) Berechne die Körperhöhe.

b) Zeichne das Prisma und beschrifte deine Zeichnung mit den Fachbegriffen Ecke, Seitenfläche, Diagonale, Kante.

c) Vergleicht eure Zeichnungen. Beschreibt, was euch auffällt.

11 Aus der Berufswelt

Für ein Brettspiel werden aus Holz Spielfiguren angefertigt. Die Auszubildenden Andrej und Mara berechnen das Volumen eines Hauses.

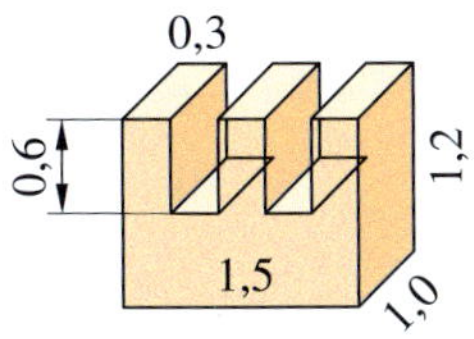

a) Beurteile und vergleiche die beiden Lösungsansätze.

Andrej:
Ich zerteile den Körper in vier Quader. Die drei kleinen Quader haben das gleiche Volumen.
$V_{gesamt} = V_A + 3 \cdot V_B$

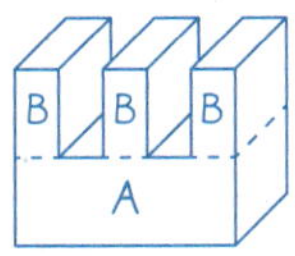

Mara:
Ich ergänze das Haus zu einem großen Quader und ziehe das Volumen der herausgeschnittenen Quader ab.
$V_{gesamt} = V_R - 2 \cdot V_B$

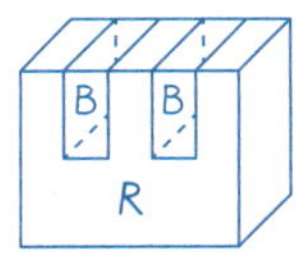

b) Berechne wie Andrej und wie Mara. Beschreibe jeweils deinen Lösungsweg im Heft. Welchen Rechenweg findest du besser? Begründe schriftlich.

Das Volumen ***zusammengesetzter Körper*** *kannst du durch Zerlegen oder Ergänzen berechnen.*

12 Berechne das Volumen der Spielfigur. Beschreibe im Heft, wie du dabei vorgehst.
Vergleicht eure Lösungswege. Gibt es mehrere Möglichkeiten?

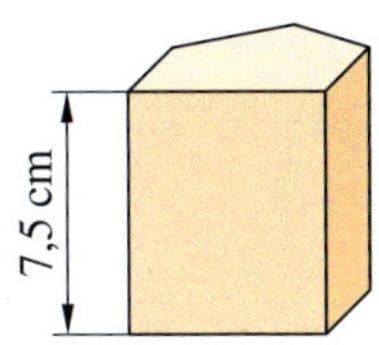

Grundfläche:

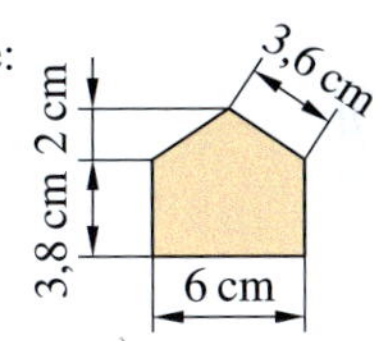

Bunt gemischt

1 Berechne im Kopf. Achte auf die Vorrangregeln.

a) $7 + 3 \cdot 8$ b) $8 - 8 : 2$ c) $(3 + 7) \cdot 5$

2 Berechne. Überprüfe mit dem Taschenrechner.

a) $(4{,}9 - 1{,}3) : 12 - 3$ b) $(1{,}2 : 0{,}25) \cdot (7{,}3 - 5{,}8)$ c) $6{,}3 + \frac{1}{2} - 3 \cdot \frac{1}{4}$

3 Berechne den Prozentwert im Kopf.

a) 10 % von 871 € b) 5 % von 36 t c) 25 % von $480\,m^3$

4 Berechne schriftlich.

a) 17,35 Mio. $- \frac{3}{4}$ Mio. b) $5{,}87 \cdot 23{,}08$ c) $66{,}6 : 0{,}22$

Klar so weit?

→ Seite 158

Prismen erkennen und beschreiben

1 Nenne die Eigenschaften eines Prismas.

2 Entscheide und begründe, ob der jeweilige Körper ein Prisma ist.

a) b) c) d)

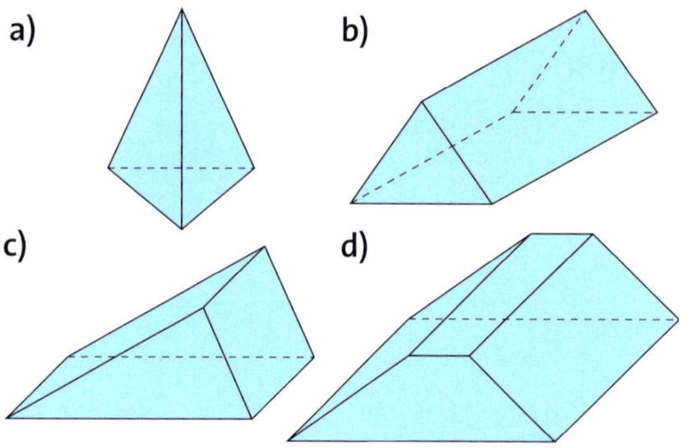

2 Entscheide und begründe, ob der jeweilige Körper ein Prisma ist.

a) b) c) d)

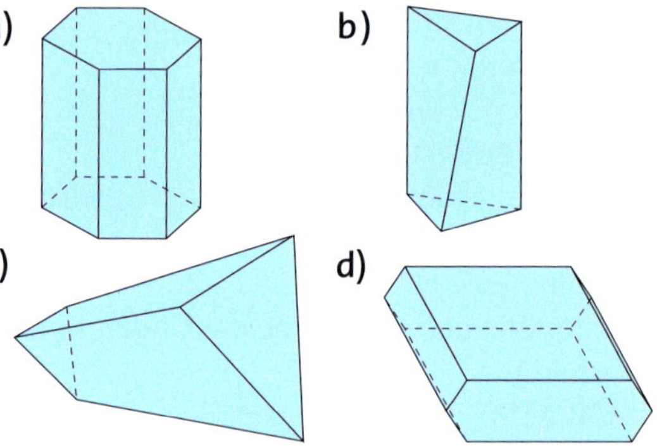

3 Können die jeweiligen Netze zu einem Prisma zusammengebaut werden?

a) b) c) d) e) f)

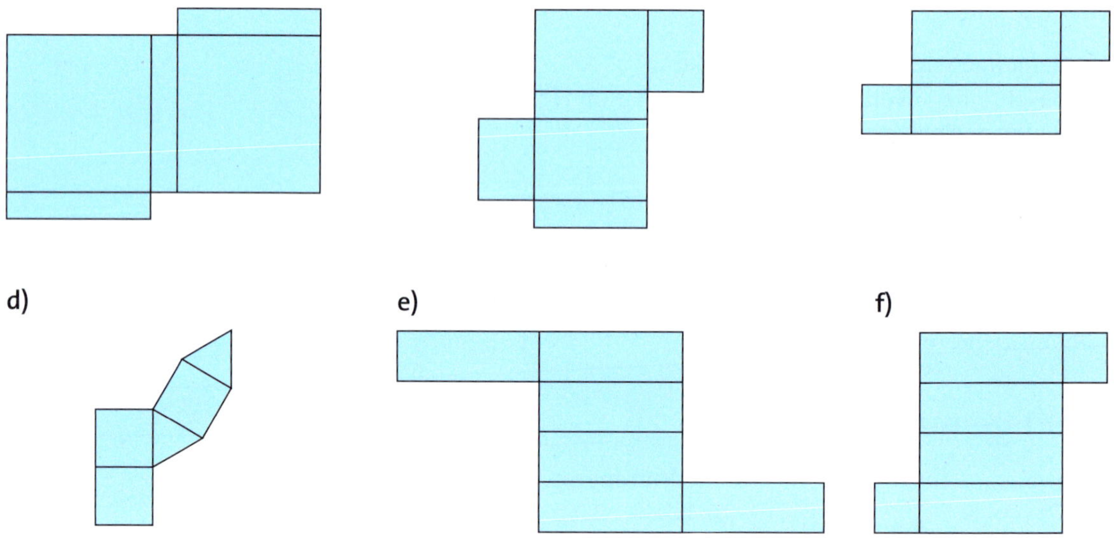

4 Die Figuren im folgenden Bild sind Grundflächen von Prismen mit $h_k = 4\,\text{cm}$. Zeichne jeweils ein Schrägbild.

a) b)

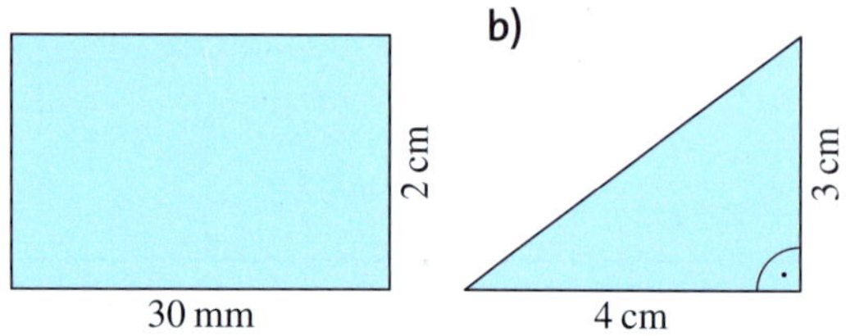

4 Die Figuren im folgenden Bild sind Grundflächen von Prismen mit $h_k = 5\,\text{cm}$. Zeichne jeweils ein Schrägbild.

a) b)

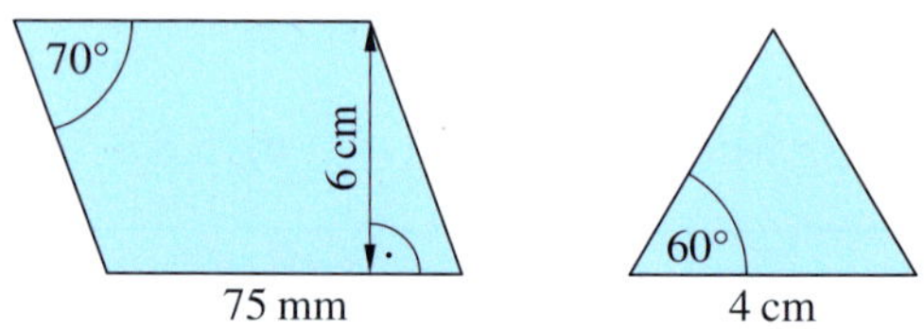

Oberflächeninhalt von Prismen

→ Seite 166

5 Entnimm der Zeichnung alle Längen und berechne den Oberflächeninhalt des Prismas.

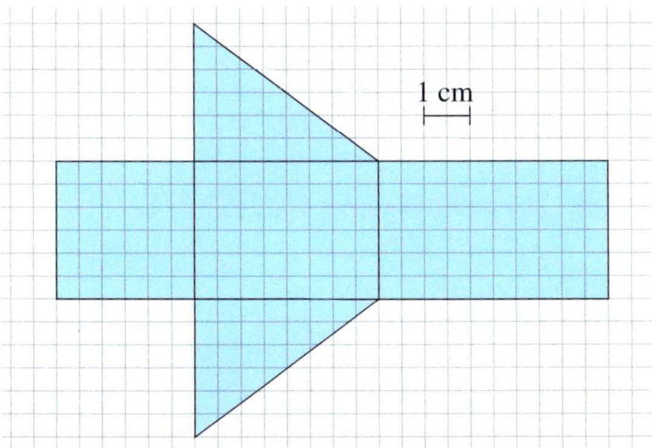

5 Berechne den Oberflächeninhalt des Dreiecksprismas. Entnimm die Maße dem Bild. Beachte den Maßstab.

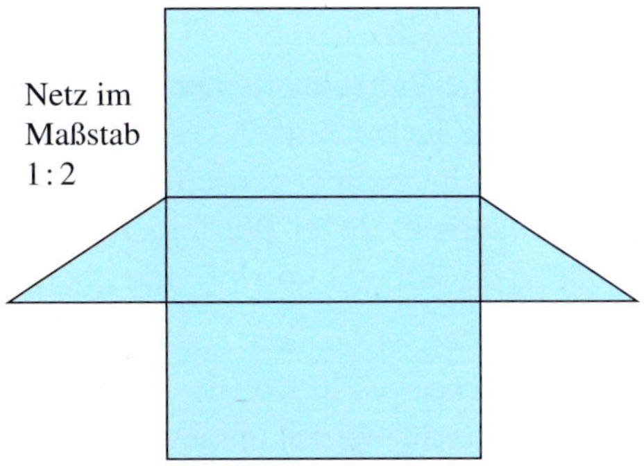

6 Für ein Frühbeet wurde ein Kasten aus Plexiglas gebaut.

a) Welche Grundfläche hat das Prisma?

b) Zerlege die Grundfläche in bekannte Teilflächen und berechne den Flächeninhalt.

c) Berechne den Oberflächeninhalt der Plexiglasplatten.
Beschreibe dein Vorgehen schriftlich. Worauf musst du achten?

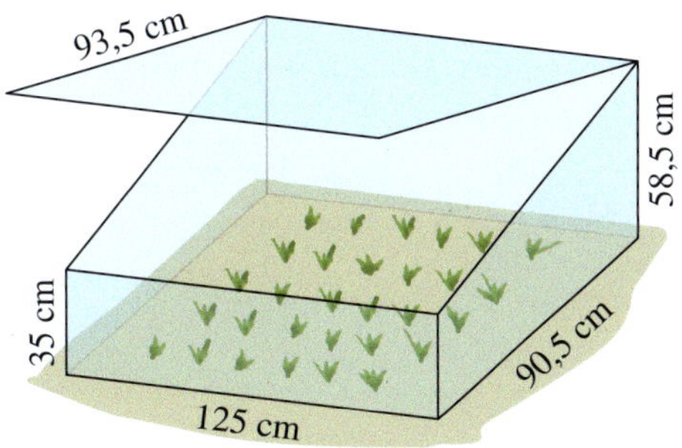

Volumen von Prismen

→ Seite 170

7 Berechne das Volumen der Prismen. Beachte die Maßeinheiten.

	Grundfläche G	Höhe h_k
a)	$70\,cm^2$	8 cm
b)	$0{,}75\,dm^2$	1,2 dm
c)	$7{,}4\,cm^2$	12 mm
d)	$28{,}4\,dm^2$	0,07 m

7 Berechne die fehlenden Größen der Prismen und ergänze die Tabelle im Heft.

	Grundfläche G	Höhe h_k	Volumen V
a)	$56\,cm^2$	17 cm	…
b)	$3{,}8\,dm^2$	…	$66{,}5\,dm^3$
c)	…	12,8 m	$853{,}76\,m^3$
d)	$23\,500\,cm^2$	5,7 dm	…

8 Berechne das Volumen des Prismas.

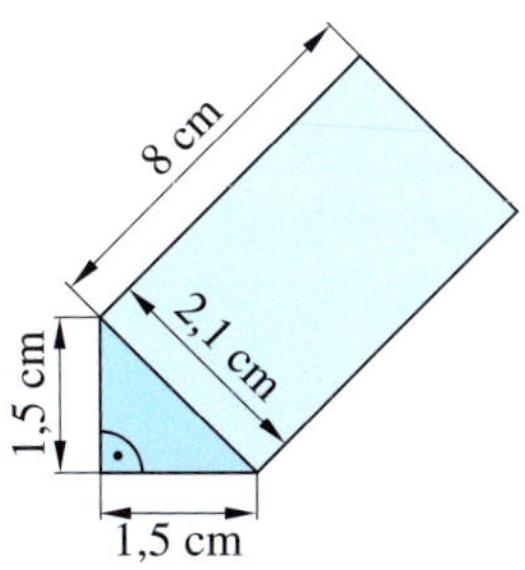

8 Berechne das Volumen des Prismas.

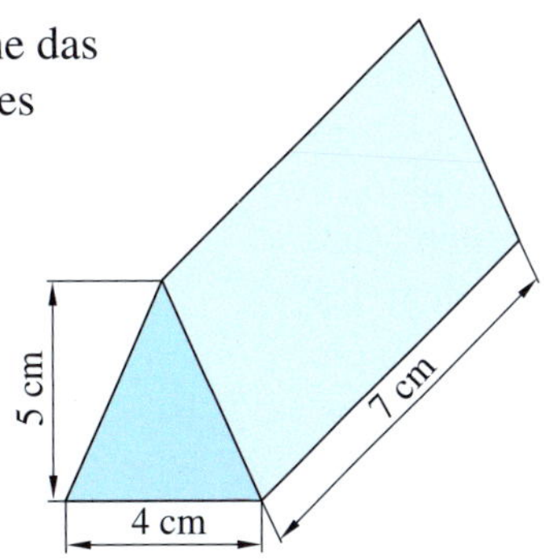

Lösungen ab Seite 202

Vermischte Übungen

1 Vierecksprismen

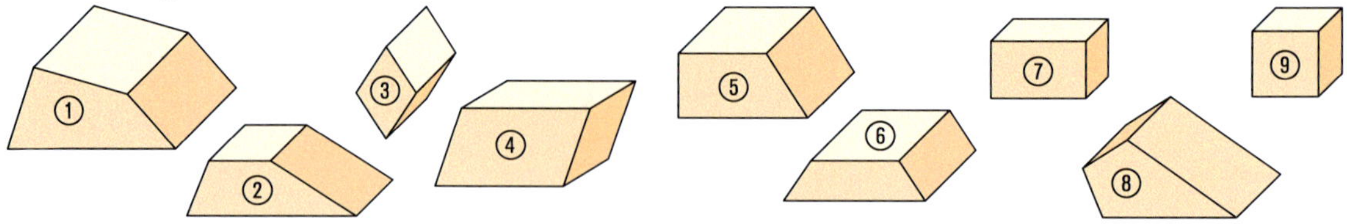

a) Benenne die Vierecksprismen. Denke dabei an die jeweilige Grundfläche.
b) Sortiere die Prismen nach verschiedenen Kriterien.
Beschreibt euch gegenseitig, wie ihr sortiert habt. Verwendet dabei Fachbegriffe.
c) Tim behauptet: „Jeder Würfel ist auch ein Quader."
Ergänze die Tabelle im Heft und überprüfe Tims Behauptung.

Eigenschaften des Quaders	Gilt das für Würfel?
Er hat 8 Ecken und 12 Kanten.	…
Er hat nur rechte Winkel (insgesamt 24).	…
Gegenüberliegende Seitenflächen sind gleich groß und parallel zueinander.	…
Die Diagonalen der Grundfläche halbieren sich in ihrem Schnittpunkt.	…

d) Stelle weitere Behauptungen zu den Vierecksprismen auf und überprüfe sie.

ZUM WEITERARBEITEN
Finde Gegenstände auf deinem Tisch, in deinem Klassenzimmer, im Schulhaus, … die einem dieser Prismen ähneln.

2

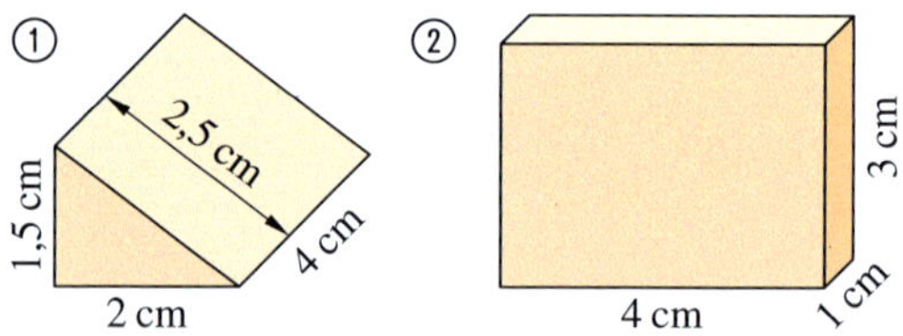

a) Wähle eines der beiden Prismen und zeichne das Netz und das Schrägbild.
b) Berechne den Oberflächeninhalt und das Volumen der beiden Prismen.

2

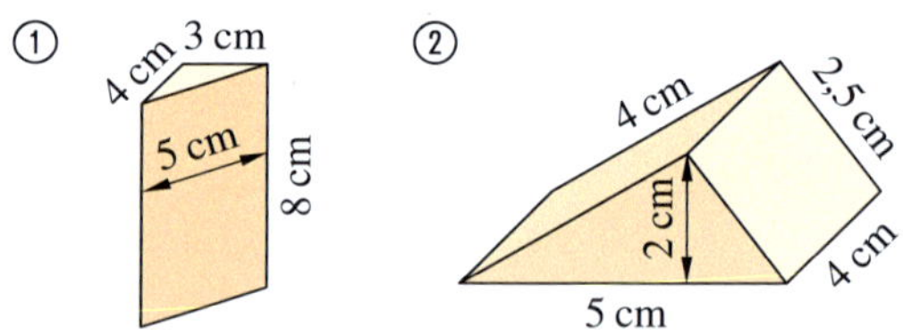

a) Wähle eines der beiden Prismen und zeichne das Netz und das Schrägbild.
b) Berechne den Oberflächeninhalt und das Volumen der beiden Prismen.

3 Das Haus ist 11 m lang.
a) Zeichne ein Schrägbild des Hauses im Maßstab 1 : 100.
b) Ergänze in deiner Zeichnung Fenster und Türen in einer sinnvollen Größe.

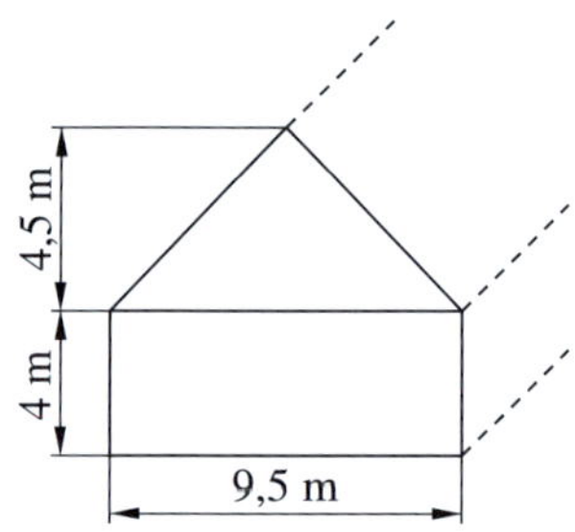

4 Ein Briefbeschwerer aus Kristallglas hat die in der Zeichnung angegebenen Maße. Wie viel wiegt das Prisma, wenn 1 cm^3 des Glases 2,9 g wiegt?

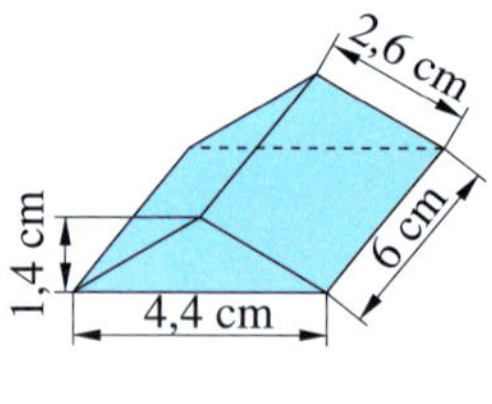

4 Der Gartenstein wurde aus Beton gegossen.
a) Berechne das Volumen des Gartensteins.
b) 10 cm^3 Beton wiegen 18 g. Wie schwer ist ein Stein?

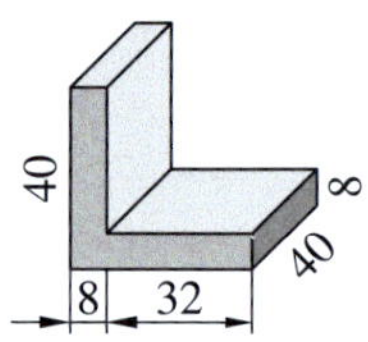

5 Aus der Berufswelt
Eine Schokoladenverpackung hat die Form eines Prismas mit dreieckiger Grundfläche.

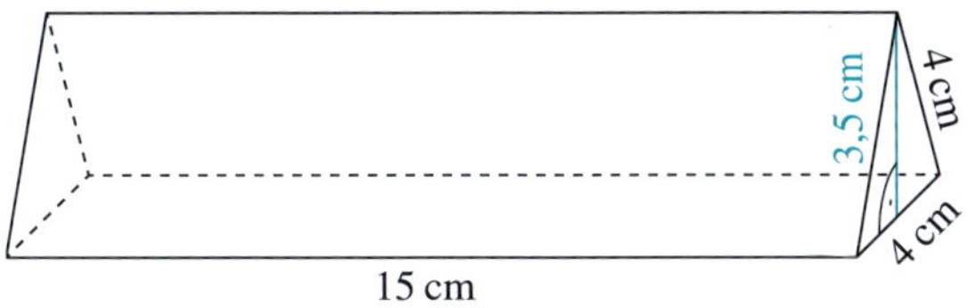

a) Wie viel Karton wird für die Verpackung benötigt (ohne Klebelaschen)?
b) Die Verpackung wird aus einem 264 cm² großen Rechteck gefertigt. Wie viel Abfall entsteht, wenn 1000 Packungen angefertigt werden? Wie viel Prozent sind das?
c) Schätze das Volumen der Verpackung. Beschreibe dein Vorgehen.

5 Aus der Berufswelt

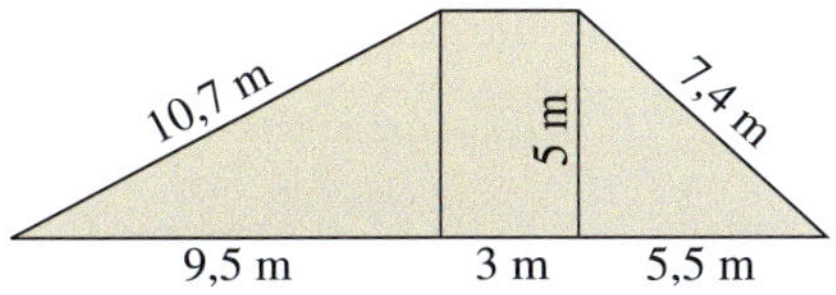

a) Wie viel m³ Erde müssen für einen 5 km langen Deich aufgeschüttet werden?
b) Der Deich soll mit Gras bepflanzt werden. Empfohlen wird eine Menge von 20 g bis 25 g pro m². Wie viel kg Grassamen sind notwendig, um die Oberfläche des 5 km langen Deichs zu bepflanzen? Schätze zunächst, wie viel Grassamen benötigt wird.
c) Der abgebildete Radlader hat den Deich aufgeschüttet. Schätze das Volumen der Schaufel und berechne, wie viele Schaufeln voll Erde für den Deichbau notwendig waren. Beschreibe dein Vorgehen.

6 Berechne das Volumen des Prismas. Beschreibe dein Vorgehen im Heft.

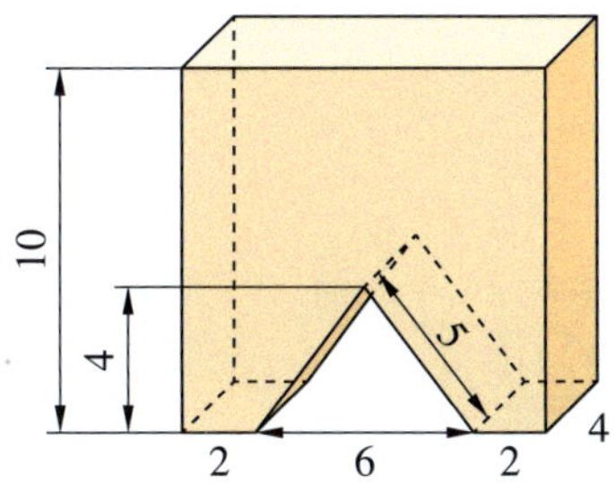

6 Ein Aquarium mit der skizzierten Grundfläche wird 60 cm hoch mit Wasser gefüllt. Wie viel Liter Wasser werden dazu benötigt?

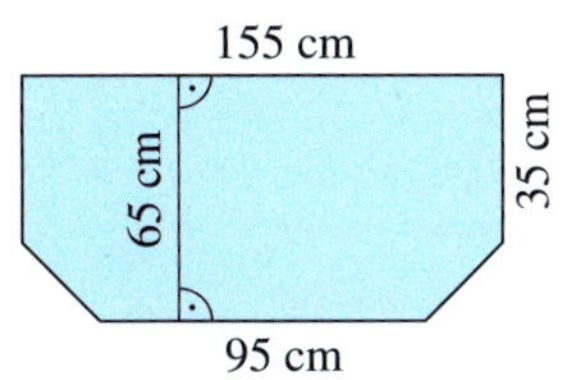

7 Maja möchte mithilfe einer Tabellenkalkulation Umfang und Flächeninhalt von Rechtecken berechnen.

MATERIAL
Computer

	A	B	C	D	E
1	**Rechteck**				
2	**Seite a**	**Seite b**	**Umfang u**	**Flächeninhalt A**	
3	3,5	7	=2*A3+2*B3	24,5	
4					

a) Erkläre die Formel **=2*A3+2*B3** in der Zelle **C3**.
b) Welche Formel steht in der Zelle **D3**?
Überprüfe, indem du eine eigene Tabelle erstellst.
Gib für Seite a und Seite b verschiedene Werte ein und lass den Umfang und Flächeninhalt berechnen. Prüfe durch Nachrechnen, ob du die Formeln richtig eingegeben hast.
c) Ändere die Tabelle so, dass sich aus dem Flächeninhalt A und der Seite b die Seite a und der Umfang u berechnen lassen.
d) Erstelle eine Tabelle, mit deren Hilfe du den Oberflächeninhalt und das Volumen von Quadern berechnen kannst.

NAGEDACHT
Überlege, warum der Schwimmbereich 4,10 m tief sein muss.

Im Freibad

Die Stadt plant den Bau eines Freibads.
Das große Becken soll die folgenden Maße haben.

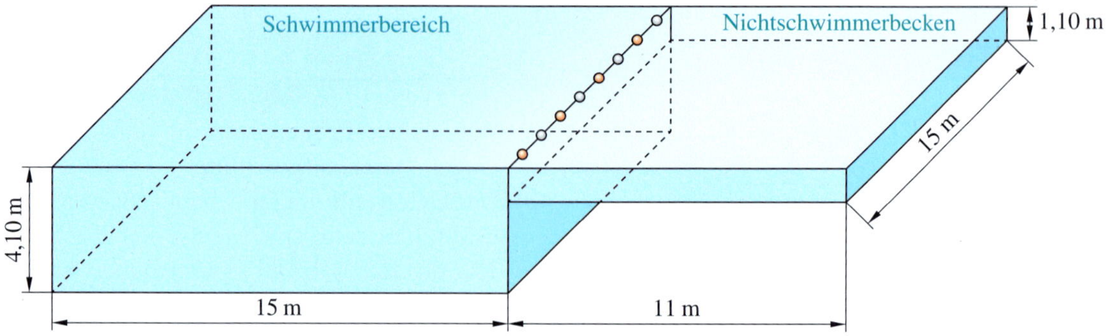

8 Die Schwimmbecken

Im Freibad gibt es einen Schwimmerbereich und einen Nichtschwimmerbereich. Die Bereiche sind durch eine Trennlinie unterteilt.

a) Berechne das Volumen des Nichtschwimmer- und des Schwimmerbeckens.
b) Wie viel Liter Wasser befinden sich im gesamten Becken?

9 Wasserkosten

Die Stadtverwaltung kalkuliert die anfallenden Wasserkosten.

Auszug vom Wasserwerk
1 Liter Frischwasser: 0,17 Ct + 7 % MwSt.
Monatliche Grundgebühr: 9,70 € + 7 % MwSt.

a) Berechne, was eine Füllung kostet.
b) Im Jahr soll das Wasser durchschnittlich 3-mal gewechselt werden.
Berechne die anfallenden Gesamtkosten.

10 Beckenbefüllung

Das Becken wird mithilfe einer Pumpe gefüllt.
Die Pumpe füllt 25 000 l Wasser in einer Stunde in das Becken.

a) Wie lange dauert es, bis das Becken voll ist?
b) In den Diagrammen ist dem Volumen die Füllhöhe zugeordnet. Welches Diagramm beschreibt den Füllverlauf des Beckens? Begründe schriftlich.

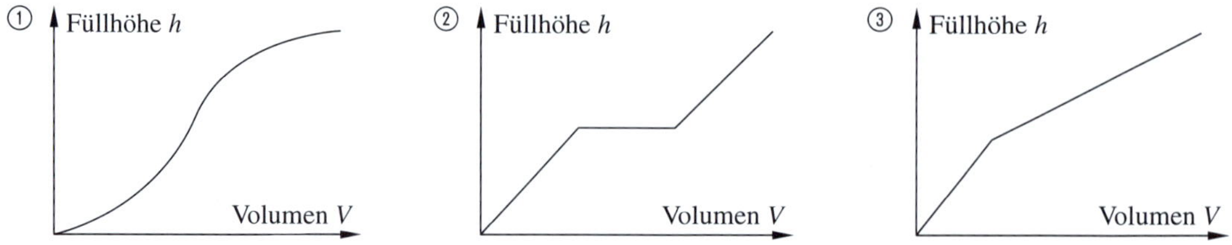

Teste dich!

1 Welche der abgebildeten Körper sind Prismen? Begründe schriftlich. *(5 Punkte)*
Welche Form hat ihre Grundfläche?

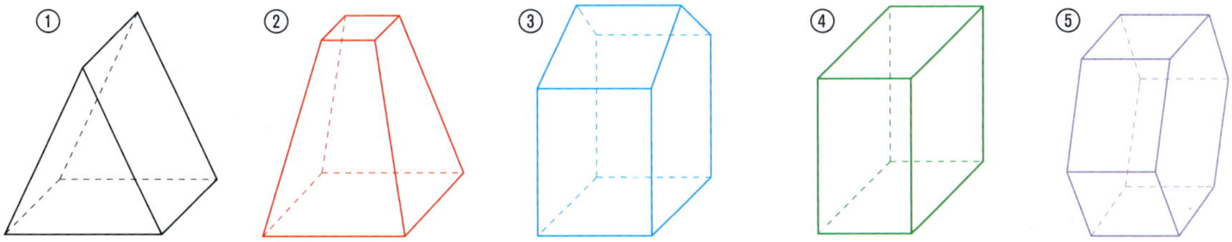

2 Zeichne das Schrägbild eines Prismas mit dreieckiger Grundfläche. *(8 Punkte)*

a) Das abgebildete Dreieck ist die Grundfläche. Die Höhe beträgt 8 cm.

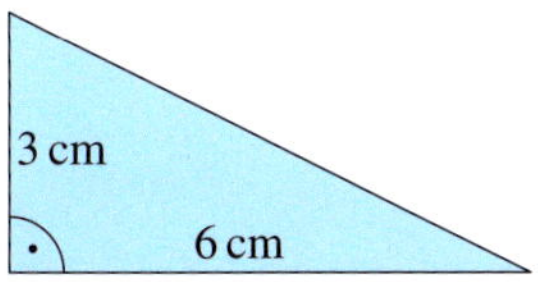

b) Die Grundfläche ist ein rechtwinkliges Dreieck mit den Seitenlängen $b = c = 3{,}8\,\text{cm}$. Die Höhe beträgt 5,6 cm.

3 Berechne den Oberflächeninhalt der Prismen aus Aufgabe **2**. Einige Größen musst du messen. *(4 Punkte)*

4 Berechne das Volumen der Prismen. Die Maße sind in cm angegeben. *(4 Punkte)*

a)

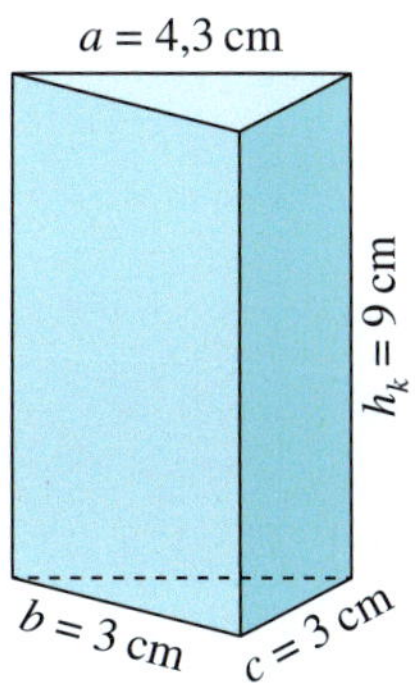

Grundfläche: gleichschenkliges Dreieck mit der Höhe $h_a = 2{,}1\,\text{cm}$

b)

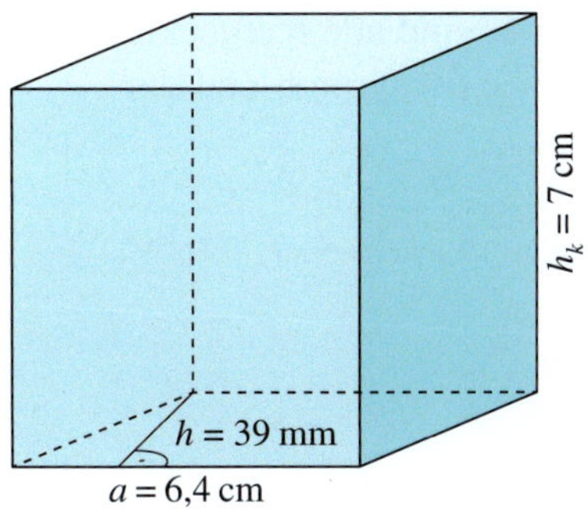

Grundfläche: Parallelogramm

5 Berechne das Volumen der Prismen mit den folgenden Grundflächen. *(10 Punkte)*
Berechne den Oberflächeninhalt von Prisma a).
Entnimm dem Bild die benötigten Größen.

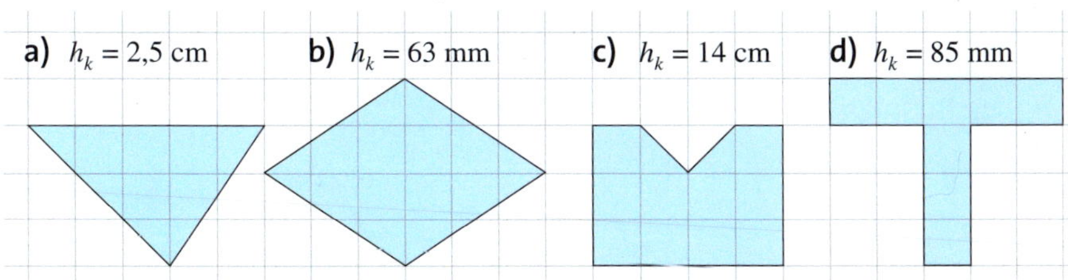

6 Ein Tauchsportverein hat ein Tauchbecken mit einer rechteckigen Grundfläche von 5 m Breite und 8,40 m Länge. *(3 Punkte)*
Mit wie viel Kubikmetern Wasser muss das Tauchbecken gefüllt werden, wenn Tauchübungen bis zu 9 m Tiefe durchgeführt werden sollen?

Gold: 32–34 Punkte, Silber: 27–31 Punkte, Bronze: 19–26 Punkte

Lösungen ab Seite 202

Zusammenfassung

→ Seite 158

Prismen erkennen und beschreiben

Ein **Prisma** ist ein geometrischer Körper, …
- dessen Grundfläche G und Deckfläche Vielecke sind, die deckungsgleich und zueinander parallel sind,
- dessen Seitenflächen Rechtecke sind, die senkrecht auf der Grund- und der Deckfläche stehen.

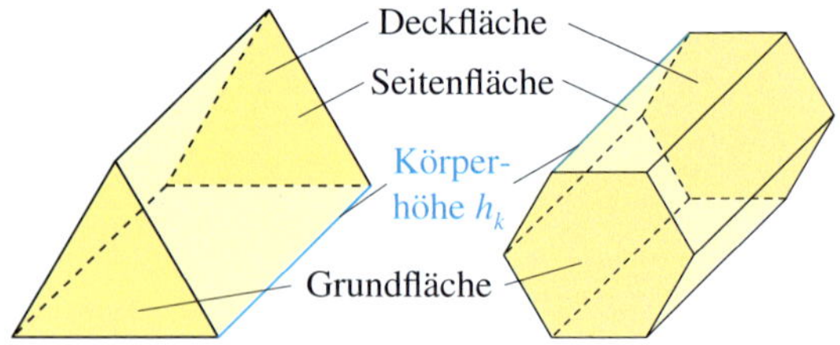

→ Seite 166

Oberflächeninhalt von Prismen

Um den **Oberflächeninhalt *O*** eines Prismas zu bestimmen, muss der Flächeninhalt der einzelnen Flächen bestimmt und addiert werden. Die Anzahl der Seitenflächen ist abhängig von der geometrischen Form der Grundfläche.

Die Oberfläche eines Prismas besteht aus der Mantelfläche M, das sind alle rechteckigen Seitenflächen, sowie der Grund- und der Deckfläche.

$O = 2G + A_1 + A_2 + A_3 + \ldots + A_n$ bzw.
$O = 2G + M$

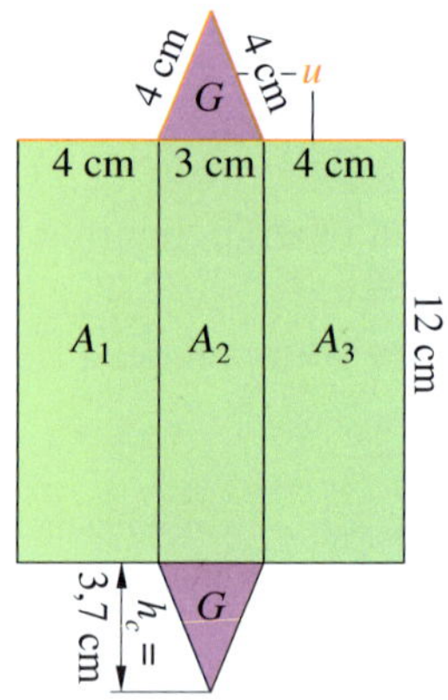

$A_1 = A_3 = 4 \cdot 12 = 48\,[\text{cm}^2]$
$A_2 = 3 \cdot 12 = 36\,[\text{cm}^2]$
$M = 2 \cdot A_1 + A_2 = 132\,[\text{cm}^2]$
$G = \frac{1}{2} \cdot 3 \cdot 3{,}7 = 5{,}55\,[\text{cm}^2]$
$O = 2 \cdot 5{,}55 + 132 = 143{,}1\,[\text{cm}^2]$

→ Seite 170

Volumen von Prismen

Das **Volumen *V*** eines Prismas bestimmt man, indem man den Flächeninhalt der Grundfläche G mit der Körperhöhe h_k des Prismas multipliziert.
Es gilt also: $\boldsymbol{V = G \cdot h_k}$

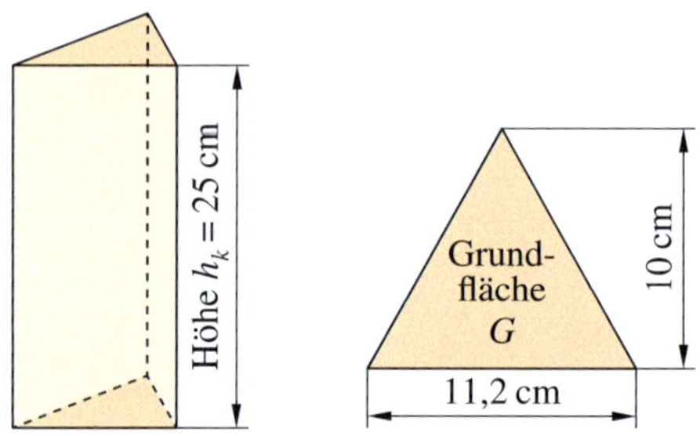

$G = \frac{c \cdot h_c}{2} = \frac{11{,}2 \cdot 10}{2} = 56\,[\text{cm}^2]$

$V = G \cdot h_k = 56 \cdot 25 = 1400\,[\text{cm}^3]$

Diagramme und statistische Kennwerte

Der ehemalige amerikanische Präsident
Franklin D. Roosevelt (1882–1945) hat gesagt:
„Ich stehe Statistiken etwas skeptisch gegenüber.
Denn laut Statistik haben ein Millionär und
ein armer Kerl jeder eine halbe Million.“

Was meint er damit?

Noch fit?

Einstieg

1 Winkel zeichnen
Zeichne folgende Winkel in dein Heft.
Beschreibe wie du vorgegangen bist.

a) 30° b) 90°

2 Brüche in Prozent umwandeln
Wandle in Prozentangaben um.
Notiere, wie du vorgegangen bist.

a) $\frac{1}{4} = ■\,\%$ b) $\frac{1}{5} = ■\,\%$ c) $\frac{3}{10} = ■\,\%$

3 Prozentwert berechnen
In der Klasse 7 b sind 20 Schüler.
In den Herbstferien sind 25 % in den Urlaub gefahren.

a) Wie viele Schüler sind das?
b) 10 % der Klasse haben ihren Urlaub am Meer verbracht.
c) Wie viel Prozent der Schüler sind zuhause geblieben?

4 Umfrageergebnisse auswerten
Marco hat unter zehn Freunden eine Umfrage über deren Lieblingssportarten durchgeführt. Übertrage die Tabelle in dein Heft und ergänze die fehlenden Werte.

Sportart	Anzahl	absolute Häufigkeit	Anteil
Fußball	𝍸	5	…
Basketball	|||	…	$\frac{3}{10} = 0{,}3 = 30\,\%$
Handball	||	…	…

5 Daten aus Diagrammen ablesen
Schüler der Klasse 7 f wurden nach ihrem Schulweg gefragt:

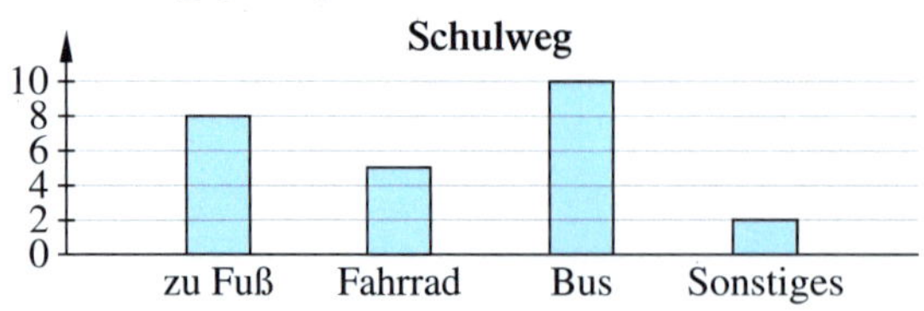

a) Auf welche Weise kommen die meisten (die wenigsten) Schüler zur Schule?
b) Berechne jeweils den Anteil.

Aufstieg

1 Winkel zeichnen
Zeichne folgende Winkel in dein Heft.
Beschreibe wie du vorgegangen bist.

a) 67° b) 123°

2 Brüche in Prozent umwandeln
Wandle in Prozentangaben um.
Notiere, wie du vorgegangen bist.

a) $\frac{3}{4} = ■\,\%$ b) $\frac{2}{5} = ■\,\%$ c) $\frac{2}{3} = ■\,\%$

3 Prozentwert berechnen
Im Fahrradladen wird ein Ausstellungsstück um 20 % billiger angeboten.
Das Fahrrad kostete ursprünglich 698 €.

a) Wie viel Geld kann man jetzt sparen? Schätze zuerst und berechne dann genau.
b) Wie viel Prozent des ursprünglichen Preises kostet das Fahrrad jetzt noch? Wie viel Euro sind das?

4 Beobachtungsergebnisse auswerten
Bei einer Verkehrszählung wurden die folgenden Fahrzeuge gezählt. Übertrage die Tabelle in dein Heft und ergänze die fehlenden Werte.

Fahrzeug	Anzahl	absolute Häufigkeit	Anteil
Pkw	𝍸 𝍸 𝍸 𝍸 𝍸	…	…
Lkw	||||	…	…
Motorrad	𝍸 |||	…	…
Fahrrad	𝍸 𝍸 |||	…	…

5 Daten aus Diagrammen ablesen
Die Schüler der Klasse 7 d wurden nach ihrem Lieblings-Pausengetränk gefragt:

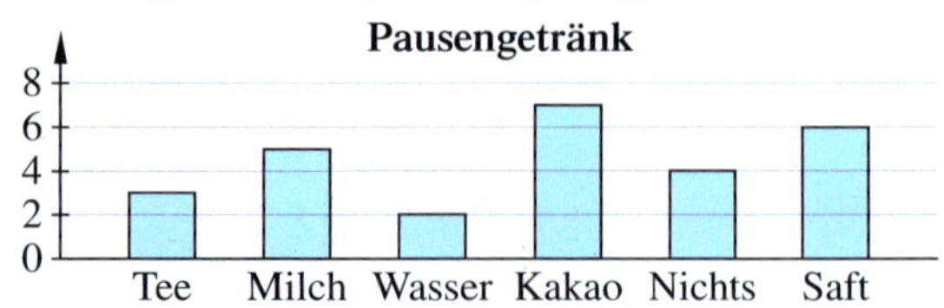

a) Welches ist das beliebteste Pausengetränk, welches das unbeliebteste?
b) Berechne jeweils den Anteil.

Lösungen ab Seite 202

Diagramme erstellen und vergleichen

Entdecken

1 Diagrammarten

a) Ordne folgende Überschriften einem geeigneten Diagrammtypen zu. Begründe deine Auswahl.
Ⓐ Datenvolumen pro Monat
Ⓑ Preise für verschiedene Turnschuhe
Ⓒ Zusammensetzung der Inhaltsstoffe
Ⓓ Verlauf der Luftfeuchtigkeit in einer Woche
Ⓔ Ergebnisse der Klassenarbeit
Ⓕ Verteilung von Spendengeldern

b) Wie könnten die Achsen bzw. die Legende des Diagramms jeweils beschriftet sein?

c) Gebt die Diagrammart an.

d) Erstellt ein Plakat zu je einer Diagrammart.
Sucht geeignete Diagramme in Zeitschriften, im Internet oder zeichnet eigene Diagramme.
Für welche Darstellungen eignet sich eure Diagrammart besonders?

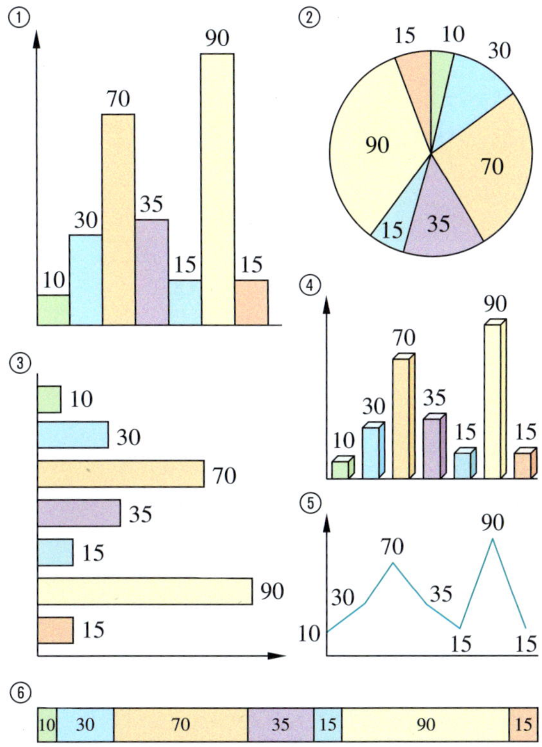

2 Die Schüler zweier 7. Klassen geben bei einer Umfrage ihre Berufswünsche an.

Handwerk	Sozialer Bereich	Kaufmännischer Bereich	Gastronomie	Technik & IT	Sonstiges
7	8	12	4	5	6

a) Zeichne ein Diagramm deiner Wahl.

b) Vergleicht eure Diagramme. Welche Darstellungsform ist am anschaulichsten, welche eignet sich nicht so gut? Diskutiert und begründet.

3 Fehlerhafte Diagramme

a) Beschreibe im Heft, welche Fehler du in den Diagrammen findest.

b) Vergleicht eure Ergebnisse.

c) Schreibt gemeinsam einen Leitfaden, worauf man beim Erstellen von Diagrammen achten muss.

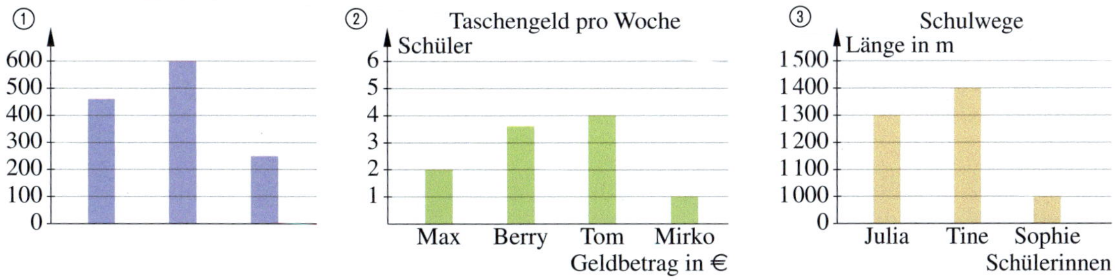

NACHGEDACHT
In welchen anderen Schulfächern begegnen dir noch Diagramme? Welche Zusammenhänge stellen sie dort dar?

ZUM WEITERARBEITEN
Suche dir ein fehlerhaftes Diagramm aus. Zeichne es korrekt in dein Heft.

Verstehen

Von den 25 Schülerinnen und Schülern einer 7. Klasse kommen zehn zu Fuß in die Schule, sechs fahren mit dem Bus, vier mit dem Fahrrad und fünf werden von den Eltern mit dem Auto gebracht.

Es gibt verschiedene Möglichkeiten, die Daten darzustellen.

Beispiel 1

a) Tabelle

					Gesamt
Anzahl	10	6	4	5	25

b) Figurendiagramm

c) Säulendiagramm

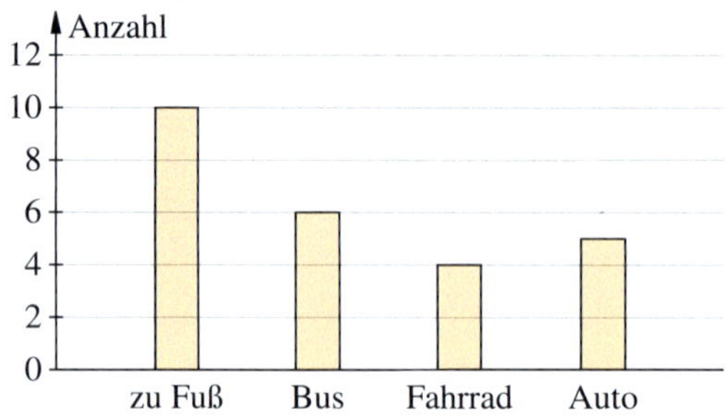

d) Balkendiagramm

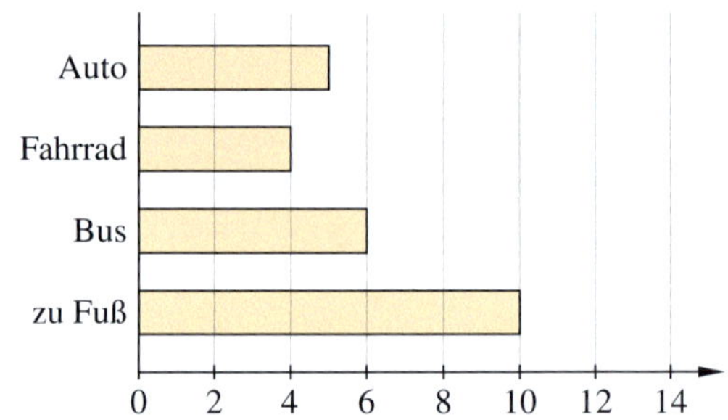

ERINNERE DICH!
In ***Liniendiagrammen*** *werden häufig zeitliche Entwicklungen dargestellt. Beispiele findest du auf S. 186/4.*

Merke Um Anzahlen bzw. **absolute Häufigkeiten** darzustellen, werden häufig **Figurendiagramme**, **Säulendiagramme**, **Balkendiagramme** und **Liniendiagramme** verwendet.

Mit Streifen- und Kreisdiagrammen lassen sich **Anteile** gut darstellen.

ERINNERE DICH!
$\frac{10}{25} = \frac{40}{100} = 40\,\%$

Beispiel 2

a) Streifendiagramm

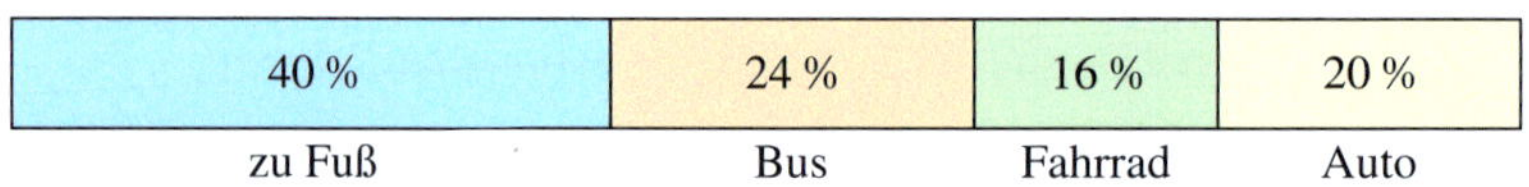

b) Kreisdiagramm

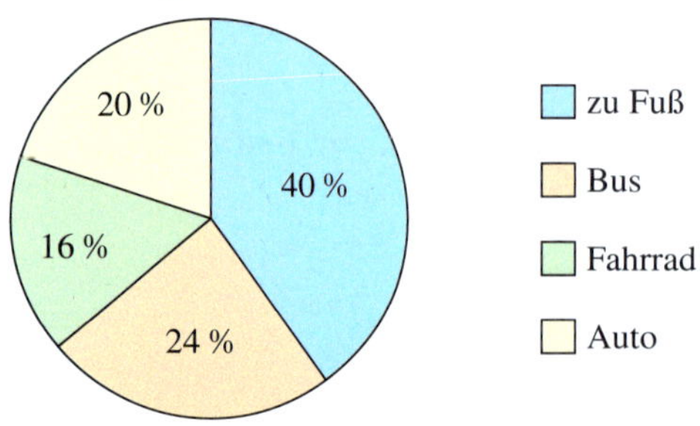

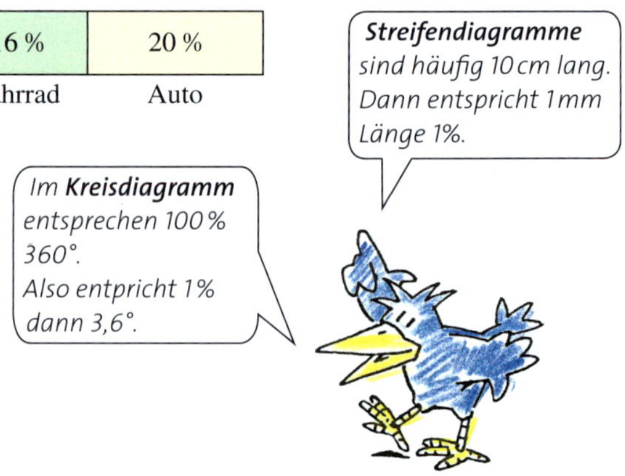

Merke Um **Anteile** in Prozent darzustellen, werden häufig **Kreisdiagramme** und **Streifendiagramme** verwendet.
Dabei entspricht der ganze Streifen bzw. der ganze Kreis 100 %.

Starthilfe

A Lieblingssportarten der Klasse 7 b

a) Notiere in deinem Heft, wie viele Schüler welche Lieblingssportart gewählt haben.

b) Übertrage und ergänze folgende Aussagen im Heft:

① In der Klasse 7 b sind ■ Schüler.
② Gleich viele Schüler haben ■ und ■ als Lieblingssportart gewählt.
③ Am häufigsten wurde ■ gewählt.
④ ■ Schüler tanzen am liebsten.
⑤ Fußball wurde von ■ Schülern mehr gewählt als Turnen.

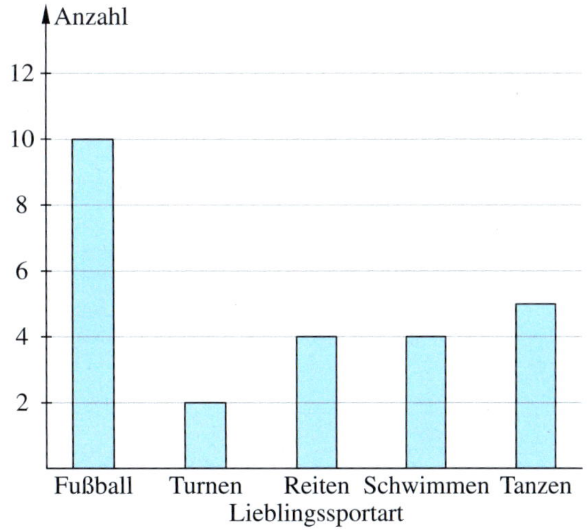

Üben und anwenden

1 Pausenverkauf.

Butterbrezen	Käsesemmeln	Wurstsemmeln	Schokodonuts	Körnersemmeln
14	9	12	8	7

a) Wie viele Teile wurden insgesamt verkauft?

b) Erstelle zu den Daten ein Diagramm deiner Wahl. Begründe deine Wahl schriftlich.

c) Vergleicht eure Diagramme.
Welche Diagrammart habt ihr am häufigsten gewählt?
Diskutiert darüber. Welche passt am besten?

2 Bei einer Wahl hat jeder Schüler eine Stimme.

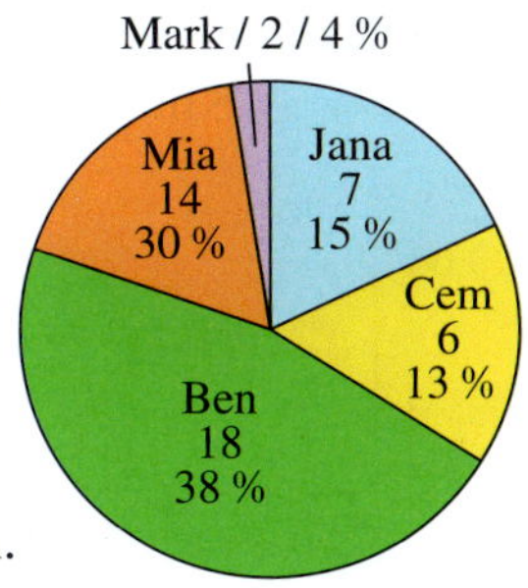

a) Beurteile folgende Aussagen. Begründe jeweils im Heft.

Ⓐ „3 % haben Mia gewählt.“
Ⓑ „22 Schüler haben gewählt.“
Ⓒ „Mehr als die Hälfte haben Jana und Cem gewählt.“
Ⓓ „Jana hat klar gewonnen.“

b) Notiert drei eigene wahre und drei falsche Aussagen zum Diagramm. Prüft gegenseitig eure Aussagen.

2 Tatjana und Chris haben an einer Straße die vorbeifahrenden Fahrzeuge gezählt. Die Ergebnisse haben sie in einem Kreisdiagramm dargestellt.

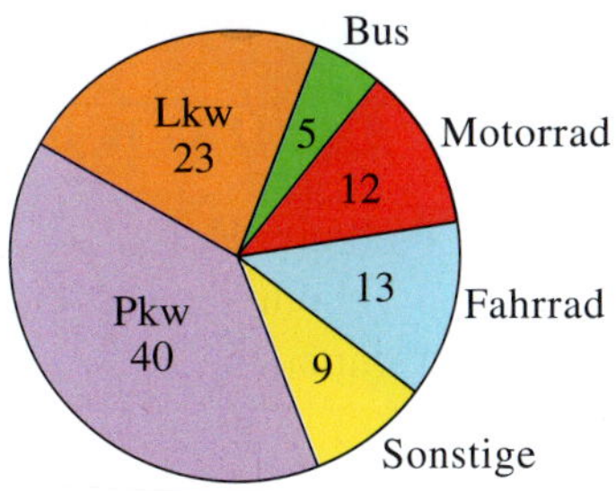

a) Beschreibe das Diagramm im Heft.

b) Geben die Zahlen im Diagramm absolute Häufigkeiten oder Anteile an? Notiere, woran du es erkennen kannst.

c) Notiert verschiedene Aussagen zum Diagramm und prüft sie gegenseitig.

3 Umfrageergebnisse zu den Lieblingsschulfächern

①
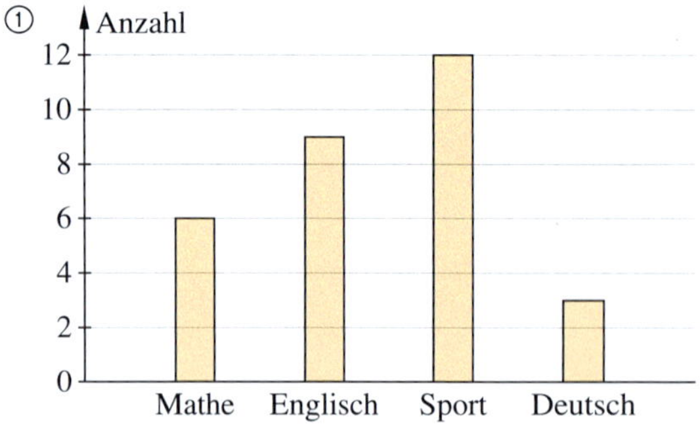

②
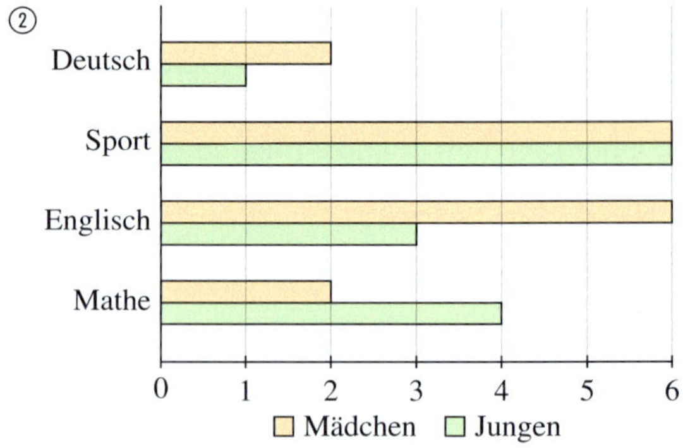

③

a) Können die drei Diagramme dasselbe Umfrageergebnis darstellen?
Erklärt euch gegenseitig, wie ihr vorgegangen seid.

b) Welches Diagramm ist jeweils am besten geeignet, um folgende Daten abzulesen? Begründe im Heft.

Ⓐ Wie oft wurde Mathe gewählt?

Ⓑ Wie viel Prozent der Befragten wählten Deutsch?

Ⓒ Welches ist das beliebteste Schulfach?

Ⓓ Wie viele Personen wurden befragt?

Ⓔ Welches Fach ist bei den Mädchen am beliebtesten?

c) Erstelle eigene Fragen zu den Diagrammen und stellt sie euch gegenseitig vor.

d) Führt in eurer Klasse eine Umfrage durch und stellt die Ergebnisse mit verschiedenen Diagrammen dar. Präsentiert eure Ergebnisse.

NACHGEDACHT
zu Aufgabe 4: Was bedeuten die beiden Striche an der Hochachse?

4 Temperaturen an einem Märztag

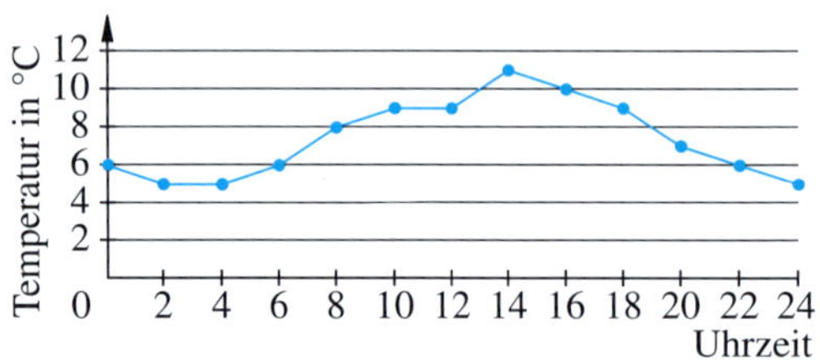

a) Ergänze die Tabelle im Heft.
Markiere in der Tabelle die höchste und die niedrigste Temperatur.

Uhrzeit	0	2	4	6
Temperatur	6 °C	…	…	…

b) Zu welchen Uhrzeiten war es gleich warm?

c) Wann stieg die Temperatur am schnellsten?

4 Das Diagramm zeigt den Wert einer Aktie in einer Woche im Mai.

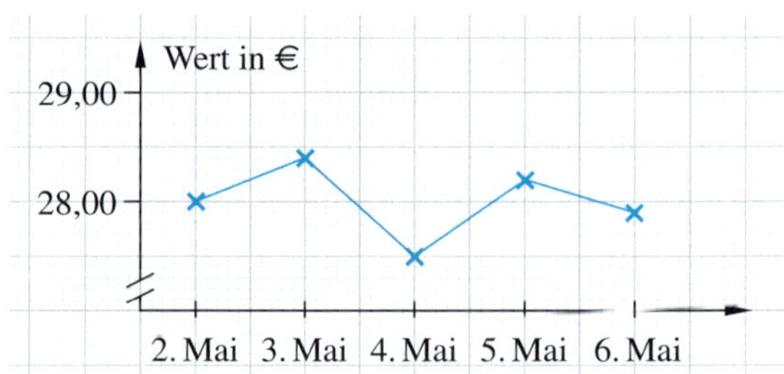

a) Welchen Wert hatte die Aktie am 4. Mai?

b) An welchem Tag betrug der Wert der Aktie 28,20 €?

c) Stellt weitere Fragen zum Diagramm und beantwortet sie euch gegenseitig.

5 Übertrage das Streifendiagramm in dein Heft und ergänze die Prozentsätze.
Denke dir eine Überschrift und Beispiele aus, mit denen du die Felder beschriften kannst.

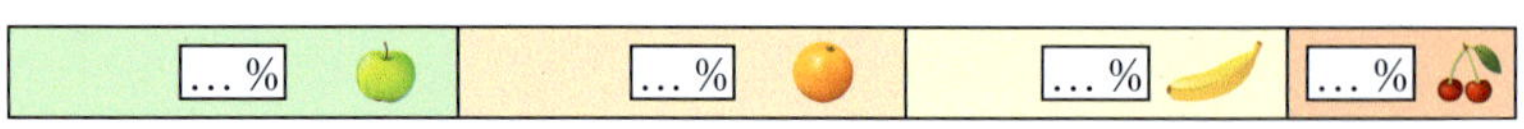

6 Eine Schule hat 440 Schülerinnen und Schüler.
Die Grafik zeigt die Verteilung auf die Jahrgangsstufen 5/6, 7/8 und 9/10.
Miss die Winkel und bestimme die jeweiligen Anteile der verschiedenen Jahrgangsstufen.

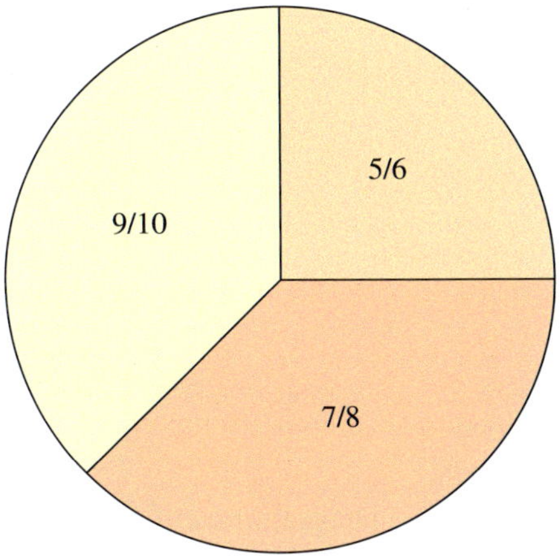

6 Bei einer Castingshow kam es bei der Zuschauerabstimmung in der Runde der letzten Fünf zu folgendem Ergebnis.
Bestimme die Anteile für die einzelnen Kandidaten.
Welcher Kandidat schied aus?

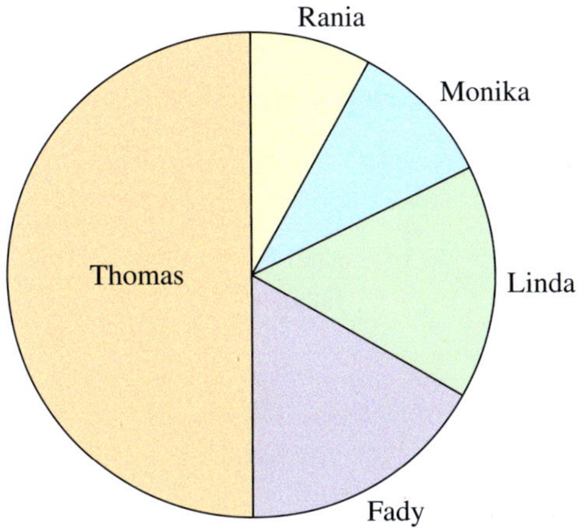

HINWEIS
Du kannst mit dem Dreisatz rechnen:
$3{,}6° \hat{=} 1\%$
$1° \hat{=} \frac{1}{3{,}6}\%$
$90° \hat{=} 25\%$

7 Diagrammarten zu Situationen finden

Ⓐ

Uhrzeit	6:00	8:00	10:00	12:00	14:00	16:00	18:00	20:00
Temperatur (in °C)	10	13	16	20	23	23	21	17

Ⓑ

Schülersprecher	Tim	Alin	Anna	Chris	Jana
Anteil der Stimmen	0,16	0,33	0,36	0,07	0,08

Ⓒ

Taschengeld (in €/Monat)	5	10	15	20	25
Anzahl Schüler	6	8	7	6	1

Ⓓ

Haustier	Hund	Katze	Hamster	Fische	Kein Haustier
Anteil der Schüler	18%	36%	12%	6%	28%

a) Gib zu jeder Tabelle Ⓐ bis Ⓓ je zwei passende Diagrammarten an. Begründe deine Auswahl.
b) Wähle eine Tabelle aus und zeichne dazu ein passendes Diagramm.

8 Diagramme mit dem Computer erstellen
a) Wähle eine Tabelle aus Aufgabe 7 aus und übertrage diese in eine Tabellenkalkulation.
b) Markiere alle Daten in der Tabelle. Gehe auf „Einfügen" und wähle das Werkzeug für Diagramm aus. Probiere verschiedene Diagrammarten aus und entscheide dich für eine geeignete.
c) Bearbeite dein Diagramm: Ändere den Diagrammtitel, füge Achsenbeschriftungen hinzu, …
d) Vergleicht eure Ergebnisse untereinander und gebt euch gegenseitig Tipps.

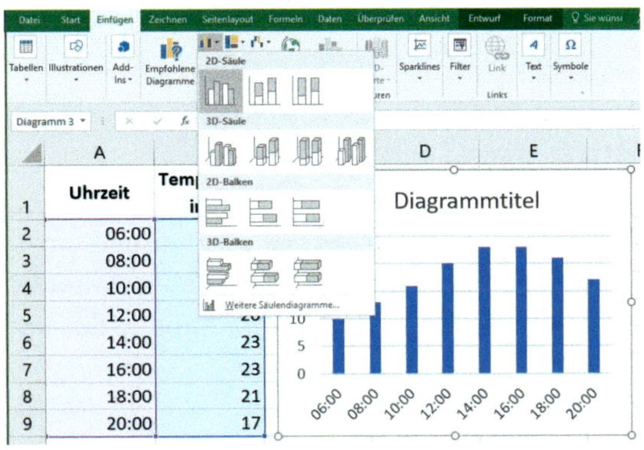

MATERIAL
Computer

ZUM WEITERARBEITEN
Führt die Umfrage nach einem gewissen Zeitraum erneut durch.
Ist eure Klasse sportlicher geworden?

9 Wie sportlich ist unsere Klasse?
Organisiert eine Umfrage zum Thema „Sport und Bewegung“ in eurer Klasse:
– Informiert euch, wie Sport und Bewegung zu einer gesunden Lebensführung beitragen.
– Wie könnt ihr eure Mitschüler für mehr Bewegung begeistern?
Könnt ihr sogar die ganze Klasse mehr „bewegen“?
Stellt die Ergebnisse anschaulich dar und präsentiert sie.

10 Umfrage zum Thema: „Ich achte beim Einkaufen auf die Herkunft der Lebensmittel.“

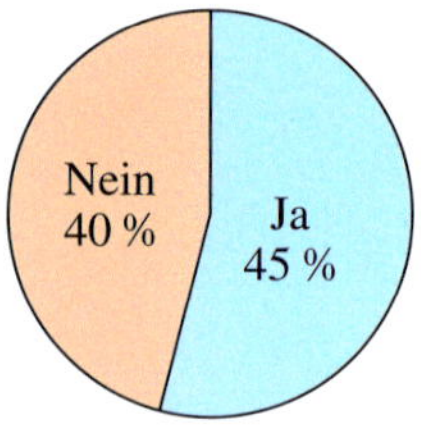

Ja	180 Stimmen
Nein	160 Stimmen
teilweise	60 Stimmen

a) Das Diagramm passt nicht zur Tabelle. Wo wurden Fehler gemacht? Beschreibe sie im Heft.
b) Wie viele Personen wurden befragt?
c) Zeichne ein richtiges Diagramm in dein Heft. Vergleiche, wie dein Diagramm und das Kreisdiagramm im Buch auf dich wirken.

10 Bei einer Umfrage zum Thema: „Unsere Supermärkte sollten noch mehr Bioprodukte verkaufen.“ sind 44 Personen dafür, 56 sind dagegen und 39 ist es egal.

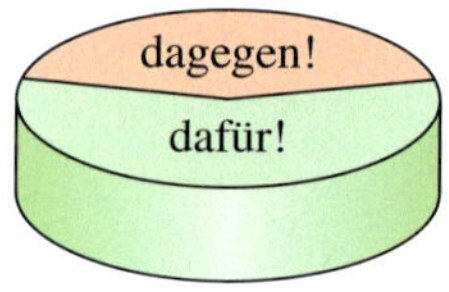

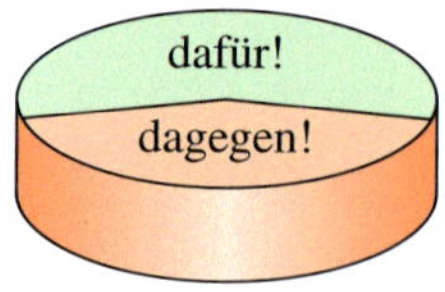

a) Vergleiche, wie die beiden Diagramme auf dich wirken.
b) Untersuche die Diagramme auf Fehler und beschreibe sie im Heft.
c) Stelle die Umfrageergebnisse mit einer Diagrammart deiner Wahl richtig in deinem Heft dar. Vergleiche die Wirkung mit den beiden abgebildeten Diagrammen.

11 Mitglieder in einem Fitnessstudio

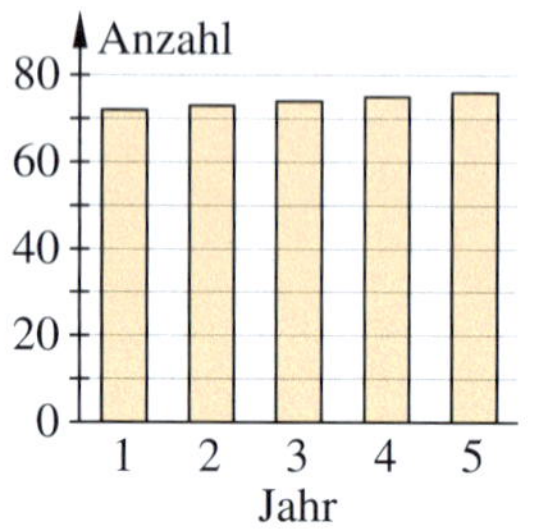

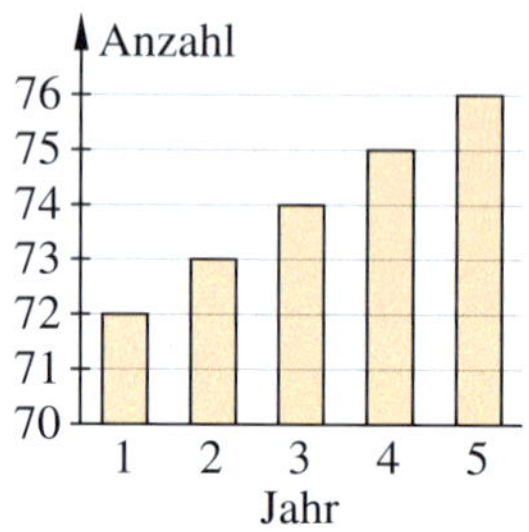

a) Vergleiche beide Diagramme.
b) Mit welchem Trick hat es der Zeichner geschafft, gleiche Daten unterschiedlich wirken zu lassen?

11 Verkaufte Autos eines Autohändlers

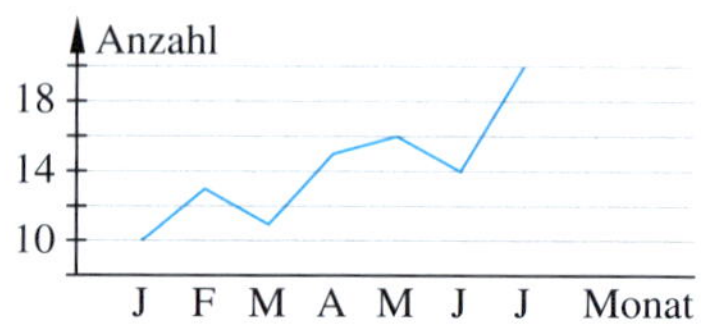

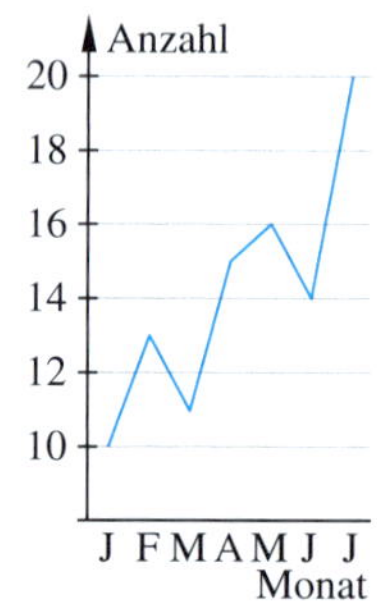

a) Vergleiche die beiden Diagramme.
b) Mit welchem Trick wurde hier gearbeitet, um dieselben Daten unterschiedlich wirken zu lassen?

Bunt gemischt

1 Ein Blatt wurde zweimal gefaltet und ein Teil herausgeschnitten. Welche Abbildung passt zu dem aufgefalteten Blatt? Begründe. Skizziere zu den anderen Abbildungen das aufgefaltete Blatt.

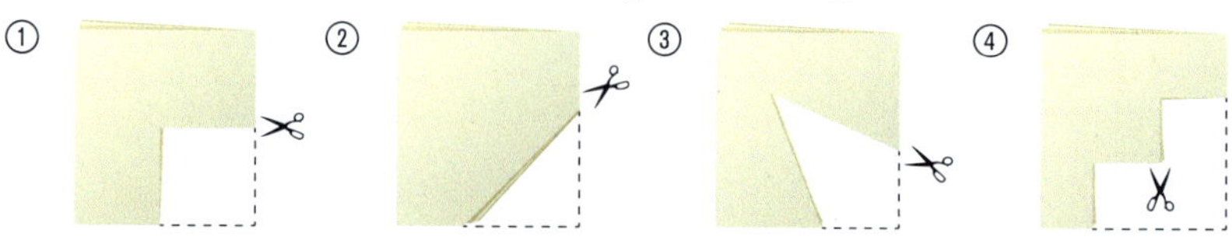

Statistische Kennwerte

Entdecken

1 Betrachte das Diagramm.

a) Beschreibe, was du aus dem Diagramm ablesen kannst.

b) Was könnte die rote Linie bedeuten?
Tausche dich mit einem Lernpartner aus.

c) Notiere eine Situation, auf die das Diagramm zutreffen kann.

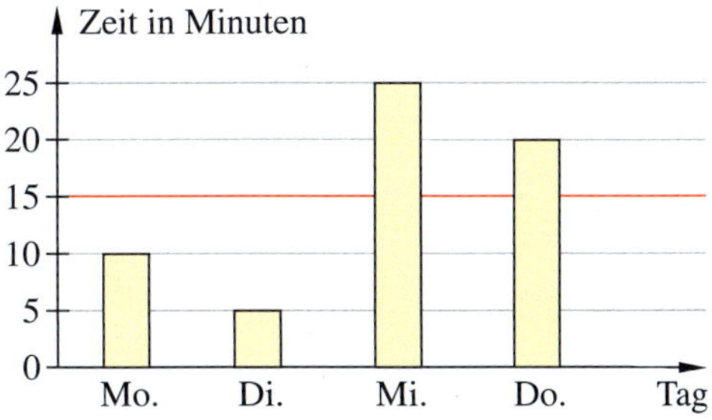

2 Bestimmt die Länge eurer Schulwege. Nehmt dafür das Internet oder einen Stadtplan zur Hilfe.

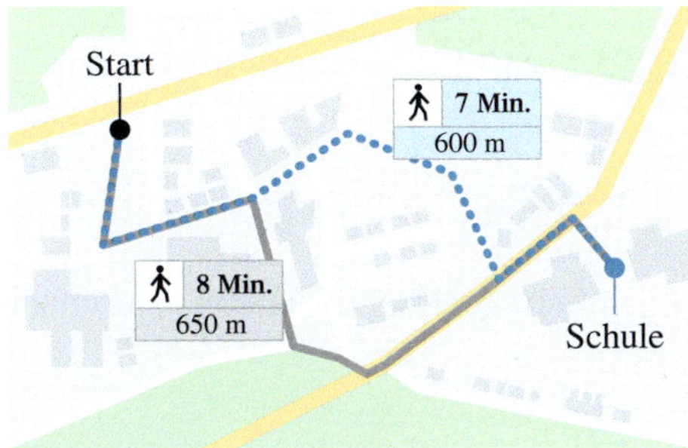

a) Wie groß ist der Unterschied zwischen dem kürzesten und dem längsten Schulweg innerhalb eurer Klasse?

b) Wie lange ist der durchschnittliche Schulweg in eurer Klasse?
Wie könnt ihr geschickt vorgehen?
Beschreibt eure Arbeitsschritte im Heft.

c) Nehmt euren Lehrer mit in die Auswertung. Ändert sich etwas? Begründet.

d) Welche weiteren Aussagen könnt ihr zu den Längen eurer Schulwege machen?
Stellt eure Ergebnisse dar und präsentiert sie.

3 Diskutiert die Aussagen zum monatlichen Einkommen.
Notiert eure Ergebnisse.

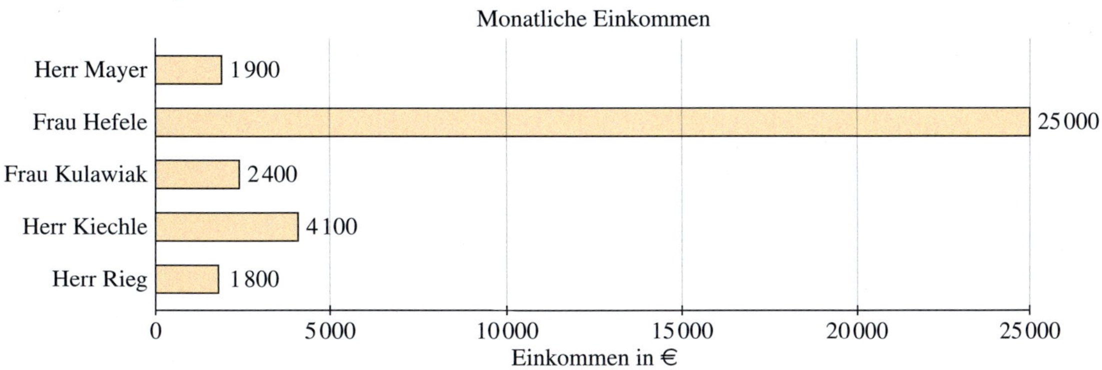

Im Schnitt verdienen alle Befragten über 7 000 € monatlich.

Die Hälfte der Befragten verdient über 2 400 € monatlich.

Der Verdienst von Frau Kulawiak liegt genau in der Mitte aller Befragten.

Nur zwei befragte Personen liegen unter dem durchschnittlichen Einkommen aller fünf Befragten.

Befragt man weitere Personen, dann sinkt das durchschnittliche Einkommen.

Erstellt drei wahre und drei falsche Aussagen zum Diagramm und präsentiert sie der Klasse.

Verstehen

Zur Projektwoche „Schule ohne Rassismus“ haben Schüler Kurzfilme erstellt und ins Schulnetzwerk gestellt. In der Tabelle wurde eingetragen, wie oft der Film angeklickt wurde.

Moritz 120	Lia 200	David 92	Hannes 3	Felix 161	Hassan 62
Luca 726	Marian 42	Soroosh 198	Valentina 47	Anna-Lynn 75	Nisha 148
Meyza 158	Miriam 1 267	Nina 17	Florian 15	Najib 189	Jennifer 116

Beispiel 1

Arithmetisches Mittel:
120 + 200 + 92 + 3 + 161 + 62 +
726 + 42 + 198 + 47 + 75 + 148 +
158 + 1267 + 17 + 15 + 189 + 116 =
3 636

3 636 : 18 = 202

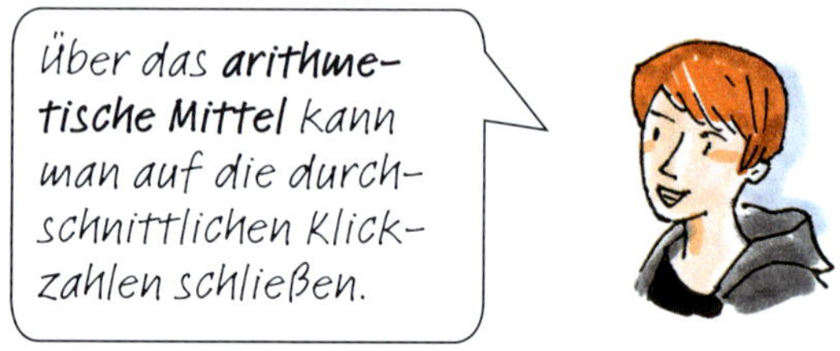

Merke **Arithmetisches Mittel** (Durchschnitt) = Summe aller Werte : Anzahl der Werte

Beispiel 2

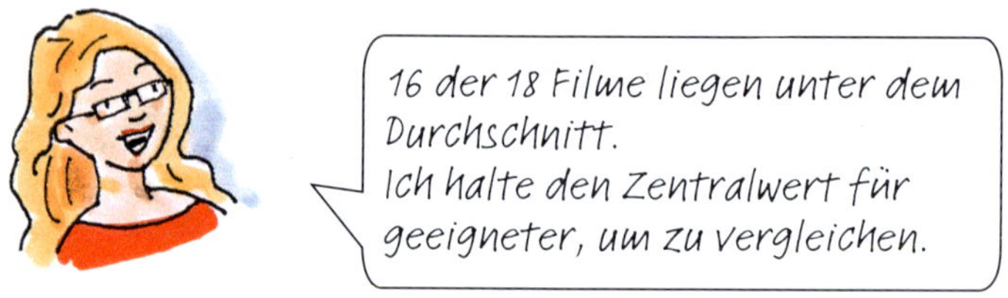

Michelle ordnet die Werte aufsteigend in einer Rangliste.
3; 15; 17; 42; 47; 62; 75; 92; 116; 120; 148; 158; 161; 189; 198; 200; 726; 1 267

In der Mitte der Datenreihe liegen 116 und 120.
Der **Zentralwert** liegt genau zwischen den beiden Zahlen.
(116 + 120) : 2 = 118

Merke Der Wert in der Mitte aller, der Größe nach geordneten Daten einer Datenreihe wird als **Zentralwert** oder **Median** bezeichnet.
Ist die Anzahl der Daten gerade, liegen zwei Werte in der Mitte. Dann ist der Zentralwert der Durchschnitt aus diesen beiden Werten.

NACHGEDACHT
Welche Gründe kann es für die große Spannweite geben?

Beispiel 3

Minimum: 3
Maximum: 1267
Spannweite: 1267 – 3 = 1264

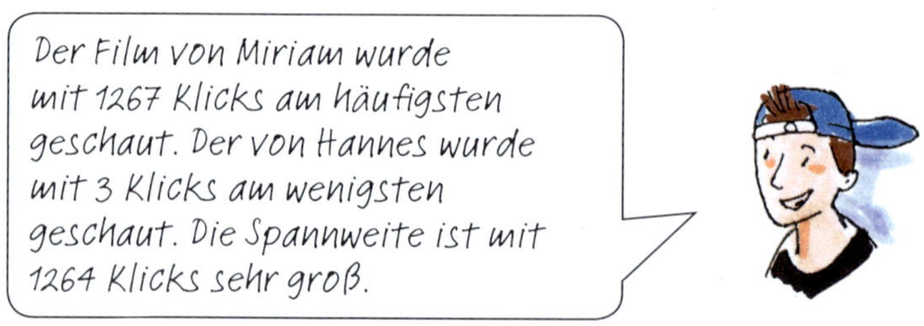

Merke Der Unterschied zwischen Maximum (dem höchsten Wert) und Minimum (dem niedrigsten Wert) heißt **Spannweite**.

Starthilfe

A Berechne jeweils den Durchschnitt.

a) 3 und 5 **b)** 30 und 50 **c)** 18 und 30 **d)** 7 und 8

B Taschengeld pro Monat.

5 €	12 €	20 €	15 €	25 €	7 €	30 €	10 €	15 €	20 €	17 €

a) Ordne die Zahlen aufsteigend der Größe nach.
b) Gib den kleinsten Wert (Minimum) und den größten Wert (Maximum) an.
c) Bestimme die Spannweite, indem du den Unterschied zwischen dem größten und dem kleinsten Wert berechnest.
d) Cem berechnet das arithmetische Mittel: *176 : 11 = 16*
Erkläre im Heft, wie Cem auf die Rechnung kommt. Prüfe nach, indem du selbst rechnest.
e) Bestimme den Zentralwert. Nutze dafür deine geordnete Zahlenreihe.

Üben und anwenden

1 Ordne zu: Minimum, Maximum, Spannweite, arithmetisches Mittel oder Zentralwert. Begründe jeweils im Heft. Finde ein Beispiel für den fehlenden Begriff.

Amir ist mit 15 Jahren der älteste in der Klasse.	Laura hat mit Schuhgröße 35 die kleinsten Füße in der Klasse.	Die Hälfte aller Schüler der Klasse haben mehr Bücher als Daniel, der 29 Bücher besitzt.	Der Größenunterschied zwischen dem größten und kleinsten Schüler in der Klasse beträgt 32 cm.

2 Berechne den Zentralwert und das arithmetische Mittel. Vergleiche die beiden Werte.
a) 4; 6; 8; 12; 4; 12; 12; 24; 46; 52; 89
b) 17; 19; 19; 32; 34; 35; 38; 38; 44; 51

3 Gib je zwei unterschiedliche Datenreihen mit 10 Daten zu folgenden Eigenschaften an.
a) Der Zentralwert ist 6.
b) Das arithmetische Mittel ist 9.
c) Der Zentralwert ist größer als das arithmetische Mittel.

4 Einige Fünftklässler haben Geschichten geschrieben. In der Liste steht die Anzahl der Wörter.
a) Ordne nach der Anzahl der Wörter.
b) Gib das Maximum und das Minimum an.
c) Bestimme die Spannweite.
d) Vergleiche den Zentralwert und das arithmetische Mittel.

Lea: 356 Wörter
Dilay: 809 Wörter
Kirsten: 256 Wörter
Emre: 1 016 Wörter
Moritz: 536 Wörter
Klara: 415 Wörter
Matteo: 125 Wörter
Anne: 1 106 Wörter

2 Vergleiche jeweils den Zentralwert und das arithmetische Mittel der Datenreihen.
a) 99; 140; 187; 231; 299; 312; 500
b) 1,6; 1,7; 1,7; 1,7; 1,8; 2,1; 2,1; 2,4; 8,2

3 Gib je zwei unterschiedliche Datenreihen mit 16 Daten zu folgenden Eigenschaften an.
a) Der Zentralwert ist 5.
b) Der Zentralwert ist das arithmetische Mittel.
c) Der Zentralwert ist 5 und das arithmetische Mittel ist 10.

4 Einige Fünftklässler haben Geschichten geschrieben. In der Liste steht die Anzahl der Wörter.
a) Werte die Daten aus.
b) Zwei Tage später gibt Sara ihre Geschichte mit 512 Wörtern ab. Ändern sich Minimum, Maximum, Spannweite, Zentralwert und das arithmetische Mittel? Begründe jeweils im Heft.

5 Eine Firma bietet verschiedene schlüsselfertige Häuser an. Sie wirbt mit dem Slogan:

Bei uns kosten die Häuser im Schnitt nicht mehr als 166 050 €!

Modell	Preis (€)	Modell	Preis (€)
Family	160 000	Kiel	130 000
Allgäu	180 000	Lindau	170 000
Exclusiv	110 000	Villa Toskana	580 000

a) Überprüfe und bewerte die Aussage.
b) Stelle die Daten in einem geeigneten Diagramm dar.
c) Zeichne den Zentralwert und das arithmetische Mittel in dein Diagramm ein.

5 Pkw-Diebstähle in einem Jahr
a) Stelle die Daten grafisch dar.
b) Zeichne das arithmetische Mittel und den Zentralwert ein. Vergleiche schriftlich.
c) In Bayern wurden 7,7 Mio. und in Nordrhein-Westfalen 9,8 Mio. Pkw zugelassen. Wo wurden mehr Pkw gestohlen?

Baden-Württ.	2 099
Bayern	2 396
Berlin	2 978
Brandenburg	1 557
Bremen	380
Hamburg	1 712
Hessen	2 380
Meck.-Vorpomm.	1 008
Niedersachsen	3 337
Nordrh.-Westf.	8 125
Rheinl.-Pfalz	906
Saarland	253
Sachsen	1368
Sachsen-Anh.	999
Schlesw.-Holst.	1 429
Thüringen	539

6 Mathematiknoten

Jasmin:	2	3	2	2	1	2
Rita:	3	3	3	6	3	3

a) Berechne für beide Mädchen den Zentralwert und das arithmetische Mittel. Was fällt dir auf?
b) Welchen Wert findest du aussagekräftiger? Begründe schriftlich.
c) Welche Zeugnisnote findet ihr für Rita gerechtfertigt? Begründet eure Meinung.

Werkzeug Daten mit dem Computer auswerten

1 Till hat mit einer Tabellenkalkulation Werte einer Datenreihe berechnet.
In den Zellen **A7–A11** hat er Formeln für das arithmetische Mittel, den Zentralwert, das Minimum, das Maximum und die Summe eingetragen.
a) In welcher der Zellen **A7–A11** wird welcher Wert berechnet?
b) Welche der folgenden Formeln können in den Zellen **A7–A11** stehen? Begründe im Heft.

=A9/6

=SUMME(A1:A6) =MITTELWERT(A1:A6) =MIN(A1:A6)

=MAX(A1:A6) =A1+A2+A3+A4+A5+A6 =MEDIAN(A1:A6)

c) Probiere die Formeln in einer eigenen Tabelle aus.

	A
1	7
2	12
3	13
4	14
5	14
6	15
7	7
8	15
9	**75**
10	**12,5**
11	**13,5**

Mit dem Werkzeug „Sortieren und Filtern" kann man die Daten der Größe nach ordnen.

2 Übertrage die Daten in eine Tabellenkalkulation:
2; 5; 7; 8; 10; 8; 9; 38; 85; 45; 28; 9; 1; 14; 16; 37
a) Berechne das arithmetische Mittel und den Zentralwert mit Formeln.
b) Lösche den größten Wert aus der Tabelle.
Wie ändern sich der Zentralwert und das arithmetische Mittel?

Strategie Datenerhebungen kritisch hinterfragen

1 Alex und Christin erstellen einen Fragebogen zum Thema „Erhöhung von Fleischpreisen“.

Fragebogen Alex
Die Erhöhung von Fleischpreisen führt dazu, dass sich nur noch reiche Menschen Fleisch leisten können.
Sind Sie auch dagegen, die Preise für Fleisch zu erhöhen?
a) Ja   b) Nein

Fragebogen Christin
Sollten die Fleischpreise erhöht werden?
a) Ja, dadurch wird weniger Fleisch gegessen und es müssen weniger Tiere sterben.
b) eher ja   c) weiß nicht
d) Nein, die Tiere sind mir egal.

a) Welche Ergebnisse erhoffen sich Alex und Christin jeweils durch ihre Fragebögen?
b) Wie versuchen sie die Ergebnisse zu manipulieren?
Erstelle einen neutralen Fragebogen.

2 Eine Schülerzeitung veröffentlichte den folgenden Artikel.

Zu viele Hausaufgaben an unserer Schule!
Wir haben es immer schon geahnt, nun ist der Beweis da: Die Lehrer geben zu viele Hausaufgaben auf! Eine Umfrage unter Schülern unserer Schule zeigt, dass sehr viele von uns dieser Meinung sind. Nur 5 der 400 Schüler unserer Schule fanden demnach den Umfang der Hausaufgaben o.k., eine große Mehrheit meint dagegen, dass es zu viele bzw. sogar viel zu viele Hausaufgaben an unserer Schule gibt.

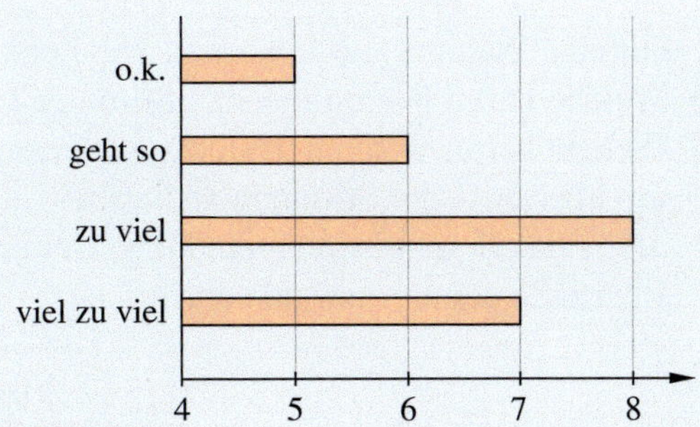

Wir fordern: Jetzt muss die Schulleitung endlich handeln!

a) Wie viele Schüler waren an der Befragung beteiligt?
Was bedeutet die Anzahl der befragten Schüler für die Aussagekraft der Befragung?
b) Betrachtet im Diagramm die Einteilung der Rechtswertachse. Was erscheint euch daran ungewöhnlich? Warum wurde wohl diese Form der Darstellung gewählt?

3 Vor dem Fanblock eines Fußballstadions steht ein Reporter und befragt 10 Fans vor dem Schlagerspiel nach ihrer Lieblingssportart.
Neun von zehn antworteten: „Fußball“.
a) Bewerte die Aussage der Schlagzeile.
b) Diskutiert eure Ergebnisse untereinander.
c) Überlegt euch ähnliche „Umfragen“ und stellt sie in der Klasse vor.

Für 90 % ist Fußball die liebste Sportart.

4 Wählt ein Thema, zu dem ihr eine Umfrage erstellt.
Entwerft zunächst einen neutralen Fragebogen und einen Fragebogen, der manipuliert.
Führt die Umfrage mit beiden Fragebögen durch.
Gestaltet am Ende jeweils einen Zeitungsartikel oder ein Plakat, in dem ihr die Umfrageergebnisse auswertet, vergleicht und darstellt.
Präsentiert dies eurer Klasse.

Klar so weit?

→ Seite 184

Diagramme erstellen und vergleichen

1 In dem Kreisdiagramm sind die Ergebnisse einer Klassenarbeit dargestellt.

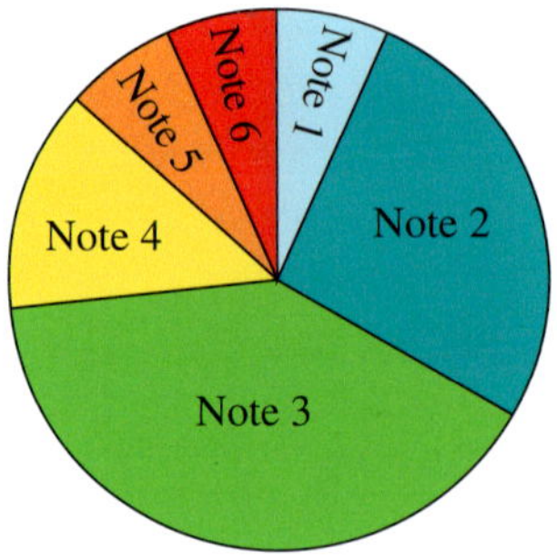

a) Welche Note kam am häufigsten vor?
b) Welche drei Noten kamen gleich oft vor?
c) Welche beiden Noten kamen zusammen öfter vor als die restlichen vier Noten?
d) Erstelle eigene Aussagen zum Diagramm.

1 Tilo hat 18 Freunde zu einer Hausparty eingeladen.

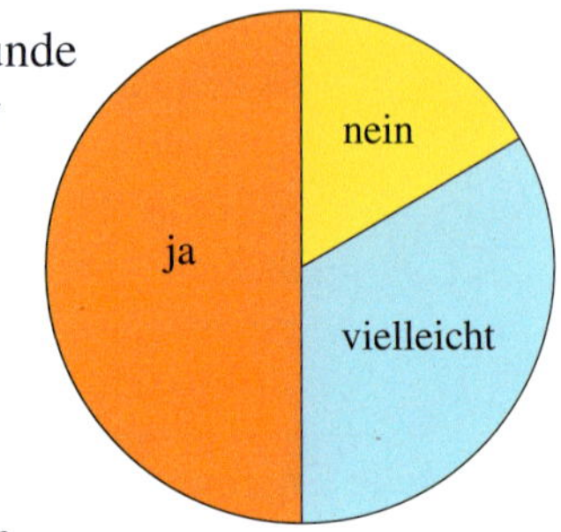

a) Wie viele Freunde haben mit „ja" geantwortet?
b) Schätze: Wie viele haben mit „nein" geantwortet, wie viele mit „vielleicht"?
c) Erstelle zu deinen Schätzungen ein Säulendiagramm.

2 Für eine Wahlprognose wurden 886 Personen befragt.
a) Welche Partei hat am meisten Stimmen?
b) Welche Parteien könnten sich zusammenschließen, um über 50% der Stimmen zu haben?
c) Stelle das Ergebnis in einem Diagramm deiner Wahl dar. Begründe deine Auswahl schriftlich.

Partei	Anzahl der Stimmen
Partei A	89
Partei B	252
Partei C	95
Partei D	315
Partei E	61
Partei F	74

3 Umfrage unter jungen Erwachsenen

Sie gewinnen 1000 Euro!

Was machen Sie damit?

Auf die Bank bringen: **53 %**

Klamotten, CDs o. Ä. kaufen: **18 %**

Eine Party geben: **9 %**

Einer wohltätigen Organisation spenden: **4 %**

a) Schau dir die Prozentsätze genau an. Was fällt dir auf? Notiere eine mögliche Erklärung.
b) Lässt sich aus den Daten ein Streifen- oder Kreisdiagramm erstellen? Begründe im Heft.
c) Erstelle ein geeignetes Diagramm.

3 Eine Firma weist folgende Entwicklung auf:

Jahr	Jahr 1	Jahr 2	Jahr 3	Jahr 4
Mio. €	1,2	−2,5	−1,5	2,0

In der Gesellschafterversammlung wird folgende Grafik vorgelegt:
„Unsere Firma entwickelt sich prächtig. Der Gewinn wurde fast verdoppelt."

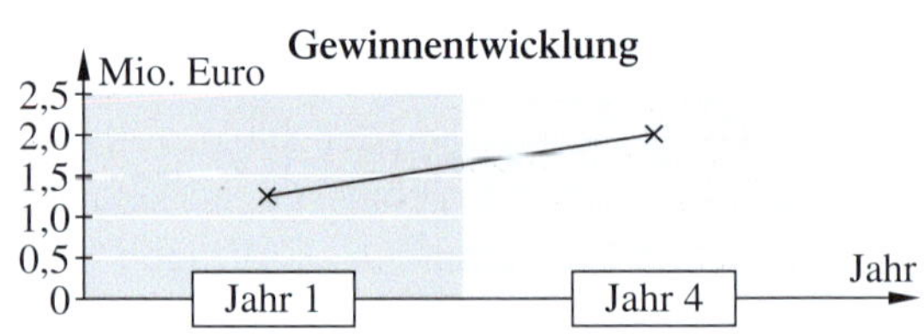

a) Nimm Stellung zu dieser Aussage.
b) Lässt sich aus den Daten ein Streifen- oder Kreisdiagramm erstellen? Begründe im Heft.
c) Zeichne ein Diagramm, das eine detailliertere Entwicklung der Firma zeigt.

Statistische Kennwerte

→ Seite 190

4 Folgende Beträge sind gegeben.
10 €; 85 €; 121,50 €; 12 €; 3,25 €

a) Schätze das arithmetische Mittel und den Zentralwert.

b) Berechne und vergleiche die beiden Werte.

4 Folgende Gewichte sind gegeben.
7,3 kg; 82 kg; 1 200 g; 19,5 kg; 49 kg; 3 000 g

a) Schätze das arithmetische Mittel und den Zentralwert.

b) Berechne und vergleiche die beiden Werte.

5 In einem Handyladen werden Handys zu verschiedenen Preisen angeboten.

a) Gib das Maximum und das Minimum an.

b) Bestimme die Spannweite.

55 € | 122 € | 245 € | 312 € | 78 € | 147 € | 77 € | 33 €

5 Ein Elektrogeschäft verkauft sechs verschiedene Boomboxen.
Die teuerste kostet 180 €, die Spannweite aller Preise beträgt 112 €.

a) Was kostet die günstigste Boombox?

b) Wie viel könnten die fünf anderen Boomboxen kosten?
Denke dir passende Preise aus.

6 Temperaturen

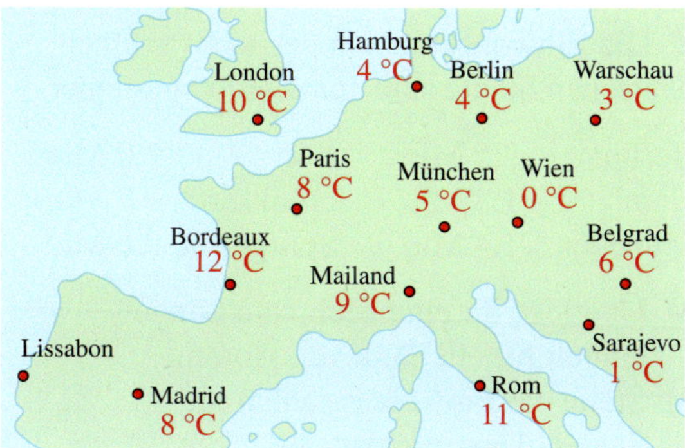

a) Bestimme das Maximum und das Minimum der Temperaturen.

b) Gib die Spannweite der Temperaturen an.

c) In Lissabon war es 16 °C warm.
Wie ändern sich dadurch Maximum, Minimum und Spannweite?

6 Temperaturen an einem Tag im März

Amsterdam	7 °C	Las Palmas	21 °C
Athen	14 °C	London	12 °C
Berlin	6 °C	Madrid	18 °C
Istanbul	13 °C	Köln	8 °C
Brüssel	7 °C	Palma	18 °C
Dresden	3 °C	München	6 °C
Düsseldorf	7 °C	Paris	11 °C
Frankfurt	6 °C	Rom	15 °C
Hamburg	1 °C	Rostock	4 °C
Kopenhagen	3 °C	Zürich	7 °C

a) Bestimme das Maximum und das Minimum der Temperaturen.

b) Berechne die Spannweite der Temperaturen in Europa.

c) Wie ändert sich die Spannweite, wenn nur die deutschen Städte betrachtet werden?

7 Sarah und Patrick haben Spenden für ein Hilfsprojekt gesammelt.
Die Tabelle zeigt, welche Spenden an den einzelnen Tagen erfolgten.

	Mo	Di	Mi	Do	Fr	Sa	So
Sarah	25 €	30 €	17 €	26 €	34 €	15 €	21 €
Patrick	31 €	24 €	10 €	21 €	29 €	41 €	?

a) Berechne das arithmetische Mittel und den Zentralwert von Sarahs Spendensammlung.

b) Patrick hat durchschnittlich 27 € pro Tag gesammelt.
Wie viel sammelte er am Sonntag?

Vermischte Übungen

1 Für eine Spendenaktion wurde Geld gesammelt.

a) Welche Aussagen treffen zu? Begründe im Heft.

Spendenaktion „Menschen in Not“

Name	F.	B.	I.	E.	L.	J.	Z.	P.	T.	K.
Spende in €	1	5	8	2	1	7	8	3	5	2

Die Hälfte der Personen spendete mehr als 4 €.

Weniger als ein Viertel spendeten über 5 €.

Die meisten Personen spendeten zwischen 2 € und 7 €.

Die höchste Spende betrug 10 €.

b) Formuliere weitere zutreffende Aussagen.

c) Bestimme das Minimum, das Maximum, die Spannweite, den Zentralwert und das arithmetische Mittel.

d) Erstelle mithilfe der Daten ein Diagramm deiner Wahl.

e) Welche Diagrammart habt ihr in der Klasse am häufigsten gewählt? Sucht nach einer Begründung.

2 Durchschnittliche Lebenserwartung

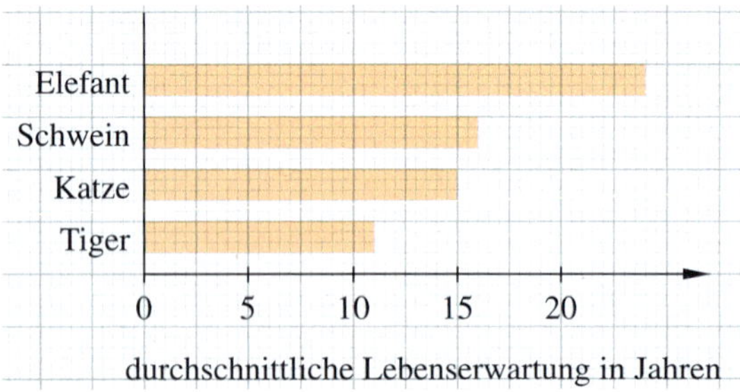

a) Erstelle aus diesem Diagramm ein Säulendiagramm. Worauf musst du achten?

b) Zeichne das arithmetische Mittel und den Zentralwert als Linien in dein Diagramm ein. Erkläre den Unterschied.

c) Was kannst du über die Lebenserwartung der Tiere noch sagen?

2 Die Einwohnerzahlen der sechs größten deutschen Städte sind auf 100 000 gerundet.

Berlin:	3,5 Mio.	Köln:	1,0 Mio.
Hamburg:	1,8 Mio.	Frankfurt:	0,7 Mio.
München:	1,4 Mio.	Stuttgart:	0,6 Mio.

a) Überlege dir eine geeignete Längeneinheit für ein Säulendiagramm.

b) Stelle die Einwohnerzahlen im Säulendiagramm dar.

c) Zeichne das arithmetische Mittel und den Zentralwert in das Säulendiagramm ein. Beschreibe anhand des Diagramms den Unterschied zwischen arithmetischem Mittel und Zentralwert.

d) Was kannst du über die Einwohnerzahlen der Städte noch sagen?

3 In der letzten Mathematik-Probe wurden folgende Noten erreicht.

Note	1	2	3	4	5	6
Anzahl	2	5	8	7	4	1

Paulina hat begonnen, das arithmetische Mittel auszurechnen.
Sie weiß aber nicht mehr weiter.
Übertrage und ergänze Paulinas Rechnung im Heft.

$(2 \cdot 1 + 5 \cdot 2 + 8 \cdot 3 + \ldots) : (2 + 5 + \ldots) =$

4 Die Jugendmannschaft des Inlinehockey-Vereins besteht aus 15 Spielern.
Davon sind zwei Spieler 14 Jahre, sechs 15 Jahre, vier 16 Jahre und drei 17 Jahre alt.

a) Vervollständige die Tabelle.

Alter	14 Jahre	15 Jahre
Absolute Häufigkeit	…	…

b) Erstelle ein Diagramm deiner Wahl.

c) In der Saison kommt ein 12-jähriger Spieler hinzu. Wie verändern sich dadurch Zentralwert und arithmetisches Mittel? Begründe.

4 Ein Lehrer, der in den Klassen 7 a und 7 b im Fach GPG unterrichtet, hat in beiden Klassen dieselbe Probearbeit geschrieben. Seine Statistik ergibt folgendes Bild:

Note	1	2	3	4	5	6
7 a	3	3	6	6	4	2
7 b	1	4	10	8	3	1

a) Stelle die Ergebnisse grafisch dar.

b) Berechne den jeweiligen Notendurchschnitt (= arithmetisches Mittel).

c) Erkläre das Ergebnis.

5 Die durchschnittlichen Niederschlagsmengen zweier Städte in Deutschland und in Mexiko wurden dargestellt.

Bamberg (Niederschlag in mm):

J	F	M	A	M	J	J	A	S	O	N	D
60	45	35	45	60	75	70	80	55	50	55	54

Acapulco:

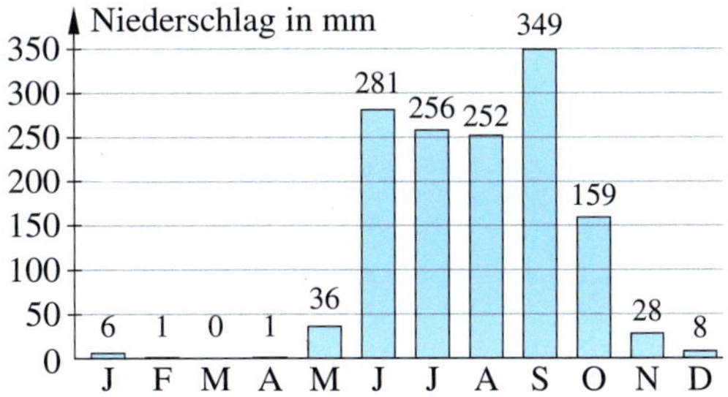

a) Schätze den Durchschnitt und den Zentralwert der Niederschlagsmengen beider Orte.
Notiere, wie du dabei vorgegangen bist.
Begründe, welche Darstellung hierfür besser geeignet ist.
Überprüfe deine Schätzung mit einer Rechnung.

b) Welcher Mittelwert ist bei den beiden Beispielen für Vergleichszwecke besser geeignet? Diskutiert und präsentiert eure Ergebnisse in der Klasse.

6 Der PenFix-Tintenroller ist im Internet zu kaufen. Kunden können 1; 1,5; 2; 2,5; 3; 3,5; 4; 4,5 und 5 Zufriedenheitspunkte vergeben.

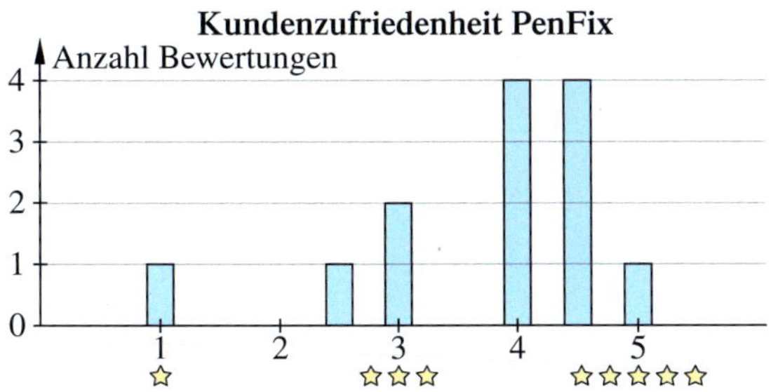

a) Wie viele Kunden haben abgestimmt?

b) Stelle die Daten aus dem Diagramm als geordnete Datenreihe dar.

c) Bestimme Minimum, Maximum, arithmetisches Mittel und Zentralwert.

d) Waren die Kunden zufrieden? Begründe.

6 Celine möchte ein neues Fahrrad kaufen. Sie vergleicht im Internet Kundenbewertungen für zwei Fahrräder, die in Frage kommen.

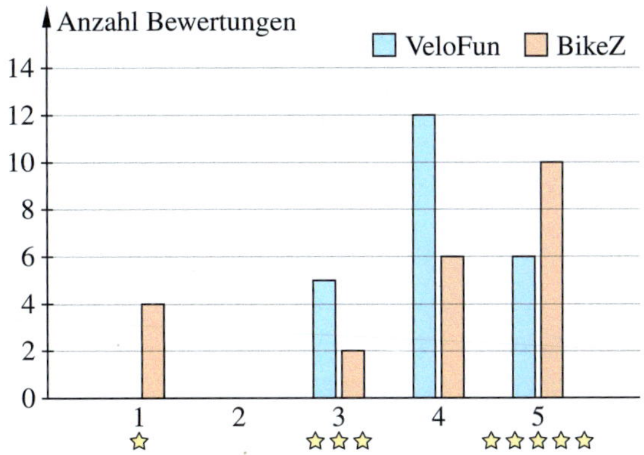

a) Vergleiche die Daten für die zwei Räder.

b) Welches Rad sollte Celine kaufen? Begründe mithilfe der Kundenbewertungen.

ZUM WEITERARBEITEN
Entscheide dich für ein Produkt und suche im Internet nach verschiedenen Kundenbewertungen. Stelle diese mit einem geeigneten Diagramm dar und begründe die Darstellungsform.

7 Diskutiert die folgenden Aussagen.
Welcher Eindruck entsteht? Was wurde dabei nicht bedacht?

a) Im Vatikan gibt es durchschnittlich 2 Päpste pro km^2.
b) Im Durchschnitt haben Menschen mit größeren Füßen ein höheres Einkommen.
c) Statistisch gesehen leben die Menschen länger, die öfter Geburtstag haben.
d) Die meisten Autofahrer glauben, sie fahren überdurchschnittlich gut.
e) Denkt euch ähnliche Aussagen aus und diskutiert sie in der Klasse.

8 Ein Fitness-Studio möchte neue Kunden werben.
Es soll mit der Zahl der Anmeldungen pro Jahr geworben werden.
Die beiden folgenden Diagramme stehen hierfür zur Verfügung.

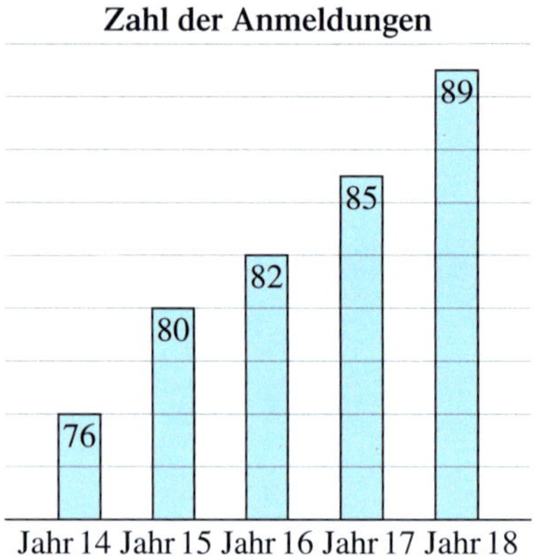

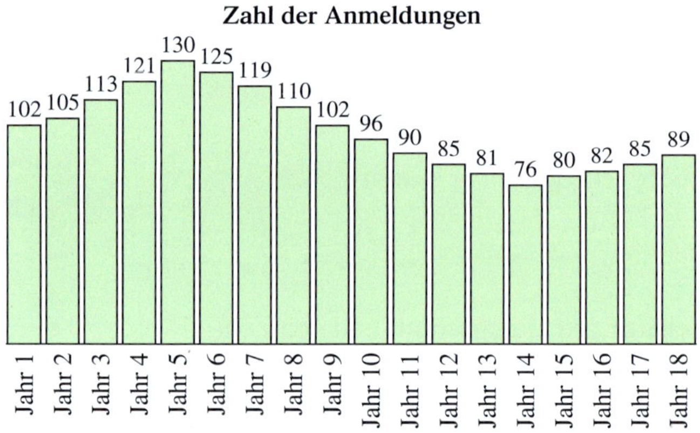

a) Beschreibt Gemeinsamkeiten und Unterschiede der zwei Darstellungen.
b) Welche der zwei Darstellungen sollte eher zur Werbung eingesetzt werden? Diskutiert und begründet eure Entscheidung.

9 Bei einer Untersuchung an 98 Fahrrädern, mit denen Schüler unterwegs waren, wurden folgende Mängel festgestellt:

Mängel an Fahrrädern (98 Fahrräder getestet)	
Beleuchtung	45
Bremsen	12
Reifen	19
Sattel und Lenker	23
Reflektoren	15
ohne Mängel	51

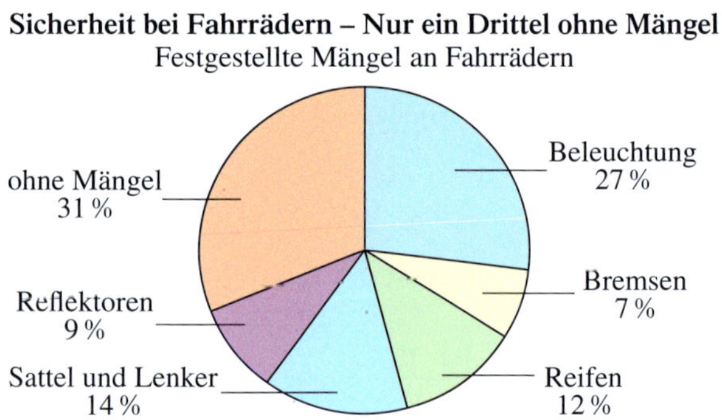

a) Berechnet den prozentualen Anteil der Fahrräder ohne Mängel an den insgesamt getesteten Fahrrädern. Vergleicht euer Ergebnis mit der Angabe im Kreisdiagramm.
b) Erklärt, wie die Prozentsätze im Kreisdiagramm zustande kommen und welcher Denkfehler bei dieser Darstellung gemacht wurde.

Teste dich!

1 Oliver hat eine Umfrage zu Berufswünschen durchgeführt und die Ergebnisse dargestellt. *(6 Punkte)*

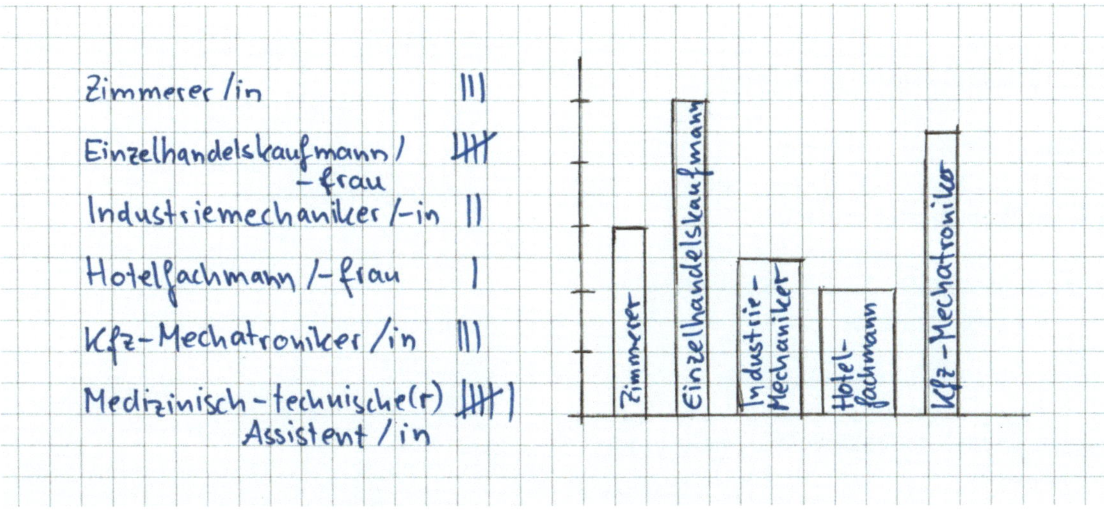

a) Beschreibe die Fehler, die Oliver beim Zeichnen gemacht hat, im Heft.
b) Berichtige die Fehler, indem du ein neues Diagramm zeichnest.

2 Die Klasse 7 b überlegt, wie sie den Wandertag verbringen möchte. *(9 Punkte)*
a) Beschreibe das Diagramm im Heft.
b) Geben die Zahlen im Diagramm absolute Häufigkeiten oder Anteile an? Erkläre, woran du das erkennst.
c) Suche dir einen anderen Diagrammtyp aus und stelle die Ergebnisse der Klasse 7 b dar.

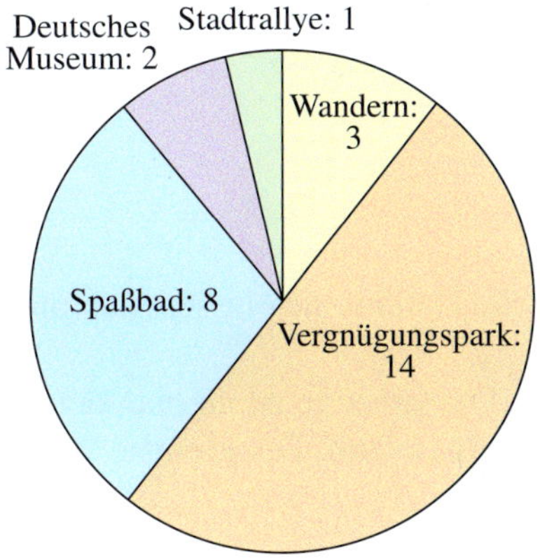

3 Die Klasse 7 a trainiert für die Bundesjugendspiele. Dabei werden beim Weitsprung folgende Weiten erreicht. *(10 Punkte)*

	1. Versuch	2. Versuch	3. Versuch	4. Versuch
Janina	2,80	3,23	3,44	3,09
Yussuf	3,09	3,75	4,01	3,91
Patrick	3,18	3,82	3,42	3,02

a) Wer ist am weitesten gesprungen?
b) Bei welchem Schüler ist das arithmetische Mittel am größten?
c) Bei welchem Schüler ist der Median am größten?
d) Welcher Schüler hat die kleinste Spannweite innerhalb seiner Sprünge?
e) Bestimme das arithmetische Mittel und den Median aller Sprünge.
Welche Schüler liegen über, welche unter dem arithmetischen Mittel bzw. Median?

Gold: 24–25 Punkte, Silber: 20–23 Punkte, Bronze: 14–19 Punkte Lösungen ab Seite 202

Zusammenfassung

→ Seite 184

Diagramme erstellen und vergleichen

Um Daten übersichtlich darzustellen, werden sie in **Diagrammen** veranschaulicht.

Absolute Häufigkeiten lassen sich anschaulich in **Säulen-**, **Balken-**, **Figuren-** oder **Liniendiagrammen** darstellen.

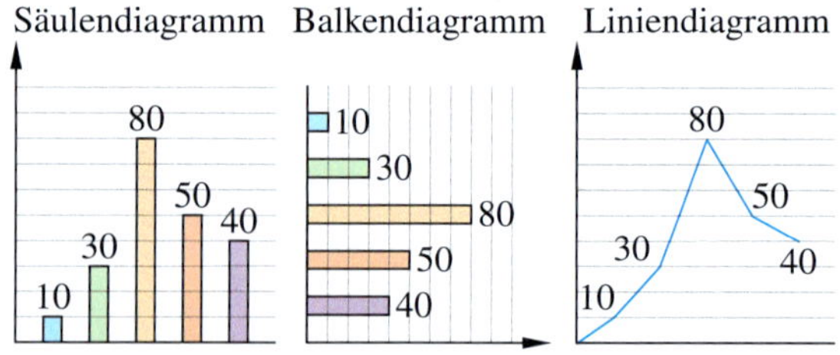

Für Anteile eignen sich besonders **Streifen-** oder **Kreisdiagramme**.

a) Bei einem **Streifendiagramm** gilt:
$\frac{1}{100}$ der Streifenlänge entsprechen 1 %;
bei 10 cm Streifenlänge entspricht 1 mm Länge 1 %;
bei 5 cm Streifenlänge entspricht 1 mm Länge 2 %.

b) Bei einem **Kreisdiagramm** gilt:
→ 100 % entspricht 360°
→ 1 % entspricht 3,6°

a) Streifendiagramm

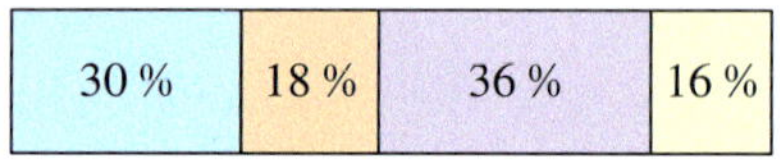

b) Kreisdiagramm:

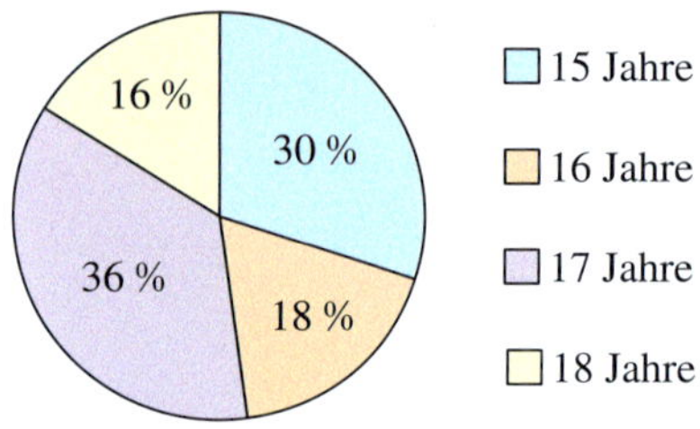

→ Seite 190

Statistische Kennwerte

Statistische Datenreihen lassen sich mit bestimmten **Kennwerten** genauer vergleichen.

Bei einer Datenmenge nennt man den größten Wert das **Maximum**. Der kleinste Wert heißt **Minimum**.

Die **Spannweite** kennzeichnet den Unterschied zwischen dem Maximum und dem Minimum.

Der älteste befragte Schüler ist 12 Jahre alt (Maximum), der jüngste ist 7 (Minimum).

Maximum:	12 Jahre
Minimum:	– 7 Jahre
Spannweite:	5 Jahre

Zudem gibt es **zwei Mittelwerte**, um Datenreihen auszuwerten bzw. zu vergleichen.

arithmetisches Mittel =
Summe aller Werte : Anzahl aller Werte

Zentralwert (Median)
– bei ungeraden Datenreihen: der mittlere Wert der geordneten Datenreihe
– bei geraden Datenreihen: das arithmetische Mittel der beiden mittleren Werte

Schuhgröße 7 a

36	37	37	37	40	42	44

→ Zentralwert = 37
→ arithmetisches Mittel: 273 : 7 = 39

Schuhgröße 7 cg

36	37	37	37	37	39	39	41	41	43

→ Zentralwert: (37 + 39) : 2 = 38
→ arithmetisches Mittel: 387 : 10 = 38,7

Anhang

Rechnen mit rationalen Zahlen

Seite 8

Noch fit?

1 $-50; -30; -5; 10; 40$

2 a)

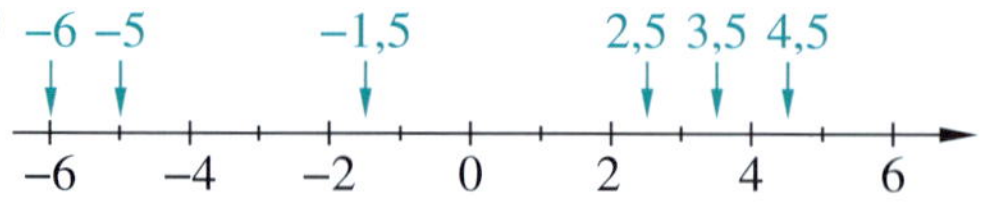

b)

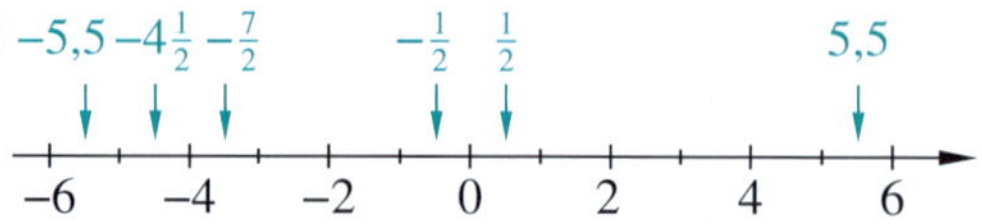

3 a) $0 > -1$ b) $5 = +5$
c) $-2 > -3{,}5$ d) $-4{,}9 < 4{,}91$
e) $-\frac{1}{4} < 0{,}25$ f) $0{,}5 = 0{,}50$

4

alte Temperatur	Temperatur-veränderung	neue Temperatur
5 °C	6 Grad kälter	**–1 °C**
17,3 °C	9 Grad wärmer	**26,3 °C**
–9,5 °C	3,5 Grad wärmer	**–6 °C**
–4,3 °C	3,2 Grad kälter	**–7,5 °C**

5 a) $-2{,}8; -2{,}4; -2; -1{,}6; \ldots; 0{,}4; 0{,}8; 1{,}2; 1{,}6$
b) $-3\frac{1}{2}; -3; -2\frac{1}{2}; -2; \ldots; \frac{1}{2}; 1; 1\frac{1}{2}; 2$
c) $-2\frac{2}{3}; -2\frac{1}{3}; -2; -1\frac{2}{3}; \ldots; 1; 1\frac{1}{3}; 1\frac{2}{3}; 2$

6 a) 1 b) 1,5 c) $\frac{1}{2}$ d) $-\frac{1}{2}$
e) 2 f) -2

1 $-8; -4{,}5; -3; -2; 1$

2 a)

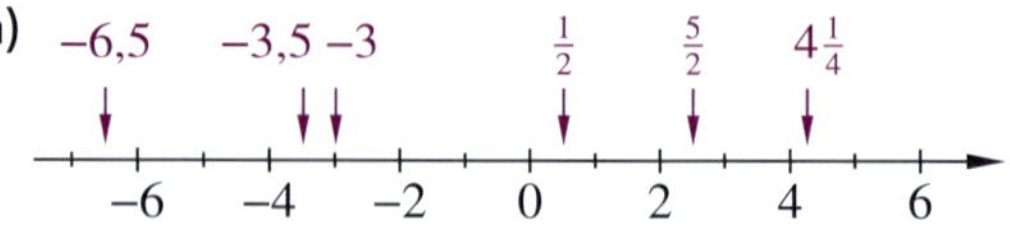

b)

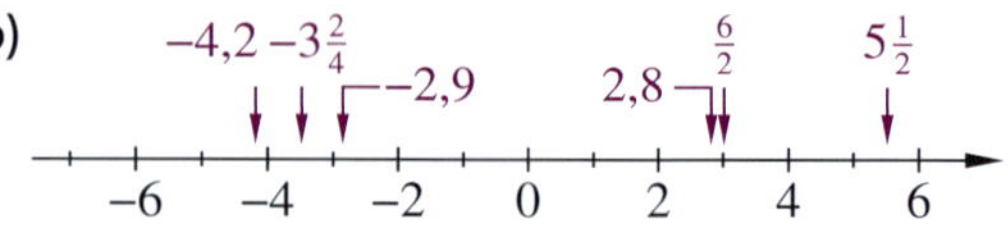

3 a) $-0{,}7 > -1{,}7$ b) $13{,}8 > 13{,}08$
c) $-98{,}2 < -89{,}9$ d) $\frac{1}{5} > -0{,}2$
e) $-\frac{3}{8} > -\frac{4}{7}$ f) $-2{,}8 < -2{,}75$

4

alte Temperatur	Temperatur-veränderung	neue Temperatur
–4,3 °C	2,1 Grad wärmer	**–2,2 °C**
–7,5 °C	9,5 Grad kälter	–17 °C
–2,4 °C	2,4 Grad wärmer	0 °C
5,9 °C	**4,2 Grad kälter**	1,7 °C

5 a) $-9; -7{,}5; -6; -4{,}5; \ldots; 3; 4{,}5; 6; 7{,}5$
b) $-16; -13; -10; -7; \ldots; 8; 11; 14; 17$
c) $-1\frac{1}{3}; -\frac{2}{3}; 0; \frac{2}{3}; \ldots; 4; 4\frac{2}{3}; 5\frac{1}{3}; 6$

6

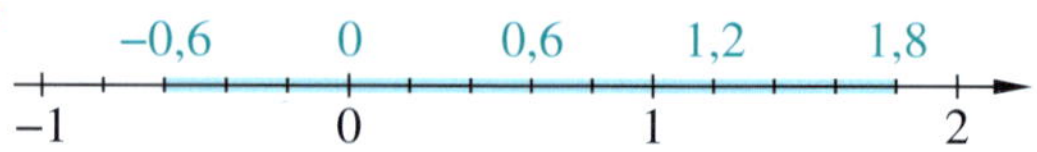

Seite 24/25

Klar so weit?

1 a) $-8143\,\text{m}$ b) $+670\,\text{m}$ c) $-392\,\text{m}$

2 a) $-3\,°\text{C}$; $-6 + 3 = -3$
b) $+2\,°\text{C}$; $-12 + 14 = +2$
c) $+12\,°\text{C}$; $-5 + 17 = +12$

3 a) ja; $-15 + (-6) = -21$
b) nein; $-120 - (+30) = -150$
c) ja; $12 + (-7) = 5$
d) ja; $-9 - (-3{,}5) = -5{,}5$

1 a) $-28\,\text{m}$ b) $+1838\,\text{m}$ c) $-9101\,\text{m}$

2 a) $-3\,°\text{C}$; $4 - 7 = -3$
b) $-11\,°\text{C}$; $1 - 12 = -11$
c) $-11\,°\text{C}$; $-3 - 8 = -11$
d) $-16{,}5\,°\text{C}$; $-7{,}5 - 9 = -16{,}5$

3 a) $2{,}9 - (+0{,}8) = 2{,}1$
b) $-3{,}5 - (+1{,}5) = -5$
c) $-7{,}8 - (-1{,}2) = -6{,}6$
d) $-\frac{3}{4} + \left(-\frac{1}{2}\right) - \frac{1}{4} = -1\frac{1}{2}$

Seite 24/25

4 a)

+	10	−10	−0,5	$\frac{1}{2}$
−7	3	−17	−7,5	$-6\frac{1}{2}$
0,5	10,5	−9,5	0	1

b)

−	9	−12	1,5	$\frac{1}{2}$
−8	−17	4	−9,5	$-8\frac{1}{2}$
1,5	−7,5	13,5	0	1

4 a)

+	187	−22	−99	−3,5	$2\frac{1}{2}$
−67	120	−89	−166	−70,5	$-64\frac{1}{2}$
2,5	189,5	−19,5	−96,5	−1	5

b)

−	−19	−33	88	$\frac{1}{2}$	2,5
16	35	49	−72	$15\frac{1}{2}$	13,5
−4,5	14,5	28,5	−92,5	−5	−7

5 Ja, der Kontostand beträgt jetzt +5 €.

5 z. B. 200 € und 10 €; 140 € und 70 €

6 a) $3 - 7 = -4$; $-7 - (-3) = -4$; $3 + (-7) = -4$; $-7 + (+3) = -4$
b) $-35 + 25 = -10$; $25 + (-35) = -10$; $-35 - (-25) = -10$; $25 - (+35) = -10$
c) $12 - 38 = -26$; $-38 - (-12) = -26$; $12 + (-38) = -26$; $-38 + (+12) = -26$
d) $-1{,}9 + 2{,}4 = 0{,}5$; $2{,}4 + (-1{,}9) = 0{,}5$; $-1{,}9 - (-2{,}4) = 0{,}5$; $2{,}4 - (+1{,}9) = 0{,}5$
e) $2{,}3 - 5{,}8 = -3{,}5$; $-5{,}8 - (-2{,}3) = -3{,}5$; $2{,}3 + (-5{,}8) = -3{,}5$; $-5{,}8 + (+2{,}3) = -3{,}5$
f) $-1{,}5 + 2{,}75 = 1{,}25$; $2{,}75 + (-1{,}5) = 1{,}25$; $-1{,}5 - (-2{,}75) = 1{,}25$; $2{,}75 - (+1{,}5) = 1{,}25$

7 a) −15 b) 1,8
c) $-\frac{3}{14}$ d) −0,2

7 a) −175 b) 5,76
c) −0,02112 d) 0,034

8 a) −9 b) 2,1 c) −1 d) −1

8 a) −8 b) 4 c) −4 d) $-1\frac{7}{18}$

9 Auto 1: 41,30 € Auto 2: 56,28 € Auto 3: 88,40 € Auto 4: 17,70 €

10 a) 200 Gläser b) 100 Gläser c) 166 Gläser (0,2 l bleiben übrig)

11 a) 23 b) −14 c) 47

11 a) −25,2 b) −3,6 c) −6,5

12 a) Punkt vor Strich nicht beachtet; −100
b) Punkt vor Strich nicht beachtet; 65

12 a) Klammer und Punkt vor Strich; −39
b) Punkt vor Strich nicht beachtet; 9

13 $2 \cdot (1{,}5 + 3) = 2 \cdot 4{,}5 = 9$

13 a) $(-15 + (-45)) : 12 = -60 : 12 = -5$
b) $(-3{,}5 - (-1{,}5)) \cdot 0{,}5 = -2 \cdot 0{,}5 = -1$

Teste dich!

Seite 29

1 a) +5 − 12 = −7 (°C) b) 150 − 245 = −95 (€) c) +14 + ■ = −9; ■ = −23 (°C)

2 a)

alte Temperatur	Temperaturveränderung	neue Temperatur
4,5 °C	6 Grad kälter	**−1,5 °C**
−4 °C	5 Grad wärmer	1 °C
−3 °C	**4,5 Grad kälter**	−7,5 °C

b)

Kontostand alt	Kontobewegung	Kontostand neu
−34 €	**+109 €**	+75 €
206 €	−159 €	+47 €
−18 €	−83 €	**−101 €**

3 a) $-2{,}5 - 4{,}1 = -6{,}6$ b) $0{,}6 - 0{,}5 = 0{,}1$ c) $-5{,}6 + 12{,}3 \cdot 8{,}7 + \frac{1}{2} = 101{,}91$ d) $\frac{3}{4} - \frac{4}{20} = \frac{11}{20}$

4 a) $12 - 28 = -16$ „Punkt vor Strich“ wurde nicht beachtet.
c) $-3 - (-11) = 8$ „Punkt vor Strich“ wurde nicht beachtet.
d) $-7 \cdot (109) = -763$ „Klammern zuerst“ wurde nicht beachtet.
e) $-22 : (-2) = 11$ Ein Vorzeichenfehler wurde gemacht.
f) $2 \cdot \left(-\frac{1}{4}\right) = -\frac{1}{2}$ „Klammern zuerst“ wurde nicht beachtet.

5 a) $20 > -20$ b) $-8 > -9$ c) $-21 < -20$ d) $7 > -22$ e) $32 < 35$ f) $-24 < -12$

6 a) $35 - 100 = -65$ b) $10 \cdot 6{,}1 = 61$ c) $-6{,}4 + 6 = -0{,}4$ d) $\frac{1}{3} + \frac{2}{3} + 1\frac{1}{3} = 1 + 1\frac{1}{3} = 2\frac{1}{3}$

7 Die durchschnittliche Mittagstemperatur betrug −6 °C.

8 Die Höhe jeder Rate muss 339 € betragen.

9 ① $-161 - 23 = -184$ ② $-161 \cdot 23 = -3703$ ③ $-161 + 23 = -138$ ④ $-161 : 23 = -7$
Der Quotient ist am größten, das Produkt am kleinsten.

Geometrische Figuren und Lagebeziehungen

Seite 32

Noch fit?

1 $g \perp s$; $r \perp t$

1 $g_1 \perp g_4$; $g_1 \perp g_5$; $g_2 \perp g_3$

2 Zeichenübung, z. B.

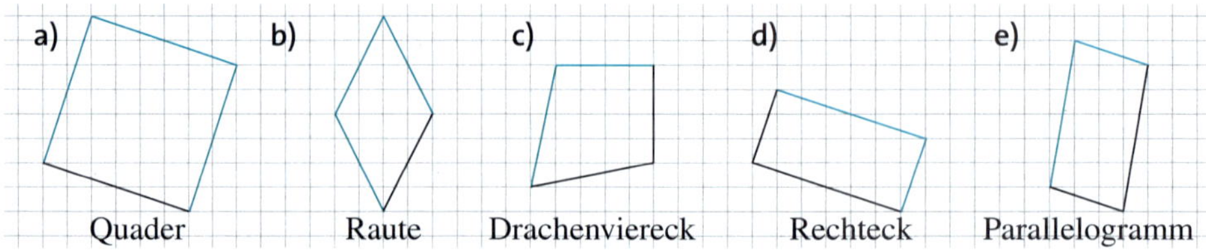

3

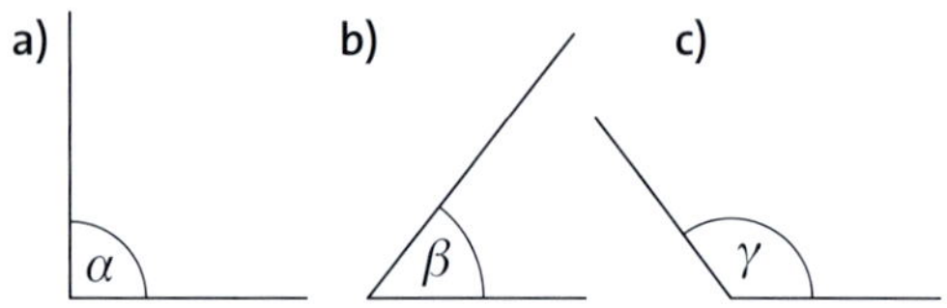

α: rechter Winkel; β: spitzer Winkel; γ: stumpfer Winkel

3 Zeichenübung; individuelle Lösungen, z. B.

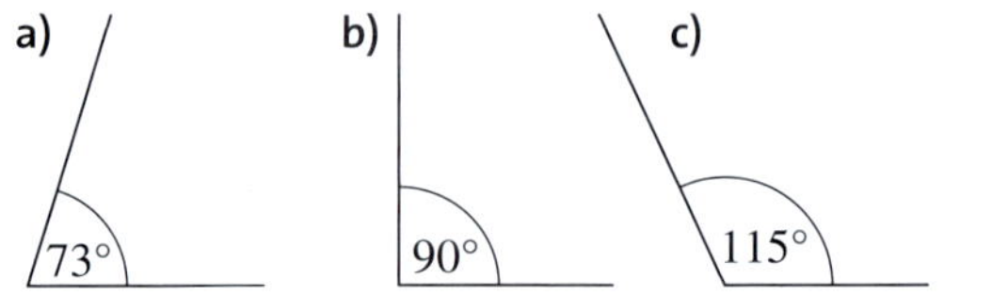

$\alpha < 90°$ $\alpha = 90°$ $90° < \alpha < 180°$

4

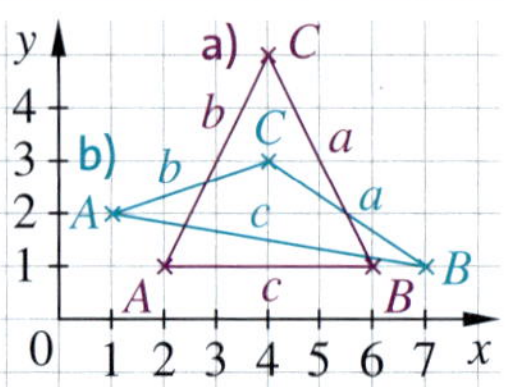

a) α, β, γ: spitze Winkel
b) α, β: spitze Winkel; γ: stumpfer Winkel

4

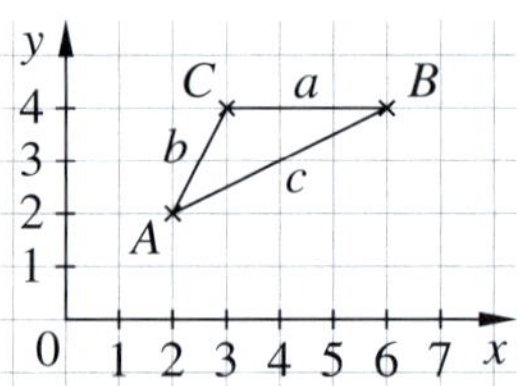

a) α, β: spitze Winkel; γ: stumpfer Winkel
b) individuelle Lösungen

5 a) $\alpha = 24°$ b) $\alpha = 86°$ c) $\beta = 45°$ d) $\gamma_1 = 155°$; $\gamma_2 = 180°$

Seite 50/51

Klar so weit?

1

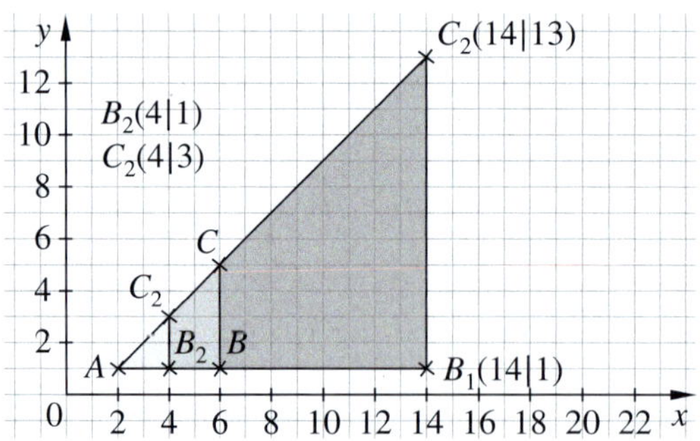

1

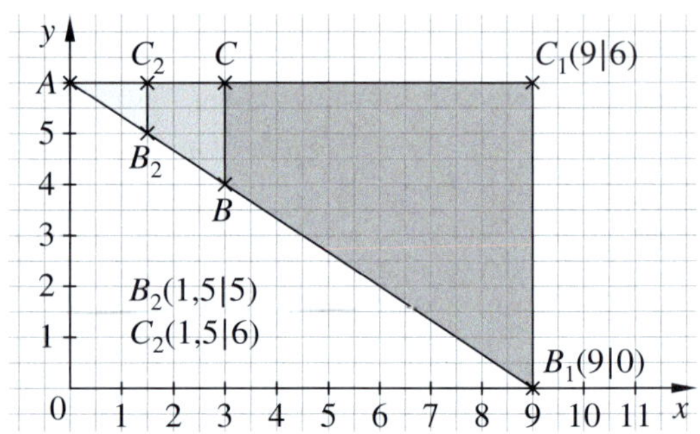

2 Maßstab 1 : 1000 → 3 m; 2 mm; 1,5 mm
Maßstab 3 : 1 → 9000 m; 6 m; 4,5 m

2 Maßstab 1 : 300 → 3 mm; 5 cm; $2\frac{1}{3}$ mm
Maßstab 20 : 1 → 18 m; 300 m; 14 m

3 m ist nicht die Mittelsenkrechte von $\overline{AB}$, denn m steht nicht auf $\overline{AB}$ senkrecht.

3 m ist nicht die Mittelsenkrechte von $\overline{BC}$, denn m schneidet $\overline{BC}$ nicht im Mittelpunkt.
n ist die Mittelsenkrechte von $\overline{CD}$, denn n schneidet $\overline{CD}$ im Mittelpunkt und steht auf $\overline{CD}$ senkrecht.

4

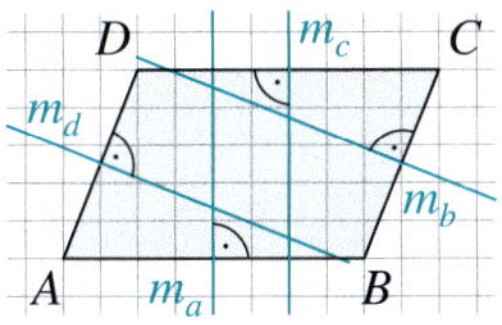

4

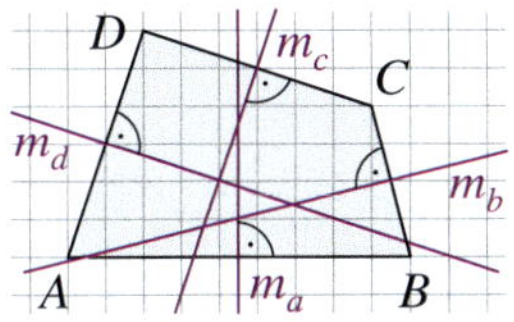

5

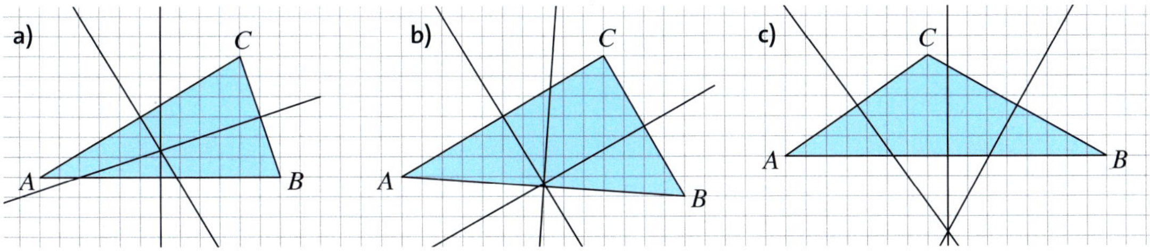

Die Mittelsenkrechten schneiden sich in einem Punkt.

6

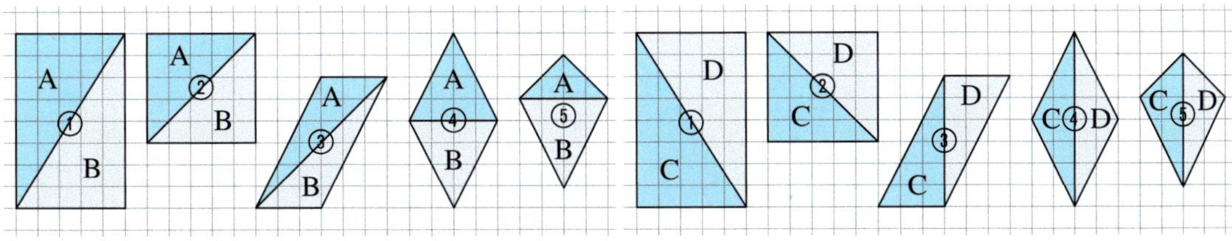

① A–D: unregelmäßig, rechtwinklig
② A–D: gleichschenklig, rechtwinklig
③ A–B: unregelmäßig, stumpfwinklig; C–D: unregelmäßig, rechtwinklig
④ A–B: gleichschenklig, spitzwinklig; C–D: gleichschenklig, stumpfwinklig
⑤ A: gleichschenklig, rechtwinklig; B: gleichschenklig, spitzwinklig;
C–D: unregelmäßig, stumpfwinklig

7 Individuelle Lösungen. Überprüfung:
- Die Winkelsumme muss 180° betragen.
- Die Basiswinkel müssen gleich groß sein.

7 Individuelle Lösungen. Überprüfung:
- Die Winkelsumme muss 180° betragen.
- Die Basiswinkel müssen gleich groß sein.

8 **a)** Maßstab 1:4
stumpfwinklig
unregelmäßig

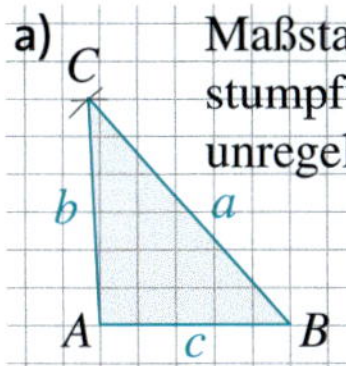

b) Maßstab 1:4
stumpfwinklig
unregelmäßig

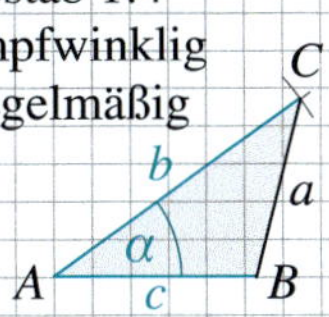

c) Maßstab 1:4
spitzwinklig unregel-
mäßig

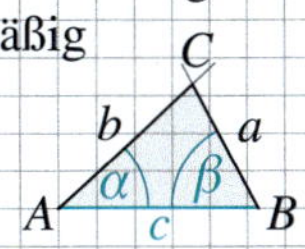

d) Maßstab 1:4
stumpfwinklig
gleichschenklig

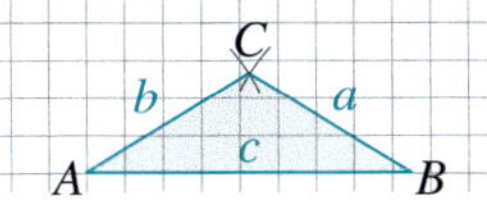

8 **a)** Maßstab 1:2
stumpfwinklig
unregelmäßig
SWS

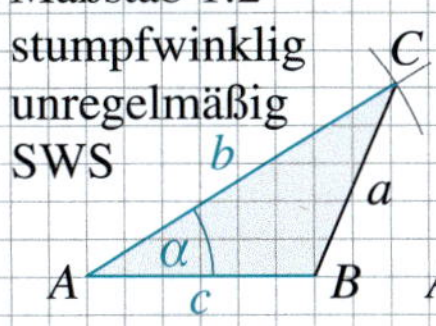

b) Maßstab 1:4
spitzwinklig
unregelmäßig
SSS

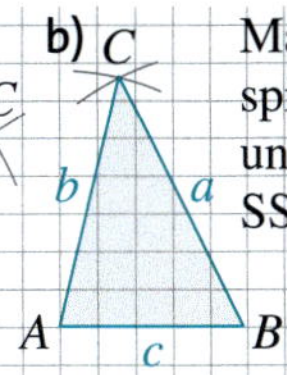

c) Maßstab 1:2
spitzwinklig
unregelmäßig
WSW

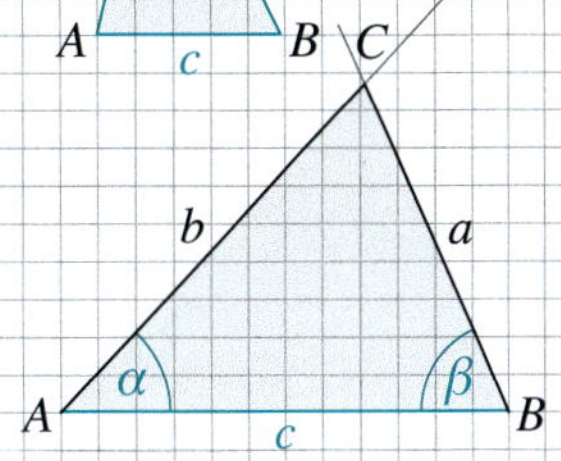

9 Das Dreieck kann man nicht zeichnen, da die Winkelsumme größer als 180° ist.

Maßstab 1:4
WSW

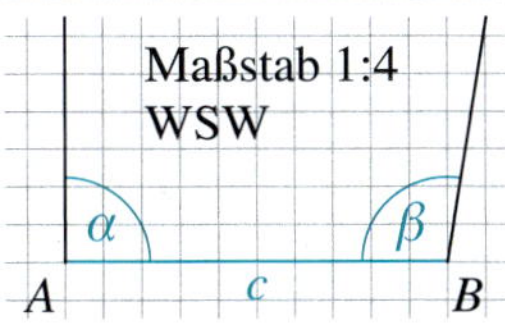

9 Das Dreieck kann man nicht zeichnen, da $a + b < c$ ist.

Maßstab 1:2
SSS

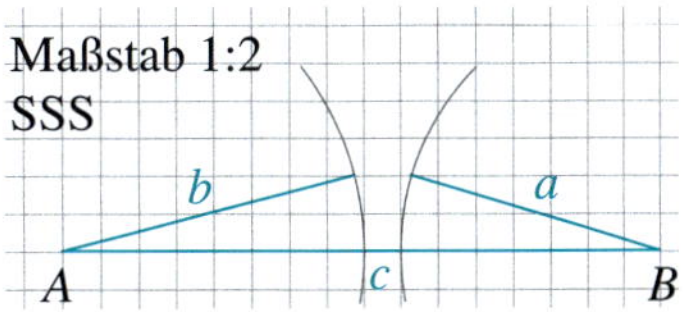

10 **a)** $\gamma = 98°$ **b)** $\alpha = 75°$

10 **a)** $\gamma = 40°$ **b)** $\beta = 60°$

Seite 55

Teste dich!

1 a) 10 cm b) 4,5 km

2

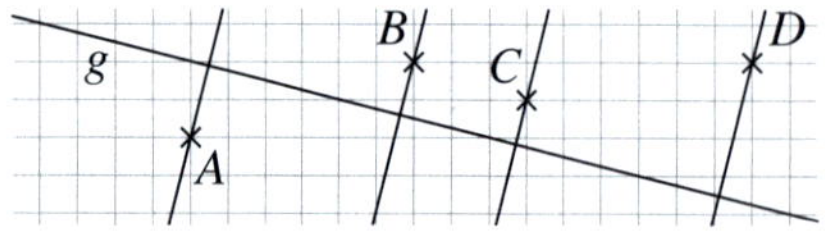

3

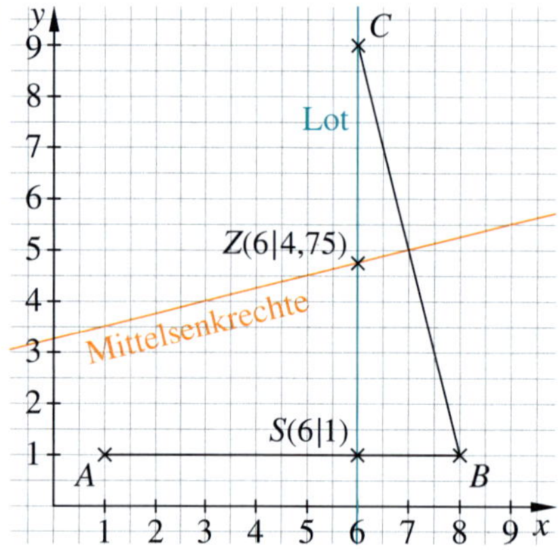

4 a) ① gleichschenklig ② gleichschenklig ③ gleichschenklig
b) ① spitzwinklig ② rechtwinklig ③ rechtwinklig
c) Zeichenübung, z. B.

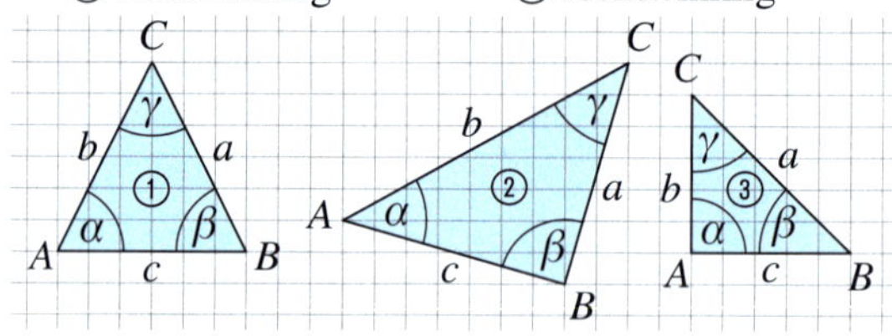

5 a) wahr b) falsch

6 Die Stäbe sind 28 m voneinander entfernt.

7 Zeichnungen um die Hälfte verkleinert

a)

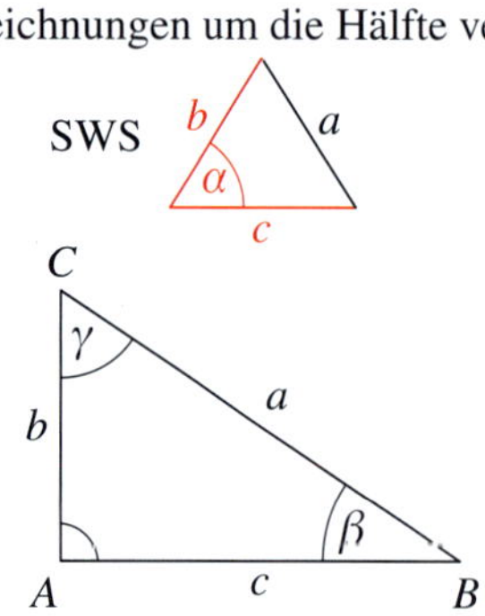

b)

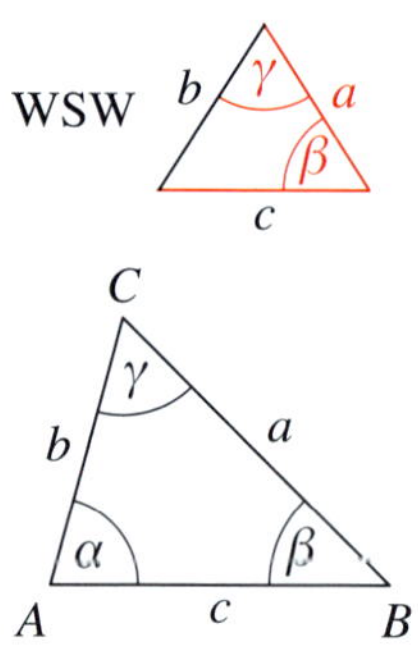

c)

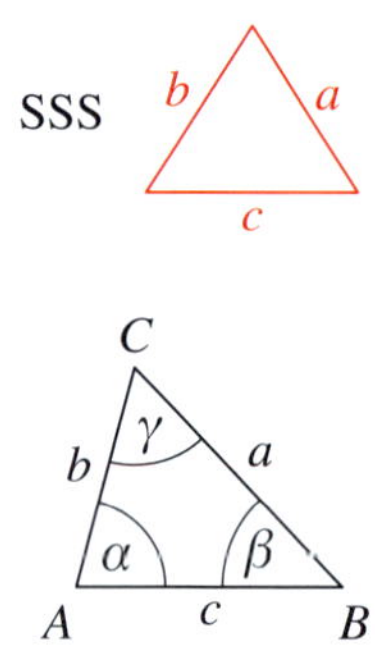

8 a) $\gamma = 100°$ b) $\alpha = 65{,}5°$

Zuordnungen und Proportionalität

Noch fit?

Seite 58

1 a) 3; 6; 9; 12; 21
b) 7; 14; 56; 70; 77

2 a) 2; 4; 6; 8; **10; 12; 14; 16; 18; 20**
b) 7; 14; 21; 28; **35; 42; 49; 56; 63; 70**
c) 3; 7; 11; 15; **19; 23; 27; 31; 35; 39**
d) 105; 99; 93; 87; **81; 75; 69; 63; 57; 51**

3 a) Da ein Buch 1,2 cm hoch ist, beträgt die Turmhöhe in cm stets das 1,2-Fache der Anzahl der Bücher.
b) 1 kg → 1,50 €
2 kg → 3,00 €
3 kg → 4,50 €
4 kg → 6,00 €
5 kg → 7,50 €

4 a) Drei Stücke Kuchen kosten 3,60 €.
b) Eine Karte kostet 5 €.
c) Der Inhalt des Pakets wiegt 395 g.

1 a) 4; 6; 8; 12; 14; 44; 56; 84 → durch 2;
6; 12; 84 → durch 3 und durch 6;
4; 8; 12; 44; 56; 84 → durch 4;
7; 14; 77 → durch 7; 8; 56 → durch 8;
44; 77 → durch 11; 12; 84 → durch 12;
14; 56 → durch 14
b) 16; 24; 34; 48; 56; 88 → durch 2;
3; 9; 24; 48 → durch 3;
16; 24; 48; 56; 88 → durch 4;
16; 24; 48; 56 → durch 8;
24; 48 → durch 6, 12 und 24;
16; 48 → durch 16; 34; 85 → durch 17

2 a) 8; 16; **24**; 32; 40; **48**; 56;
64; 72; 80; 88; 96; 104
b) **81**; 74; 67; 60; **53**; 46;
39; 32; 25; 18; 11; 4

3 a) Da eine Zeitschrift 0,6 cm hoch ist, beträgt die Turmhöhe in cm stets das 0,6-Fache der Anzahl der Zeitschriften.
b) Zwei Zeitschriften sind 1,2 cm hoch.
Dreißig Zeitschriften sind 18 cm hoch.
c) x: Farbmenge (ml); y: Wandfläche (m^2)
200 ml → 1 m^2; 400 ml → 2 m^2;
600 ml → 3 m^2; 800 ml → 4 m^2;
1000 ml → 5 m^2

4 a) 12 Fotos kosten mit Versand 4,78 €.
b) 5 € pro Monat entsprechen 60 € pro Jahr.
c) Marvin ist 60 Minuten unterwegs, wenn er seine Geschwindigkeit beibehält.

Klar so weit?

Seite 72/73

1 *Tag → Temperatur um 14 Uhr in °C*

2 a) Zeichenübung
b) *Zeit in min → Strecke in km*
Die vergangene Zeit ist der gelaufenen Strecke zugeordnet.
c)

Zeit (in min)	20	35	5	45
Strecke (in km)	1,5	2,0	0,5	2,5

3 a) Lineare Zuordnung, da die Punkte des Graphen auf einer Geraden liegen.
b) Keine lineare Zuordnung, da die Punkte nicht auf einer Geraden liegen.

1 z. B. *Wochentag → Höchsttemperatur*
Wochentag → Tiefsttemperatur

2 a) Jedem Tag ist eine Körpertemperatur zugeordnet.
b)

Tag	Körpertemperatur in °C
0	36,5
1	36,5
2	36,5
3	40,75
4	39,75
5	39,25
6	37,75

c) An den Tagen 3 bis 6.

3 a) Keine lineare Zuordnung, die Punkte des Graphen liegen nicht auf einer Geraden.
b) Lineare Zuordnung, da die Punkte des Graphen auf einer Geraden liegen.

Seite 72/73

4 Keine lineare Zuordnung. Der Streckenzuwachs je Schritt wird bei den letzten 2 Wertepaaren kleiner (6 km statt 8 km).

5 Die Zuordnung ist proportional. Bei doppelter Anzahl verdoppelt sich auch der Preis.

6 a)

Füllmenge (in l)	1	5	10	20	30
Preis (€)	2,50	**12,50**	**25**	**50**	**75**

b)

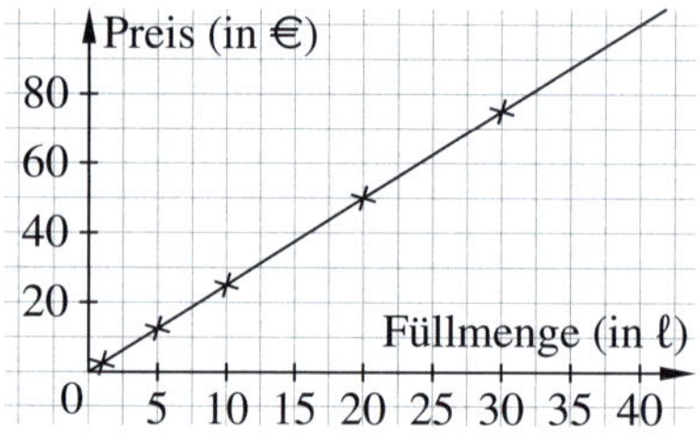

7 a)

Milch (in l)	5	10	15	20
Käse (in kg)	1,2	2,4	3,6	4,8

b) Ja. Denn die Darstellung im Koordinatensystem ist eine Gerade.

c) 3,6 kg

d) 20 l

8 a) *Fahrtdauer (in min) → Strecke in (km)*

: 30 (30 ≙ 12) : 30
1 ≙ **0,4**
· 80 (80 ≙ **32**) · 80

b) *Anzahl → Preis (in €)*

: 25 (25 ≙ 120) : 25
1 ≙ **4,80**
· 15 (15 ≙ **72**) · 15

4 Keine lineare Zuordnung. Der Volumenzuwachs wird im letzten Schritt kleiner (12,0 l statt 12,4 l).

5 Die Zuordnung ist proportional, da der Preis stets das Sechsfache der Stückzahl ist.

6 a)

Füllmenge (in l)	1	5	10	20	30
Preis (€)	**1,32**	**6,60**	13,20	**26,40**	**39,60**

b)

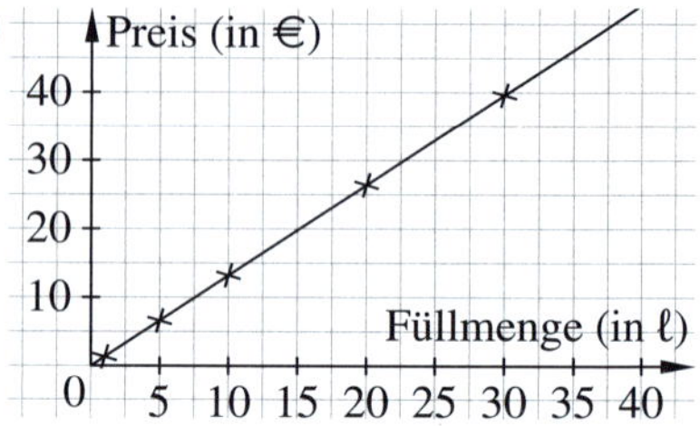

7 a) 10 kg Kartoffeln kosten 5 €.
2,5 kg Kartoffeln kosten 1,25 €.

b) Für 2 € erhält man 4 kg Kartoffeln.
Für 3,50 € erhält man 7 kg Kartoffeln.

c)

kg	1	2	3	4	5	6	7	8	10	12
€	0,5	1	1,5	2	2,5	3	3,5	4	5	6

8 a) *Länge (in m) → Preis (in €)*

: 4 (4 ≙ 5,20) : 4
1 ≙ **1,30**
· 9 (9 ≙ **11,70**) · 9

b) *Anzahl Tage → Preis (in €)*

: 13 (13 ≙ 3,64) : 13
1 ≙ **0,28**
· 5 (5 ≙ **1,40**) · 5

Teste dich!

Seite 77

1 a) z. B. Stromtarif mit Grundgebühr und Arbeitspreis je kWh
b) z. B. Zuordnung Zeit → Fahrstrecke bei gleichbleibender Geschwindigkeit
c) z. B. Zuordnung Zeit → Höhe bei gleichmäßigem Abbrennen einer Kerze

2 a) Es werden die Arbeitszeit in h und die verlegte Rasenfläche in m^2 einander zugeordnet.
b)

Zeit (in h)	1	2	3	4	5
Fläche (in m^2)	500	**1000**	**1500**	**2000**	**2500**

c) Die Zuordnung ist proportional. Die Punkte liegen auf einer Geraden durch den Nullpunkt.

3 Die Zuordnungen ①, ② und ④ sind linear, da die Graphen Geraden sind. Die Zuordnung ① ist auch proportional, da die Gerade durch den Nullpunkt verläuft.

4 a)

x	1	2	3	4	5
y	1,50	3	**4,50**	**6**	7,50

b)

x	1	2	3	5	7
y	2,10	**4,20**	**6,30**	**10,50**	**14,70**

5

x	0	1	2	3	4	5
y	1	3	5	**7**	**9**	**11**

Die Lösungen sind eindeutig bestimmt, da y stets um 2 wachsen muss, wenn sich x um 1 erhöht.
Die Zuordnung ist nicht proportional, da der Zahl 0 nicht die Zahl 0 zugeordnet wird.

6 Größe II: 108 000 €; Größe III: 120 000 €

Terme und Gleichungen

Noch fit?

Seite 80

1 a) 17; 34; 51; 68; 85; 102; 119; …
(Es wird jeweils 17 addiert.)
b) 1; 3; 5; 7; 9; 11; 13; …
(Folge der ungeraden Zahlen; es wird jeweils 2 addiert.)
c) 200; 195; 190; 185; 180; 175; …
(Es wird jeweils 5 subtrahiert.)
d) 4; 9; 14; 19; 24; 29; 34; …
(Es wird jeweils 5 addiert.)

2 a) 7 b) 5 c) 11 · 11 d) 32 e) 5

3 $A = 48\,cm^2$

4

Volumen	Länge	Breite	Höhe
693 dm^3	9 dm	7 dm	11 dm
1001 cm^3	11 cm	13 cm	**7 cm**
8 m^3	0,25 m	4 m	**8 m**
4550 cm^3	25 cm	14 cm	**13 cm**

1 a) 1; 4; 9; 16; 25; 36; 49; 64; …
(Folge der Quadratzahlen; es wird jeweils 3; 5; 7; … addiert.)
b) 1; 3; 6; 10; 15; 21; 28; 36; …
(Es wird jeweils 2; 3; 4; … addiert.)
c) $\frac{1}{2}$; $\frac{1}{4}$; $\frac{1}{8}$; $\frac{1}{16}$; $\frac{1}{32}$; $\frac{1}{64}$; $\frac{1}{128}$; …
(Die Zahl wird jeweils halbiert.)
d) $\frac{1}{4}$; $\frac{1}{2}$; 1; 2; 4; 8; 16; …
(Die Zahl wird jeweils verdoppelt.)

2 a) 5 b) 9 c) 2 d) 7 e) 54

3 $b = 4{,}9\,cm$; $A = 23{,}03\,cm^2$

4

Volumen	Länge	Breite	Höhe
405 cm^3	7,5 cm	12 cm	4,5 cm
2448 dm^3	1,7 dm	**1600 dm**	90 mm
26 dm^3	1,3 m	80 cm	**2,5 cm**
2652 cm^3	**1,7 dm**	1,3 dm	0,12 m

Seite 80

5 a) ① $5x + 12 = 22$ ② $x + 30 = 75$
b) ① $x = 2$ ② $x = 45$
c) ① Beispiel: Fritz kauft fünf Schreibblöcke und einen Zirkelkasten. Er bezahlt 22 €. Der Zirkelkasten kostet 12 €. Wie teuer ist ein Schreibblock?
② Beispiel: Ein Radfahrer möchte in eine 75 km entfernte Stadt gelangen. Die letzten 30 km kann er mit dem Zug fahren. Wie viel Kilometer muss er auf dem Fahrrad zurücklegen?

5 a) ① $3x + 2 = 17$ ② $4x = 14{,}4$
b) ① $x = 5$ ② $x = 3{,}6$
c) ① Beispiel: Ein 17 m langes Bahngleis soll erneuert werden. Die Arbeiter verlegen zunächst drei gleich lange Gleisjoche. Danach fehlen noch 2 m. Wie lang ist ein Gleisjoch?
② Beispiel: Ein 14,4 m langer Zaun soll aus vier gleich großen Feldern bestehen. Welchen Abstand müssen die Zaunpfähle haben?

Seite 100/101

Klar so weit?

1

Gewicht Äpfel (kg)	x	0,5	1	2	2,8
Preis (€)	$2 \cdot x$	**1**	**2**	**4**	**5,6**

2 ① $u = 4a = 20\,\text{cm}$ ② $u = 3a = 12\,\text{cm}$

3 Text 1: $x + 80$
Text 2: $80 \cdot x$
Text 3: $x - 80$
Text 4: $80 - x$

4 a) $26c$; 52
b) $36x$; 72
c) $11p$; 22
d) $-16x + 46$; 14
e) $21n$; 42
f) $6y$; 12

5 $(x - 5) \cdot 4 = 4x - 20$

6 a) ja; $21 = 21$ b) ja; $13 = 13$
c) ja; $63 = 63$ d) nein; $0{,}5 < 18$
e) nein; $11 > 4$ f) ja; $-4 = -4$

7 $4x + 40 = 200$; $x = 40$

8 $3a = a + 4$
a) $2a = 4$; $a = 2$
b) $4a = 2a + 4$; $2a = a + 2$; $a = 2$

9 a) Die 15 wurde nicht durch 3 dividiert.

$3x - 15 = 63 \quad | : 3$
$x - \mathbf{5} = 21 \quad | + \mathbf{5}$
$x = \mathbf{26}$

b) Die 3 wurde rechts subtrahiert, aber links addiert. Danach wurde die 24 nicht durch 6 dividiert.

$6x - 3 = 27 \quad | \mathbf{+ 3}$
$6x = \mathbf{30} \quad | : 6$
$x = \mathbf{5}$

c) $3x$ wurde addiert statt subtrahiert.

$6x - 3x + 9x = 36$
$\mathbf{12}x = 36 \quad | \mathbf{: 12}$
$x = \mathbf{3}$

10 a) $2 \cdot 8\,\text{cm} + 2 \cdot b = 24\,\text{cm}$
b) $16\,\text{cm} + 2 \cdot b = 24\,\text{cm}$
$24\,\text{cm} - 16\,\text{cm} = 2 \cdot b$
$b = 8\,\text{cm} : 2$
$b = 4\,\text{cm}$

1

Gewicht Pilze (kg)	x	0,2	0,8	1	1,5
Preis (€)	$8 \cdot x$	**1,6**	**6,4**	**8**	**12**

2 a) $5x + 12$ b) $3x + 32$

3 a) $x : 2$
b) $5 \cdot x$
c) $3 \cdot x - 2 \cdot x$
d) $6 \cdot x - x : 2$

4 a) $5x + 15$; 0; 30
b) $y + 13$; 10; 16
c) $4r + 2$; −10; 14
d) $12x + 17$; −19; 53
e) $-2a$; 6; −6

5 $(2x + 32) : 7 = \frac{2}{7}x + \frac{32}{7}$

6 a) nein; $-3 < 3$ b) nein; $21 < 29$
c) nein; $50 > 20$ d) nein; $45 > 42$
e) ja; $90 = 90$ f) ja; $4 = 4$

7 $26 + 3u = 44$; $u = 6$

8 $4b + 5 = 2b + 45$
a) $4b = 2b + 40$; $2b = 40$; $b = 20$
b) $4b + 10 = 2b + 50$; $2b + 5 = b + 25$; $b + 5 = 25$; $b = 20$

10 Ein Partner zahlt 26 000 € und der andere Partner zahlt 34 000 € ein.
$x + x + 8000\,€ = 60\,000\,€$
$2 \cdot x = 52\,000\,€$
$x = 52\,000\,€ : 2$
$x = 26\,000\,€$

Teste dich!

Seite 105

1 a) $3x$ b) $x - 40$ c) $\frac{1}{2}x$ d) $x + 12$ e) $2x - 3$ f) $\frac{1}{2}x + 5$

$2(x + 5) + 5$: Eine um 5 erhöhte Zahl wird verdoppelt und danach nochmals um 5 erhöht.
$5x - 2$: Im Schrank sind 5 Pralinenschachteln. 2 Pralinen wurden bereits gegessen.
$\frac{1}{3}x + 4$: Eine Zahl wird gedrittelt, das Ergebnis wird um 4 erhöht.
$\frac{1}{3}(x + 4)$: Eine Zahl wird um 4 erhöht, das Ergebnis wird gedrittelt.
$5x - 3$: Jemand arbeitet 5 Tage und macht am Freitag 3 Stunden eher Feierabend.
$\frac{1}{2}(x + 5)$: Ein Geldbetrag wird um 5 € erhöht und danach auf 2 Personen aufgeteilt.

2 a) $11a = 11 \cdot 12 = 132$ b) $4x - 23 = 4 \cdot 12 - 23 = 25$

3 ① $3 \cdot (-8) - 5 \cdot (-8) = (3 - 5) \cdot (-8)$ Ⓒ
② $3 \cdot (-8) - 3 \cdot 5 = 3 \cdot (-8 - 5)$ Ⓔ
③ $3 \cdot (-8) + 3 \cdot 5 = 3 \cdot (-8 + 5)$ Ⓐ
④ $3 \cdot 8 - 3 \cdot 5 = 3 \cdot (8 - 5)$ Ⓓ
⑤ $(-3) \cdot (-8) - (-3) \cdot 5 = -3 \cdot (-8 - 5)$ Ⓑ
⑥ $(-3) \cdot (-8) + 5 \cdot (-8) = (-3 + 5) \cdot (-8)$ Ⓕ

4 a) ① $187 + (59 + 11) = 257$ ② $367 \cdot (4 \cdot 0{,}25) = 367$ ③ $\frac{1}{3} \cdot (8 + 7) = \frac{1}{3} \cdot 15 = 5$
b) ① $6 + 6a + 7 = 6a + 13$ ② $10 + 5x - 5x = 10$ ③ $40x + 12y + 7$

5 a) $x + 6 = 9$; $x = 3$ b) $2x + 2 = 6$; $x = 2$ c) $7 = 3x + 1$; $x = 2$ d) $2x = x + 4$; $x = 4$

6 a) $u = 9$ b) $v = 5$ c) $w = 12{,}5$ d) $x = 4$ e) $y = 6$ f) $z = 2\frac{5}{48}$

7 $2 \cdot 2x + 3x = 56$ (x: Eintritt je Kind in €); $7x = 56$; $\boldsymbol{x = 8}$;
$2x + x = 24$. Der Eintritt kostet 24 €.

8 $a \cdot 9 = 6 \cdot 6$ (a: Länge des Rechtecks in cm); $a \cdot 9 = 36$; $a = 4$.
Das Rechteck ist 4 cm lang.

Dreiecke und Vierecke berechnen

Seite 108

Noch fit?

1 Die Figuren ②, ④ und ⑥ sind Rechtecke, da sie jeweils vier rechte Winkel besitzen. (Quadrate sind auch Rechtecke.)

2 Zeichenübung
a) Quadrat: $u = 12\,\text{cm}$; Rechteck: $u = 12\,\text{cm}$
b) Quadrat: $A = 9\,\text{cm}^2$
Rechteck: $A = 8\,\text{cm}^2$
c) Quadrat: $u = 4a$; $A = a \cdot a = a^2$
Rechteck: $u = 2(a + b)$; $A = a \cdot b$

3 **a)** 1,2 m **b)** 17 cm
c) $1\,\text{dm}^2$ **d)** $5\,\text{cm}^2$

4 **a)** Wahr. Ein Quadrat hat vier rechte Winkel und ist damit auch ein Rechteck.
b) Wahr. Ein Rechteck hat zwei Paare paralleler Seiten und ist damit auch ein Parallelogramm.
c) Falsch. Gegenbeispiel:

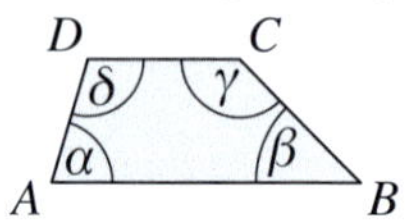

In diesem Trapez sind alle vier Winkel verschieden groß.

d) Wahr. Eine Raute hat vier gleich lange Seiten. Hat sie zusätzlich noch vier 90°-Winkel, so ist sie ein Quadrat.

1 A: Quadrat D: Parallelogramm
B: Parallelogramm E: Rechteck
C: Raute F: Quadrat

2 Zeichenübung
a) $u = 4a = 16\,\text{cm}$; $A = a \cdot a = a^2 = 16\,\text{cm}^2$
b) $u = 30\,\text{cm}$; $A = 56{,}25\,\text{cm}^2$
c) $u = 2a + 2b = 2(a + b) = 250\,\text{mm}$;
$A = a \cdot b = 3600\,\text{mm}^2$
d) $u = 33\,\text{cm}$; $A = 60{,}5\,\text{cm}^2$

3 **a)** 3,5 cm **b)** 120,4 dm
c) $500\,\text{dm}^2$ **d)** $1300\,\text{cm}^2$

4 **a)** Falsch. Gegenbeispiel:

Rechteck 1:	$a = 6\,\text{cm}$;	$b = 3\,\text{cm}$;
	$A = 18\,\text{cm}^2$;	$u = 18\,\text{cm}$
Rechteck 2:	$a = 9\,\text{cm}$;	$b = 2\,\text{cm}$;
	$A = 18\,\text{cm}^2$;	$u = 22\,\text{cm}$

b) Falsch. Gegenbeispiel: $\alpha = 60°$

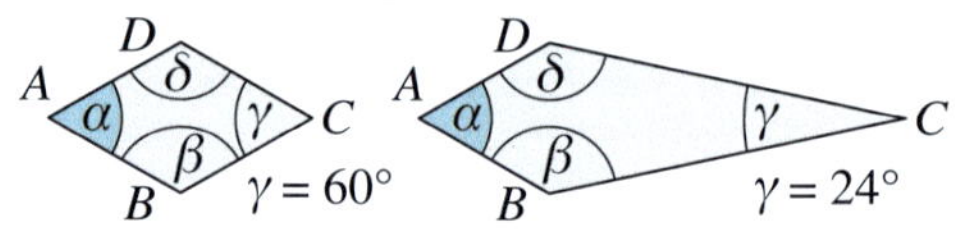

c) Falsch. Gegenbeispiele:

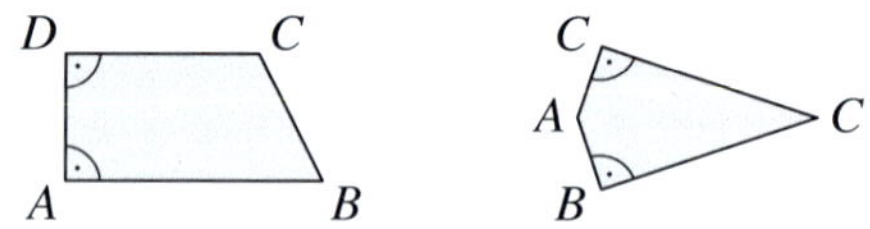

5 **a)** spitzer Winkel 85° **b)** rechter Winkel 90° **c)** rechter Winkel 90° **d)** stumpfer Winkel 95°

6 Beispiele:

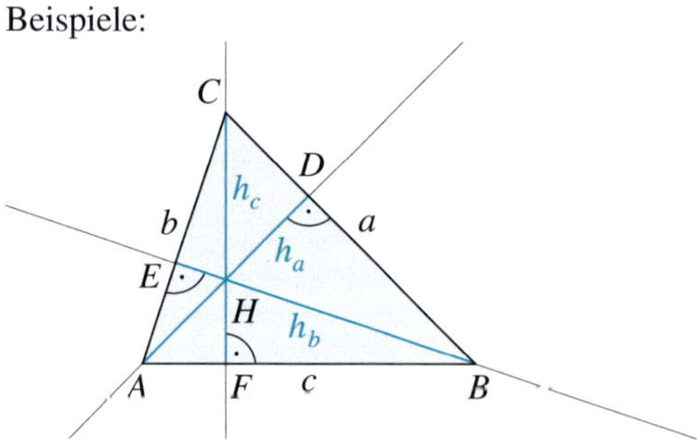

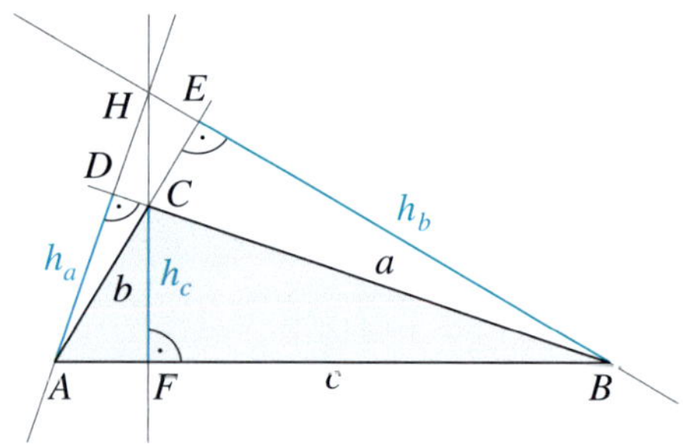

Klar so weit?

Seite 118/119

1 a) $A = 8\,\text{cm}^2$ b) $A = 7\,\text{cm}^2$ c) $A = 2\,\text{cm}^2$

2 a) $A = 10\,\text{cm}^2$ b) $A = 10\,\text{cm}^2$
c) $A = 20\,\text{cm}^2$ d) $A = 80\,\text{cm}^2$

3 Zeichnung im Maßstab 1 : 4:

a) 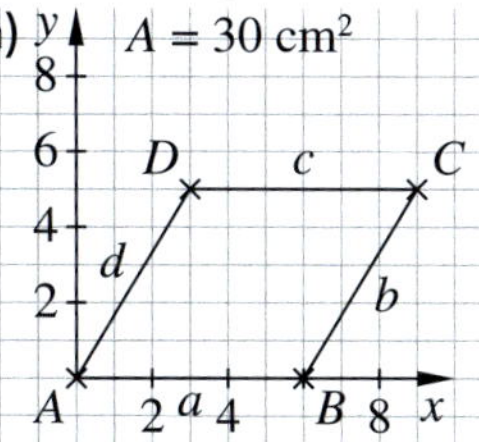

b) 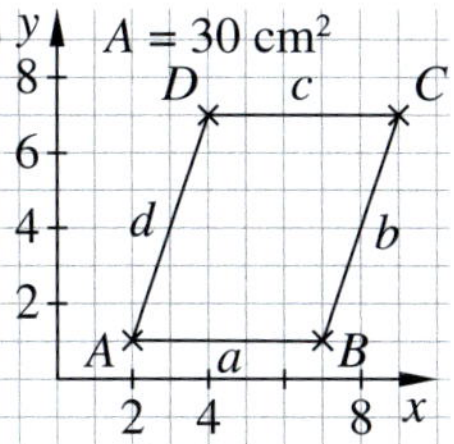

c) 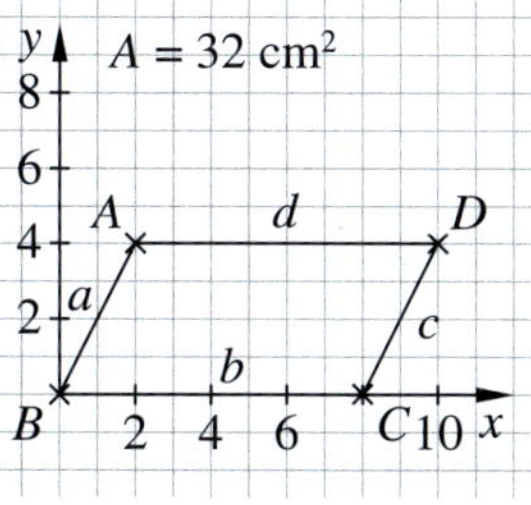

4 Zeichnungen um die Hälfte verkleinert:

a) 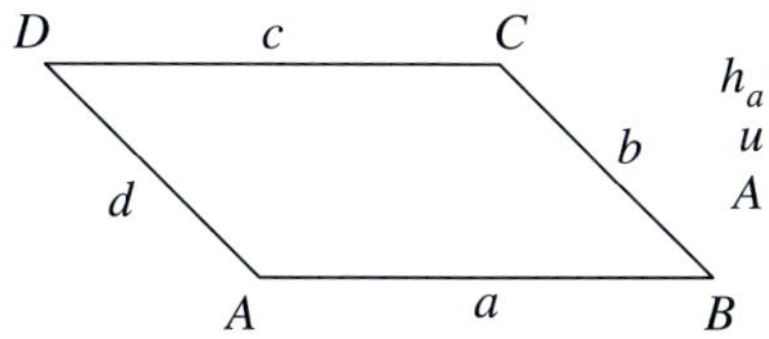

$h_a = 2{,}8\,\text{cm}$
$u = 20\,\text{cm}$
$A = 16{,}8\,\text{cm}^2$

b) 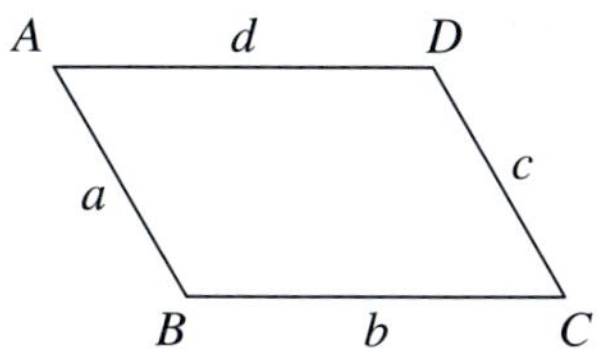

$h_a = 3\,\text{cm}$
$u = 17\,\text{cm}$
$A = 15\,\text{cm}^2$

5 individuelle Lösungen; $A = a \cdot h_a = b \cdot h_b$

6 a) $A = 5\,\text{cm}^2$ b) $A = 4{,}5\,\text{cm}^2$
c) $A = 3{,}125\,\text{cm}^2$

7 a) $A = 26\,\text{cm}^2$ b) $A = 12{,}95\,\text{cm}^2$
c) $A = 24{,}8\,\text{cm}^2$ d) $A = 28\,\text{cm}^2$

1 a) $A = 7{,}5\,\text{cm}^2$ b) $A = 4\,\text{cm}^2$ c) $A = 0{,}75\,\text{cm}^2$

2 a) $A = 35\,\text{cm}^2$ b) $A = 5\,\text{cm}^2$
c) $A = 6\,\text{cm}^2$ d) $A = 34{,}65\,\text{cm}^2$

3 Zeichnungen um die Hälfte verkleinert:

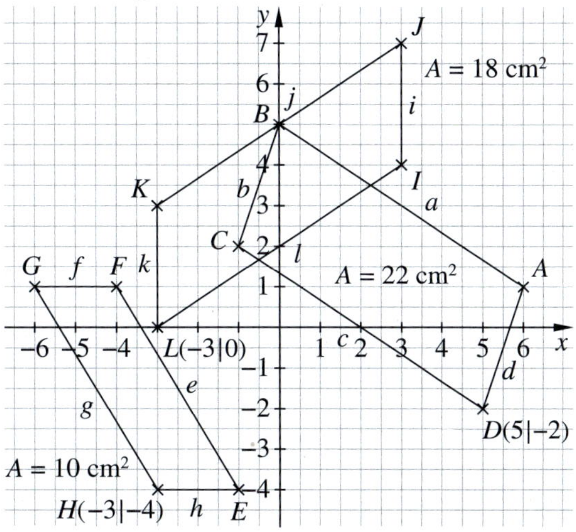

4 Zeichnungen um die Hälfte verkleinert:

a) 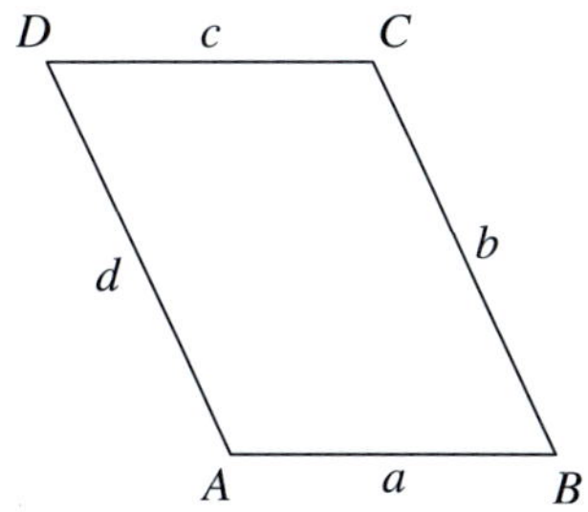

$h_a = 5{,}4\,\text{cm}$
$u = 21\,\text{cm}$
$A = 24{,}3\,\text{cm}^2$

b) 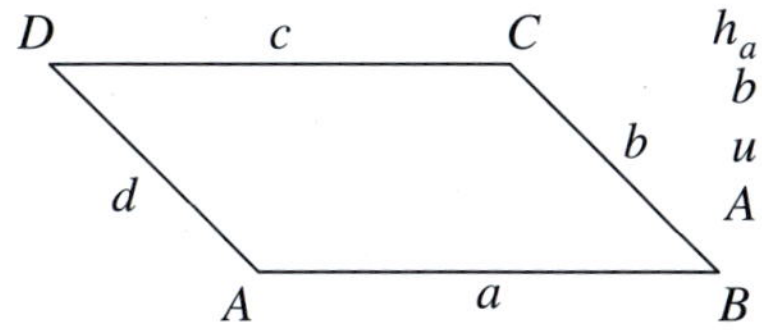

$h_a = 2{,}8\,\text{cm}$
$b = 3{,}9\,\text{cm}$
$u = 20\,\text{cm}$
$A = 17{,}08\,\text{cm}^2$

6 a) blau: $3{,}75\,\text{cm}^2$; gelb: $2{,}5\,\text{cm}^2$
c) blau: $3{,}5\,\text{cm}^2$; gelb: $3{,}5\,\text{cm}^2$

7 a) $A = 48\,\text{cm}^2$ b) $A = 536{,}5\,\text{mm}^2$
c) $A = 15{,}95\,\text{dm}^2$ d) $A = 333\,\text{dm}^2$

Seite 118/119

8 Zeichnung um die Hälfte verkleinert:

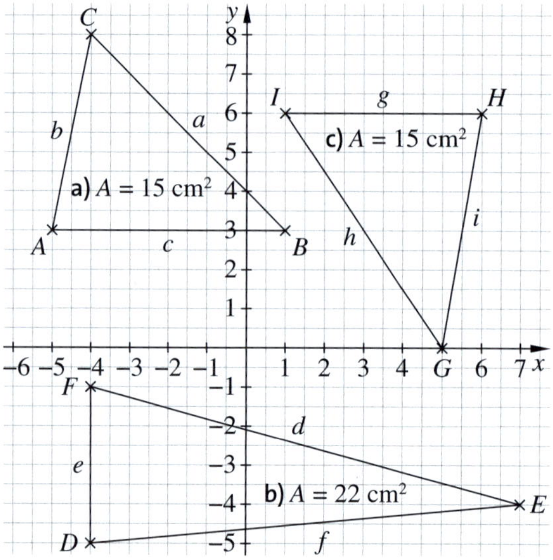

9 a)

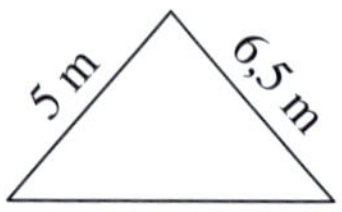

b) Jens und Celina sind 8,5 m voneinander entfernt.

10 individuelle Lösungen; $A = \frac{a \cdot h_a}{2} = \frac{b \cdot h_b}{2} = \frac{c \cdot h_c}{2}$

8 Zeichnung um die Hälfte verkleinert:

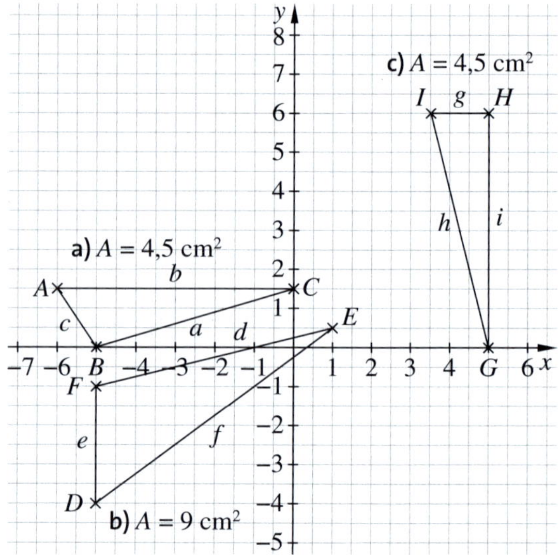

9 a)

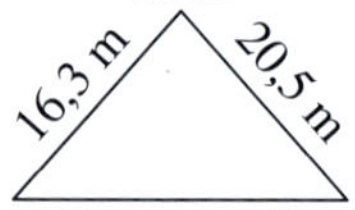

b) Die Bäume sind 26 m voneinander entfernt.

Seite 123

Teste dich!

1 a) $h_c = 1{,}7\,\text{cm}$
$u = 7{,}4\,\text{cm}$
$A = 2{,}465\,\text{cm}^2$

b) $a = 3{,}7\,\text{cm}$
$u = 8{,}6\,\text{cm}$
$A = 2{,}775\,\text{cm}^2$

c) $a = 4\,\text{cm}$
$u = 9{,}6\,\text{cm}$
$A = 3{,}84\,\text{cm}^2$

d) $h_c = 2{,}6\,\text{cm}$
$u = 9\,\text{cm}$
$A = 3{,}9\,\text{cm}^2$

2 $A = 7{,}5\,\text{m}^2$

3 a) $u = 14{,}2\,\text{cm}$
$A = 12\,\text{cm}^2$

b) $u = 9{,}6\,\text{cm}$
$A = 4\,\text{cm}^2$

c) $u = 13{,}6\,\text{cm}$
$A = 8{,}25\,\text{cm}^2$

4 a) Flächeninhalt 1: $1113\,\text{m}^2$; Flächeninhalt 2: $567\,\text{m}^2$; Entschädigung: 257 040 €
b) Flächeninhalt: $1680\,\text{m}^2$; Jahrespacht: 142,80 €

Prozentrechnung

Noch fit?

Seite 126

1 a) $\frac{1}{4}$; $\frac{3}{4}$ b) $\frac{3}{4}$; $\frac{1}{4}$ c) $\frac{1}{10}$; $\frac{9}{10}$ d) $\frac{1}{5}$; $\frac{4}{5}$ e) $\frac{1}{2}$; $\frac{1}{2}$ f) $\frac{1}{1}$; $\frac{0}{1}$

2 Beispiele (Darstellung verkleinert):

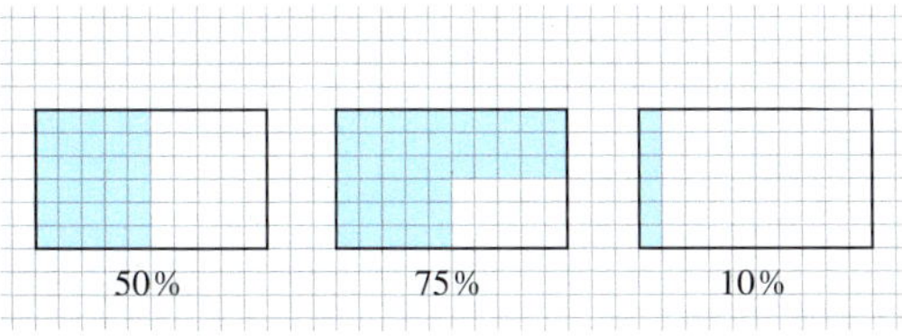

2 Beispiele (Darstellung verkleinert):

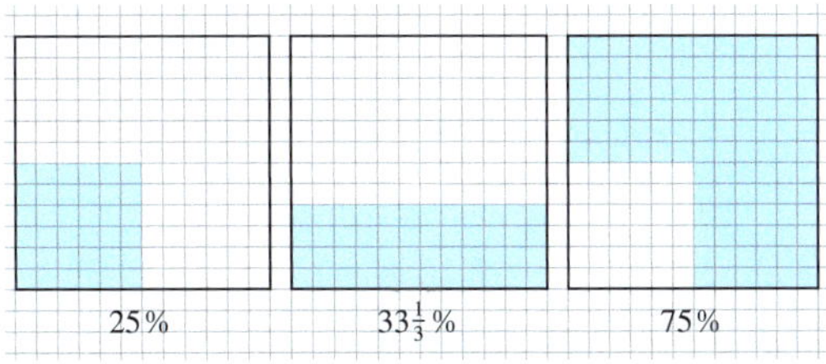

3 a) 0,7 b) 0,87 c) 0,75
d) 0,56 e) 0,14 f) 0,077

3 a) 0,6 b) 0,02 c) 0,25
d) 0,048 e) 2,45 f) 0,625

4 a) 1,2 b) 7,25 c) 1,875
d) 3,5 e) ≈ 10,333 f) 2,5
g) ≈ 11,222 h) ≈ 3,8182 i) ≈ 0,6667

4 a) 2,25 b) ≈ 2,2222 c) ≈ 7,4286
d) 24,6 e) ≈ 1,4545 f) 0,9375
g) ≈ 0,0833 h) ≈ 0,1818 i) 0,025

5 a) 120 b) 13 c) 180 d) 45

5 a) 232,5 b) 60 c) $24\frac{1}{6}$ d) 123,75

6 Beide Sportler hatten gleich viel Erfolg, denn bei beiden waren $\frac{1}{3}$ aller Würfe jeweils Körbe.

7 $\frac{3}{4} = \frac{6}{8} = \frac{75}{100} = \frac{750}{1000} = 0{,}75 = 75\,\%$
$\frac{17}{50} = \frac{34}{100} = 0{,}34 = 0{,}340$

7 $\frac{2}{5} = \frac{4}{10} = \frac{40}{100} = 0{,}4 = 0{,}400 = 40\,\%$
$\frac{1}{25} = \frac{4}{100} = \frac{40}{1000} = 0{,}04 = 0{,}040 = 4\,\%$

Klar so weit?

Seite 148/149

1 ① $\frac{1}{2} = 0{,}5 = 50\,\%$ ② $\frac{1}{3} = 0{,}\overline{3} = 33\frac{1}{3}\,\%$
③ $\frac{3}{4} = 0{,}75 = 75\,\%$

1 ① $\frac{1}{3} = 0{,}\overline{3} \approx 33{,}3\,\%$ ② $\frac{4}{9} = 0{,}\overline{4} \approx 44{,}4\,\%$
③ $\frac{4}{9} = 0{,}\overline{4} \approx 44{,}4\,\%$

2 a) $\frac{7}{10} = 0{,}7 = 70\,\%$; $\frac{7}{25} = 0{,}28 = 28\,\%$;
$\frac{4}{80} = 0{,}05 = 5\,\%$; $\frac{1}{8} = 0{,}125 = 12{,}5\,\%$;
$\frac{5}{25} = 0{,}2 = 20\,\%$
b) $\frac{9}{25} = 0{,}36 = 36\,\%$; $\frac{16}{40} = 0{,}4 = 40\,\%$;
$\frac{68}{102} = \frac{94}{141} = \frac{2}{3} = 0{,}\overline{6} = 66\frac{2}{3}\,\%$;
$\frac{59}{177} = \frac{1}{3} = 0{,}\overline{3} = 33\frac{1}{3}\,\%$

2 a) $\frac{18}{60} = 0{,}3 = 30\,\%$; $\frac{36}{80} = 0{,}45 = 45\,\%$;
$\frac{11}{20} = 0{,}55 = 55\,\%$; $\frac{72}{90} = 0{,}8 = 80\,\%$;
$\frac{10}{40} = 0{,}25 = 25\,\%$
b) $\frac{1}{3} = 0{,}\overline{3} = 33\,\%$; $\frac{5}{7} \approx 0{,}714 = 71{,}4\,\%$;
$\frac{5}{9} = 0{,}\overline{5} \approx 55{,}6\,\%$; $\frac{4}{24} = 0{,}1\overline{6} = 16\,\%$;
$\frac{0}{2} = 0{,}0 = 0\,\%$

3 Luise hat mit 5 % prozentual mehr Fehler gemacht als Sven mit 4 %.

3 Alina hat 15 % aller Elfmeter gehalten, Jasmin 16 %. Jasmin war also besser.

4 Der Grundwert ist das Ganze, also der ganze Streifen. Der Prozentwert ist der dunkel markierte Anteil als Anzahl bzw. Größe. Der Prozentsatz ist der Anteil in Prozent.
a) Grundwert: 85 € (gegeben); Prozentwert: 38 € (gegeben); Prozentsatz: 44,7 % (gesucht)
b) Grundwert: 234 € (gegeben); Prozentsatz: 65 % (gegeben); Prozentwert: 152,10 € (gesucht)
c) Prozentsatz: 5 % (gegeben); Prozentwert: 865 € (gegeben); Grundwert: 17 300 € (gesucht)
d) Grundwert: 1 € (gegeben); Prozentsatz: 35 % (gegeben); Prozentwert: 0,35 € (gesucht)

Seite 148/149

5 a) G: 5 kg (geg.); p: 50 % (geg.); P: 2,5 kg (ges.)
b) G: 10 Hunde (geg.); P: 3 Hunde (geg.); p: 30 % (ges.)
c) G: 100 m (geg.); P: 25 m (geg.); p: 25 % (ges.)
d) P: 10 min (geg.); p: 20 % (geg.); G: 50 min (ges.)

6 0,4 %; 4 %; 18 %; 20 %; 30 %

7 Es sind 15 %.

8 a) 52 % b) 16 % c) 55 %

9 a) 16 €; 24 €; 12,80 €
b) 27 m; 675 m; 1,62 m;
4,32 m; 2,7 m; 27,9 km

10 5 % von 20 € sind 1 €; 20 % von 50 € sind 10 €;
5 % von 60 € sind 3 €; 20 % von 40 € sind 8 €;
5 % von 48 € sind 2,40 €; 20 % von 24 € sind 4,80 €

11 a) 120 € b) 2520 €

12 a) 40 kg b) 40 h c) 240 kg
d) 500 l e) 30 kg f) 70 m

13 Es gibt insgesamt 300 Lose.

14 Es sind 25 Kaninchen im Gehege.

5 a) G: 32 Schüler (geg.); P: 8 Schüler (geg.); p: 25 % (ges.)
b) P: 36 Schüler (geg.); p: 60 % (geg.); G: 60 Schüler (ges.)

6 0,5 %; 10,5 %; 25,5 %; 50,5 %; 100 %

7 Es sind 70 %.

8 a) ≈ 29,2 % b) ≈ 9,26 % c) ≈ 10,97 %

9 a) richtig
b) richtig
c) 50 % von 1 h sind 30 min.

10 a) 241,50 €; 60,60 €
b) 724,50 €; 343,40 €

11 Das Gehalt wird um 120,48 € erhöht. Das neue Gehalt beträgt 3132,48 €.

12 a) 700 cm b) 240 l c) 1500 cm
d) 12 h e) 3 m f) 510 km

13 Es werden insgesamt 200 Lose benötigt.

14 ① 60 € ② 15 €

Seite 153

Teste dich!

1 a) eingefärbt: 34 %; $\frac{34}{100}$; 0,34; nicht eingefärbt: 66 %; $\frac{66}{100}$; 0,66
b) eingefärbt: 95 %; $\frac{95}{100}$; 0,95; nicht eingefärbt: 5 %; $\frac{5}{100}$; 0,05
c) eingefärbt: 12 %; $\frac{12}{100}$; 0,12; nicht eingefärbt: 88 %; $\frac{88}{100}$; 0,88

2

Dezimalzahl	0,25	0,87	**0,45**	**0,56**	0,02	**0,03**	**0,045**
Hundertstelbruch	$\frac{25}{100}$	$\frac{87}{100}$	$\frac{45}{100}$	$\frac{56}{100}$	$\frac{2}{100}$	$\frac{3}{100}$	$\frac{4,5}{100}$
Prozent	25 %	**87 %**	**45 %**	56 %	**2 %**	**3 %**	4,5 %

3 7a: 60 % (größerer Anteil); 7b: 56 % (kleinerer Anteil)

4 a) 15 Jugendliche aus der 7a fahren mit dem Bus, 10 Jugendliche nicht.
b) In die Klasse 7b gehen insgesamt 24 Jugendliche. Davon fahren 6 mit dem Bus.

5

Grundwert	200 l	30 cm	**1333,3 kg**	1200 h	40 cm	**144 kg**	12,5 s
Prozentsatz	3 %	5 %	15 %	**37,5 %**	5,1 %	15 %	**36 %**
Prozentwert	6 l	**1,5 cm**	200 kg	450 h	**2,04 cm**	21,6 kg	4,5 s

6 a) 11 % von 27 Schülern sind 2,97 Schüler. Das ist keine ganze Zahl, also nicht möglich.
b) Daniel kann gemeint haben, dass ungefähr 11 % der 27 Mitschüler zu spät kamen. Das wären 3 Schüler, denn 3 Schüler sind etwa 11,1 % von 27 Schülern.

7 75 Schüler arbeiten in keiner AG mit. Das sind 62,5 % aller Schüler der Klassenstufe 7.

Oberflächeninhalt und Rauminhalt von Prismen

Noch fit?

Seite 156

1

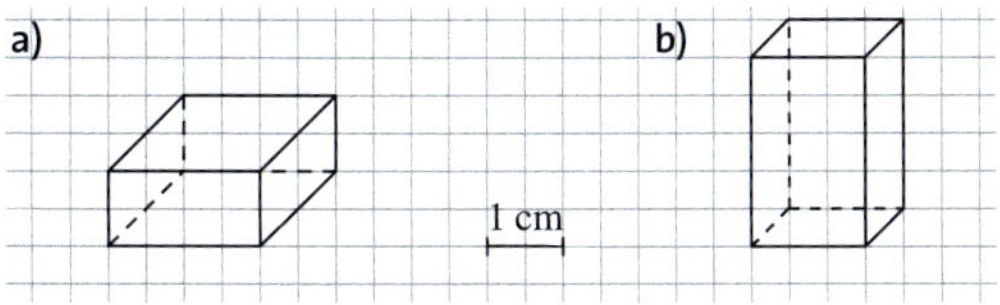

1

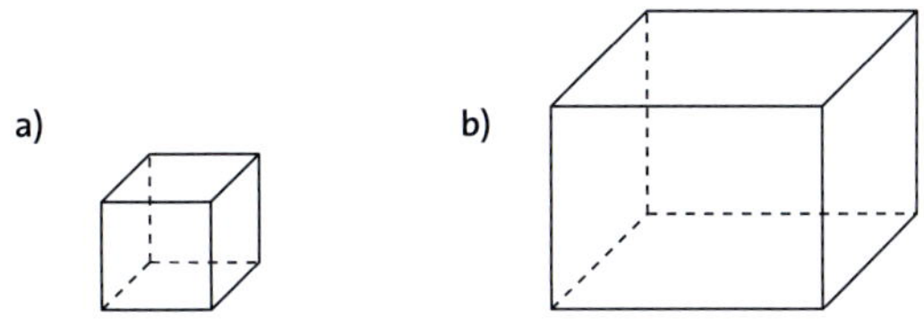

2 Die Netze sind verkleinert dargestellt.
Es gibt elf mögliche Netze.

2 Zeichnung verkleinert, z. B.

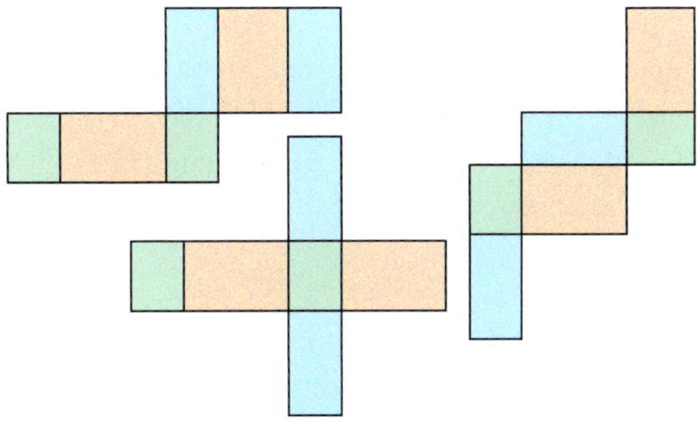

3

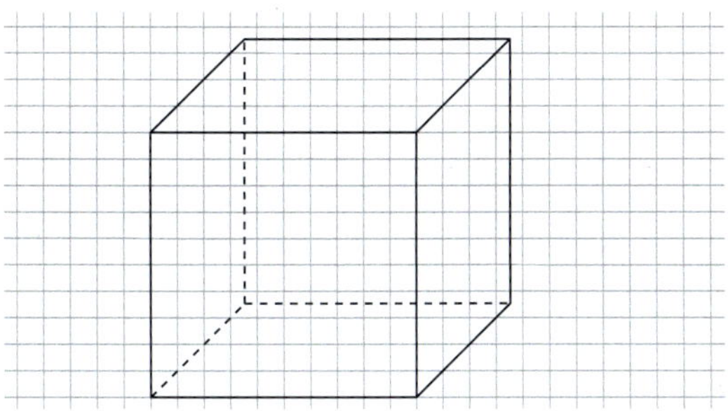

$V = 125\,\text{cm}^3$ $O = 150\,\text{cm}^2$

3

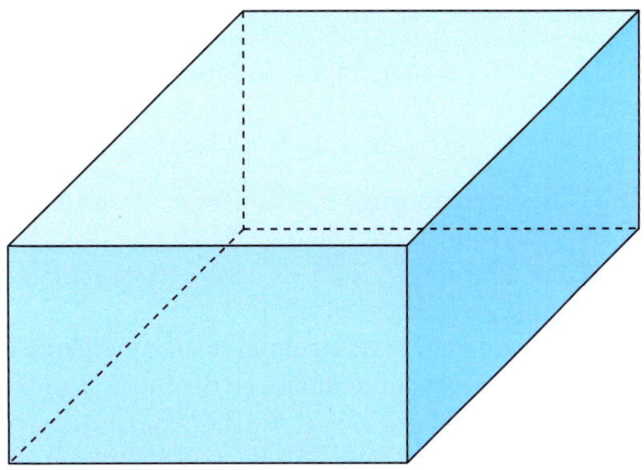

$V = 67{,}62\,\text{cm}^3$ $O = 110{,}32\,\text{cm}^2$

4 **a)** 40 mm **b)** 2,5 km
c) $400\,\text{mm}^2$ **d)** $30\,000\,\text{dm}^2$
e) $4000\,\text{mm}^3$ **f)** $9\,000\,000\,\text{dm}^3$

4 **a)** 0,43 dm **b)** 6,7 cm
c) $0{,}51\,\text{dm}^2$ **d)** $0{,}0382\,\text{m}^2$
e) $3810\,\text{cm}^3$ **f)** $0{,}056\,\text{cm}^3$

5 **a)** Seiten sind die Begrenzungsstrecken des Rechtecks (hier a, b, c und d).
Die Fläche ist das Innere des Rechtecks. Für ihre Größe gilt die Formel $A = a \cdot b$.
Ecken sind die Punkte, wo zwei Rechtecksseiten zusammenstoßen (hier A, B, C und D).
Diagonalen sind solche Verbindungsstrecken zwischen Ecken, die keine Seiten sind (e, f).
b) Ein rechter Winkel ist ein Winkel, dessen Größe ein Viertel eines Vollwinkels beträgt. Ein Rechteck hat vier rechte Winkel. Seiten, die einen rechten Winkel miteinander bilden (z. B. c und d) heißen zueinander senkrecht. Seiten, die überall gleich weit voneinander entfernt sind, heißen parallel. Ein Rechteck hat zwei Paare paralleler Seiten: $a \parallel c$; $b \parallel d$.

6 ① $u = 11\,\text{cm}$; $A = 6\,\text{cm}^2$ ② $u = 9{,}8\,\text{cm}$; $A = 5\,\text{cm}^2$
③ $u = 11{,}7\,\text{cm}$; $A = 3{,}75\,\text{cm}^2$ ④ $u = 8\,\text{cm}$; $A = 3\,\text{cm}^2$
⑤ $u = 14\,\text{cm}$; $A = 8{,}25\,\text{cm}^2$

Seite 174/175

Klar so weit?

1 Grund- und Deckfläche eines Prismas sind deckungsgleiche, zueinander parallele Vielecke. Die Seitenflächen sind Rechtecke, die auf Grund- und Deckfläche senkrecht stehen.

2 **a)** nein (keine Deckfläche vorhanden)
b), c), d) ja (Grund- und Deckfläche sind deckungsgleiche, parallele Vielecke; Seitenflächen sind Rechtecke und stehen auf Grund- und Deckfläche senkrecht)

2 **a), d)** ja (Grund- und Deckfläche sind deckungsgleiche, parallele Vielecke; Seitenflächen sind Rechtecke und stehen auf Grund- und Deckfläche senkrecht)
b) nein (2 Seitenflächen keine Rechtecke)
c) nein (Grund- und Deckfläche verschieden, Seitenflächen keine Rechtecke)

3 **a)** nein (eine schmale Rechteckfläche fehlt)
b) nein (die Breiten der vier kleinen Rechtecke passen nicht zusammen)
c) nein (eine Fläche fehlt; das mittlere Rechteck ist zu schmal, passt nicht zu den Quadraten)
d) ja (Dreiecksprisma)
e) nein (es würde gehen, wenn die Rechtecke links oben und rechts unten Quadrate wären)
f) nein (die Rechtecke rechts oben und links unten sind zu schmal, müssen Quadrate sein)

4 **a)** Maßstab 1 : 2

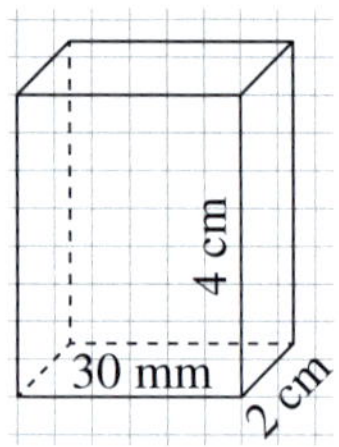

b) Maßstab 1 : 2

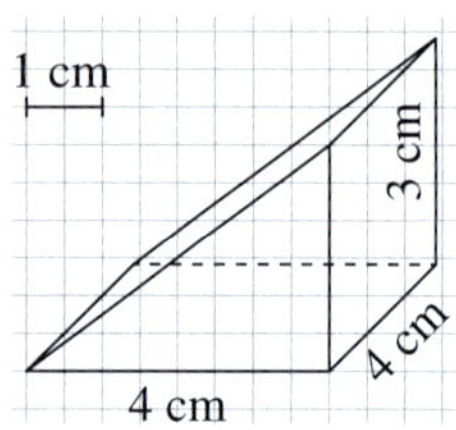

4 **a)** Maßstab 1 : 4

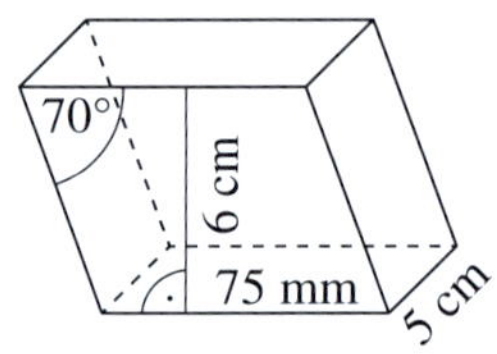

b) Maßstab 1 : 2

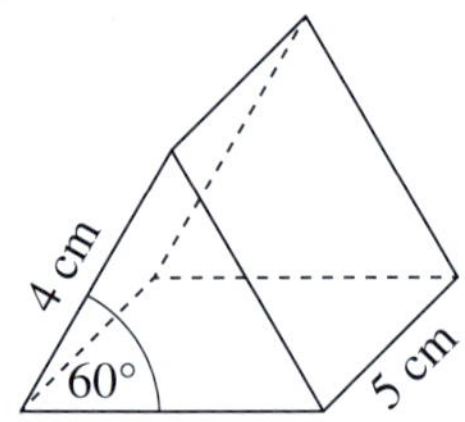

5 $M = 3 \cdot 3 + 3 \cdot 4 + 3 \cdot 5 = 36$ [cm²]
$G = 3 \cdot 4 : 2 = 6$ [cm²]
$O = M + 2 \cdot G = 36 + 2 \cdot 6 = 48$ [cm²]

5 $M = 6 \cdot 3{,}6 + 6 \cdot 2 + 6 \cdot 3 = 51{,}6$ [cm²]
$G = 2 \cdot 3 : 2 = 3$ [cm²]
$O = M + 2 \cdot G = 51{,}6 + 2 \cdot 3 = 57{,}6$ [cm²]

6 **a)** Die trapezförmige Fläche ist die Grundfläche.
b) z. B. Dreieck mit $(58{,}5 - 35) \cdot 90{,}5 : 2 = 1063{,}375$ [cm²]
und Rechteck mit $35 \cdot 90{,}5 = 3167{,}5$ [cm²].
$A_{gesamt} = 4230{,}875$ [cm²]
c) Für den Bau wird zweimal die Grundfläche benötigt und drei rechteckige Seitenplatten.
Auf dem Boden befindet sich keine Plexiglasplatten.
Seitenplatten: $125 \cdot 35 + 125 \cdot 93{,}5 + 125 \cdot 58{,}5 = 23\,375$ [cm²]
$O = 23\,375 + 2 \cdot 4230{,}875 \approx 31\,837$ [cm²]
Für den Bau des Kastens sind mindestens $31\,837\,\text{cm}^2 \approx 3{,}184\,\text{m}^2$ Plexiglas nötig.

7 **a)** $V = 560\,\text{cm}^3$ **b)** $V = 0{,}9\,\text{dm}^3$
c) $V = 8{,}88\,\text{cm}^3$ **d)** $V = 19{,}88\,\text{dm}^3$

7 **a)** $V = 952\,\text{cm}^3$ **b)** $h_k = 17{,}5\,\text{dm}$
c) $G = 66{,}7\,\text{m}^2$ **d)** $V = 1339{,}5\,\text{dm}^3$

8 $V = \frac{1{,}5\,\text{cm} \cdot 1{,}5\,\text{cm}}{2} \cdot 8\,\text{cm} = 9\,\text{cm}^3$

8 $V = \frac{5\,\text{cm} \cdot 4\,\text{cm}}{2} \cdot 7\,\text{cm} = 70\,\text{cm}^3$

Teste dich!

Seite 179

1 ① Prisma (Grund- und Deckfläche sind deckungsgleiche, zueinander parallele gleichschenklige Dreiecke; die Seitenflächen sind Rechtecke, die auf der Grundfläche senkrecht stehen)
② kein Prisma (Grund- und Deckfläche sind unterschiedlich große Quadrate)
③ Prisma (Grundfläche: Fünfeck)
④ Prisma (Grundfläche: Rechteck)
⑤ Prisma (Grundfläche: Sechseck)

2 **a)** Darstellung um die Hälfte verkleinert:

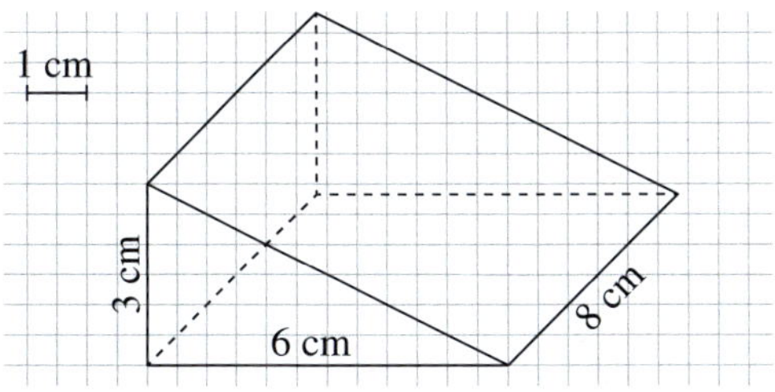

b) Darstellung um die Hälfte verkleinert:

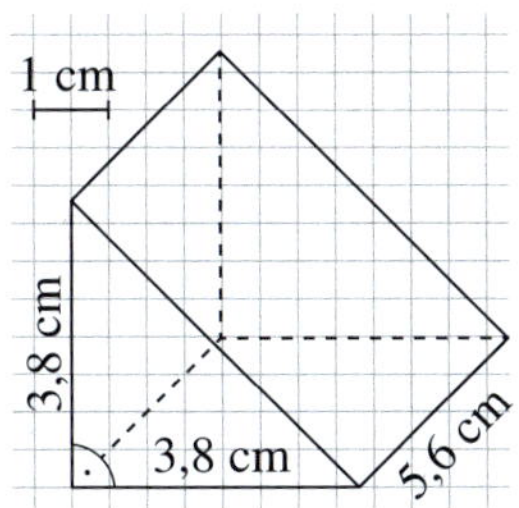

3 **a)** $G = 9\,\text{cm}^2$
$M = 125{,}6\,\text{cm}^2$
$O = 143{,}6\,\text{cm}^2$

b) $G = 7{,}22\,\text{cm}^2$
$M = 72{,}8\,\text{cm}^2$
$O = 87{,}24\,\text{cm}^2$

4 **a)** Höhe der Grundfläche über der Basis: $h_c = 2{,}1\,\text{cm}$; Volumen: $V = 40{,}635\,\text{cm}^2$
b) $G = 24{,}96\,\text{cm}^2$; $V = 174{,}72\,\text{cm}^3$

5 **a)** $V = 4{,}6875\,\text{cm}^3$; $O = 19{,}75\,\text{cm}^2$ **b)** $V = 18{,}9\,\text{cm}^3$ **c)** $V = 38{,}5\,\text{cm}^3$ **d)** $V = 17\,\text{cm}^3$

6 Das Tauchbecken muss mit $378\,\text{m}^3$ Wasser gefüllt werden.

Diagramme und statistische Kennwerte

Noch fit?

Seite 182

1 a)

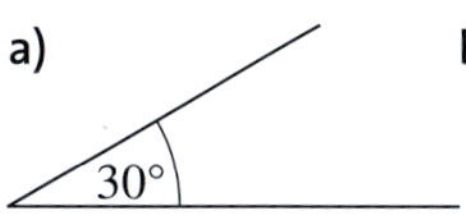

b)

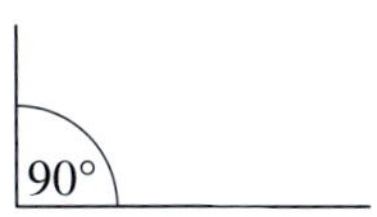

individuelle Beschreibung

2 **a)** 25 % **b)** 20 % **c)** 30 %

3 **a)** 5 Schüler sind in den Urlaub gefahren.
b) 2 Schüler fuhren ans Meer. **c)** 75 %

4

Sportart	absolute Häufigkeit	Anteil
Fußball	5	$\frac{5}{10}$ = **0,5 = 50 %**
Basketball	**3**	$\frac{3}{10}$ = 0,3 = 30 %
Handball	**2**	$\frac{2}{10}$ = **0,2 = 20 %**

5 **a)** Die meisten kommen mit dem Bus, die wenigsten mit sonstigen Fahrzeugen.
b) zu Fuß: 32 %; Fahrrad: 20 %;
Bus: 40 %; Sonstiges: 8 %

1 a)

b)

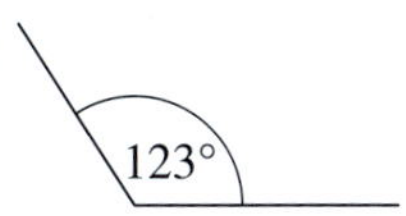

individuelle Beschreibung

2 **a)** 75 % **b)** 40 % **c)** $66\frac{2}{3}$ %

3 **a)** Man kann jetzt 139,60 € sparen.
b) 80 %; das sind 558,40 €.

4

Fahrzeug	absolute Häufigkeit	Anteil
Pkw	**25**	$\frac{25}{50}$ = **0,5 = 50 %**
Lkw	**4**	$\frac{4}{50}$ = **0,08 = 8 %**
Motorrad	**8**	$\frac{8}{50}$ = **0,16 = 16 %**
Fahrrad	**13**	$\frac{13}{50}$ = **0,26 = 26 %**

5 **a)** Das beliebteste Pausengetränk ist Kakao, das unbeliebteste ist Wasser.
b) Tee 11,1 %; Milch 18,5 %; Wasser 7,4 %; Kakao 25,9 %; nichts 14,8 %; Saft 22,2 %

Seite 194/195

Klar so weit?

1 a) Am häufigsten kam die Note 3 vor.
b) die Noten 1, 5 und 6
c) Die Noten 2 und 3 kamen zusammen öfter vor als die restlichen vier Noten.
Gleiches gilt für die Noten 3 und 4.
d) Individuelle Lösungen. Beispiele:
– Mehr als drei Viertel aller Schüler hatten Noten von 2 bis 4.
– Etwa drei Achtel aller Schüler erhielten die Note 3.

1 a) 9 Freunde haben mit „ja" geantwortet.
b) 3 × „nein"; 6 × „vielleicht"
c) **Teilnahme an der Hausparty**

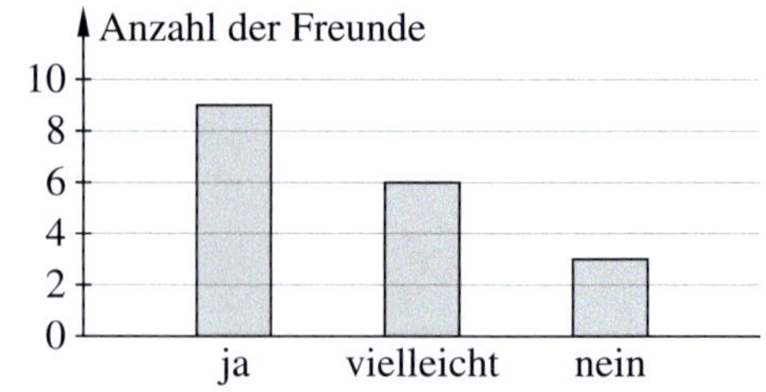

2 a) Partei D erhielt die meisten Stimmen.
b) Folgende Zusammenschlüsse sind möglich: D und B (64%); D, C und A (56,3%); D, C und F (54,7%); D, C und E (53,2%); D, A und F (54%); D, A und E (52,5%); D, F und E (50,9%); B, C, A und F (57,5%); B, C, A und E (56%); B, C, F und E (54,4%); B, A, F und E (53,7%).
c) Diagrammwahl individuell, z. B. Darstellung der Prozentsätze im Säulendiagramm:

Wahlprognose

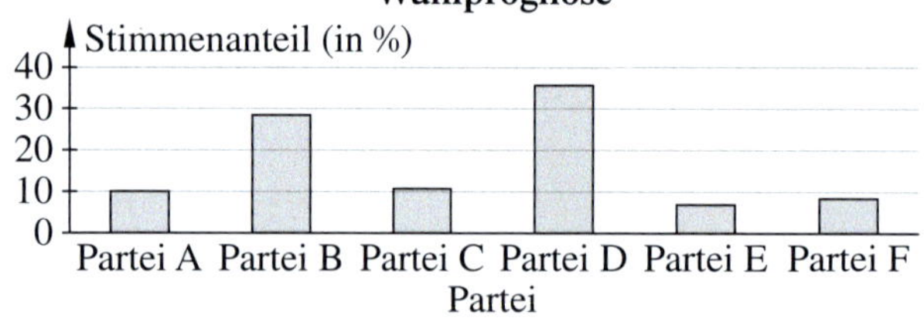

Partei	Anzahl der Stimmen	Stimmen-anteil
Partei A	89	10,0%
Partei B	252	28,4%
Partei C	95	10,7%
Partei D	315	35,6%
Partei E	61	6,9%
Partei F	74	8,4%

3 a) Die Summe der Prozentsätze beträgt nur 84% statt 100%. Es gab wahrscheinlich weitere, hier nicht genannte Antworten.
b) Das ist möglich, wenn eine Rubrik „Sonstiges: 16%" hinzugefügt wird.
c) individuell, z. B. Balkendiagramm:

Sie gewinnen 1000 €! Was machen Sie damit?

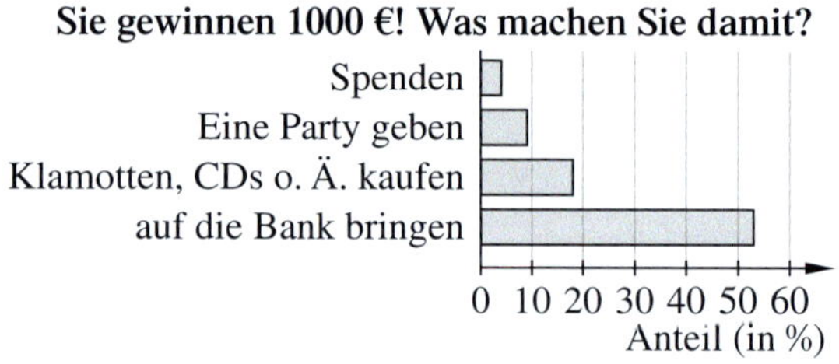

3 a) Es wird verschwiegen, dass in den Jahren 2 und 3 mehr Verlust gemacht wurde als Gewinn in den Jahren 1 und 4.
b) Das ist nicht möglich, da es sich bei den Zahlen nicht um Anteile handelt.
c) **Gewinnentwicklung**

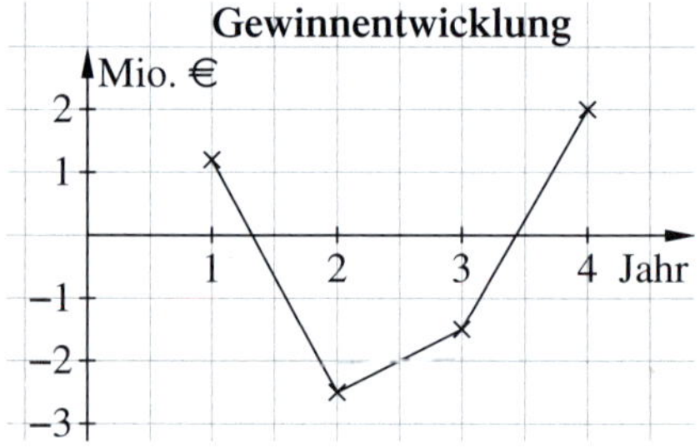

4 arithm. Mittel: 46,35 €; Zentralwert: 12 €

4 arithm. Mittel: 27 kg; Zentralwert: 13,4 kg

5 a) Maximum: 312 €; Minimum: 33 €
b) Spannweite: 279 €

5 a) Die günstigste Boombox kostet 68 €.
b) z. B. 68 €; 89 €; 119 €; 140 €; 160 €

6 a) Maximum: 16 °C; Minimum: 0 °C
b) Spannweite: 16 Grad
c) Das Maximum ändert sich nicht; das Minimum verringert sich auf –1 °C; die Spannweite erhöht sich auf 17 Grad.

6 a) Maximum: 21 °C; Minimum: 1 °C
b) Spannweite: 20 Grad
c) Maximum: 8 °C; Minimum: 1 °C
Die Spannweite verringert sich auf 7 Grad.

7 a) arithmetisches Mittel: 24 €; Zentralwert: 25 €
b) Am Sonntag sammelte Patrick 33 €.

Teste dich!

Seite 199

1 a) Folgende Fehler wurden gemacht:
- An der y-Achse stehen keine Zahlen.
- Die letzten drei Säulen sind zu hoch.
- Die dritte und die vierte Säule sind breiter als die anderen. Dadurch wirkt die Darstellung irreführend.
- Der Berufswunsch „Medizinisch-techn. Assistent/-in“ wurde beim Zeichnen vergessen.
- Das Diagramm hat keinen Titel.

b)

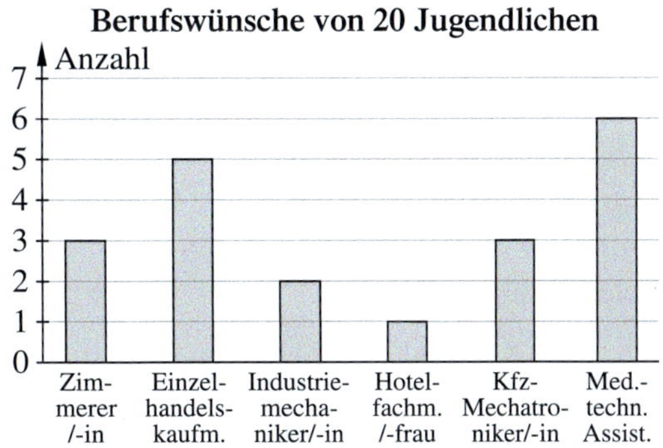

2 a) Es handelt sich um ein Kreisdiagramm. Fünf Auswahlmöglichkeiten kommen darin vor.
Die Hälfte der Schülerinnen und Schüler (14) entschieden sich für den Vergnügungspark.
Acht Schülerinnen und Schüler möchten ins Spaßbad, das sind zwei Siebentel.
Drei möchten wandern, zwei ins Deutsche Museum und einer zur Stadtrallye.

b) Die Zahlen im Diagramm müssen absolute Häufigkeiten sein, da ihre Summe nicht 100, sondern 28 ergibt.

c) Zur Darstellung eignen sich auch ein Säulen-, Balken- oder Streifendiagramm oder ein Piktogramm. Ein Liniendiagramm eignet sich nicht, da Zwischenwerte keinen Sinn ergeben.

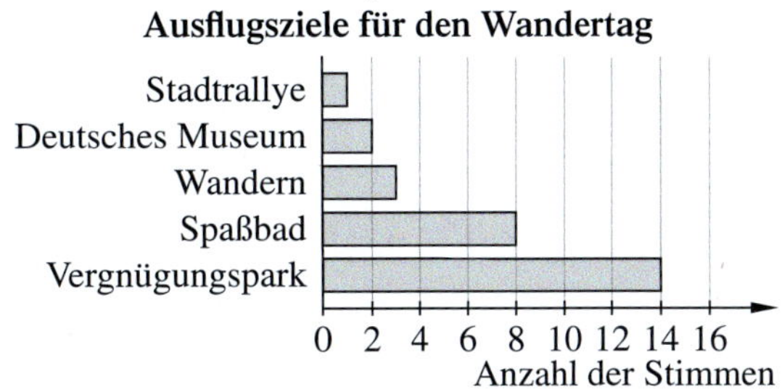

3 a) Yussuf ist mit 4,01 m am weitesten gesprungen.

b) Das arithmetische Mittel ist mit 3,69 m bei Yussuf am größten.

c) Der Median ist mit 3,83 m bei Yussuf am größten.

d) Janina hat mit 0,64 m die kleinste Spannweite.

e) Arithmetisches Mittel aller Sprünge: ca. 3,4 m;
drüber: Yussuf (3,69 m); drunter: Janina (3,14 m), Patrick (3,36 m)
Median aller Sprünge: 3,325 m;
drüber: Yussuf (3,83 m); drunter: Janina (3,16 m), Patrick (3,3 m)

Stichwortverzeichnis

Bildverzeichnis

Illustrationen und Karten
Cornelsen/Roland Beier: *alle Raben*, Seiten 12, 14, 15, 20, 22, 42, 48 *Gesichter*, 76, 83, 99, 104, 126, 127 *Randspalte*, 128, 134, 136 *oben*, 137, 138, 142, 144, 166, 178, 190.
Cornelsen/Christian Böhning: *alle technischen Zeichnungen, Karten und Diagramme*, Seiten 9, 28, 35, 36, 37, 38, 40, 47, 48 *oben*, 53, 54, 55, 61, 63, 66, 72, 74, 81, 82, 85, 89, 95, 96, 97, 103, 105, 110, 112, 114, 117, 121, 122, 127, 133, 143, 149, 151, 152, 157, 170, 175, 184, 186, 189, 193, 195.
Cornelsen/Inga Knoff: Seite 33 *m.*

Abbildungen
Cover: mauritius images/imageBroker/Digfoto; **S. 3:** *u. r.* Fotolia/legalloudec; *o. r.* Fotolia/zhinna; *o. l.* Fotolia/vaclav; *u. l.* imago stock&people/Westend61; *m. l.* Shutterstock/Olga Levchenko; **S. 4:** *u. l.* mauritius images/Novarc/Axel Schmies; *o. l.* mauritius images/pepperprint; *u. r.* Allianz Arena/Bernd Ducke; *o. r.* www.coulorbox.de/© svlumagraphica; **S. 7:** Fotolia/vaclav; **S. 14:** www.coulorbox.de/Antony McAulay; **S. 17:** Shutterstock/dimair; **S. 18:** Shutterstock/dimair; **S. 19:** Picture-Alliance/Huber-Images; **S. 23:** Shutterstock/Jacob Lund; **S. 25:** Shutterstock/plantic; **S. 27:** *o.* Fotolia/fotoping; *u.* Fotolia/www.gg24.de; **S. 28:** *o. l.* Fotolia/uzkiland; *u. r.* Shutterstock/Vadim Nefedoff; *m.* blickwinkel/Armin Rose; **S. 31:** Shutterstock/Olga Levchenko; **S. 33:** *o.* Shutterstock/LesPalenik; *Marienkäfer* Colourbox; *Feldsandläufer* Fotolia/Schmutzler-Schaub; *Kartoffelkäfer* Fotolia/Eileen Kumpf; *Blütenbock* Fotolia/Marek R. Swadzba; *Junikäfer* Colourbox; **S. 34:** *Elefant* Shutterstock/Patryk Kosmider; *Marienkäfer* Shutterstock/irin-k; *Büroklammer* Colourbox; **S. 35:** (3) www.coulorbox.de/Colourbox. com; (2) Shutterstock/Peter Hermes Furian; (1) Shutterstock/Nicola Dal Zotto; (6) Fotolia/Markus Mainka; (5) Fotolia/Jürgen Fälchle; (4) Fotolia/Joachim Neumann; **S. 36:** *o. l.* www.coulorbox.de/Colourbox; *u.* Fotolia/imageBROKER; *o. r.* Shutterstock/Phonlamai Photo; **S. 43:** *u. l.* Fotolia/markus_marb; *u. r.* Shutterstock/struvictory; **S. 53:** Shutterstock/Qunica Studio 1; **S. 57:** imago stock&people/Westend61; **S. 59:** picture-alliance/dpa; **S. 60:** Fotolia/RioPatuca Images; **S. 62:** Fotolia/rcfotostock; **S. 67:** *u.* www.coulorbox.de/vlaru; *o.* Shutterstock/Bauer Alexander; **S. 68:** www.coulorbox.de/Colourbox; **S. 69:** *o. r.* www.coulorbox.de/Alfred Nesswetha; **S. 70:** Shutterstock/SunTime; **S. 71:** *o. r.* www.coulorbox.de/Colourbox; *u.* Fotolia/euthymia; *o. l.* Fotolia/tunedin; **S. 75:** Shutterstock/cynoclub; **S. 76:** *o.* Fotolia/BVpix; *u.* Fotolia/K.-P. Adler; **S. 79:** Fotolia/zhinna; **S. 82:** Fotolia/chalabala; **S. 85:** Cornelsen Verlag GmbH; **S. 89:** *Bauarbeiter* Fotolia/auremar; *Paar* Fotolia/Alexander Raths; **S. 90:** Fotolia/Alexander Raths; **S. 92:** Fotolia/yetishooter; **S. 93:** Fotolia/Alex; **S. 103:** *r.* Shutterstock/Alhovik; *l.* Fotolia/agnormark; **S. 107:** Fotolia/legalloudec; **S. 109:** (3) Cornelsen/Stephan Röhl; **S. 116:** www.coulorbox.de; **S. 125:** mauritius images/pepperprint; **S. 127:** Fotolia/blende11.photo; **S. 131:** *u.* Fotolia/auremar; *o.* Fotolia/sk_design; **S. 132:** *Mountainbike* Fotolia/stockphoto-graf; *Citybike* Fotolia/akf; **S. 136:** *u. l.* Fotolia/SZ-Designs; *u. m.* Fotolia/tournee; *o.* Fotolia/Chris; *u. r.* Fotolia/janvier; **S. 140:** *Brot* Fotolia/photocrew; *Kartoffeln* Colourbox; *Käse* Fotolia/by-studio; *Obst* Fotolia/fotomek; **S. 141:** Fotolia/auremar; **S. 146:** *u.* Shutterstock/rangizzz; *o.* Shutterstock/VICUSCHKA; **S. 147:** *m.* www.coulorbox.de; **S. 150:** Fotolia/photocrew; **S. 155:** mauritius images/Novarc/Axel Schmies; **S. 158:** Cornelsen/Stephan Röhl; **S. 159:** *Trichter* www.coulorbox.de/Colourbox; *Stein* Fotolia/gumpapa; *Kreide* Fotolia/oxie99; *Keks* Fotolia/Cpro; *Fußball* Fotolia/Smileus; *Würfel* Fotolia/chandlervid85; **S. 160:** Cornelsen/Stephan Röhl; **S. 162:** Cornelsen/Volker Döring; **S. 165:** Cornelsen/Stephan Röhl; **S. 172:** Shutterstock/Homo Cosmicos; **S. 177:** F1online /imageBROKER/Markus Keller; **S. 181:** www.coulorbox.de/© svlumagraphica; **S. 192:** Fotolia/Style-Photography; **S. 196:** Shutterstock/Nelosa; **S. 201:** mauritius images/imageBroker/Digfoto.

Die Screenshots auf den Seiten **152**, **177**, **187** und **192** wurden mit Microsoft® Excel® erstellt. Microsoft® Excel® ist ein eingetragenes Warenzeichen der Microsoft Corporation.